SUTOPPU!

**Koko wa kono manga no owari dayo.
Hantaigawa kara yomihajimete ne!
Dewa omatase shimashita!
Tanoshii hitotoki wo dozo!**

Egmont-Manga-Chiimu

STOPP!

**Das ist der Schluss des Mangas.
Fangt bitte am anderen Ende an!
Und nun genug der Vorrede,
viel Spaß beim Lesen!**

Euer Egmont-Manga-Team

„Liebe verbindet Welten" von Miso Umeda
Aus dem Japanischen von Monika Hammond
Originaltitel: „Tonari no Class no Kato kun"

Originalausgabe:

First published in Japan in 2022 by SHINSHOKAN CO., Ltd. Tokyo
German version published by EGMONT Verlagsgesellschaften mbH under license from SHINSHOKAN CO., Ltd.

Original design concept by Tomohiro Kusume (arcoinc)

Deutschsprachige Ausgabe:

verlegt durch Egmont Verlagsgesellschaften mbH,
Ritterstraße 26, 10969 Berlin

1. Auflage 2024
Verantwortliche Redakteurin: Manuela Rudolph
Lektorat: Madlen Beret
Gestaltung: Claudia Villhauer
Koordination: Angelika Schönhuber
Printed in the EU
ISBN 978-3-7555-0290-6

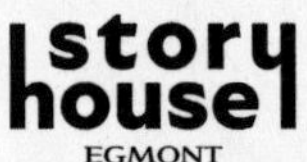

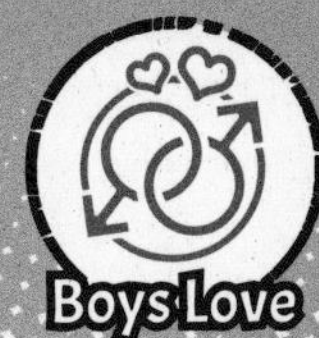

Ito Nonomiya

BAREFOOT ANGEL

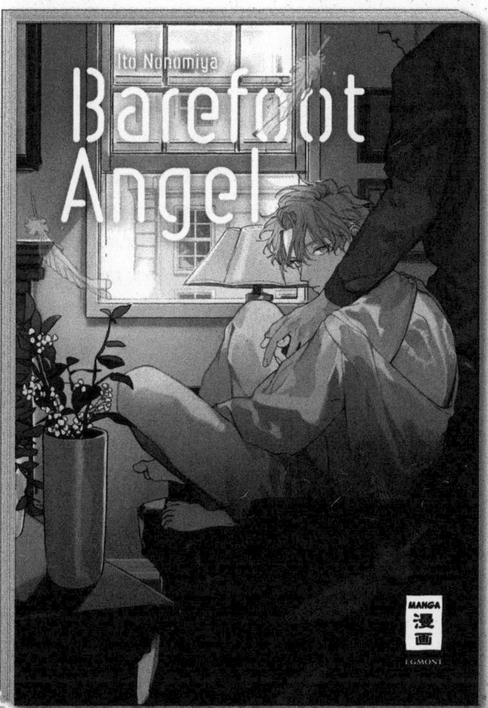

Eines Tages trifft der Schuhmacher Turner einen mysteriösen jungen Mann im Park. Mitten im Winter sitzt er zusammengekauert auf einer Bank – in dünner Kleidung und barfuß! Die Situation wird noch rätselhafter, als sich der Fremde als „gefallener Engel" vorstellt. Doch Turners Neugier ist geweckt. Er lädt den jungen Mann zu sich nach Hause ein und will ihm sogar Schuhe anfertigen!

Barefoot Angel

Einzelband ISBN 978-3-7555-0054-4

€ 8,00 [D]

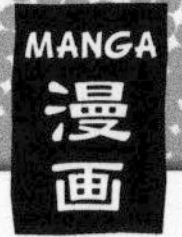

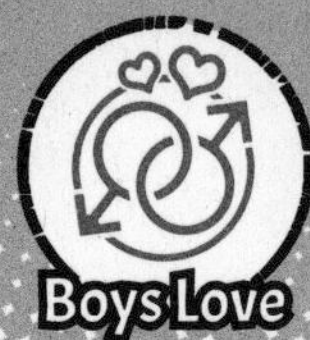

Shikke

PINK HEART JAM

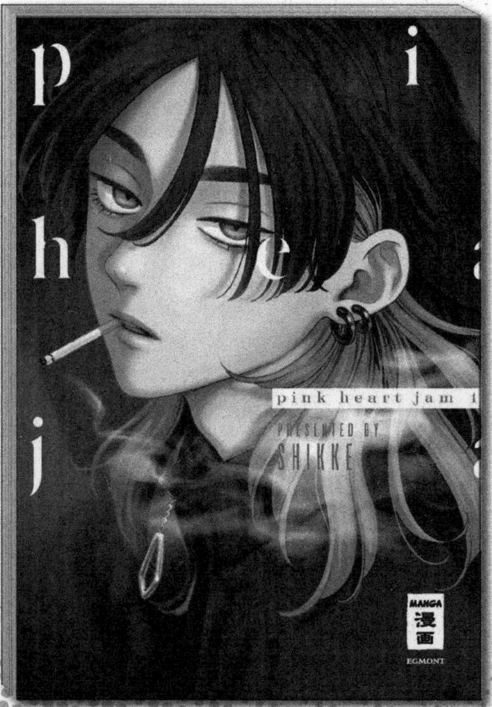

Haiga ist ein richtiges Landei und zieht zum Studieren ausgerechnet nach Tokio. Tausend Dinge gehen ihm durch den Kopf, aber eine der wichtigsten Fragen betrifft nicht die Uni oder den Umzug ... sondern ob er auf Männer steht. Bei einem Ausflug in Shinjukus Schwulenszene versucht Haiga Antworten zu finden – und trifft dabei auf seinen Senpai Kanae, der eine einfache Lösung hat: Ausziehen!

Pink Heart Jam

Einzelband ISBN 978-3-7555-0205-0

€ 7,50 [D]

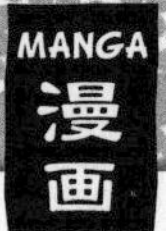

EGMONT

www.egmont-manga.de

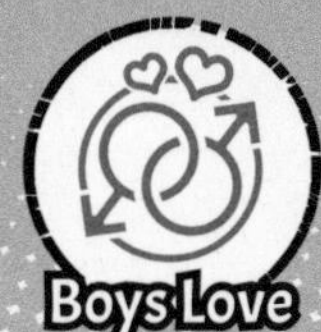

Waku Okuda

BIS ZWEI UHR MORGENS BIN ICH DEIN

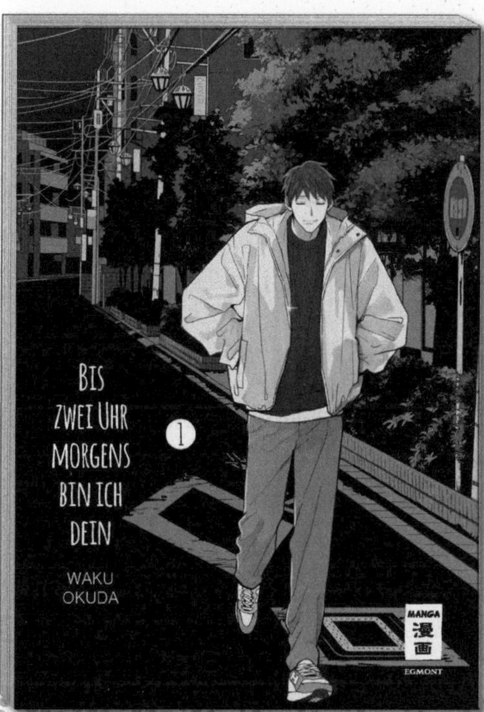

Michio ist eng mit Kyoichi befreundet – er mag ihn so sehr. Doch selbst nach ihrer gemeinsamen Schulzeit hat er sich seine Gefühle für ihn nie eingestanden und so bleibt die Beziehung auch während des Studiums der beiden weiterhin nur platonisch. Bis Michio eines Morgens aufwacht und die Welt um ihn herum sich komplett verändert hat. Er ist plötzlich 29 und liegt neben jemandem im Bett …

Bis zwei Uhr morgens bin ich dein

Einzelband ISBN 978-3-7555-0224-1

€ 8,00 [D]

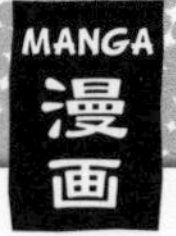

EGMONT

www.egmont-manga.de

Shou Harusono

SASAKI & MIYANO

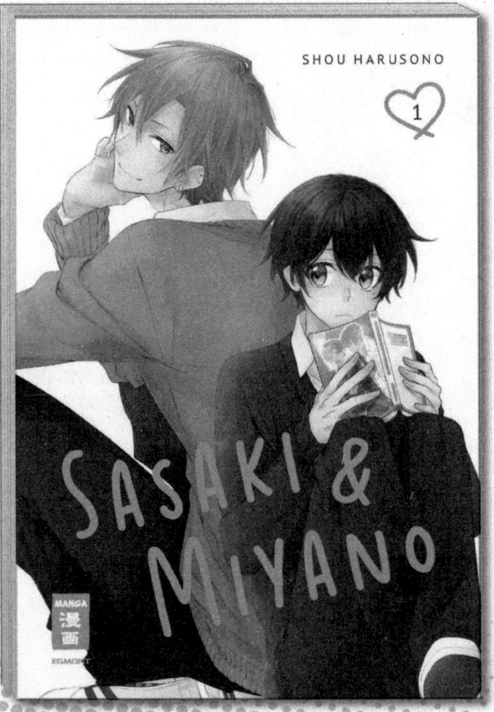

Miyano liebt Boys-Love-Manga! Er ist ein absoluter Fan und verbringt seine Freizeit am liebsten damit, in die nächste romantische Geschichte einzutauchen. Doch obwohl er ein Experte in Sachen Boys-Love-Storys ist, scheint er nicht so recht zu begreifen, warum sein älterer Mitschüler Sasaki jede Gelegenheit nutzt, um ihm näherzukommen …

Sasaki & Miyano 01

Band 1 ISBN 978-3-7555-0006-3
€ 7,50 [D]

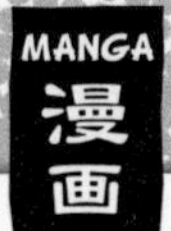

www.egmont-manga.de

EGMONT

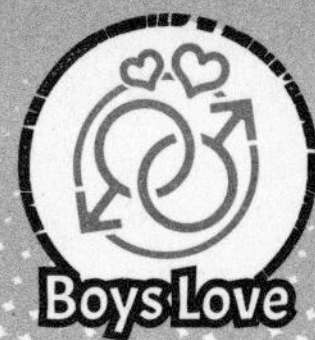

Mayo Tsurukame

EIN PERFEKTER ANTRAG

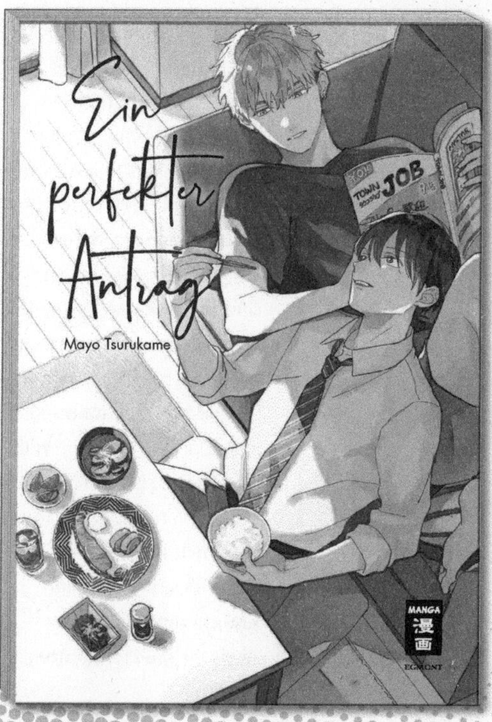

Hirokuni steht kurz vor einem Zusammenbruch. Sein tyrannischer Boss und das massive Arbeitspensum haben ihn ausgebrannt. In dieser schweren Lebensphase trifft er nach 12 Jahren Kai wieder – seinen Kindheitsfreund, auf den er manchmal aufgepasst hatte. Kai sitzt seit Kurzem auf der Straße, weshalb Hirokuni ihn spontan bei sich einziehen lässt…

Ein perfekter Antrag

Einzelband ISBN 978-3-7704-4334-5
€ 8,00 [D]

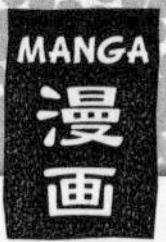

www.egmont-manga.de

EGMONT

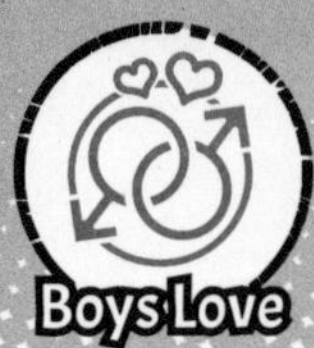

Miso Umeda

YOU SAID YOU LIKE ME!

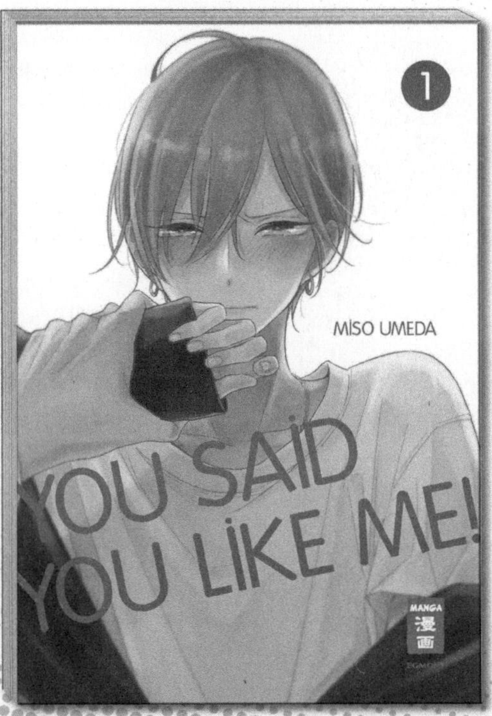

Akira war als Kind auf der Theaterbühne zu Hause – viele Jahre später ist er immer noch Schauspieler, doch wenig erfolgreich. Statt mit Dreharbeiten verbringt er seine Tage mit Nebenjobs und dem ein oder anderen One-Night-Stand. Eines Abends trifft er in einer Bar auf seinen ehemaligen Mitschüler Takao. Akira erkennt ihn sofort, denn er gestand damals „Ich bin ein großer Fan von dir!" Aber jetzt kann sich Takao gar nicht mehr an sein ehemaliges Idol erinnern! Das kann Akira nicht auf sich sitzen lassen …

You Said You Like Me!

Band 1 ISBN 978-3-7555-0170-1

€ 8,00 [D]

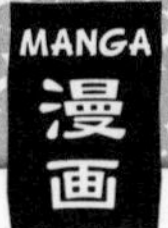

www.egmont-manga.de

EGMONT

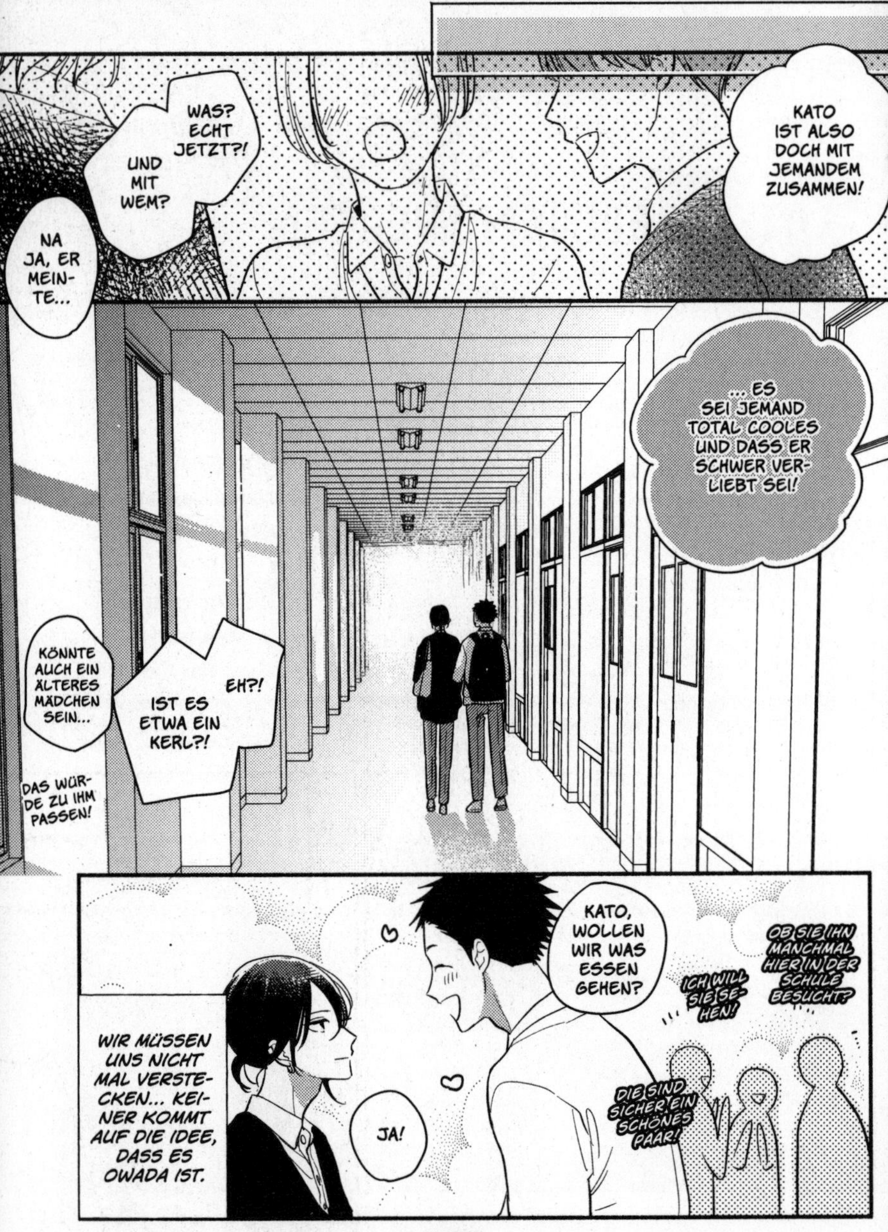
KATO IST ALSO DOCH MIT JEMANDEM ZUSAMMEN!
WAS? ECHT JETZT?!
UND MIT WEM?
NA JA, ER MEIN-TE...
... ES SEI JEMAND TOTAL COOLES UND DASS ER SCHWER VER-LIEBT SEI!
EH?!
IST ES ETWA EIN KERL?!
KÖNNTE AUCH EIN ÄLTERES MÄDCHEN SEIN...
DAS WÜR-DE ZU IHM PASSEN!
KATO, WOLLEN WIR WAS ESSEN GEHEN?
OB SIE IHN MANCHMAL HIER IN DER SCHULE BESUCHT?
ICH WILL SIE SE-HEN!
DIE SIND SICHER EIN SCHÖNES PAAR!
JA!
WIR MÜSSEN UNS NICHT MAL VERSTE-CKEN... KEI-NER KOMMT AUF DIE IDEE, DASS ES OWADA IST.

ENDE

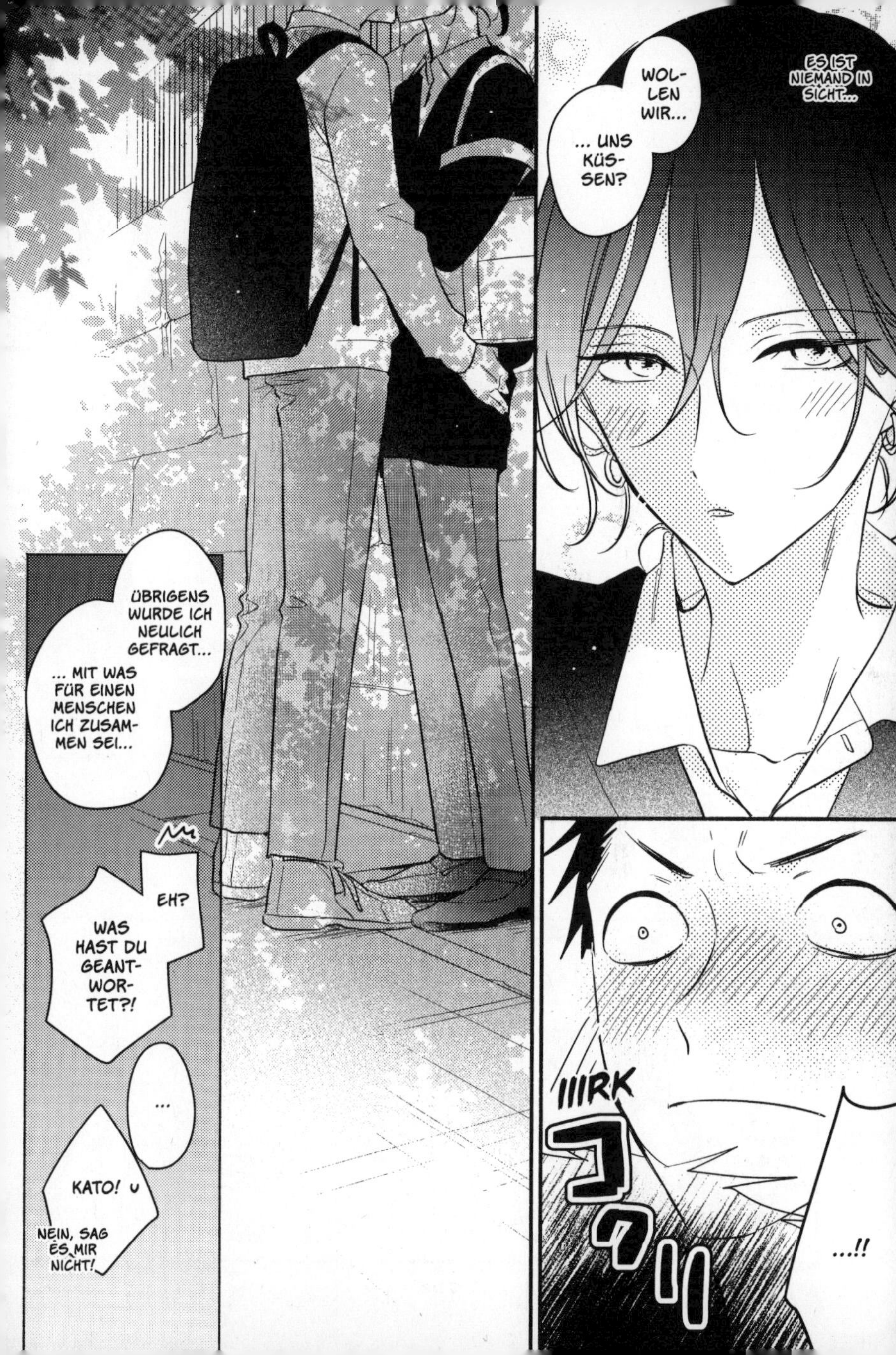
ES IST NIEMAND IN SICHT...
WOLLEN WIR...
... UNS KÜSSEN?
IIIRK
...!!
ÜBRIGENS WURDE ICH NEULICH GEFRAGT...
... MIT WAS FÜR EINEN MENSCHEN ICH ZUSAMMEN SEI...
EH?
WAS HAST DU GEANTWORTET?!
...
KATO!
NEIN, SAG ES MIR NICHT!

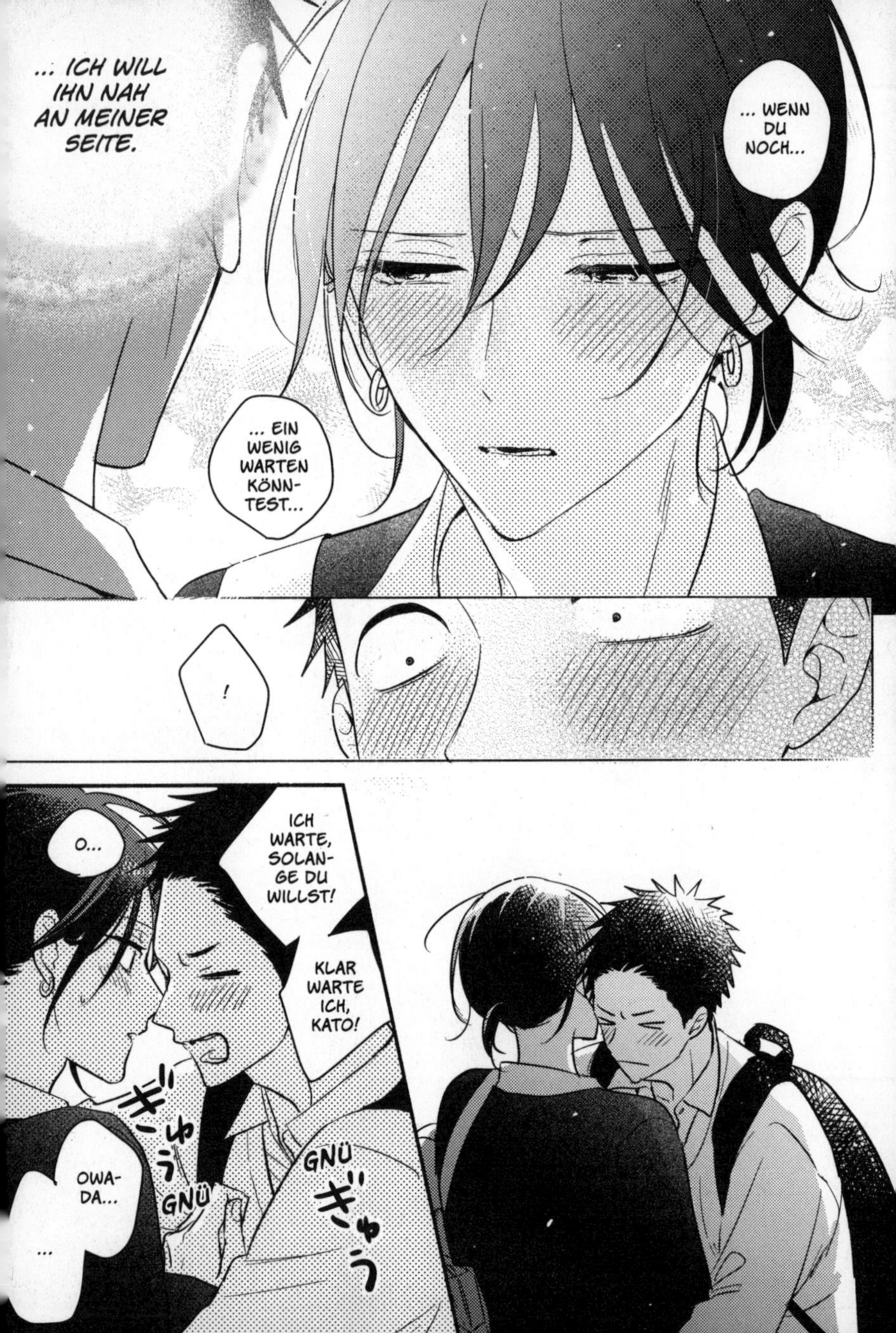
... WENN DU NOCH...
... ICH WILL IHN NAH AN MEINER SEITE.
... EIN WENIG WARTEN KÖNNTEST...
!
ICH WARTE, SOLANGE DU WILLST!
KLAR WARTE ICH, KATO!
O...
GNÜ
ぎゅう
GNÜ
ぎゅう
OWADA...
...

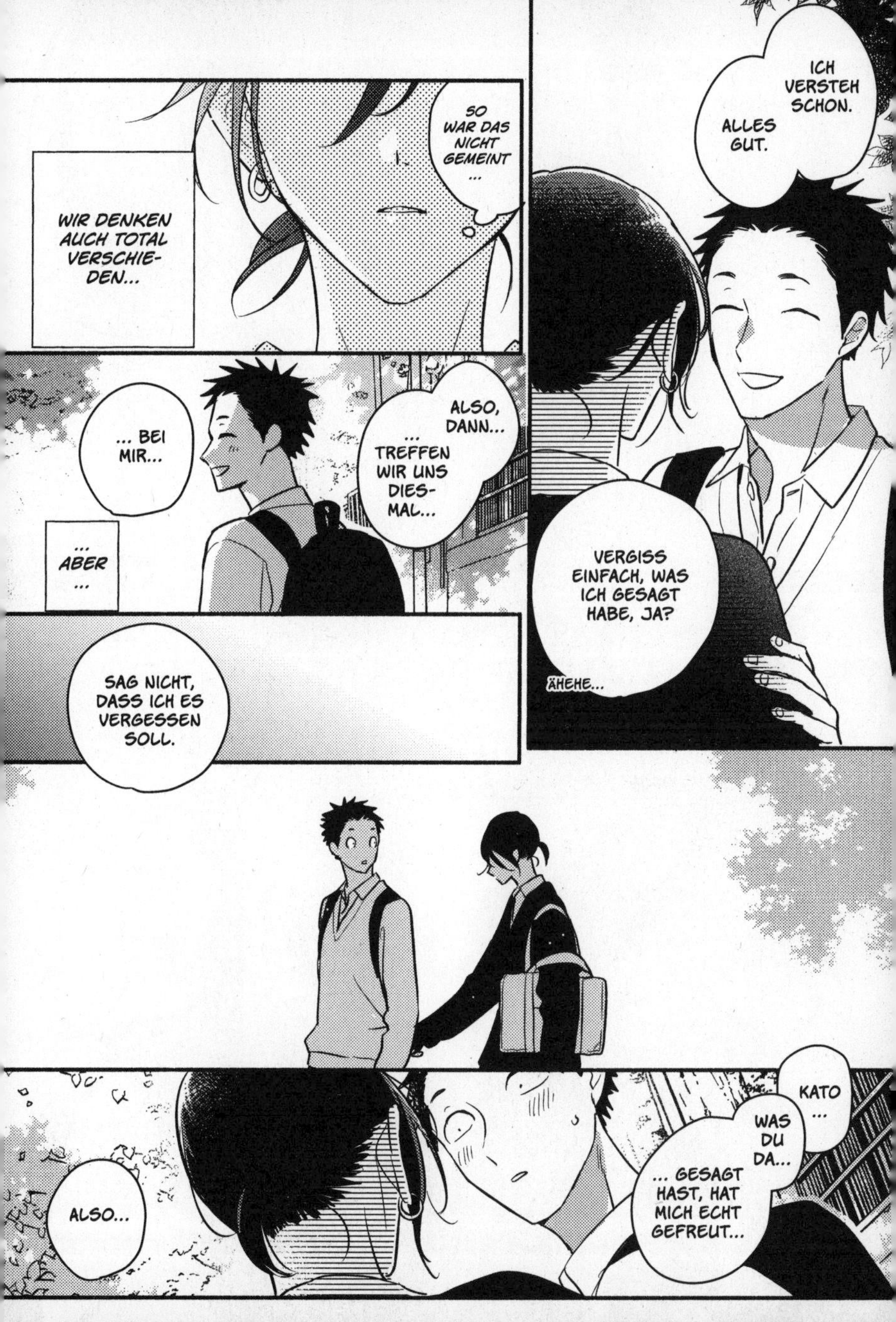
ICH VERSTEH SCHON.
ALLES GUT.
SO WAR DAS NICHT GEMEINT ...
WIR DENKEN AUCH TOTAL VERSCHIE-DEN...
VERGISS EINFACH, WAS ICH GESAGT HABE, JA?
ÄHEHE...
ALSO, DANN...
... TREFFEN WIR UNS DIES-MAL...
... BEI MIR...
... ABER ...
SAG NICHT, DASS ICH ES VERGESSEN SOLL.
KATO ...
WAS DU DA...
... GESAGT HAST, HAT MICH ECHT GEFREUT...
ALSO...

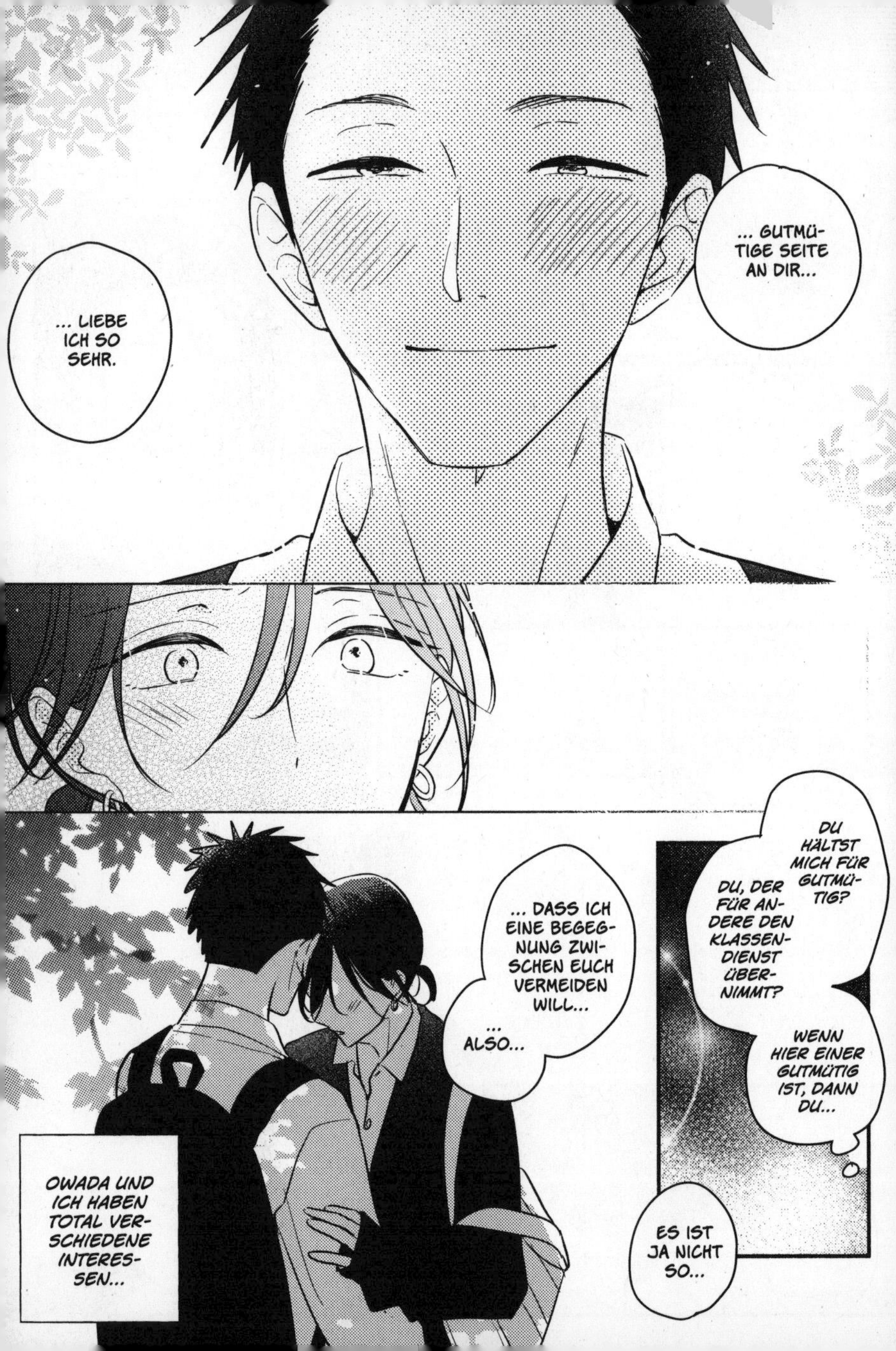
... GUTMÜ-
TIGE SEITE
AN DIR...
... LIEBE
ICH SO
SEHR.
DU
HÄLTST
MICH FÜR
GUTMÜ-
TIG?
DU, DER
FÜR AN-
DERE DEN
KLASSEN-
DIENST
ÜBER-
NIMMT?
WENN
HIER EINER
GUTMÜTIG
IST, DANN
DU...
ES IST
JA NICHT
SO...
... DASS ICH
EINE BEGEG-
NUNG ZWI-
SCHEN EUCH
VERMEIDEN
WILL...
...
ALSO...
OWADA UND
ICH HABEN
TOTAL VER-
SCHIEDENE
INTERES-
SEN...

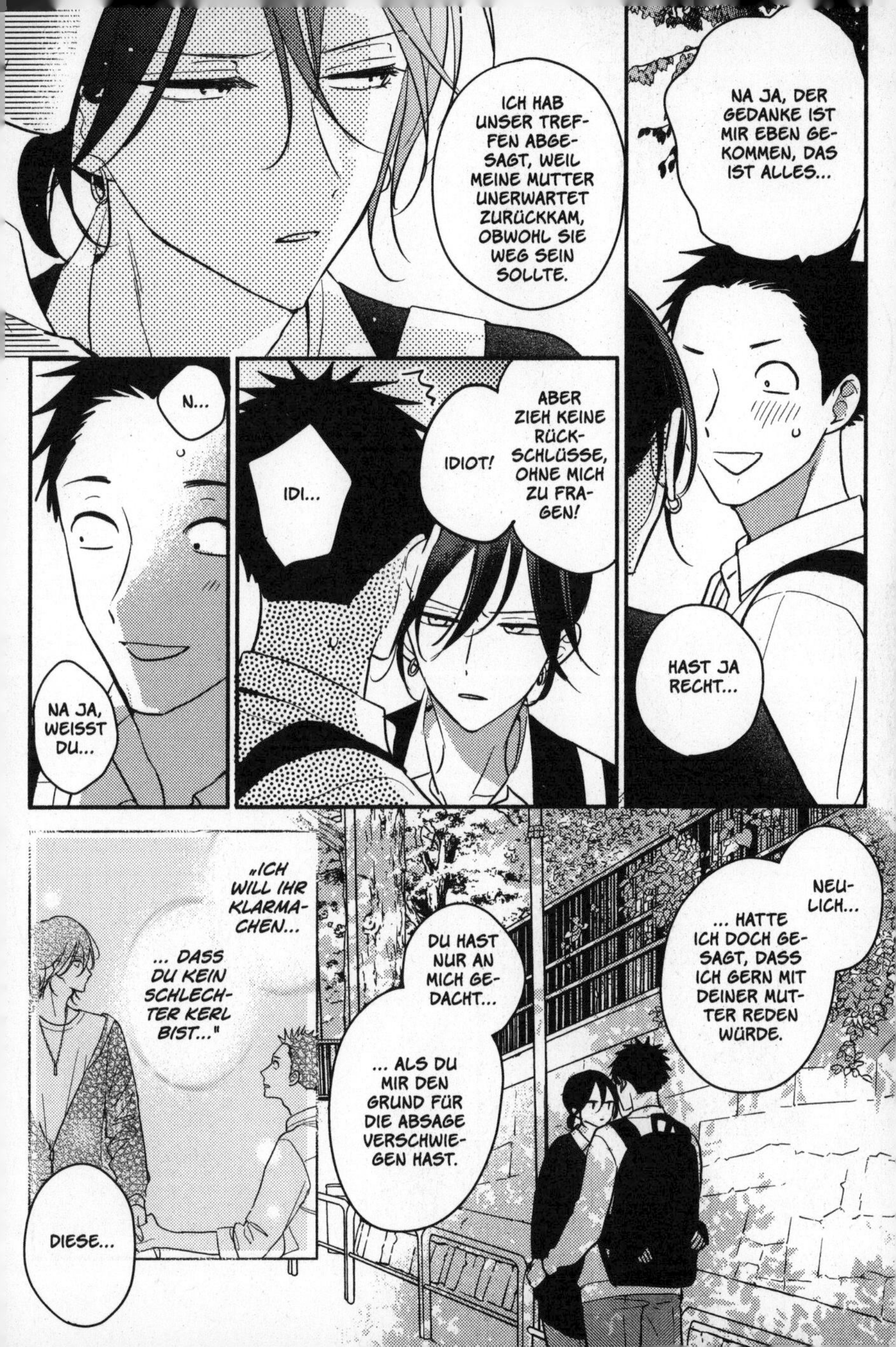
ICH HAB UNSER TREFFEN ABGESAGT, WEIL MEINE MUTTER UNERWARTET ZURÜCKKAM, OBWOHL SIE WEG SEIN SOLLTE.
NA JA, DER GEDANKE IST MIR EBEN GEKOMMEN, DAS IST ALLES...
HAST JA RECHT...
ABER ZIEH KEINE RÜCKSCHLÜSSE, OHNE MICH ZU FRAGEN!
IDIOT!
IDI...
N...
NA JA, WEISST DU...
NEULICH...
... HATTE ICH DOCH GESAGT, DASS ICH GERN MIT DEINER MUTTER REDEN WÜRDE.
DU HAST NUR AN MICH GEDACHT...
... ALS DU MIR DEN GRUND FÜR DIE ABSAGE VERSCHWIEGEN HAST.
„ICH WILL IHR KLARMACHEN...
... DASS DU KEIN SCHLECHTER KERL BIST..."
DIESE...

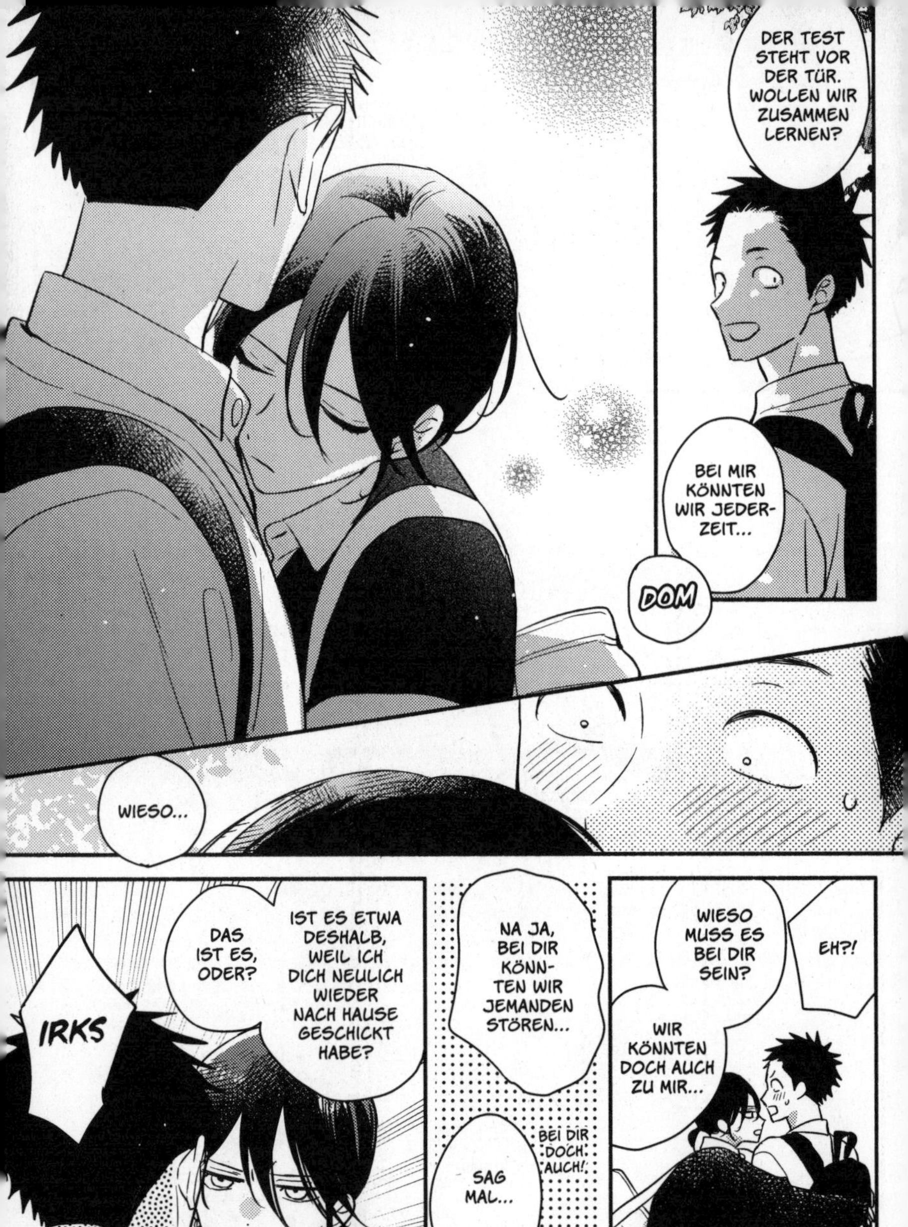
DER TEST STEHT VOR DER TÜR. WOLLEN WIR ZUSAMMEN LERNEN?
BEI MIR KÖNNTEN WIR JEDER-ZEIT...
DOM
WIESO...
EH?!
WIESO MUSS ES BEI DIR SEIN?
WIR KÖNNTEN DOCH AUCH ZU MIR...
NA JA, BEI DIR KÖNN-TEN WIR JEMANDEN STÖREN...
BEI DIR DOCH AUCH!
SAG MAL...
IST ES ETWA DESHALB, WEIL ICH DICH NEULICH WIEDER NACH HAUSE GESCHICKT HABE?
DAS IST ES, ODER?
IRKS

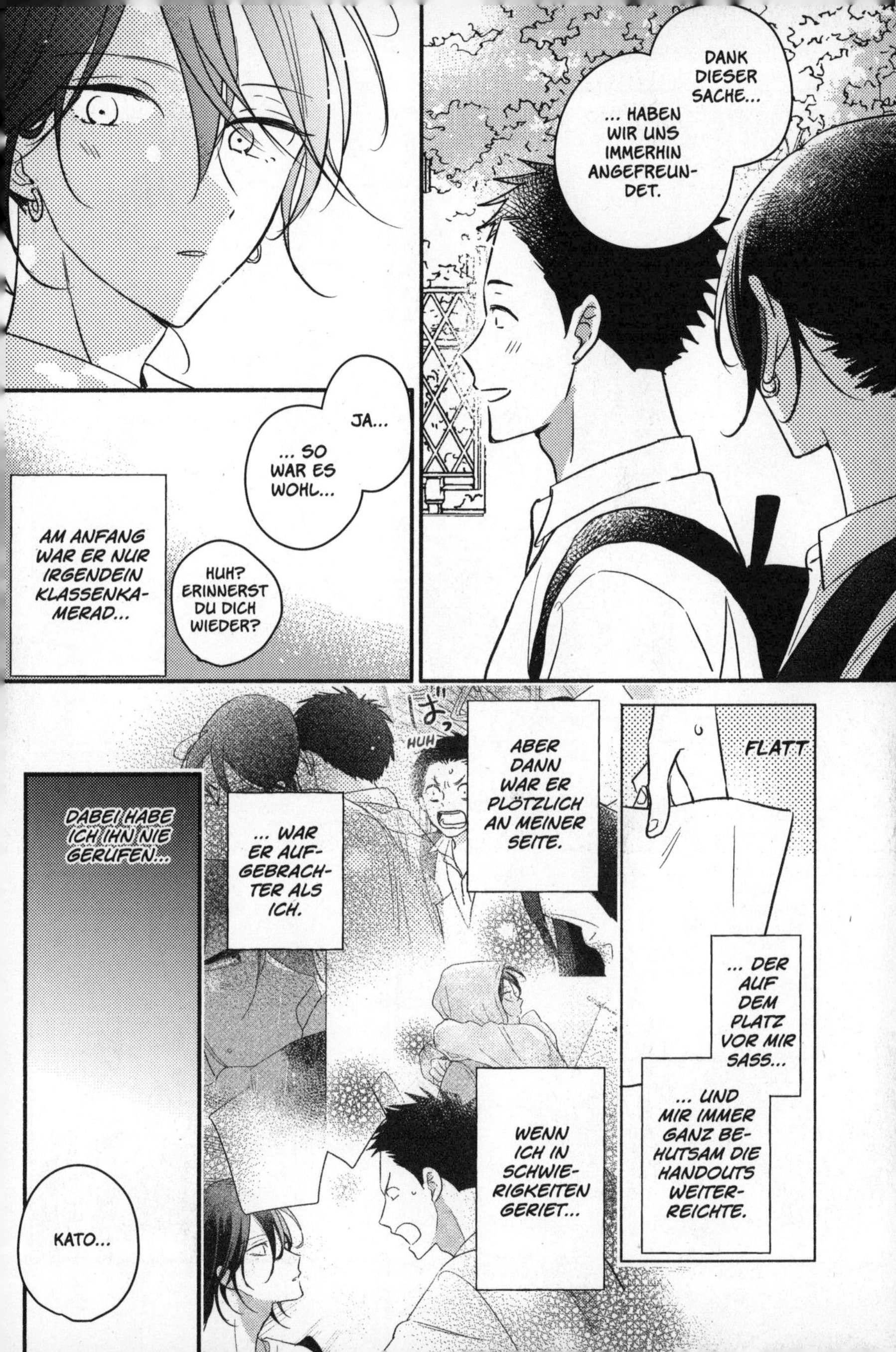
DANK DIESER SACHE...
... HABEN WIR UNS IMMERHIN ANGEFREUNDET.
JA...
... SO WAR ES WOHL...
HUH? ERINNERST DU DICH WIEDER?
AM ANFANG WAR ER NUR IRGENDEIN KLASSENKAMERAD...
FLATT
... DER AUF DEM PLATZ VOR MIR SASS...
... UND MIR IMMER GANZ BEHUTSAM DIE HANDOUTS WEITERREICHTE.
ABER DANN WAR ER PLÖTZLICH AN MEINER SEITE.
HUH
... WAR ER AUFGEBRACHTER ALS ICH.
WENN ICH IN SCHWIERIGKEITEN GERIET...
DABEI HABE ICH IHN NIE GERUFEN...
KATO...

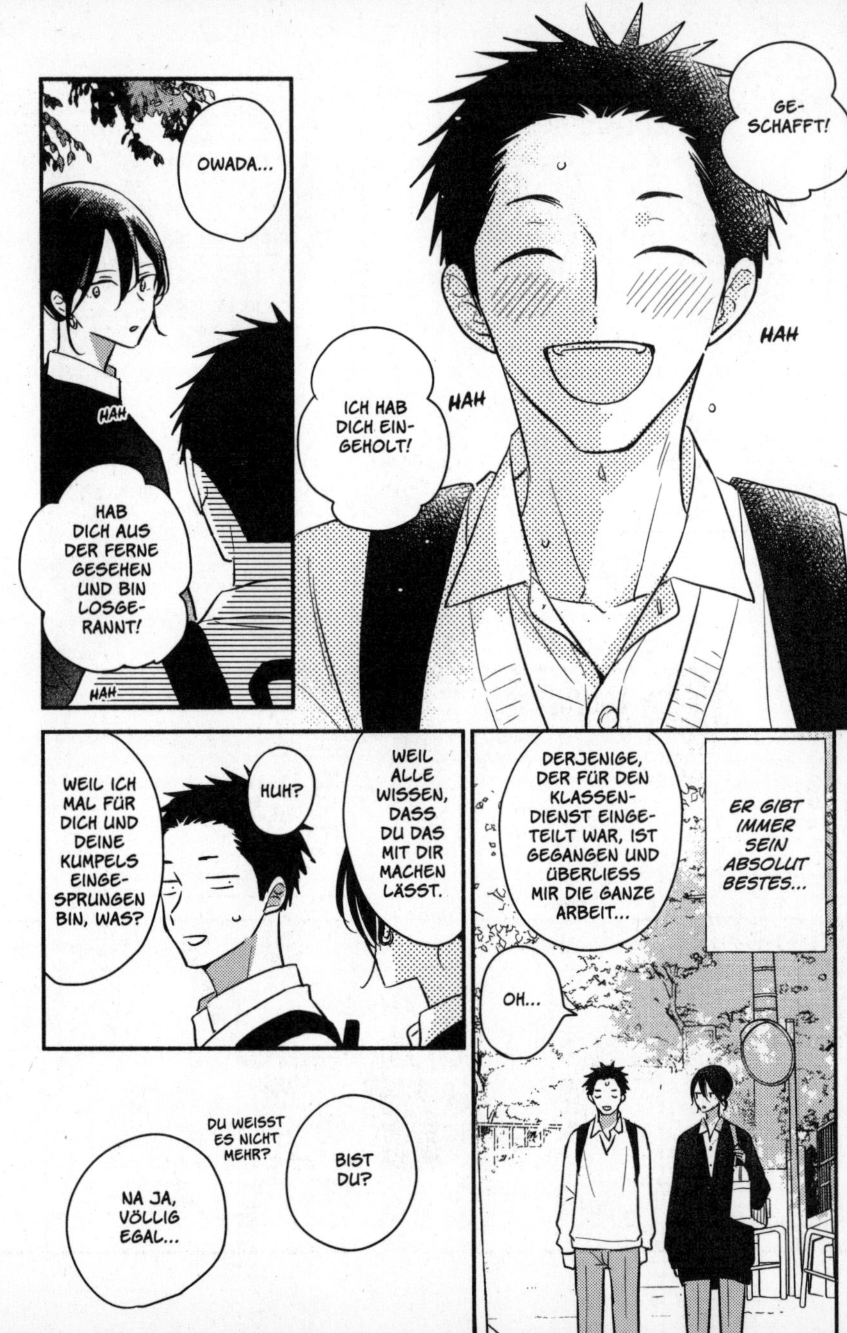
GE-SCHAFFT!
HAH
HAH
ICH HAB DICH EIN-GEHOLT!
OWADA...
HAH
HAB DICH AUS DER FERNE GESEHEN UND BIN LOSGE-RANNT!
HAH
ER GIBT IMMER SEIN ABSOLUT BESTES...
DERJENIGE, DER FÜR DEN KLASSEN-DIENST EINGE-TEILT WAR, IST GEGANGEN UND ÜBERLIESS MIR DIE GANZE ARBEIT...
OH...
WEIL ALLE WISSEN, DASS DU DAS MIT DIR MACHEN LÄSST.
HUH?
WEIL ICH MAL FÜR DICH UND DEINE KUMPELS EINGE-SPRUNGEN BIN, WAS?
BIST DU?
DU WEISST ES NICHT MEHR?
NA JA, VÖLLIG EGAL...

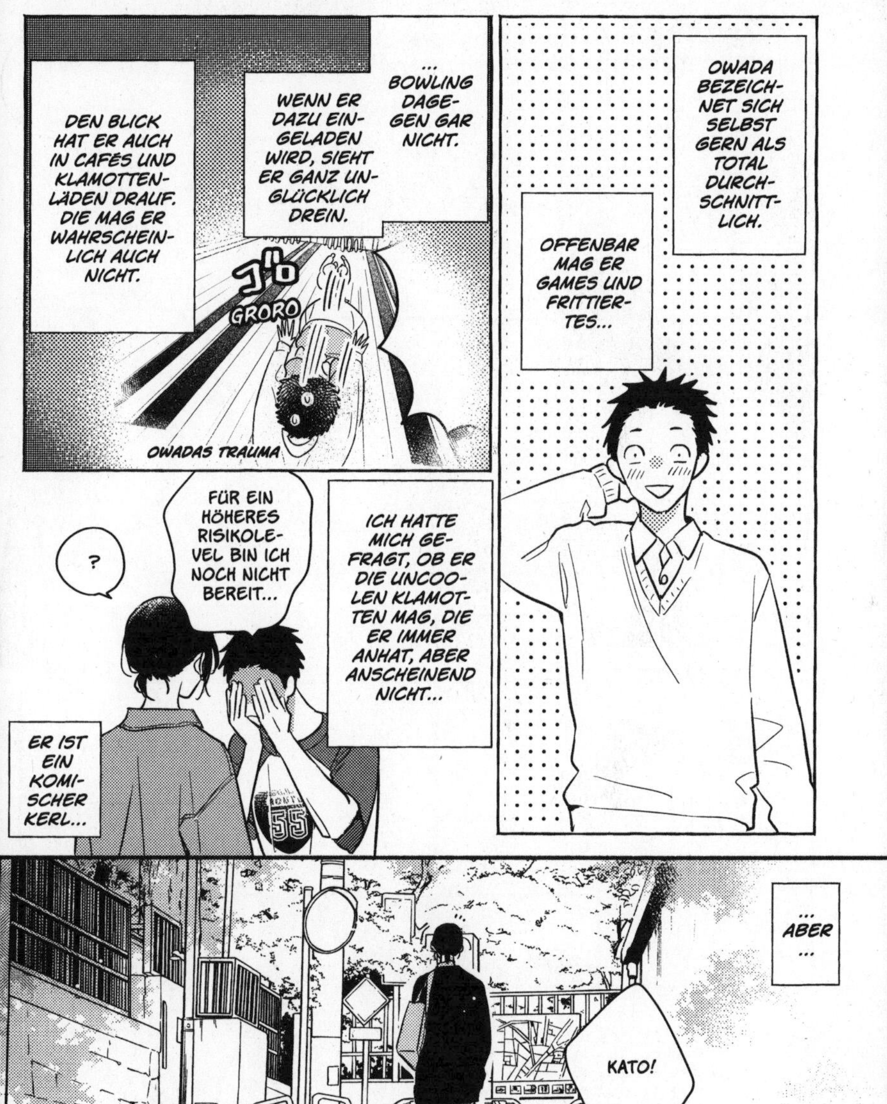
OWADA BEZEICHNET SICH SELBST GERN ALS TOTAL DURCHSCHNITTLICH.
OFFENBAR MAG ER GAMES UND FRITTIERTES...
... BOWLING DAGEGEN GAR NICHT.
WENN ER DAZU EINGELADEN WIRD, SIEHT ER GANZ UNGLÜCKLICH DREIN.
DEN BLICK HAT ER AUCH IN CAFÉS UND KLAMOTTENLÄDEN DRAUF. DIE MAG ER WAHRSCHEINLICH AUCH NICHT.
GRORO
OWADAS TRAUMA
ICH HATTE MICH GEFRAGT, OB ER DIE UNCOOLEN KLAMOTTEN MAG, DIE ER IMMER ANHAT, ABER ANSCHEINEND NICHT...
FÜR EIN HÖHERES RISIKOLEVEL BIN ICH NOCH NICHT BEREIT...
?
ER IST EIN KOMISCHER KERL...
... ABER ...
KATO!

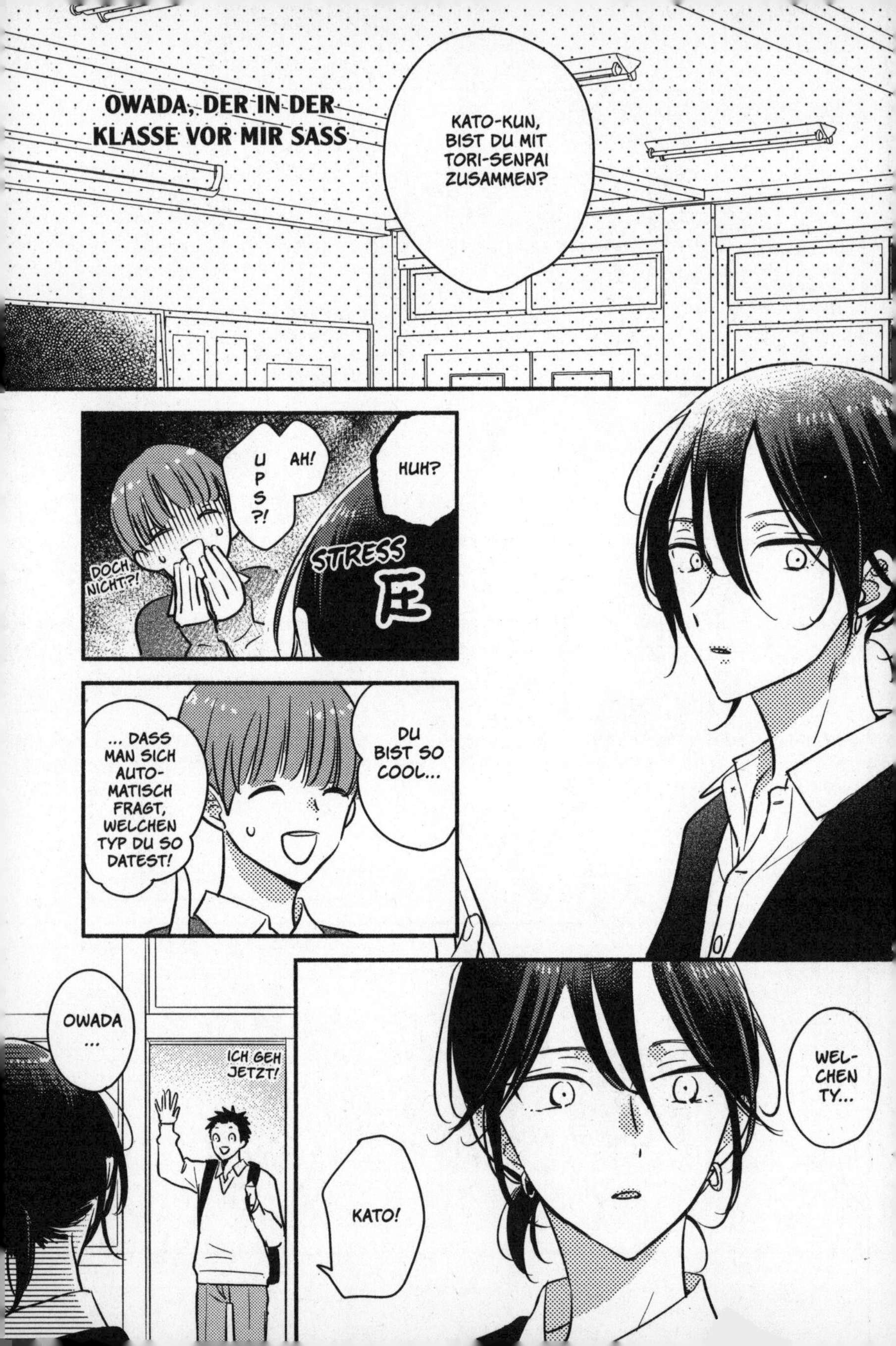
OWADA, DER IN DER KLASSE VOR MIR SASS
KATO-KUN, BIST DU MIT TORI-SENPAI ZUSAMMEN?
HUH?
AH!
UPS?!
DOCH NICHT?!
STRESS
圧
DU BIST SO COOL...
... DASS MAN SICH AUTO-MATISCH FRAGT, WELCHEN TYP DU SO DATEST!
WEL-CHEN TY...
KATO!
OWADA ...
ICH GEH JETZT!

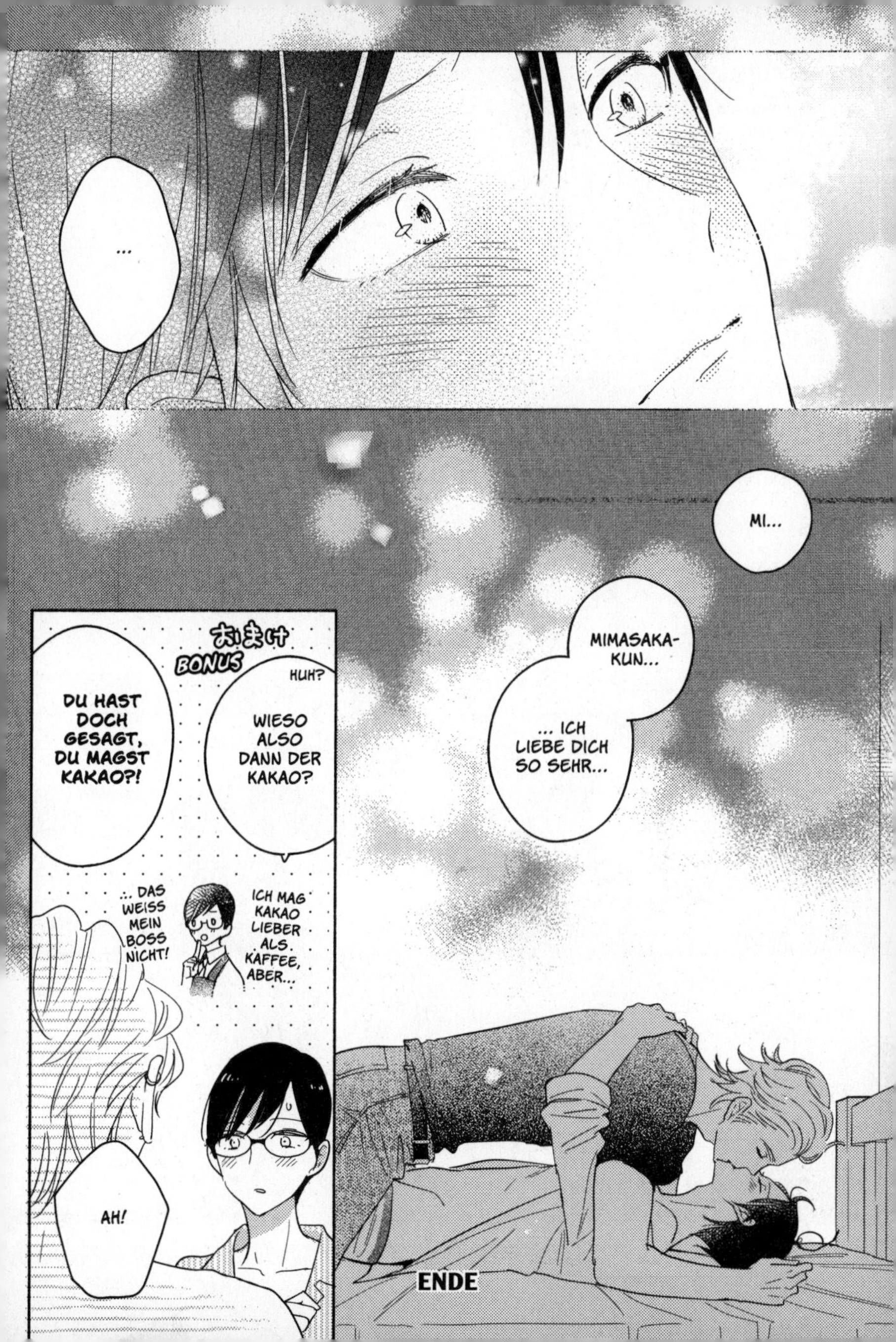
...
MI...
MIMASAKA-KUN...
... ICH LIEBE DICH SO SEHR...
ENDE
おまけ
BONUS
HUH?
WIESO ALSO DANN DER KAKAO?
DU HAST DOCH GESAGT, DU MAGST KAKAO?!
ICH MAG KAKAO LIEBER ALS KAFFEE, ABER...
... DAS WEISS MEIN BOSS NICHT!
AH!

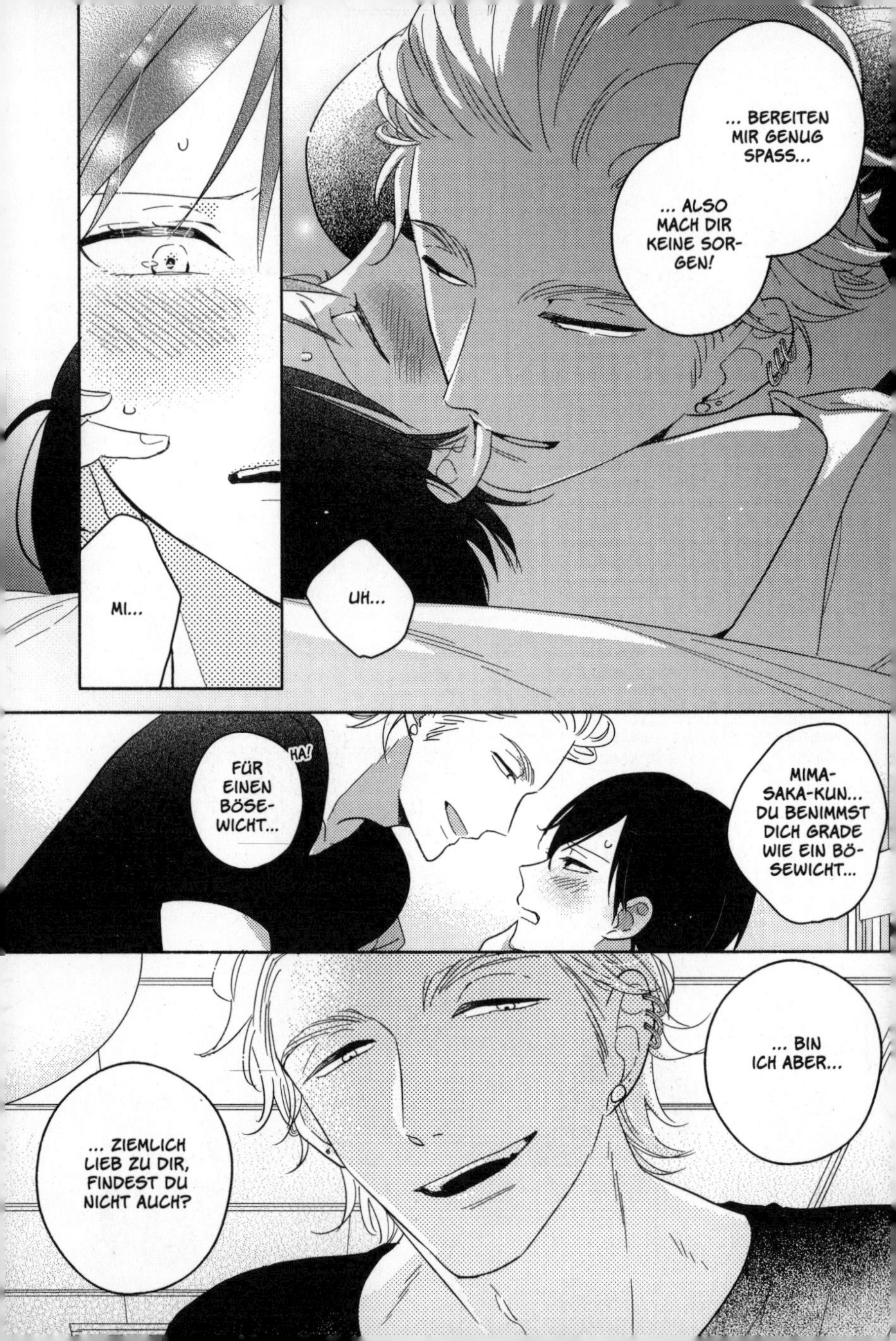
... BEREITEN MIR GENUG SPASS...
... ALSO MACH DIR KEINE SOR-GEN!
UH...
MI...
MIMA-SAKA-KUN... DU BENIMMST DICH GRADE WIE EIN BÖ-SEWICHT...
HA!
FÜR EINEN BÖSE-WICHT...
... BIN ICH ABER...
... ZIEMLICH LIEB ZU DIR, FINDEST DU NICHT AUCH?

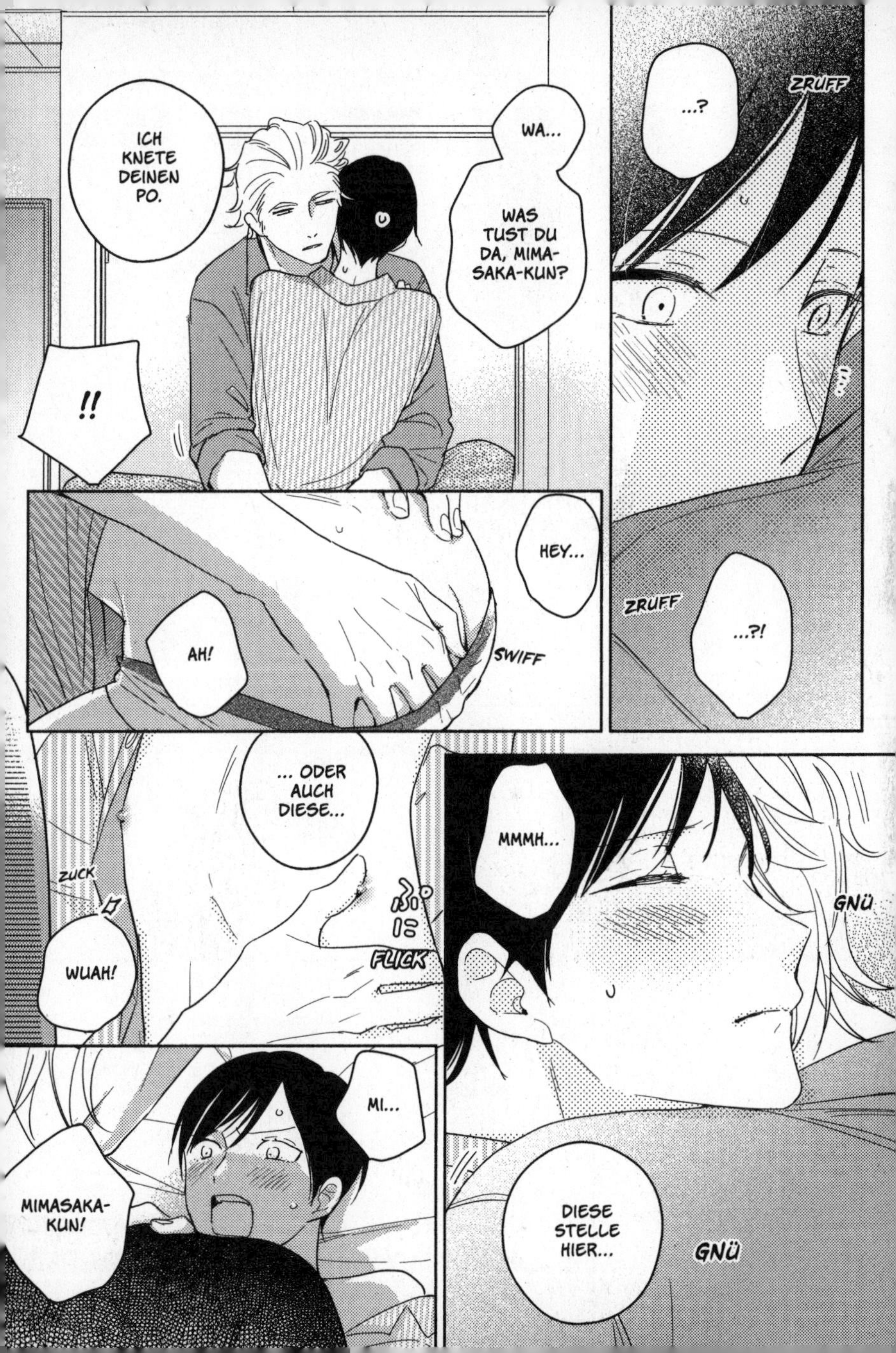

...?
ZRUFF
ZRUFF
...?!
WA...
WAS TUST DU DA, MIMA-SAKA-KUN?
ICH KNETE DEINEN PO.
!!
HEY...
SWIFF
AH!
... ODER AUCH DIESE...
FLICK
ZUCK
WUAH!
MMMH...
GNÜ
DIESE STELLE HIER...
GNÜ
MI...
MIMASAKA-KUN!

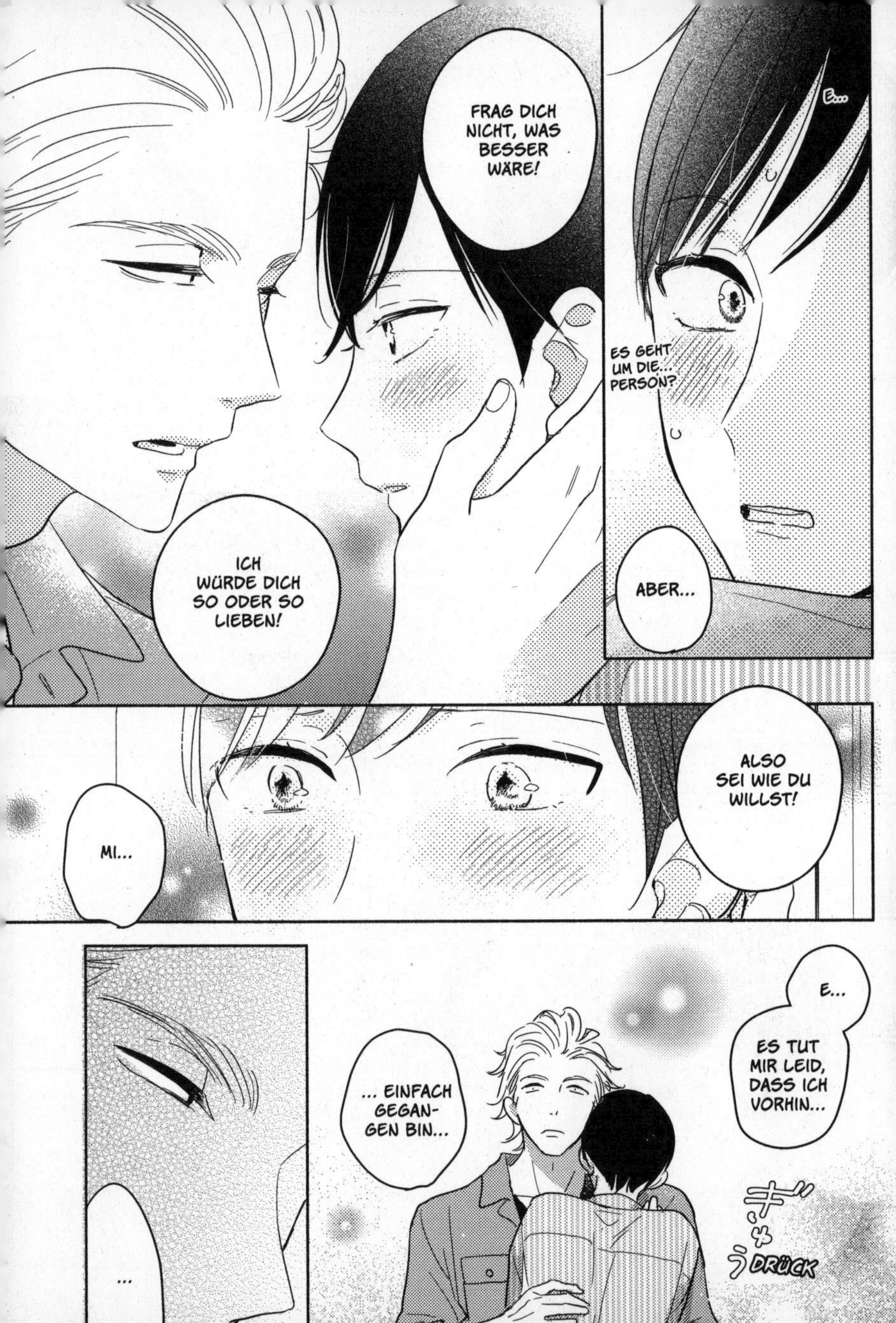
E...
ES GEHT UM DIE... PERSON?
ABER...
FRAG DICH NICHT, WAS BESSER WÄRE!
ICH WÜRDE DICH SO ODER SO LIEBEN!
ALSO SEI WIE DU WILLST!
MI...
E...
ES TUT MIR LEID, DASS ICH VORHIN...
... EINFACH GEGAN-GEN BIN...
DRÜCK
...

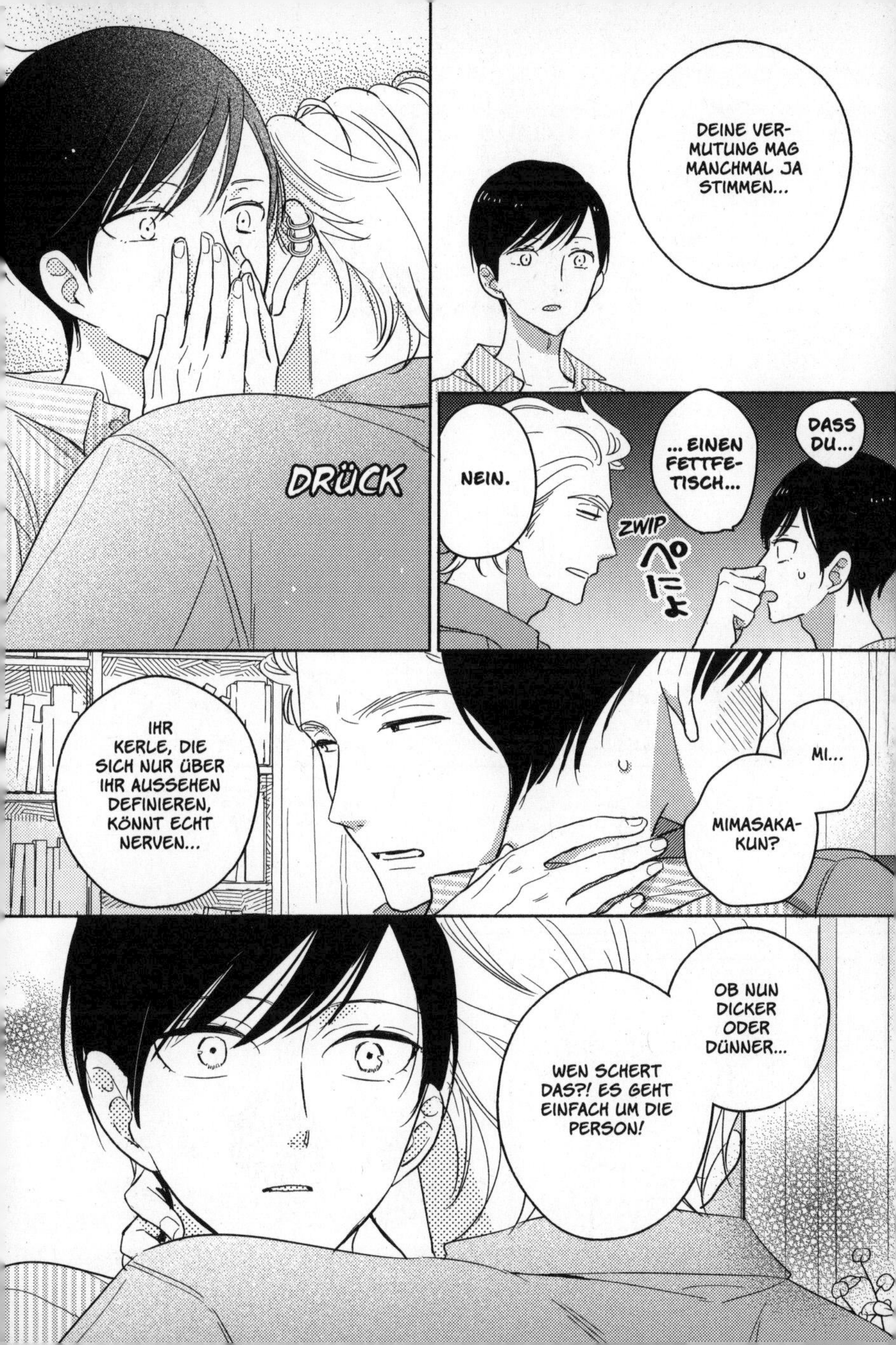
DEINE VER-MUTUNG MAG MANCHMAL JA STIMMEN...
DASS DU...
... EINEN FETTFE-TISCH...
ZWIP
ぺにょ
NEIN.
DRÜCK
MI...
MIMASAKA-KUN?
IHR KERLE, DIE SICH NUR ÜBER IHR AUSSEHEN DEFINIEREN, KÖNNT ECHT NERVEN...
OB NUN DICKER ODER DÜNNER...
WEN SCHERT DAS?! ES GEHT EINFACH UM DIE PERSON!

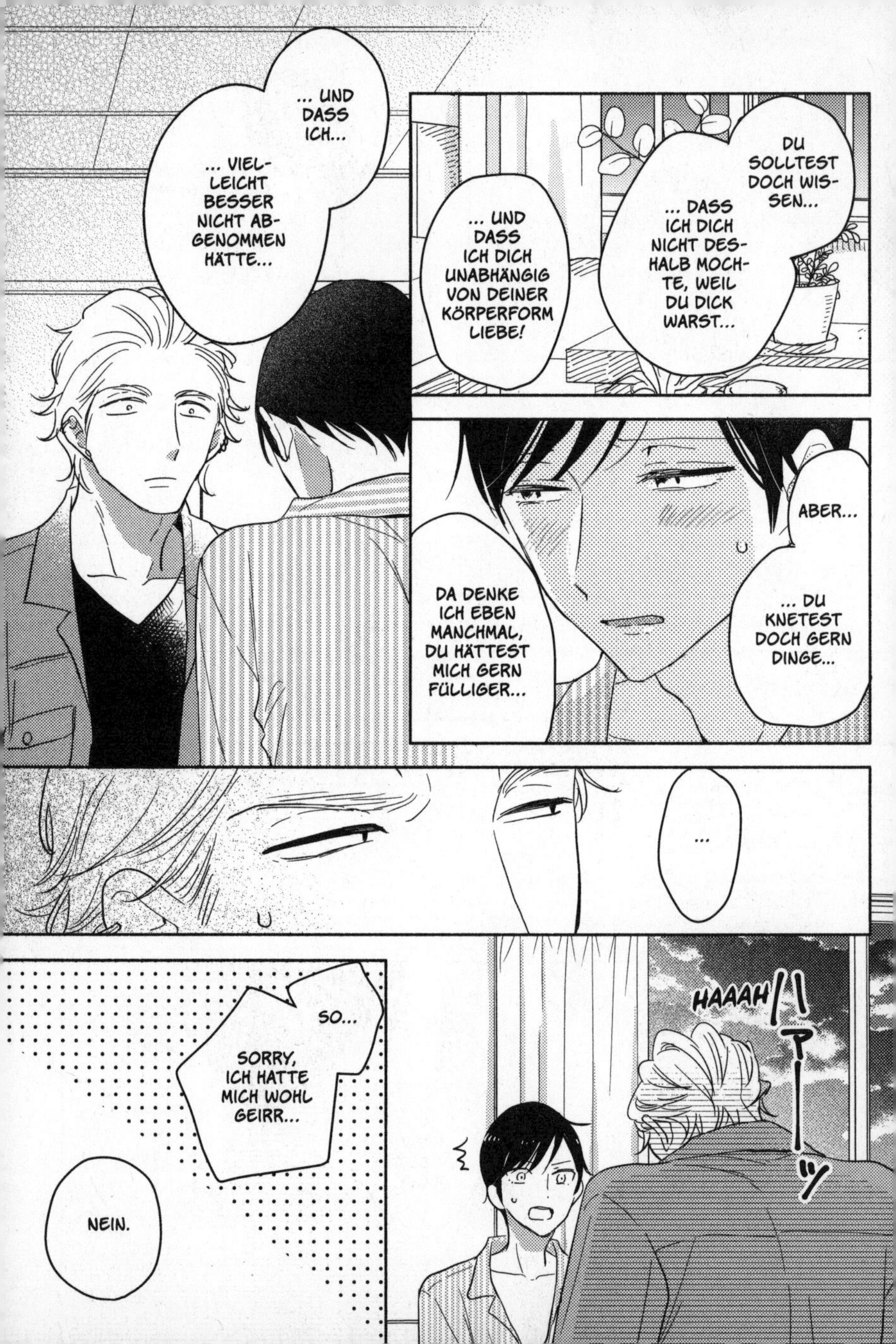
DU SOLLTEST DOCH WISSEN...
... DASS ICH DICH NICHT DESHALB MOCHTE, WEIL DU DICK WARST...
... UND DASS ICH DICH UNABHÄNGIG VON DEINER KÖRPERFORM LIEBE!
... UND DASS ICH...
... VIELLEICHT BESSER NICHT ABGENOMMEN HÄTTE...
ABER...
... DU KNETEST DOCH GERN DINGE...
DA DENKE ICH EBEN MANCHMAL, DU HÄTTEST MICH GERN FÜLLIGER...
...
HAAAH
SO...
SORRY, ICH HATTE MICH WOHL GEIRR...
NEIN.

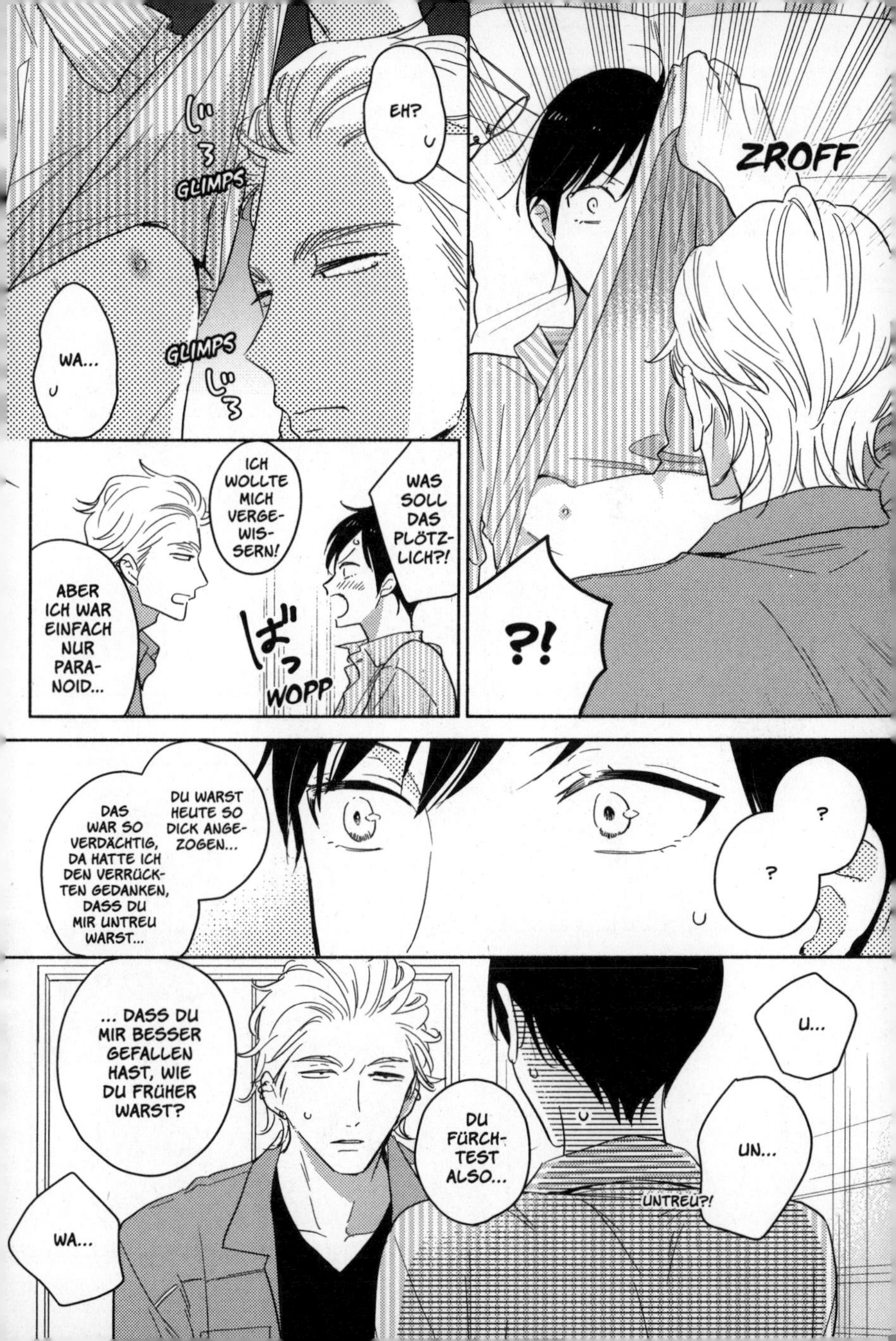
ZROFF
?!
EH?
じろ
GLIMPS
GLIMPS
じろ
WA...
WAS SOLL DAS PLÖTZLICH?!
ICH WOLLTE MICH VERGEWISSERN!
ばっ
WOPP
ABER ICH WAR EINFACH NUR PARANOID...
?
?
DU WARST HEUTE SO DICK ANGEZOGEN...
DAS WAR SO VERDÄCHTIG, DA HATTE ICH DEN VERRÜCKTEN GEDANKEN, DASS DU MIR UNTREU WARST...
U...
UN...
UNTREU?!
DU FÜRCHTEST ALSO...
... DASS DU MIR BESSER GEFALLEN HAST, WIE DU FRÜHER WARST?
WA...

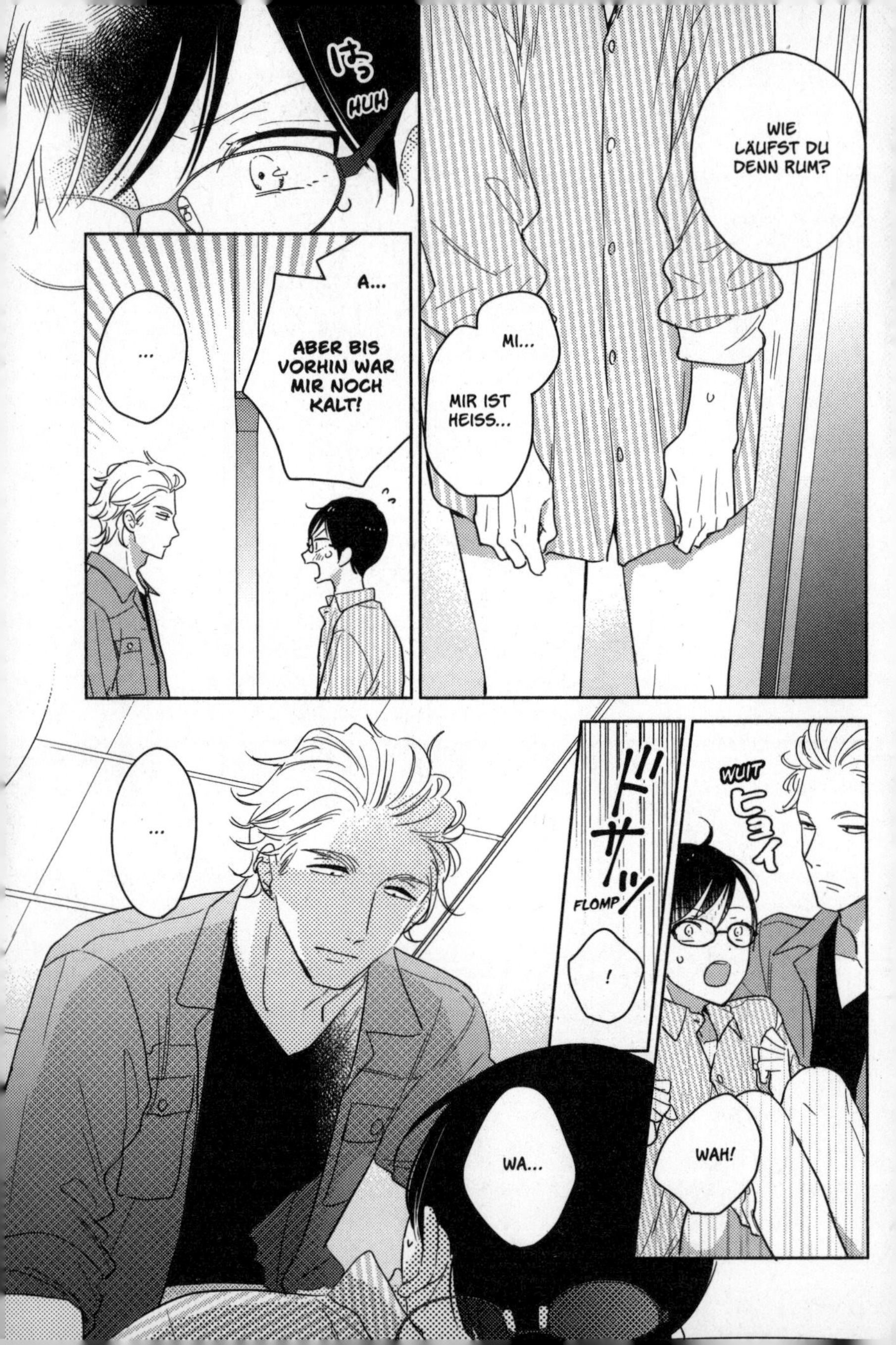
WIE LÄUFST DU DENN RUM?
はっ
HUH
MI...
MIR IST HEISS...
A...
ABER BIS VORHIN WAR MIR NOCH KALT!
...
ヒョイ
WUIT
ドサッ
FLOMP
!
WAH!
WA...
...

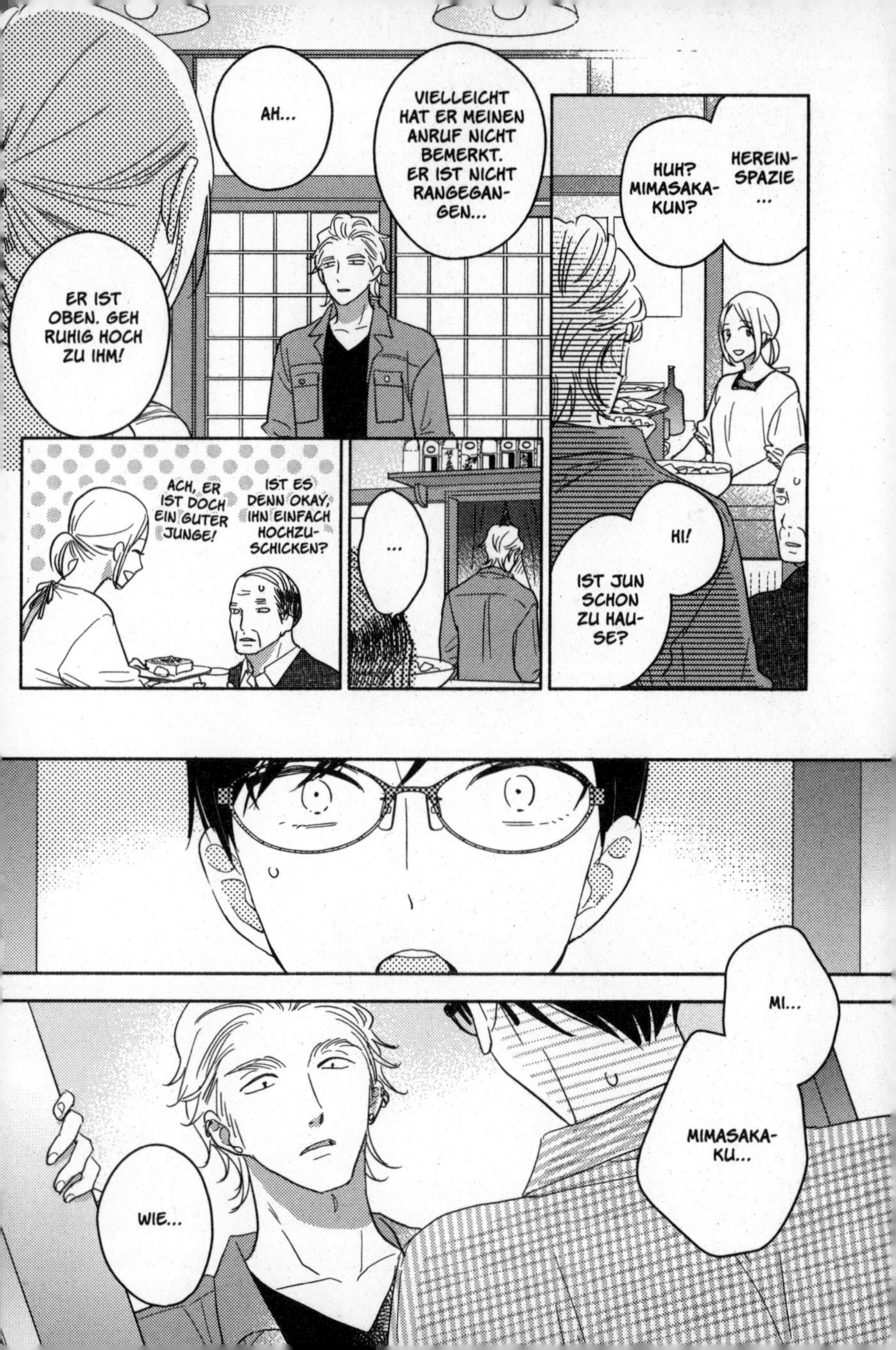

HEREIN-SPAZIE...

HUH? MIMASAKA-KUN?

HI!

IST JUN SCHON ZU HAUSE?

VIELLEICHT HAT ER MEINEN ANRUF NICHT BEMERKT. ER IST NICHT RANGEGANGEN...

AH...

ER IST OBEN. GEH RUHIG HOCH ZU IHM!

...

IST ES DENN OKAY, IHN EINFACH HOCHZUSCHICKEN?

ACH, ER IST DOCH EIN GUTER JUNGE!

MI...

MIMASAKA-KU...

WIE...

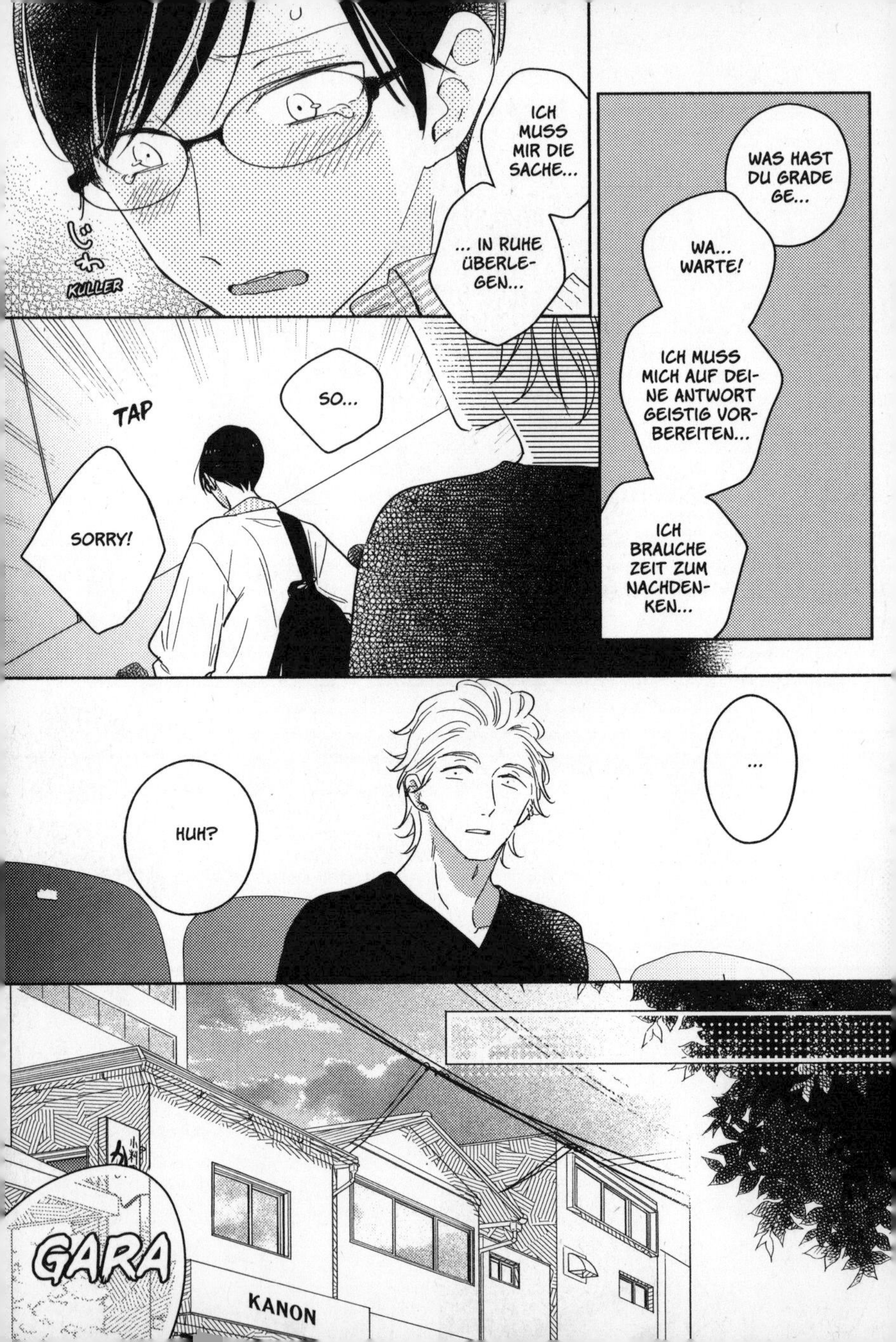
WAS HAST DU GRADE GE...
WA... WARTE!
ICH MUSS MIR DIE SACHE...
... IN RUHE ÜBERLEGEN...
じわ
KULLER
ICH MUSS MICH AUF DEINE ANTWORT GEISTIG VORBEREITEN...
ICH BRAUCHE ZEIT ZUM NACHDENKEN...
SO...
SORRY!
TAP
...
HUH?
GARA
KANON

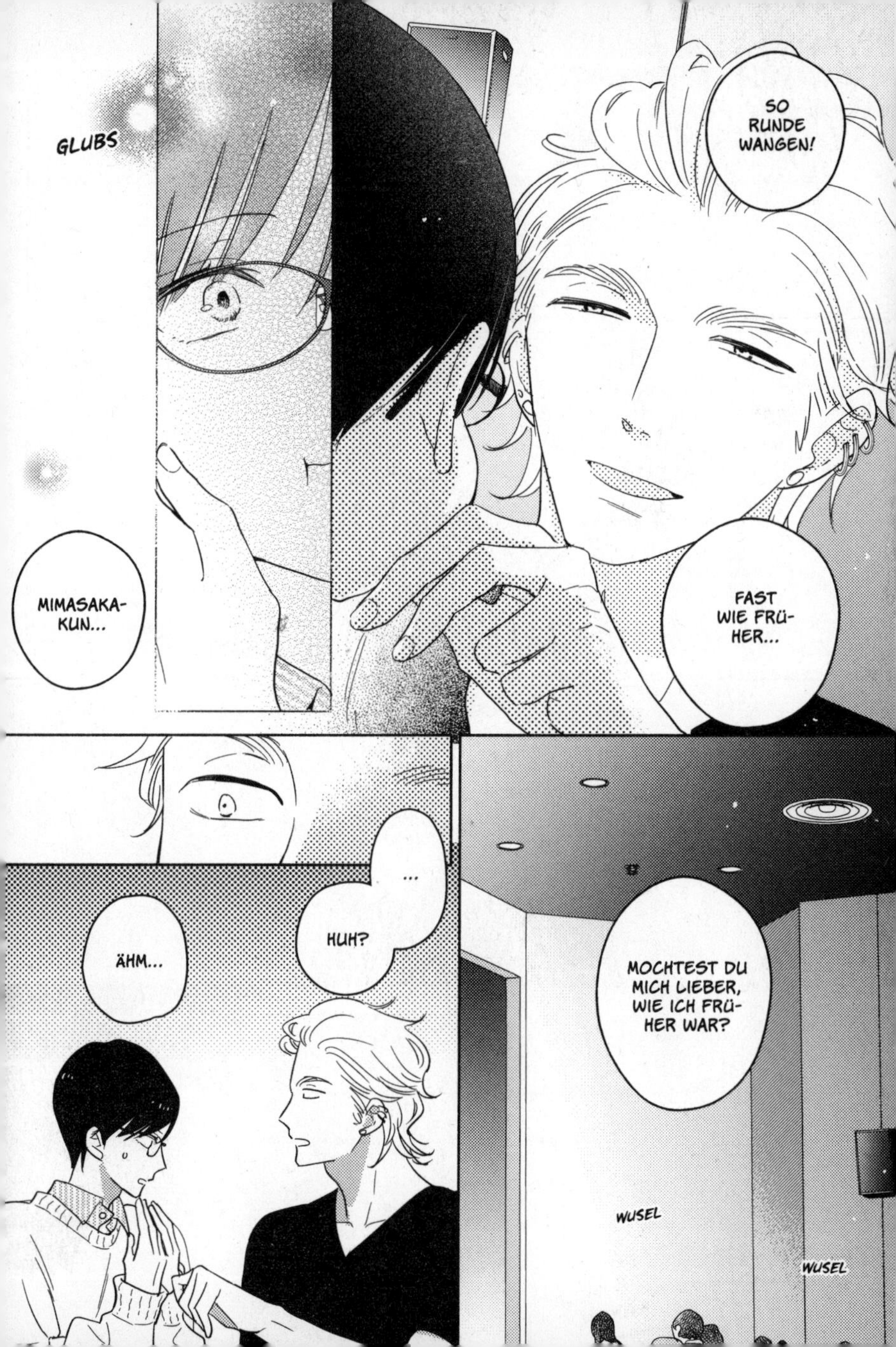
SO RUNDE WANGEN!
FAST WIE FRÜHER...
GLUBS
MIMASAKA-KUN...
MOCHTEST DU MICH LIEBER, WIE ICH FRÜHER WAR?
WUSEL
WUSEL
...
HUH?
ÄHM...

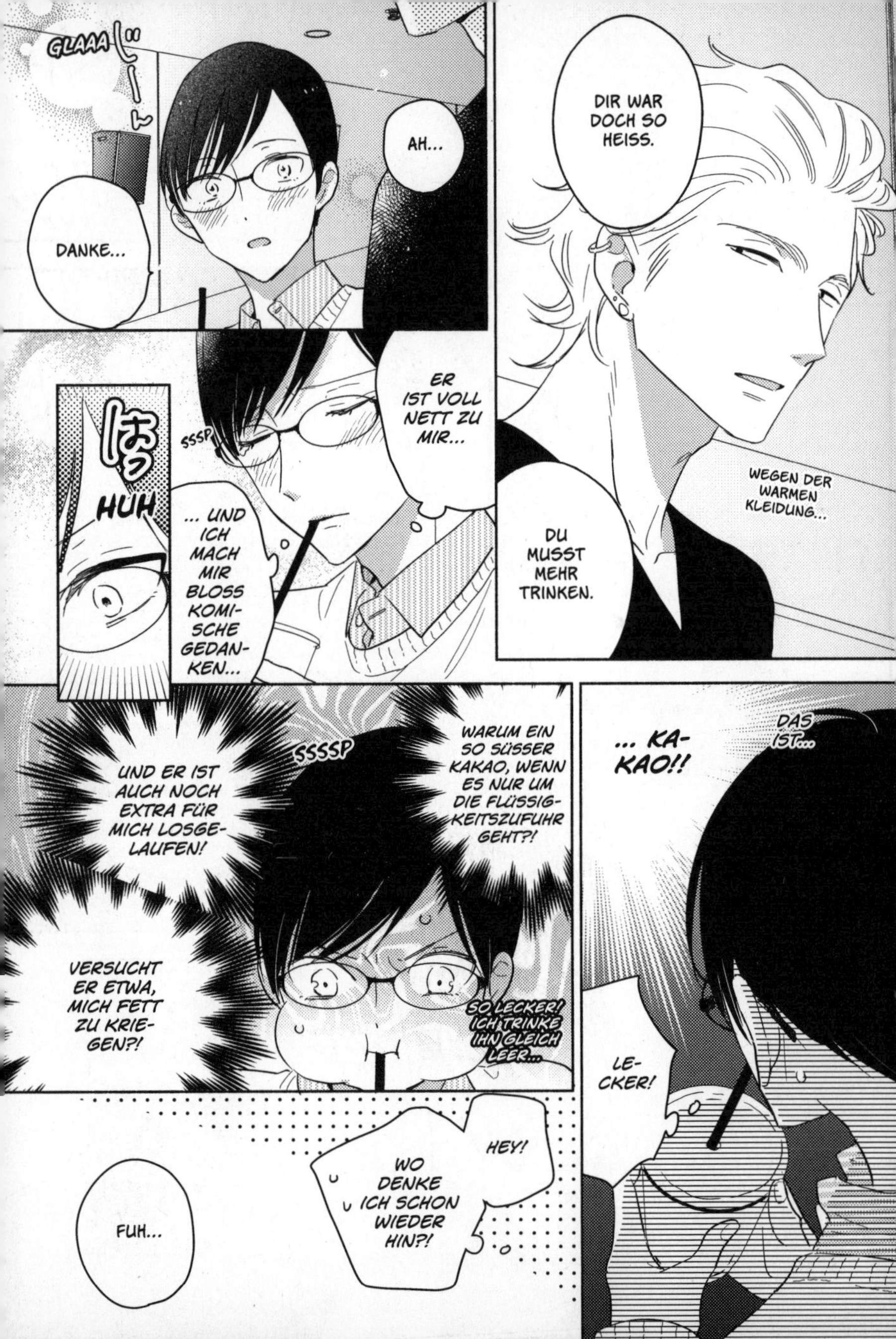
DIR WAR DOCH SO HEISS.
WEGEN DER WARMEN KLEIDUNG...
DU MUSST MEHR TRINKEN.
GLAAA
AH...
DANKE...
ER IST VOLL NETT ZU MIR...
SSSP
... UND ICH MACH MIR BLOSS KOMISCHE GEDANKEN...
はっ
HUH
DAS IST...
... KA-KAO!!
LE-CKER!
WARUM EIN SO SÜSSER KAKAO, WENN ES NUR UM DIE FLÜSSIGKEITSZUFUHR GEHT?!
SSSSP
UND ER IST AUCH NOCH EXTRA FÜR MICH LOSGELAUFEN!
VERSUCHT ER ETWA, MICH FETT ZU KRIEGEN?!
SO LECKER! ICH TRINKE IHN GLEICH LEER...
HEY!
WO DENKE ICH SCHON WIEDER HIN?!
FUH...

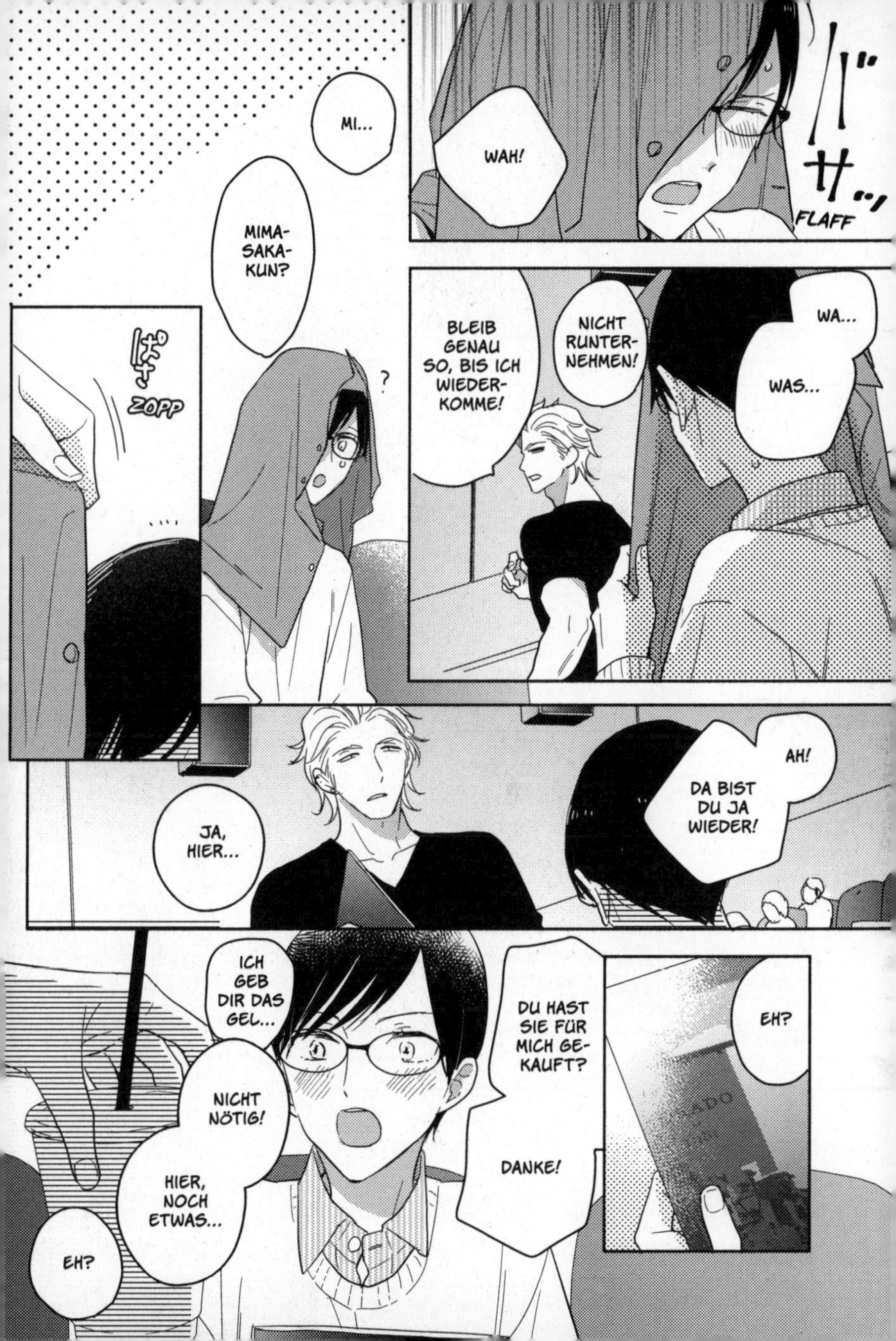
WAH!
FLAFF
MI...
MIMA-SAKA-KUN?
WA...
WAS...
NICHT RUNTER-NEHMEN!
BLEIB GENAU SO, BIS ICH WIEDER-KOMME!
?
ZOPP
...
AH!
DA BIST DU JA WIEDER!
JA, HIER...
EH?
DU HAST SIE FÜR MICH GE-KAUFT?
DANKE!
ICH GEB DIR DAS GEL...
NICHT NÖTIG!
HIER, NOCH ETWAS...
EH?

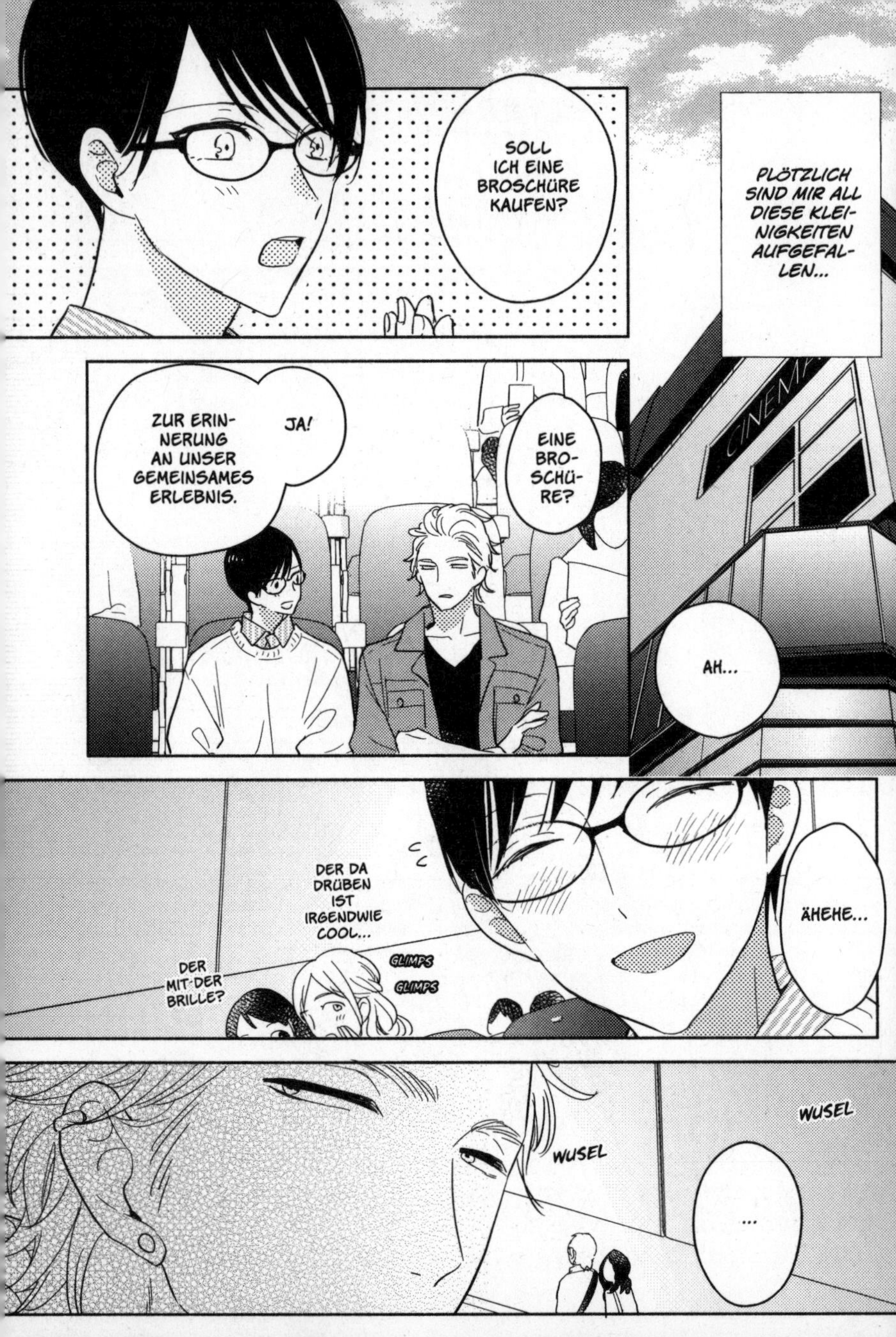
PLÖTZLICH SIND MIR ALL DIESE KLEI-NIGKEITEN AUFGEFAL-LEN...
SOLL ICH EINE BROSCHÜRE KAUFEN?
AH...
EINE BRO-SCHÜ-RE?
JA!
ZUR ERIN-NERUNG AN UNSER GEMEINSAMES ERLEBNIS.
ÄHEHE...
DER DA DRÜBEN IST IRGENDWIE COOL...
GLIMPS
GLIMPS
DER MIT DER BRILLE?
WUSEL
...
WUSEL

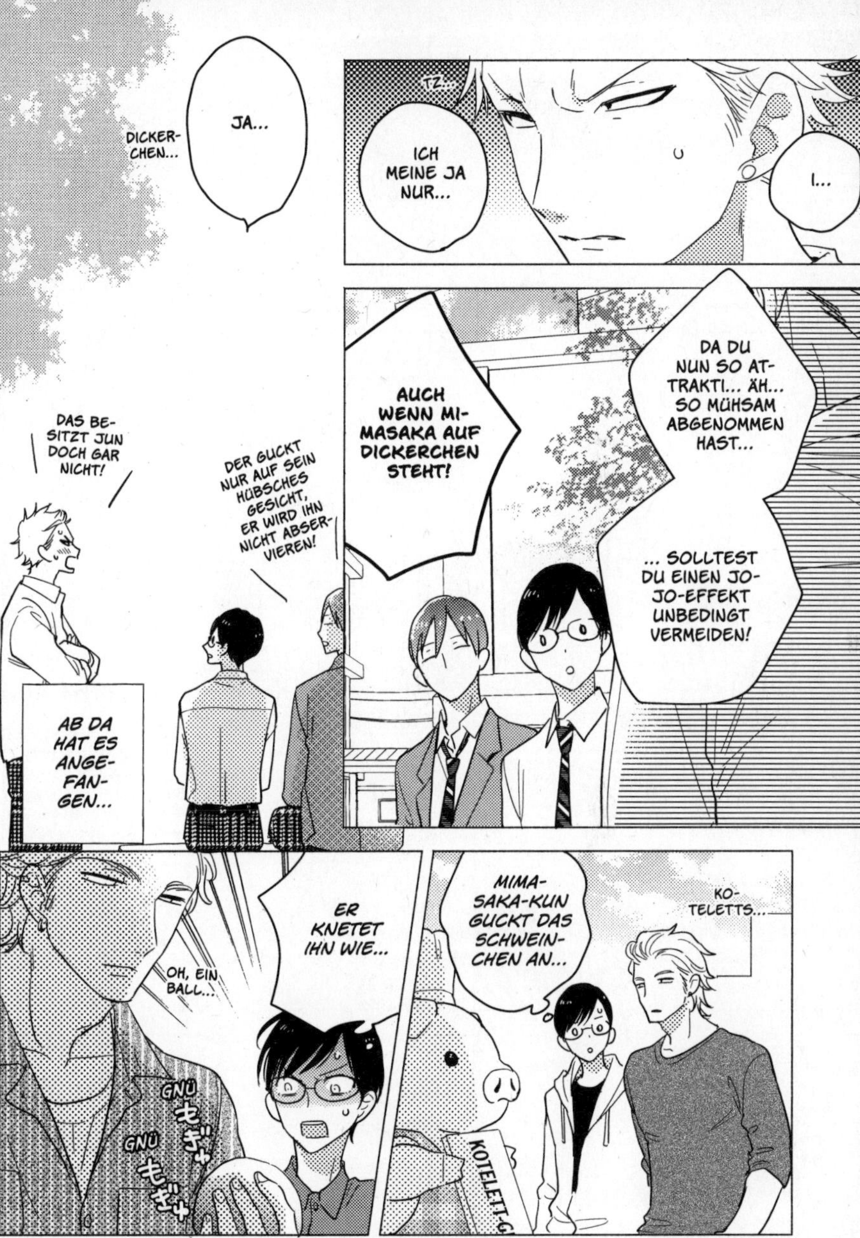

I...
TZ...
ICH MEINE JA NUR...
JA...
DICKER-CHEN...
DA DU NUN SO AT-TRAKTI... ÄH... SO MÜHSAM ABGENOMMEN HAST...
... SOLLTEST DU EINEN JO-JO-EFFEKT UNBEDINGT VERMEIDEN!
AUCH WENN MI-MASAKA AUF DICKERCHEN STEHT!
DER GUCKT NUR AUF SEIN HÜBSCHES GESICHT, ER WIRD IHN NICHT ABSER-VIEREN!
DAS BE-SITZT JUN DOCH GAR NICHT!
AB DA HAT ES ANGE-FAN-GEN...
KO-TELETTS...
MIMA-SAKA-KUN GUCKT DAS SCHWEIN-CHEN AN...
KOTELETT-G
ER KNETET IHN WIE...
OH, EIN BALL...
GNÜ
GNÜ

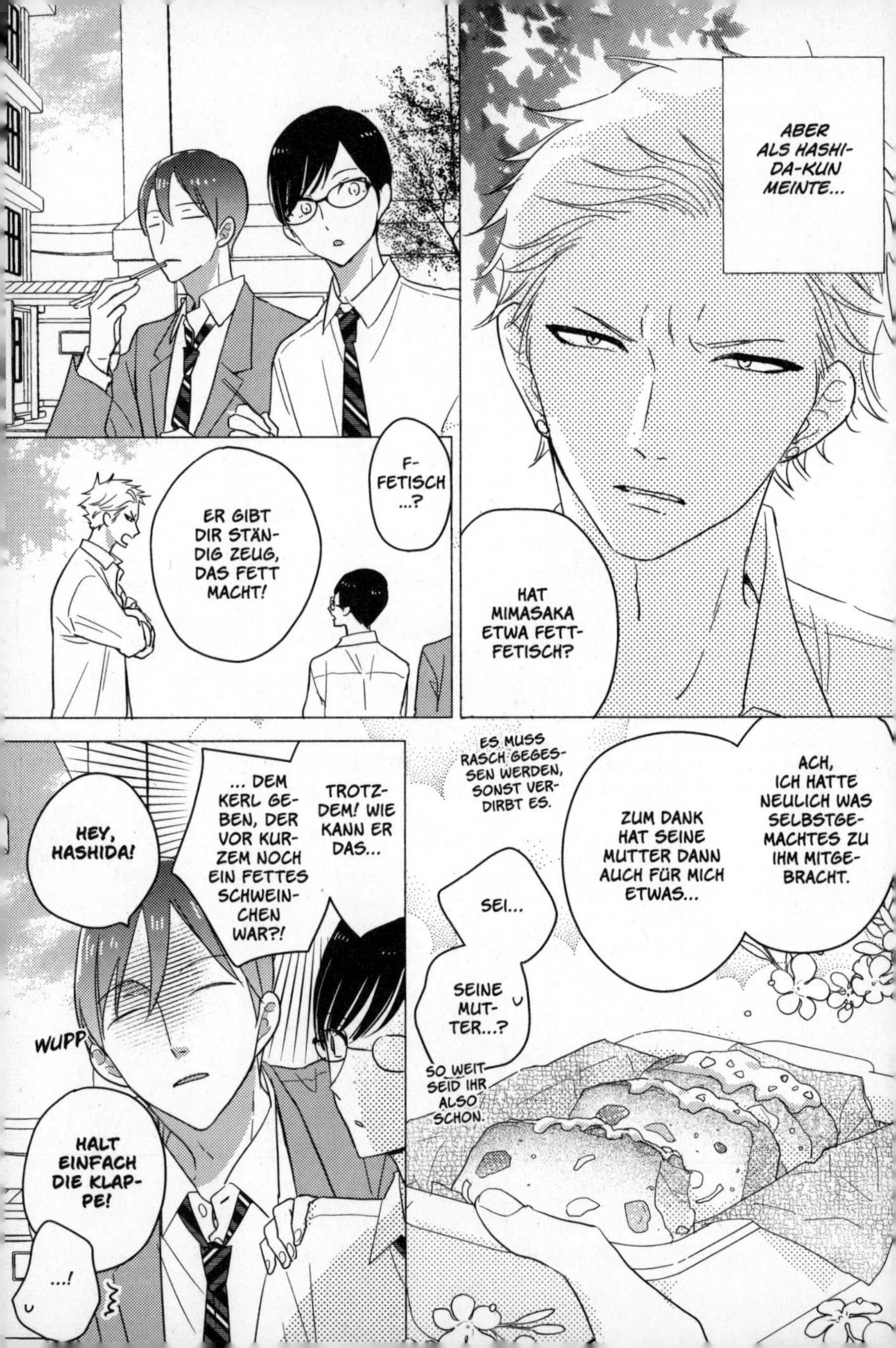
ABER ALS HASHIDA-KUN MEINTE...
HAT MIMASAKA ETWA FETT-FETISCH?
F-FETISCH...?
ER GIBT DIR STÄNDIG ZEUG, DAS FETT MACHT!
ACH, ICH HATTE NEULICH WAS SELBSTGEMACHTES ZU IHM MITGEBRACHT.
ZUM DANK HAT SEINE MUTTER DANN AUCH FÜR MICH ETWAS...
ES MUSS RASCH GEGESSEN WERDEN, SONST VERDIRBT ES.
SEI...
SEINE MUTTER...?
SO WEIT SEID IHR ALSO SCHON.
TROTZDEM! WIE KANN ER DAS...
... DEM KERL GEBEN, DER VOR KURZEM NOCH EIN FETTES SCHWEINCHEN WAR?!
HEY, HASHIDA!
WUPP
HALT EINFACH DIE KLAPPE!
...!

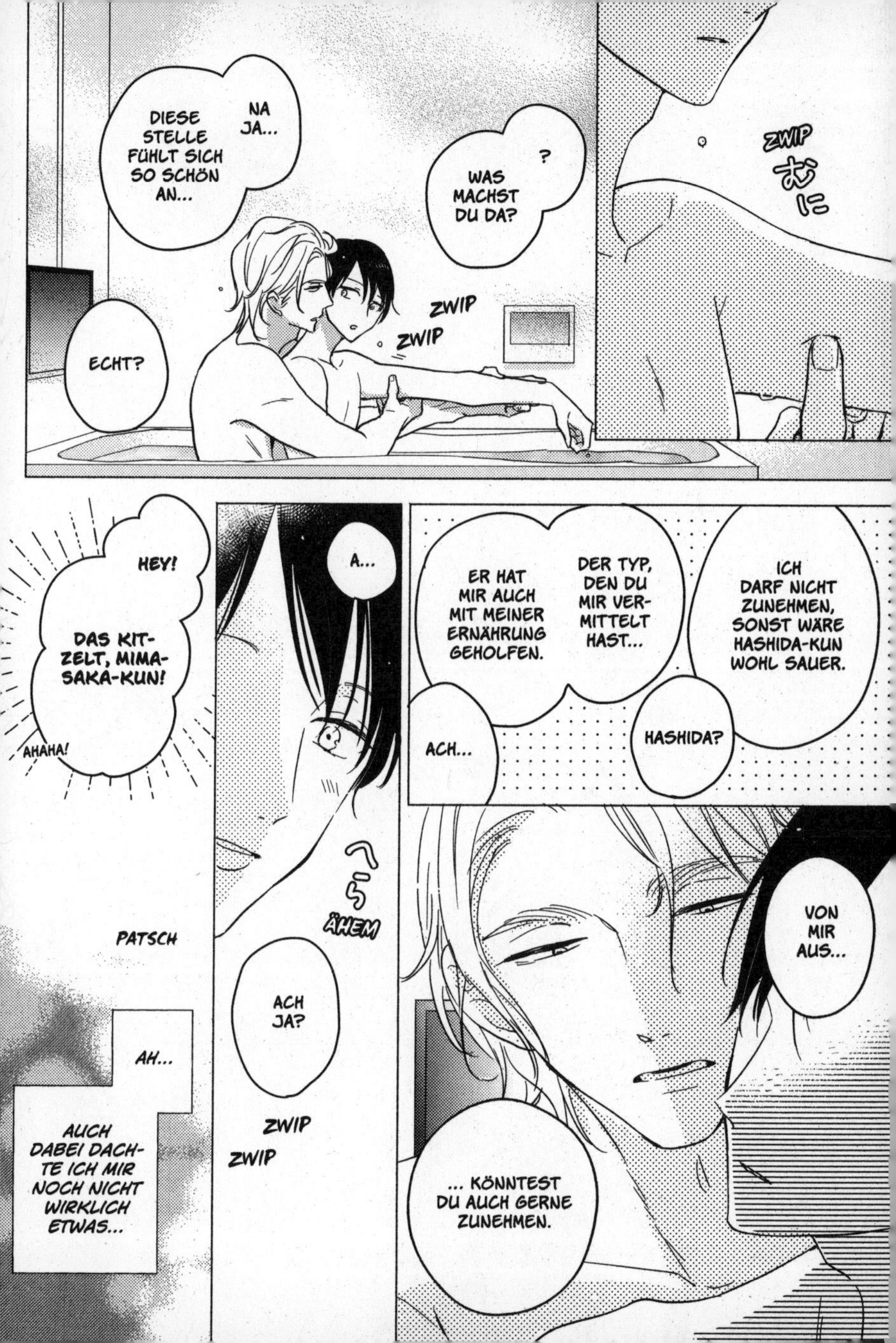
ZWIP
むに
?
WAS MACHST DU DA?
NA JA...
DIESE STELLE FÜHLT SICH SO SCHÖN AN...
ECHT?
ZWIP
ZWIP
ICH DARF NICHT ZUNEHMEN, SONST WÄRE HASHIDA-KUN WOHL SAUER.
HASHIDA?
DER TYP, DEN DU MIR VERMITTELT HAST...
ER HAT MIR AUCH MIT MEINER ERNÄHRUNG GEHOLFEN.
ACH...
VON MIR AUS...
... KÖNNTEST DU AUCH GERNE ZUNEHMEN.
A...
へら
ÄHEM
ACH JA?
ZWIP
ZWIP
HEY!
DAS KIT-ZELT, MIMA-SAKA-KUN!
AHAHA!
PATSCH
AH...
AUCH DABEI DACH-TE ICH MIR NOCH NICHT WIRKLICH ETWAS...

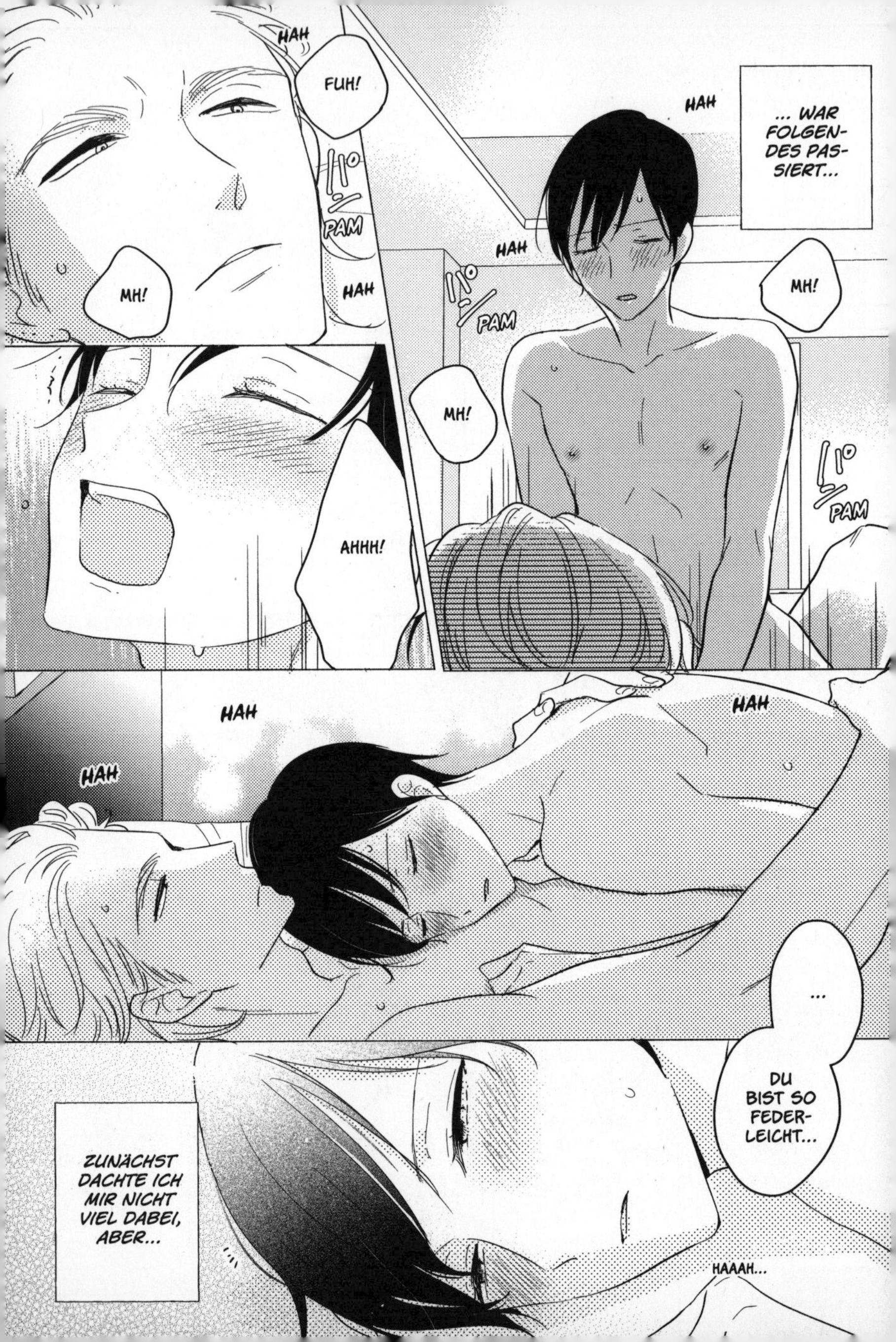
... WAR FOLGENDES PASSIERT...
HAH
MH!
PAM
HAH
MH!
PAM
HAH
FUH!
PAM
MH!
HAH
AHHH!
HAH
HAH
HAH
...
DU BIST SO FEDERLEICHT...
HAAAH...
ZUNÄCHST DACHTE ICH MIR NICHT VIEL DABEI, ABER...

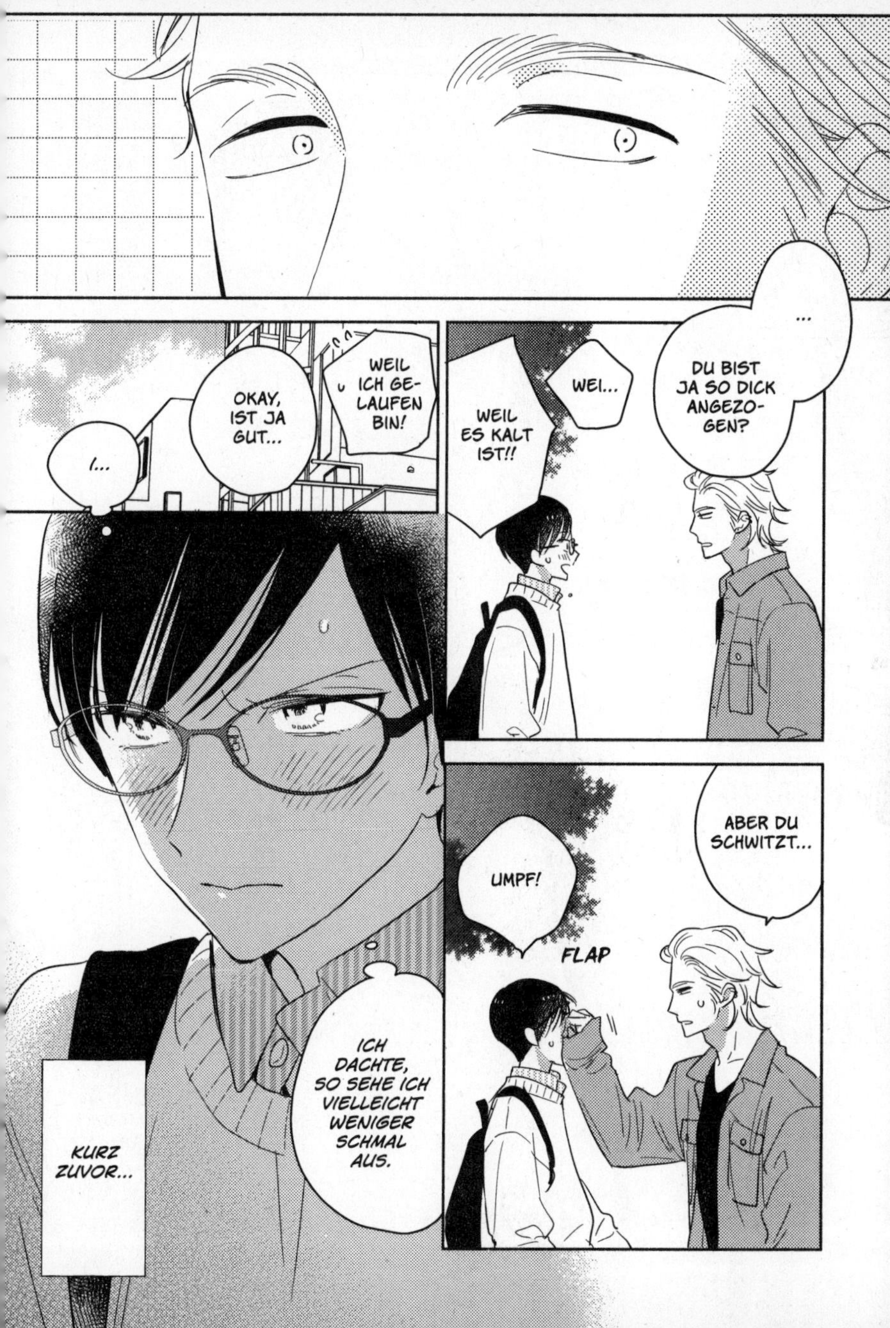
...
DU BIST JA SO DICK ANGEZOGEN?
WEI...
WEIL ES KALT IST!!
WEIL ICH GELAUFEN BIN!
OKAY, IST JA GUT...
I...
ABER DU SCHWITZT...
UMPF!
FLAP
ICH DACHTE, SO SEHE ICH VIELLEICHT WENIGER SCHMAL AUS.
KURZ ZUVOR...

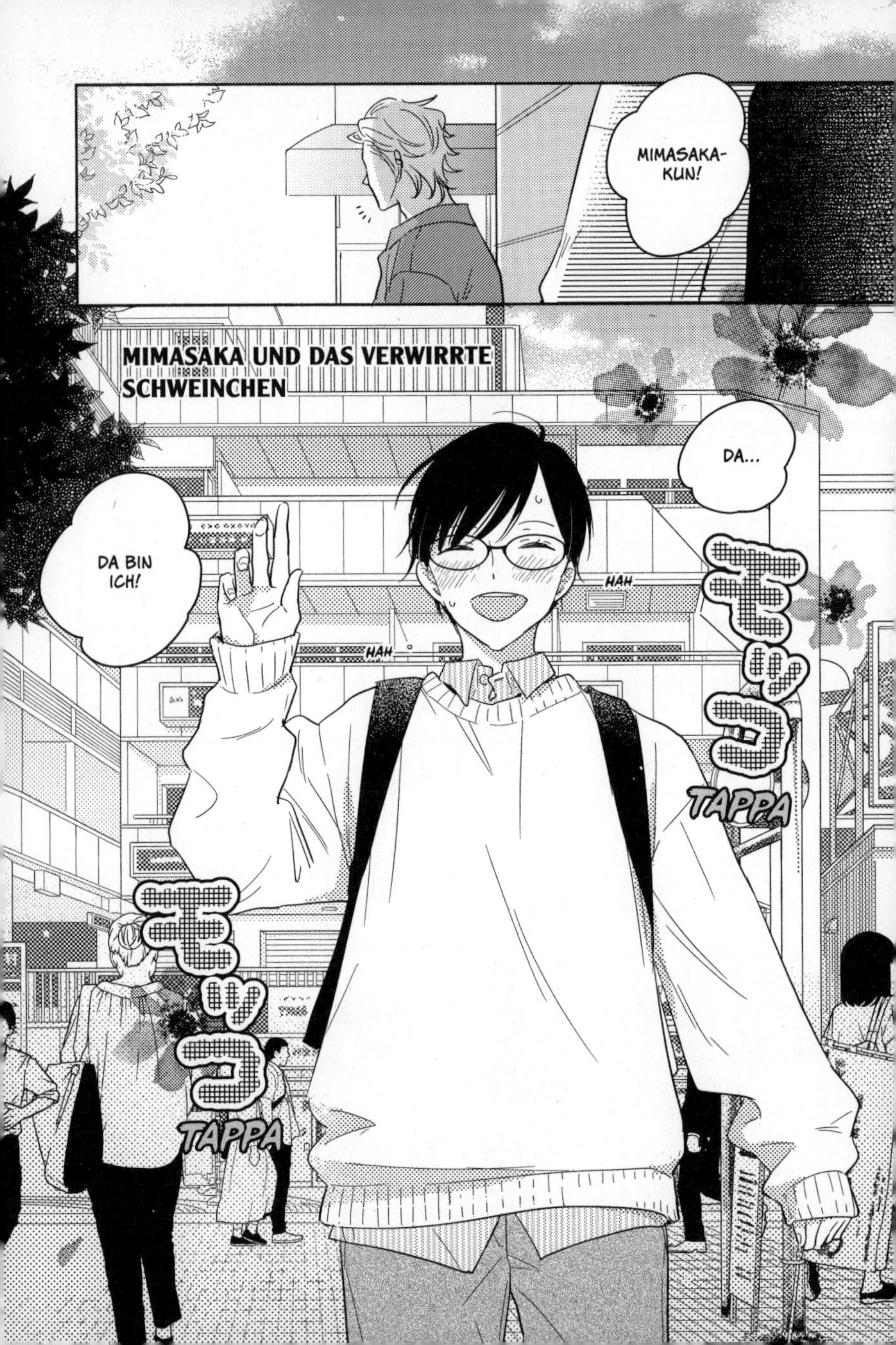
MIMASAKA-KUN!
MIMASAKA UND DAS VERWIRRTE SCHWEINCHEN
DA...
DA BIN ICH!
HAH
HAH
TAPPA
TAPPA

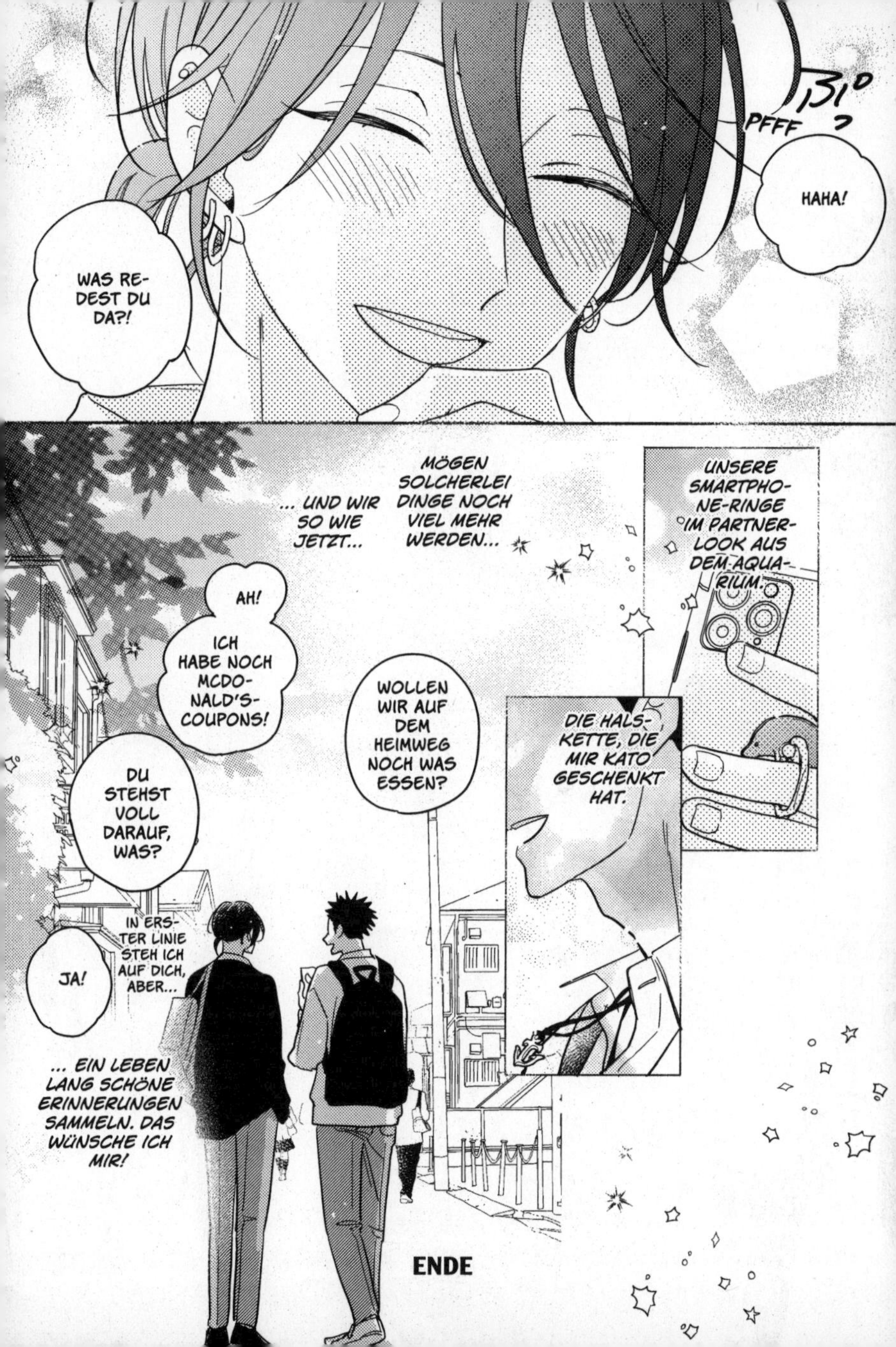
PFFF
HAHA!
WAS REDEST DU DA?!
UNSERE SMARTPHONE-RINGE IM PARTNERLOOK AUS DEM AQUARIUM.
DIE HALSKETTE, DIE MIR KATO GESCHENKT HAT.
MÖGEN SOLCHERLEI DINGE NOCH VIEL MEHR WERDEN...
... UND WIR SO WIE JETZT...
WOLLEN WIR AUF DEM HEIMWEG NOCH WAS ESSEN?
AH!
ICH HABE NOCH MCDONALD'S-COUPONS!
DU STEHST VOLL DARAUF, WAS?
IN ERSTER LINIE STEH ICH AUF DICH, ABER...
JA!
... EIN LEBEN LANG SCHÖNE ERINNERUNGEN SAMMELN. DAS WÜNSCHE ICH MIR!
ENDE

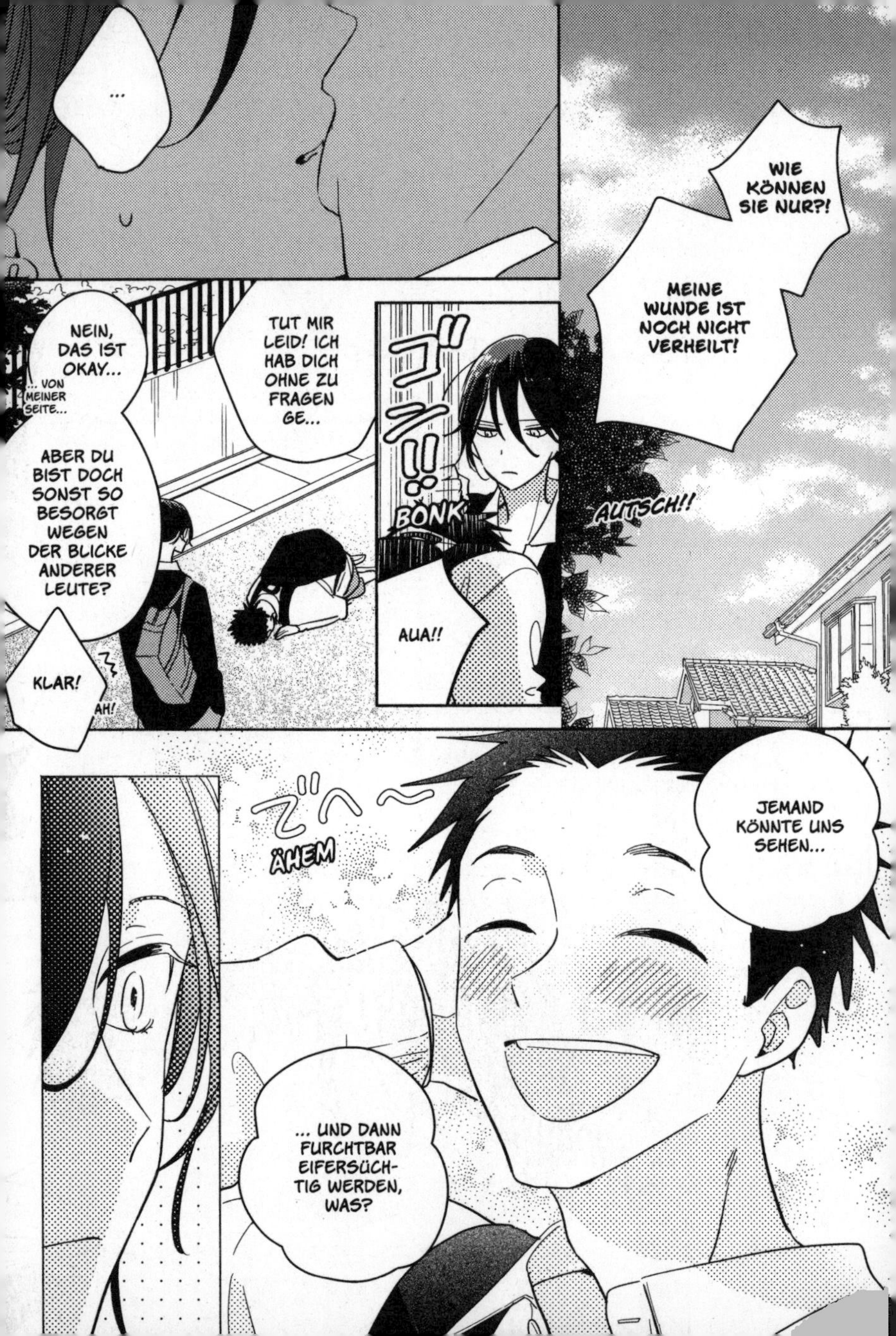
WIE KÖNNEN SIE NUR?!
MEINE WUNDE IST NOCH NICHT VERHEILT!
AUTSCH!!
...
ゴン!!
BONK
AUA!!
TUT MIR LEID! ICH HAB DICH OHNE ZU FRAGEN GE...
NEIN, DAS IST OKAY...
... VON MEINER SEITE...
ABER DU BIST DOCH SONST SO BESORGT WEGEN DER BLICKE ANDERER LEUTE?
KLAR!
AH!
JEMAND KÖNNTE UNS SEHEN...
ÄHEM
... UND DANN FURCHTBAR EIFERSÜCH-TIG WERDEN, WAS?

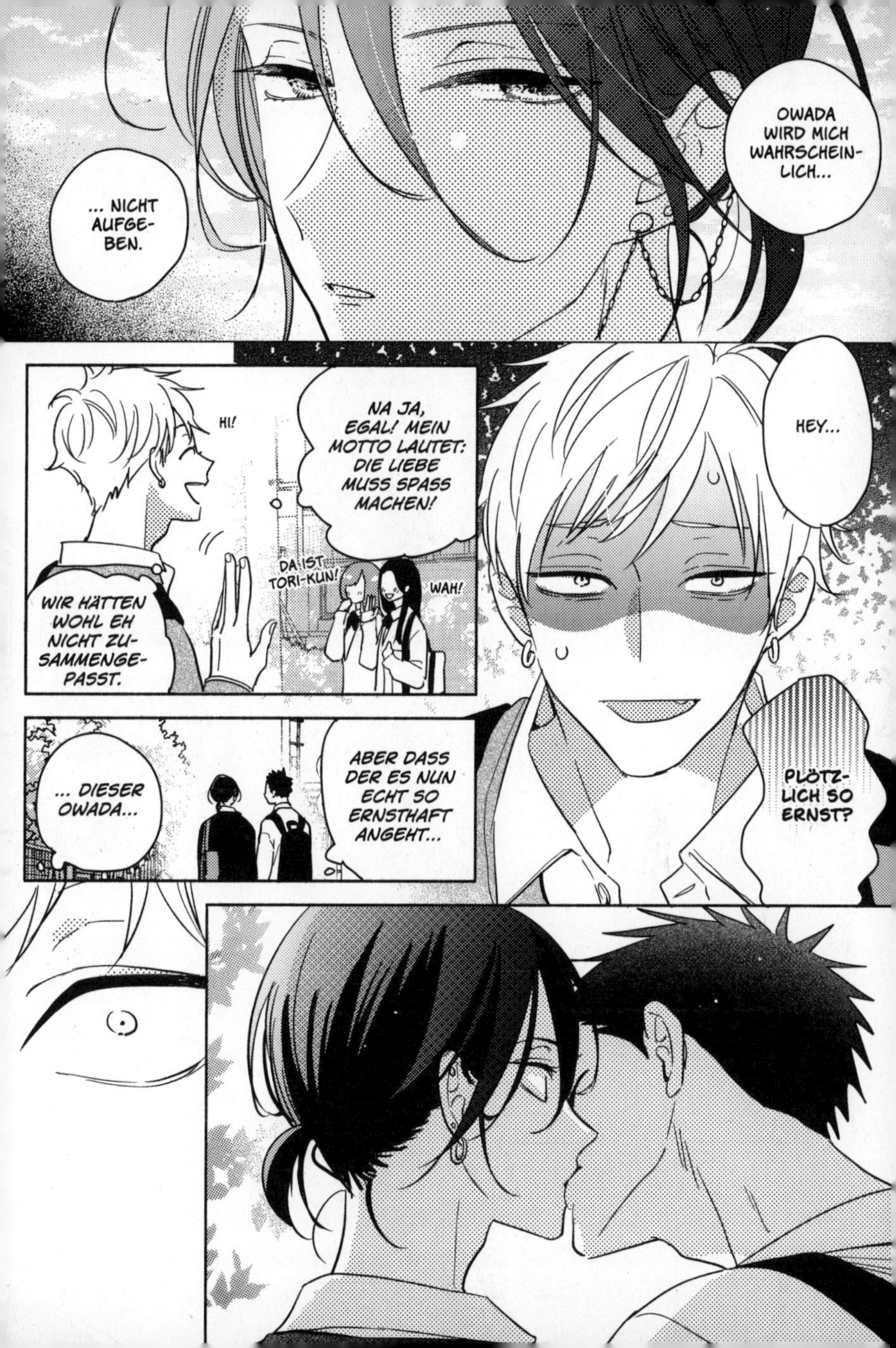
OWADA WIRD MICH WAHRSCHEIN-LICH...
... NICHT AUFGE-BEN.
HEY...
PLÖTZ-LICH SO ERNST?
NA JA, EGAL! MEIN MOTTO LAUTET: DIE LIEBE MUSS SPASS MACHEN!
HI!
WAH!
DA IST TORI-KUN!
WIR HÄTTEN WOHL EH NICHT ZU-SAMMENGE-PASST.
ABER DASS DER ES NUN ECHT SO ERNSTHAFT ANGEHT...
... DIESER OWADA...

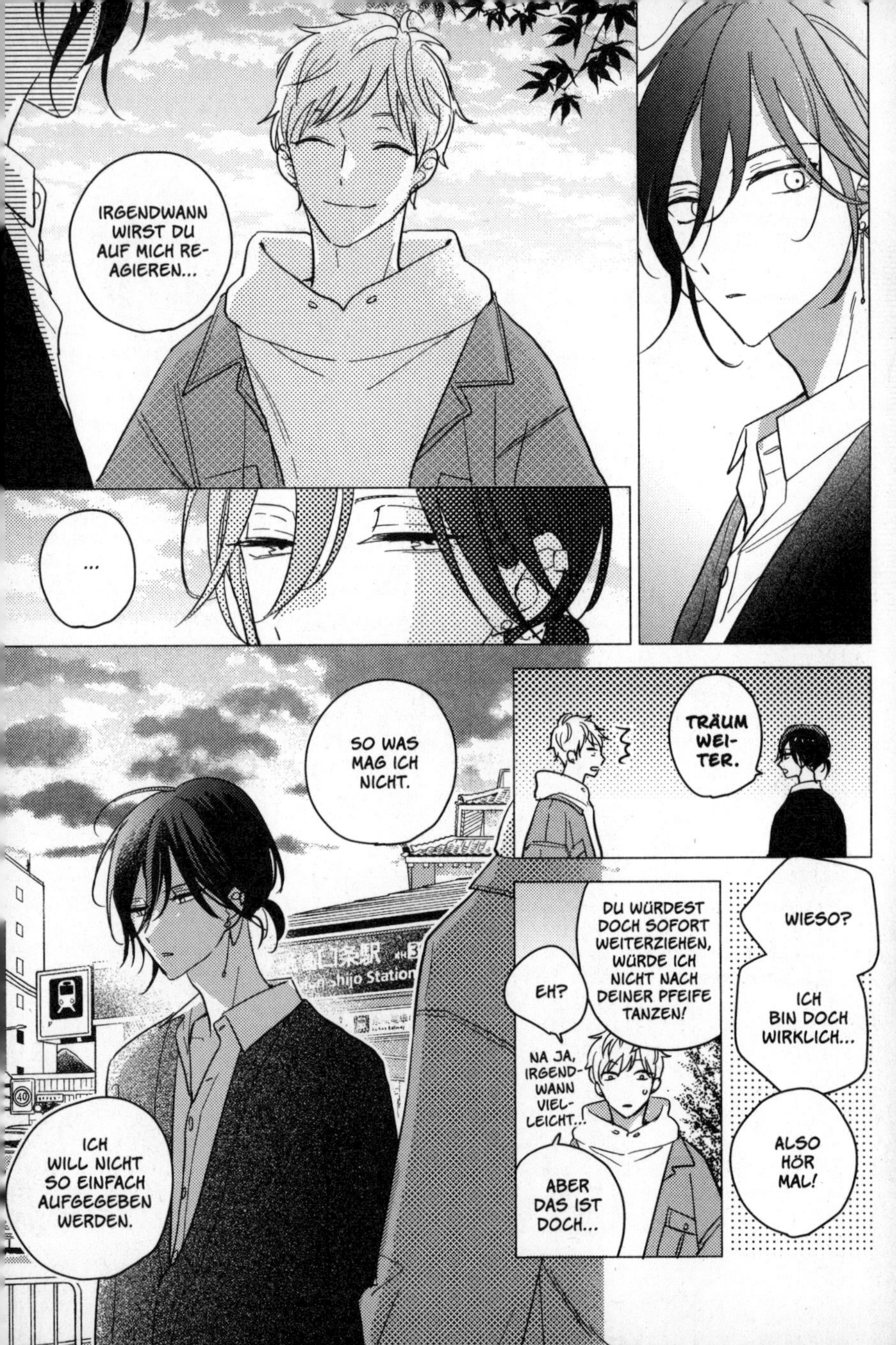
IRGENDWANN WIRST DU AUF MICH RE-AGIEREN...
...
TRÄUM WEI-TER.
WIESO?
ICH BIN DOCH WIRKLICH...
ALSO HÖR MAL!
DU WÜRDEST DOCH SOFORT WEITERZIEHEN, WÜRDE ICH NICHT NACH DEINER PFEIFE TANZEN!
EH?
NA JA, IRGEND-WANN VIEL-LEICHT...
ABER DAS IST DOCH...
SO WAS MAG ICH NICHT.
ICH WILL NICHT SO EINFACH AUFGEGEBEN WERDEN.

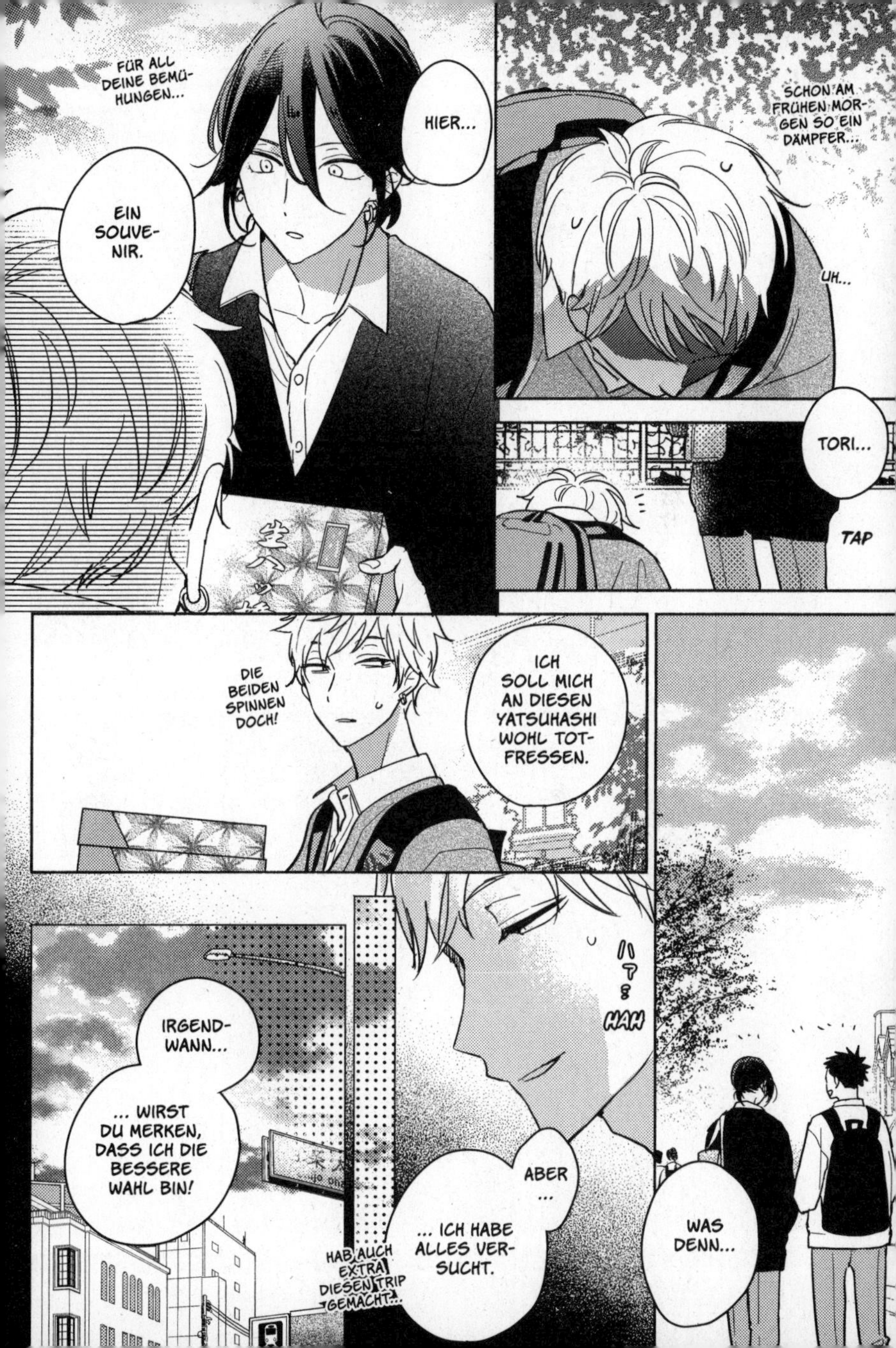
SCHON AM FRÜHEN MORGEN SO EIN DÄMPFER...
UH...
TORI...
TAP
HIER...
EIN SOUVENIR.
FÜR ALL DEINE BEMÜHUNGEN...
ICH SOLL MICH AN DIESEN YATSUHASHI WOHL TOTFRESSEN.
DIE BEIDEN SPINNEN DOCH!
WAS DENN...
HAH
ABER ...
... ICH HABE ALLES VERSUCHT.
HAB AUCH EXTRA DIESEN TRIP GEMACHT...
IRGENDWANN...
... WIRST DU MERKEN, DASS ICH DIE BESSERE WAHL BIN!

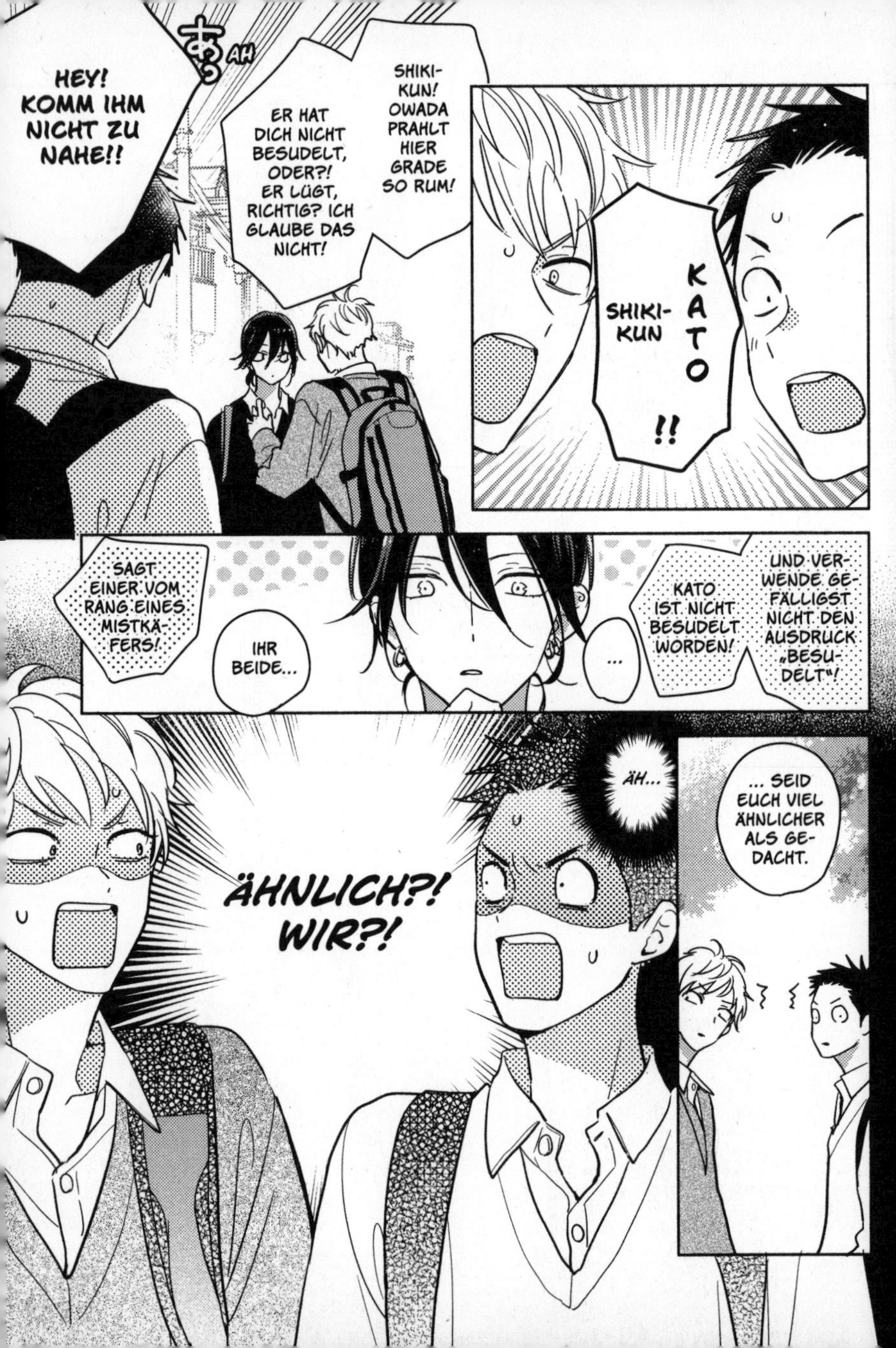
KATO SHIKI-KUN !!
SHIKI-KUN! OWADA PRAHLT HIER GRADE SO RUM!
ER HAT DICH NICHT BESUDELT, ODER?! ER LÜGT, RICHTIG? ICH GLAUBE DAS NICHT!
あっ AH
HEY! KOMM IHM NICHT ZU NAHE!!
UND VERWENDE GEFÄLLIGST NICHT DEN AUSDRUCK „BESUDELT“!
KATO IST NICHT BESUDELT WORDEN!
...
IHR BEIDE...
SAGT EINER VOM RANG EINES MISTKÄFERS!
... SEID EUCH VIEL ÄHNLICHER ALS GEDACHT.
ÄH...
ÄHNLICH?! WIR?!

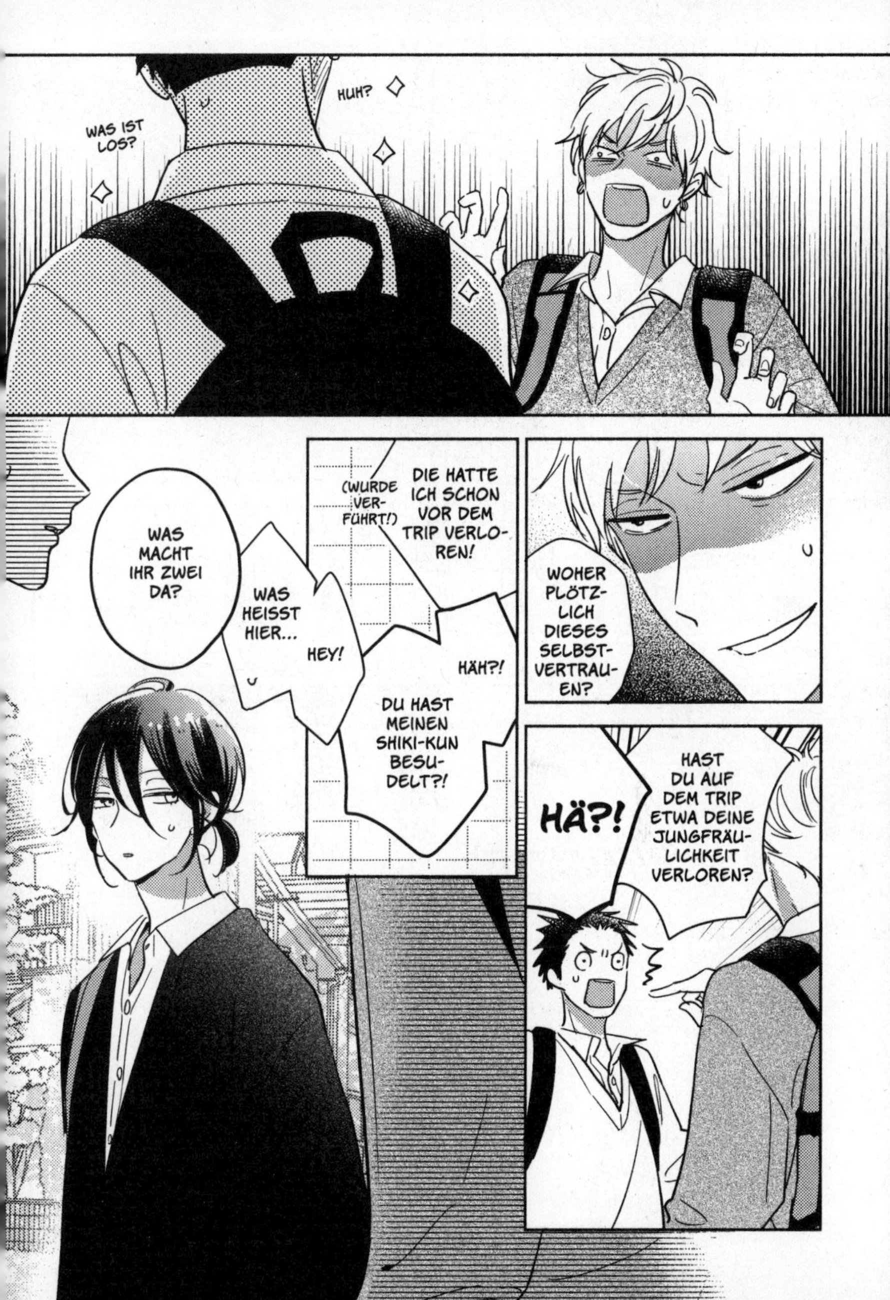
HUH?
WAS IST LOS?
WOHER PLÖTZLICH DIESES SELBSTVERTRAUEN?
HAST DU AUF DEM TRIP ETWA DEINE JUNGFRÄULICHKEIT VERLOREN?
HÄ?!
DIE HATTE ICH SCHON VOR DEM TRIP VERLOREN!
(WURDE VERFÜHRT!)
WAS HEISST HIER...
HEY!
HÄH?!
DU HAST MEINEN SHIKI-KUN BESUDELT?!
WAS MACHT IHR ZWEI DA?

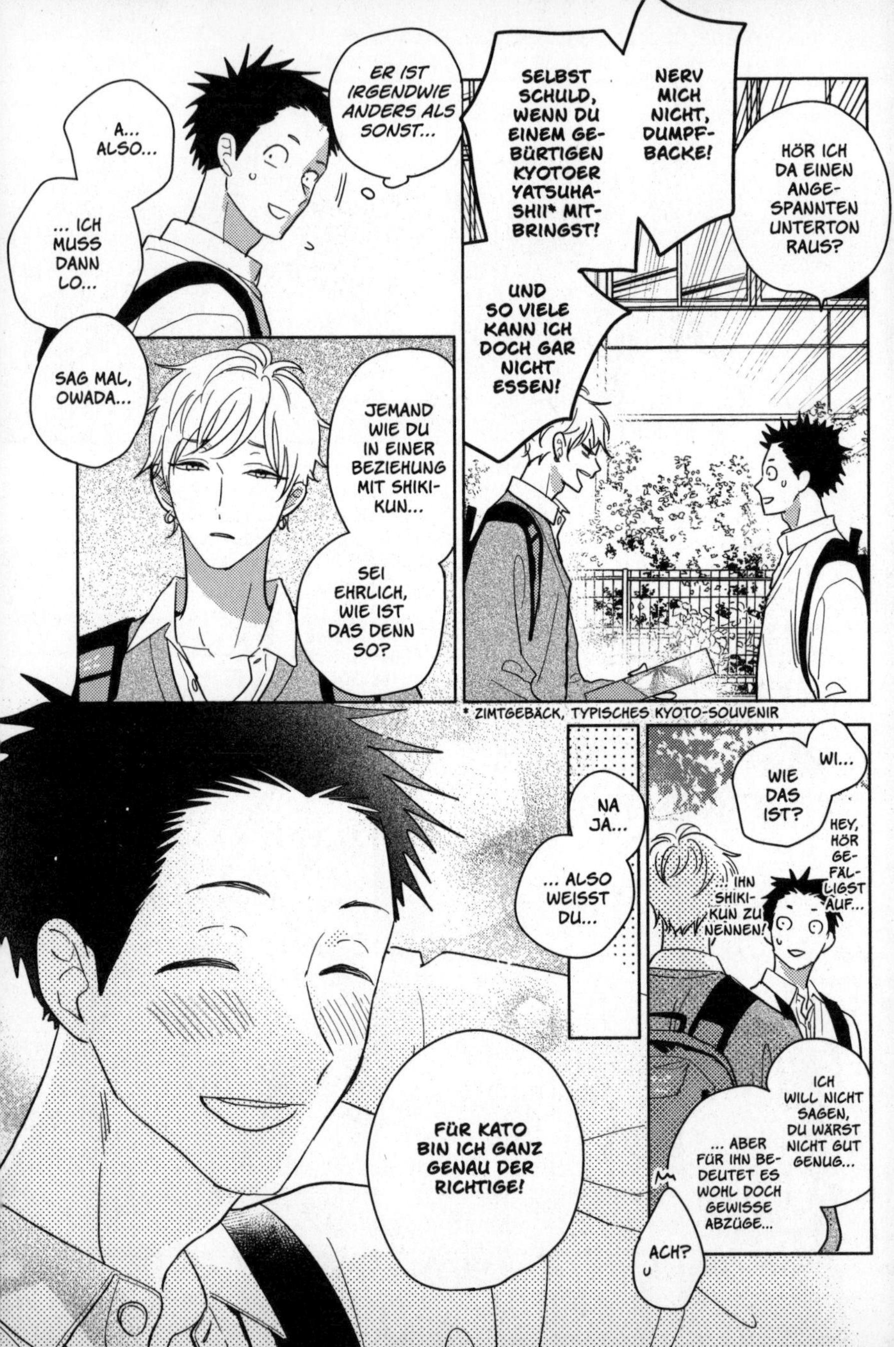

* ZIMTGEBÄCK, TYPISCHES KYOTO-SOUVENIR

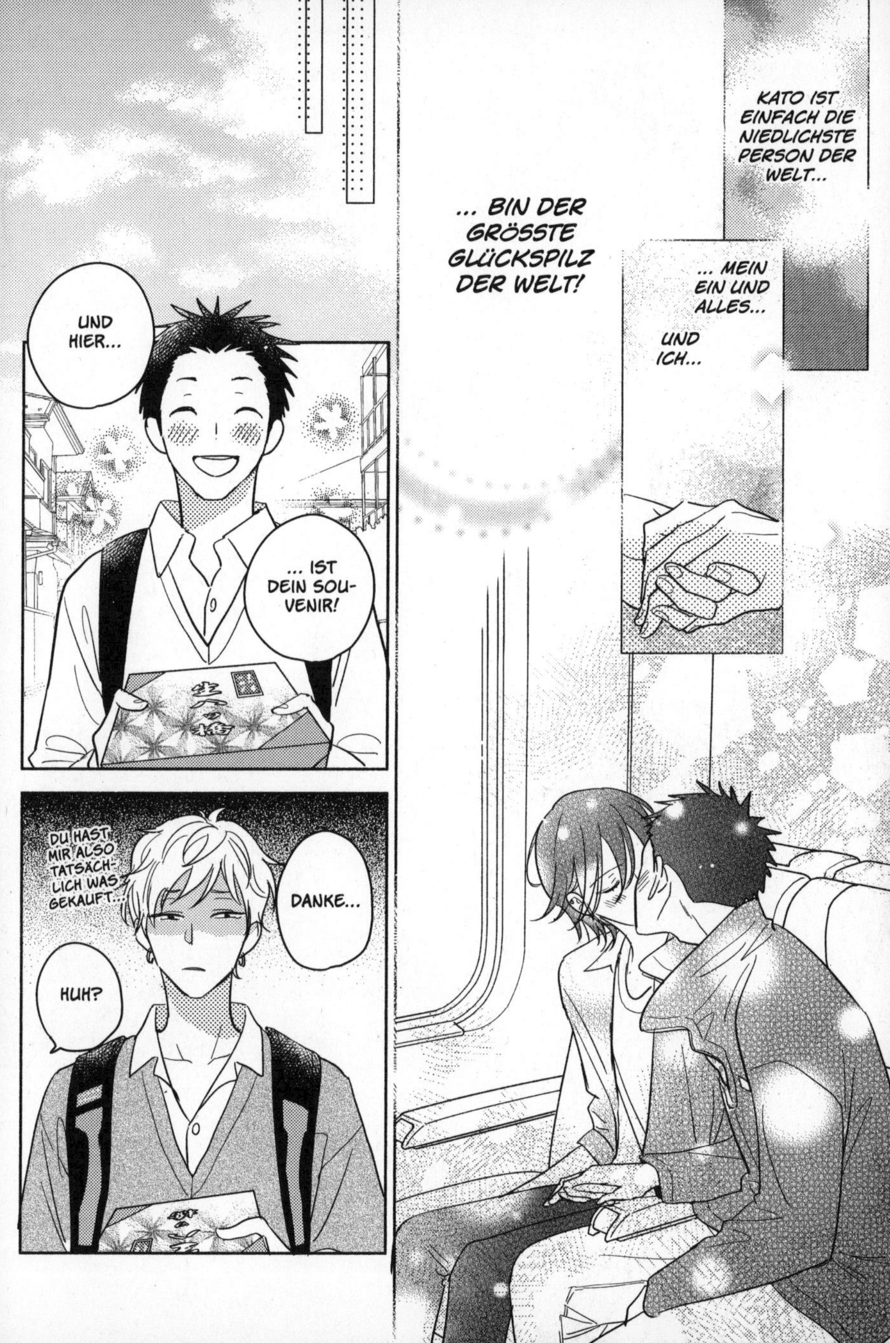
KATO IST EINFACH DIE NIEDLICHSTE PERSON DER WELT...
... MEIN EIN UND ALLES...
UND ICH...
... BIN DER GRÖSSTE GLÜCKSPILZ DER WELT!
UND HIER...
... IST DEIN SOU-VENIR!
DANKE...
DU HAST MIR ALSO TATSÄCHLICH WAS GEKAUFT...
HUH?

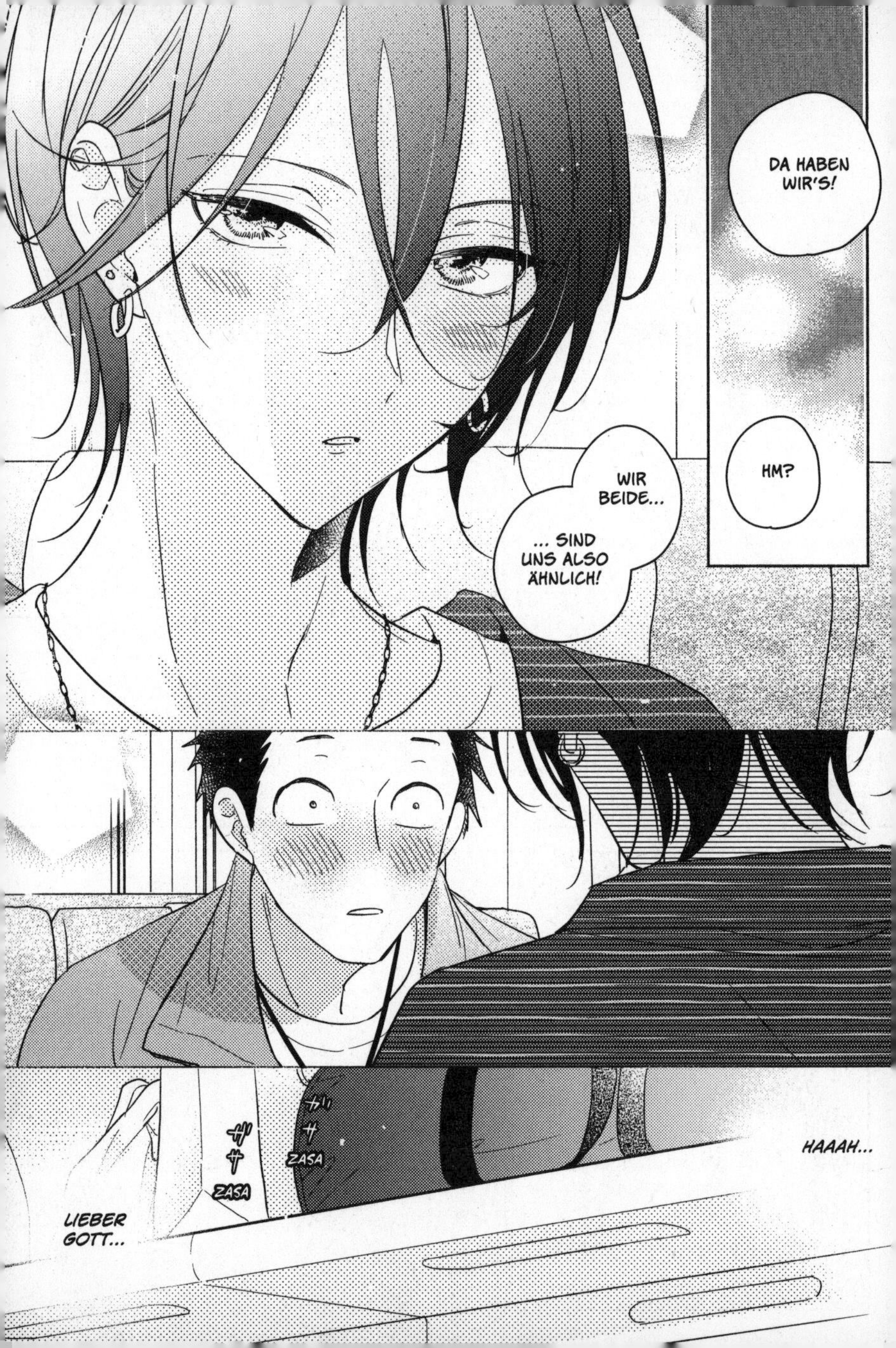
DA HABEN WIR'S!
HM?
WIR BEIDE...
... SIND UNS ALSO ÄHNLICH!
HAAAH...
ZASA
ZASA
LIEBER GOTT...

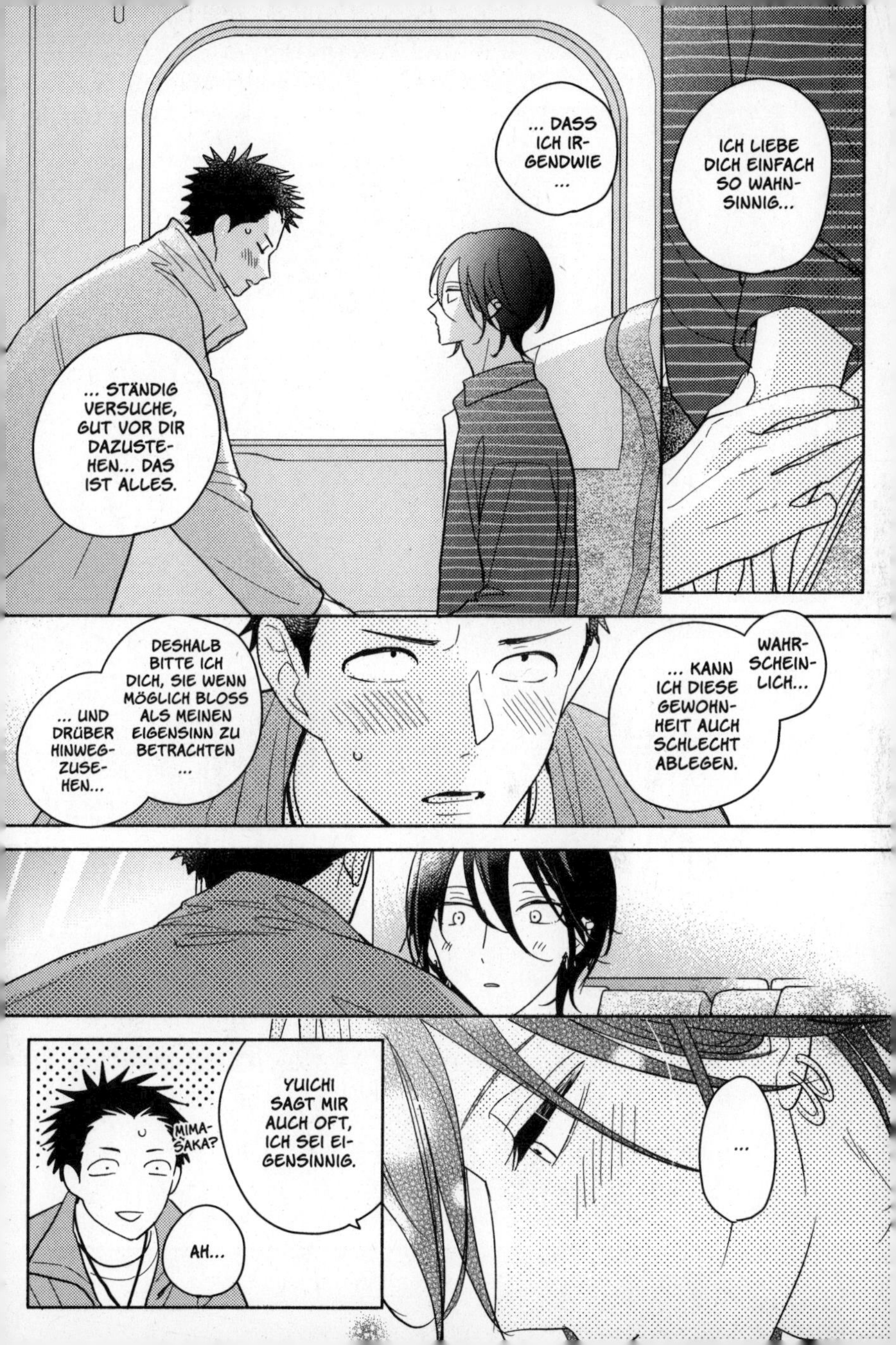
ICH LIEBE DICH EINFACH SO WAHNSINNIG...
... DASS ICH IRGENDWIE ...
... STÄNDIG VERSUCHE, GUT VOR DIR DAZUSTEHEN... DAS IST ALLES.
WAHRSCHEINLICH...
... KANN ICH DIESE GEWOHNHEIT AUCH SCHLECHT ABLEGEN.
DESHALB BITTE ICH DICH, SIE WENN MÖGLICH BLOSS ALS MEINEN EIGENSINN ZU BETRACHTEN ...
... UND DRÜBER HINWEGZUSEHEN...
...
YUICHI SAGT MIR AUCH OFT, ICH SEI EIGENSINNIG.
MIMASAKA?
AH...

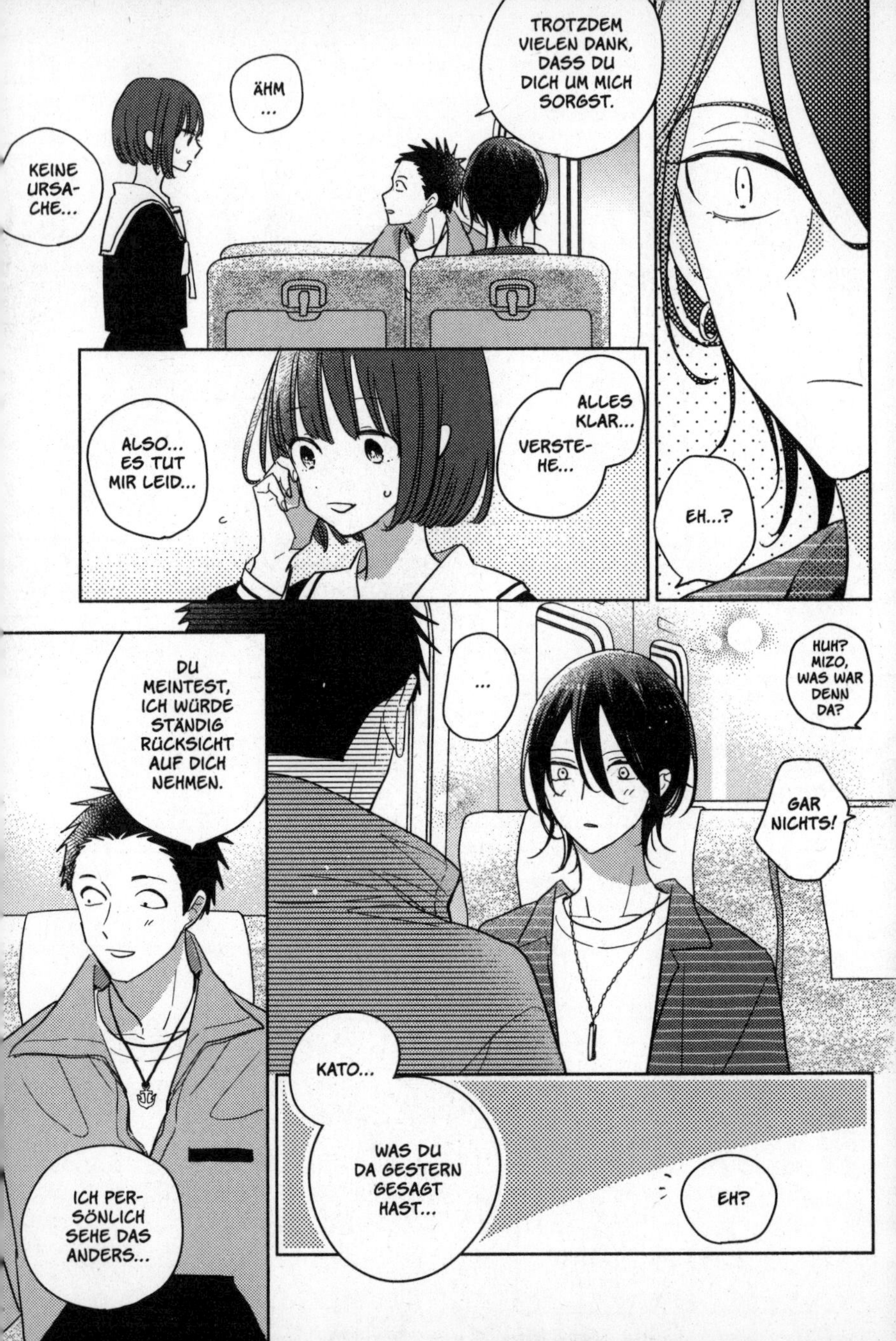
TROTZDEM VIELEN DANK, DASS DU DICH UM MICH SORGST.
ÄHM ...
KEINE URSACHE...
ALLES KLAR...
VERSTEHE...
ALSO... ES TUT MIR LEID...
EH...?
HUH? MIZO, WAS WAR DENN DA?
GAR NICHTS!
...
DU MEINTEST, ICH WÜRDE STÄNDIG RÜCKSICHT AUF DICH NEHMEN.
KATO...
WAS DU DA GESTERN GESAGT HAST...
EH?
ICH PERSÖNLICH SEHE DAS ANDERS...

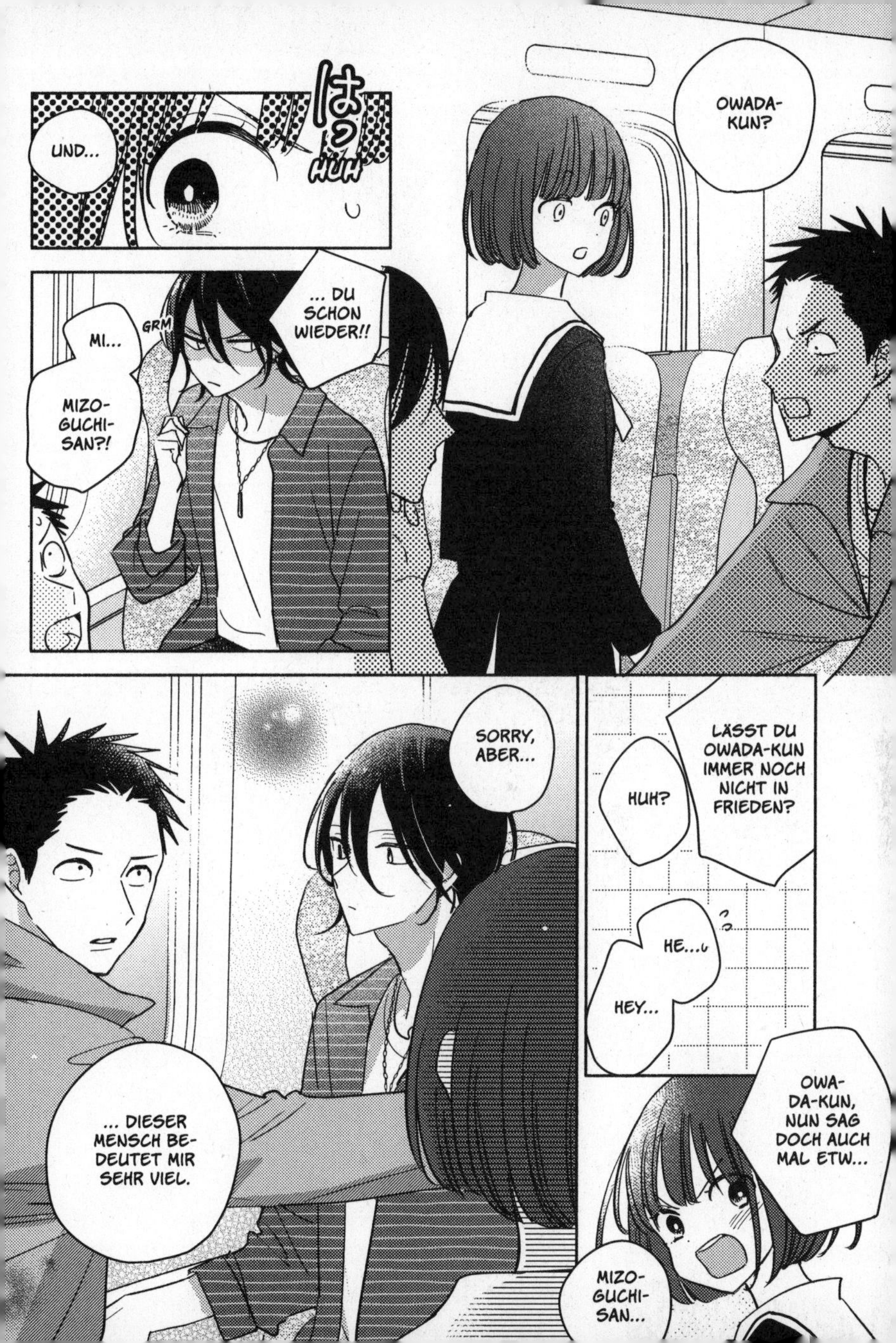
OWADA-KUN?
はっ
HUH
UND...
... DU SCHON WIEDER!!
GRM
MI...
MIZO-GUCHI-SAN?!
LÄSST DU OWADA-KUN IMMER NOCH NICHT IN FRIEDEN?
HUH?
HE...
HEY...
SORRY, ABER...
... DIESER MENSCH BE-DEUTET MIR SEHR VIEL.
OWA-DA-KUN, NUN SAG DOCH AUCH MAL ETW...
MIZO-GUCHI-SAN...

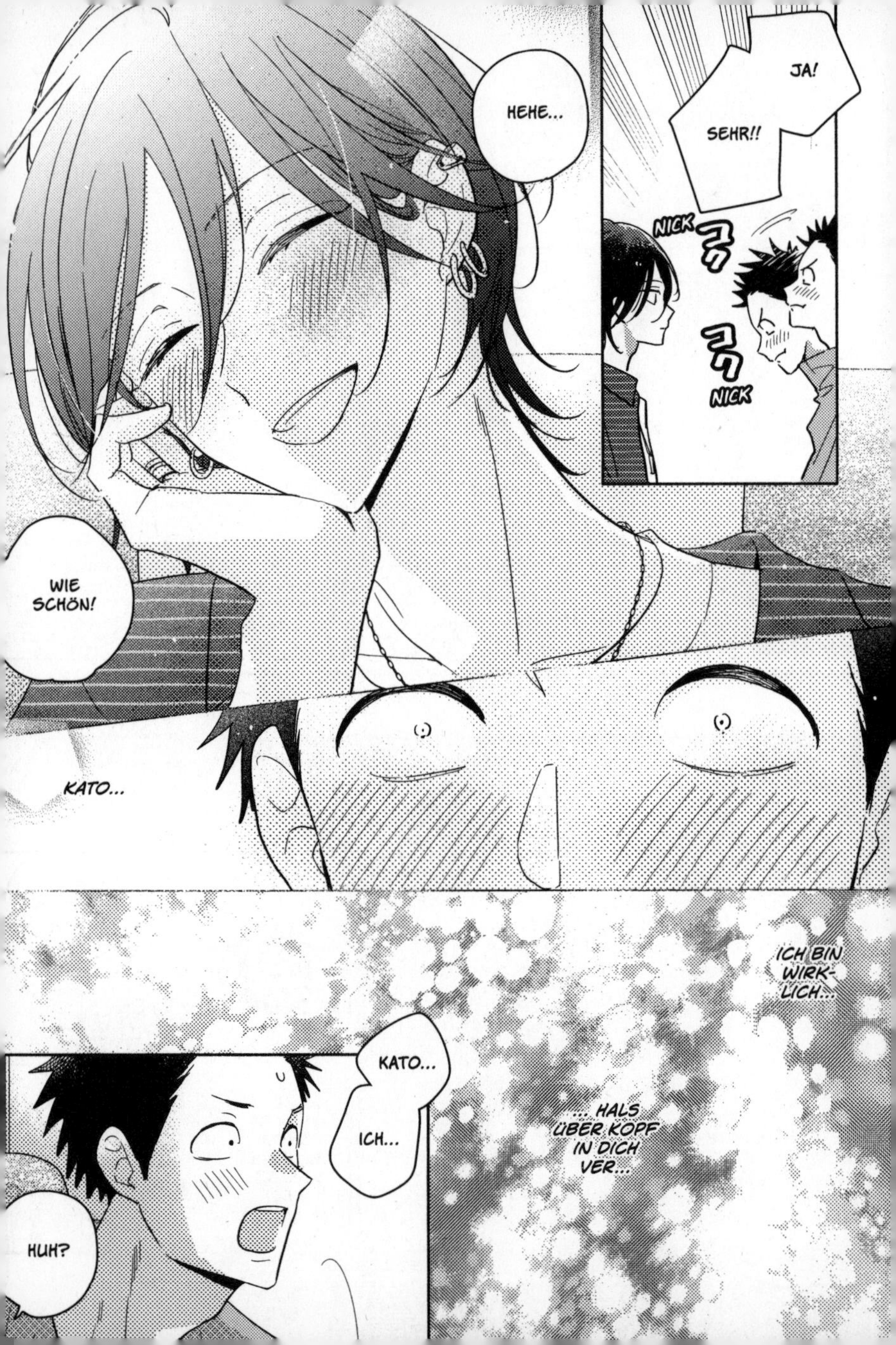

JA! SEHR!!

NICK コク

コク NICK

HEHE...

WIE SCHÖN!

KATO...

ICH BIN WIRK-LICH...

... HALS ÜBER KOPF IN DICH VER...

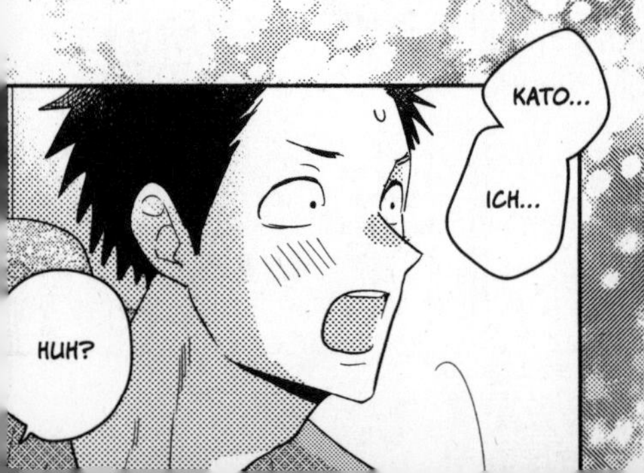

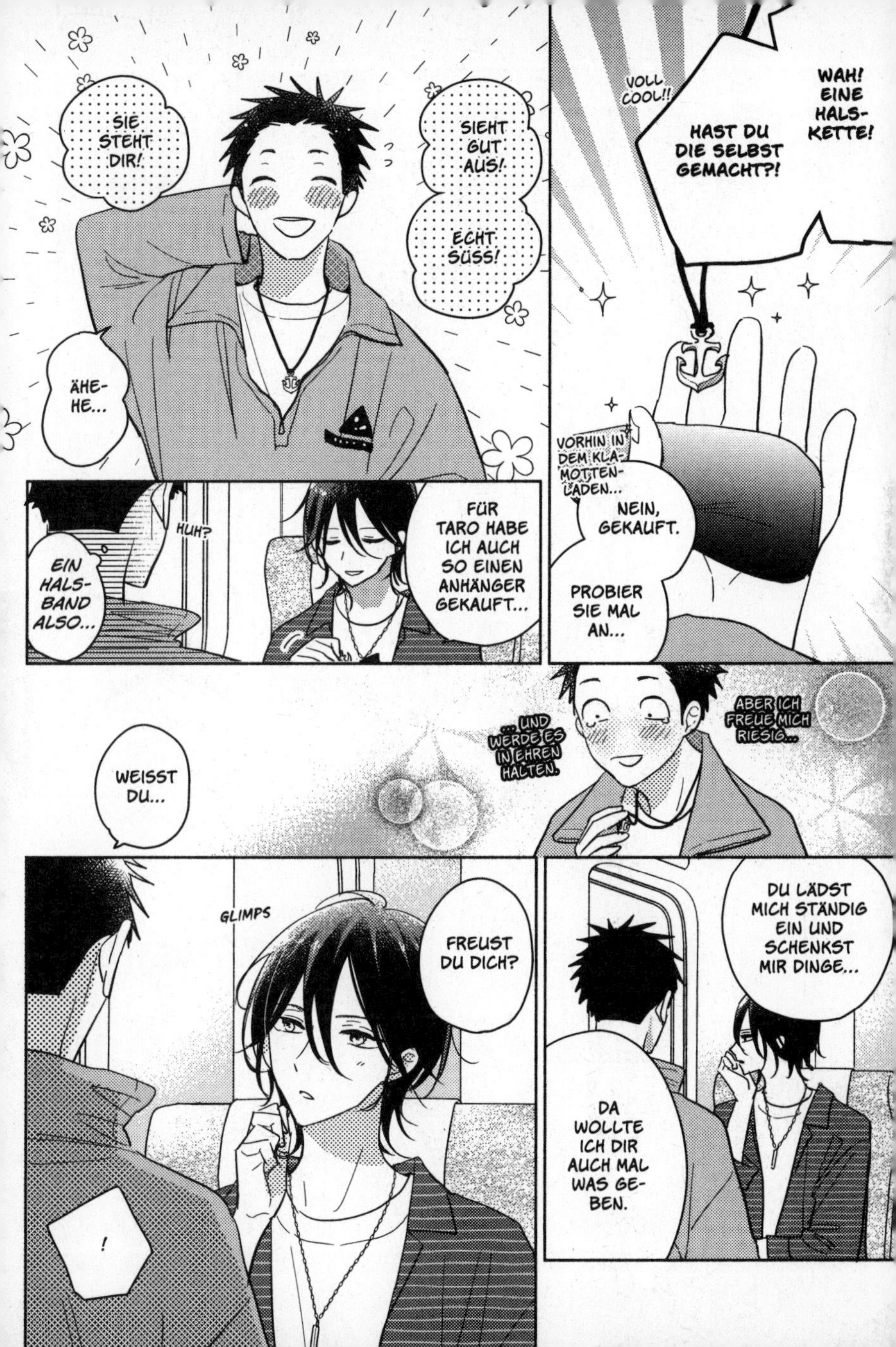
WAH! EINE HALS-KETTE!
HAST DU DIE SELBST GEMACHT?!
VOLL COOL!!
NEIN, GEKAUFT.
VORHIN IN DEM KLA-MOTTEN-LADEN...
PROBIER SIE MAL AN...
SIEHT GUT AUS!
ECHT SÜSS!
SIE STEHT DIR!
ÄHE-HE...
FÜR TARO HABE ICH AUCH SO EINEN ANHÄNGER GEKAUFT...
HUH?
EIN HALS-BAND ALSO...
ABER ICH FREUE MICH RIESIG...
...UND WERDE ES IN EHREN HALTEN.
WEISST DU...
DU LÄDST MICH STÄNDIG EIN UND SCHENKST MIR DINGE...
DA WOLLTE ICH DIR AUCH MAL WAS GE-BEN.
FREUST DU DICH?
GLIMPS
!

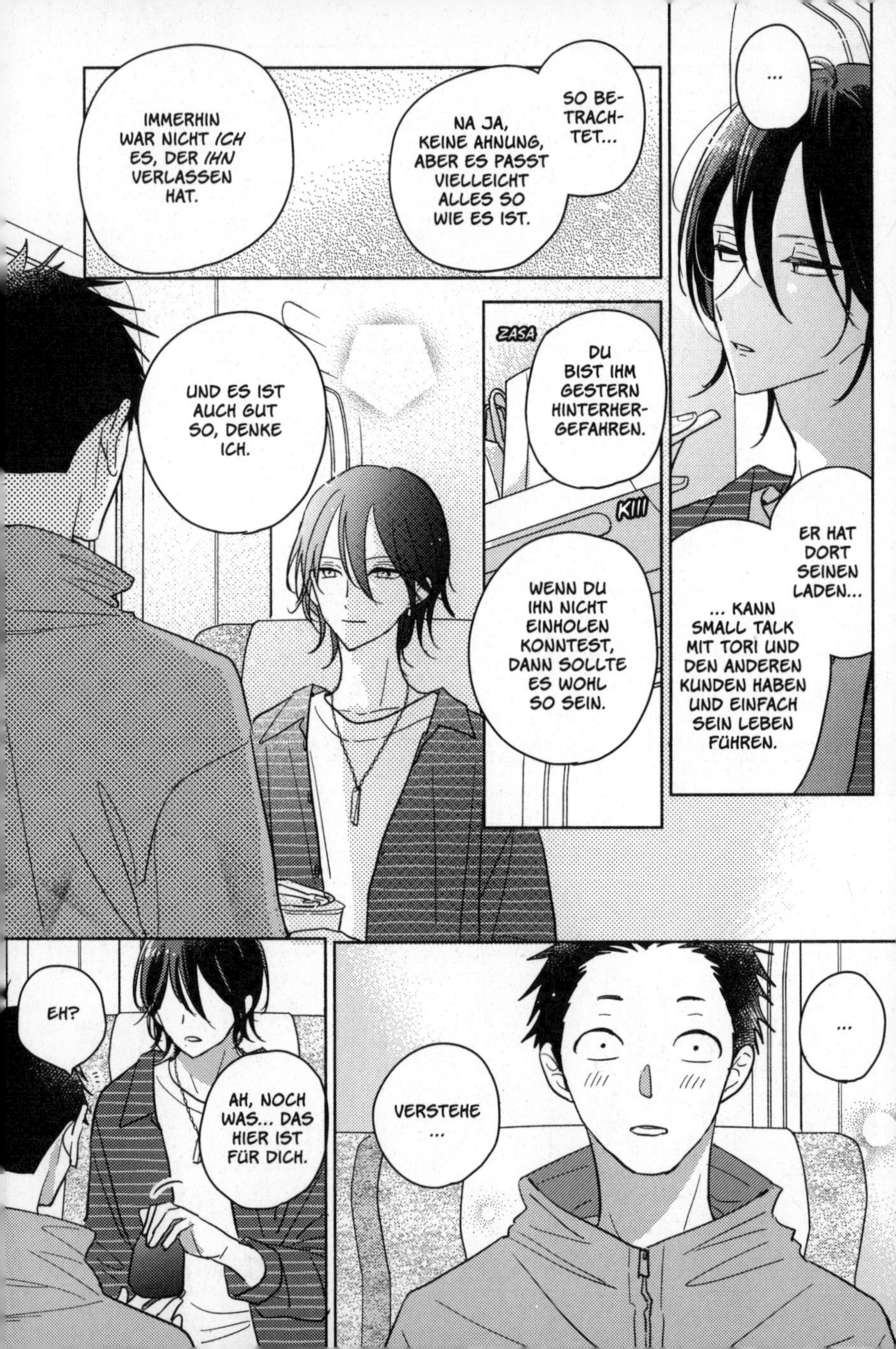
...
Er hat dort seinen Laden...
... kann Small Talk mit Tori und den anderen Kunden haben und einfach sein Leben führen.
So betrachtet...
Na ja, keine Ahnung, aber es passt vielleicht alles so wie es ist.
Immerhin war nicht *ich* es, der *ihn* verlassen hat.
ZASA
Du bist ihm gestern hinterhergefahren.
KIII
Wenn du ihn nicht einholen konntest, dann sollte es wohl so sein.
Und es ist auch gut so, denke ich.
...
Verstehe ...
Eh?
Ah, noch was... das hier ist für dich.

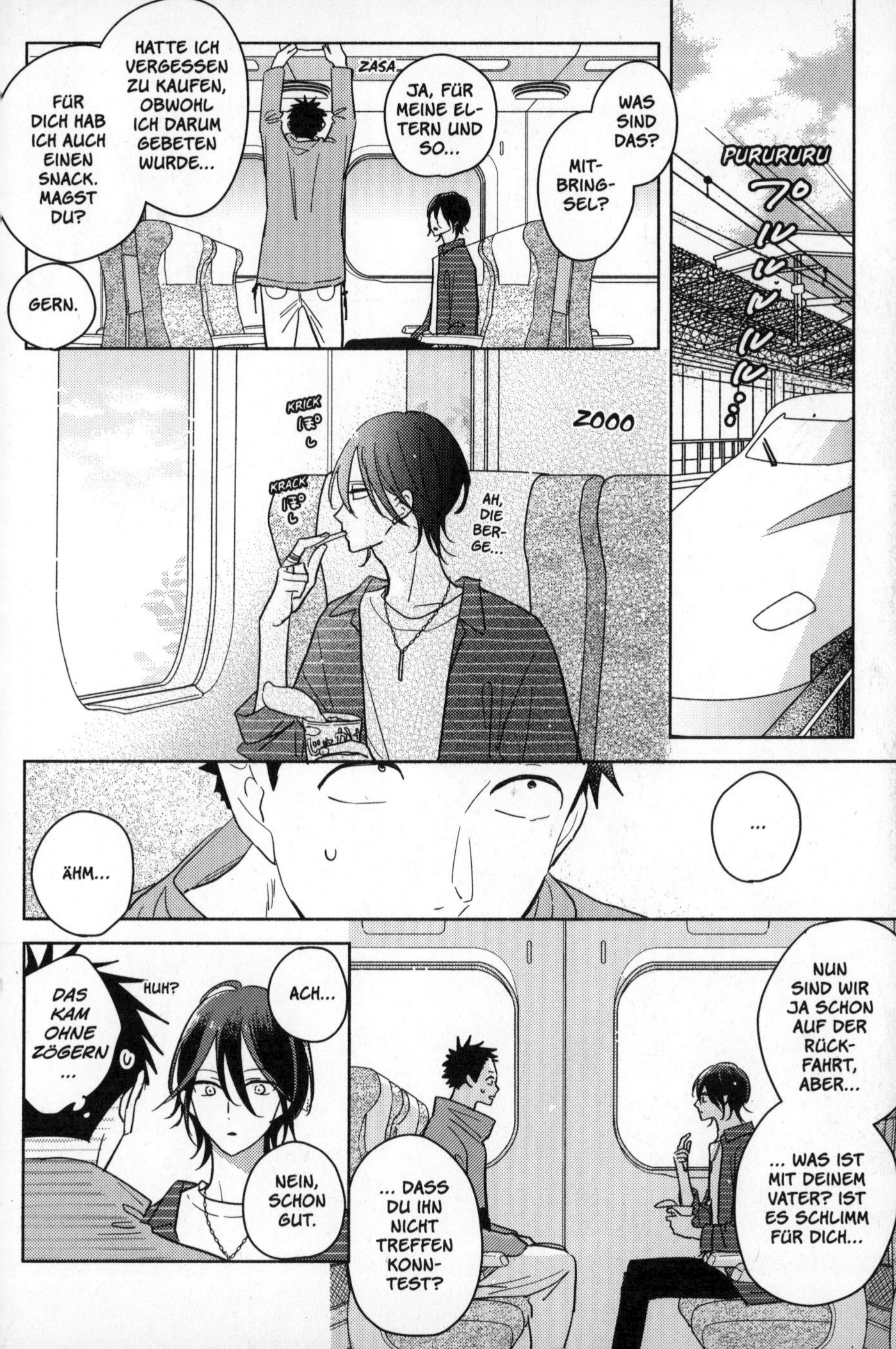
PURURURU
ZASA
Was sind das?
Mit-bringsel?
Ja, für meine Eltern und so...
Hatte ich vergessen zu kaufen, obwohl ich darum gebeten wurde...
Für dich hab ich auch einen Snack. Magst du?
Gern.
ZOOO
KRICK
KRACK
Ah, die Berge...
...
Ähm...
Nun sind wir ja schon auf der Rückfahrt, aber...
... was ist mit deinem Vater? Ist es schlimm für dich...
... dass du ihn nicht treffen konntest?
Ach...
Huh?
Nein, schon gut.
Das kam ohne Zögern ...

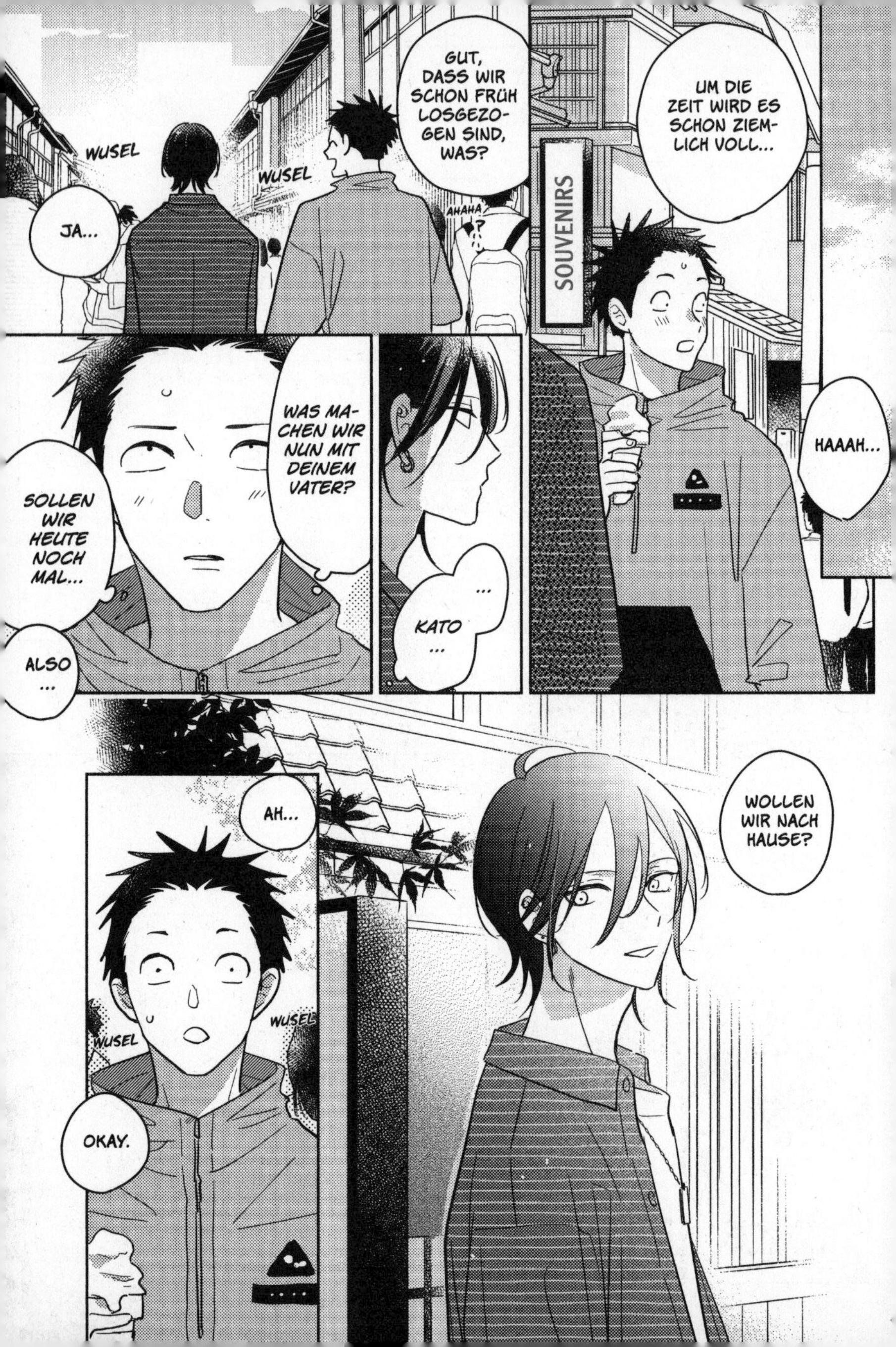
UM DIE ZEIT WIRD ES SCHON ZIEMLICH VOLL...
GUT, DASS WIR SCHON FRÜH LOSGEZOGEN SIND, WAS?
AHAHA
WUSEL
WUSEL
JA...
SOUVENIRS
HAAAH...
... KATO ...
WAS MACHEN WIR NUN MIT DEINEM VATER?
SOLLEN WIR HEUTE NOCH MAL...
ALSO ...
WOLLEN WIR NACH HAUSE?
AH...
WUSEL
WUSEL
OKAY.

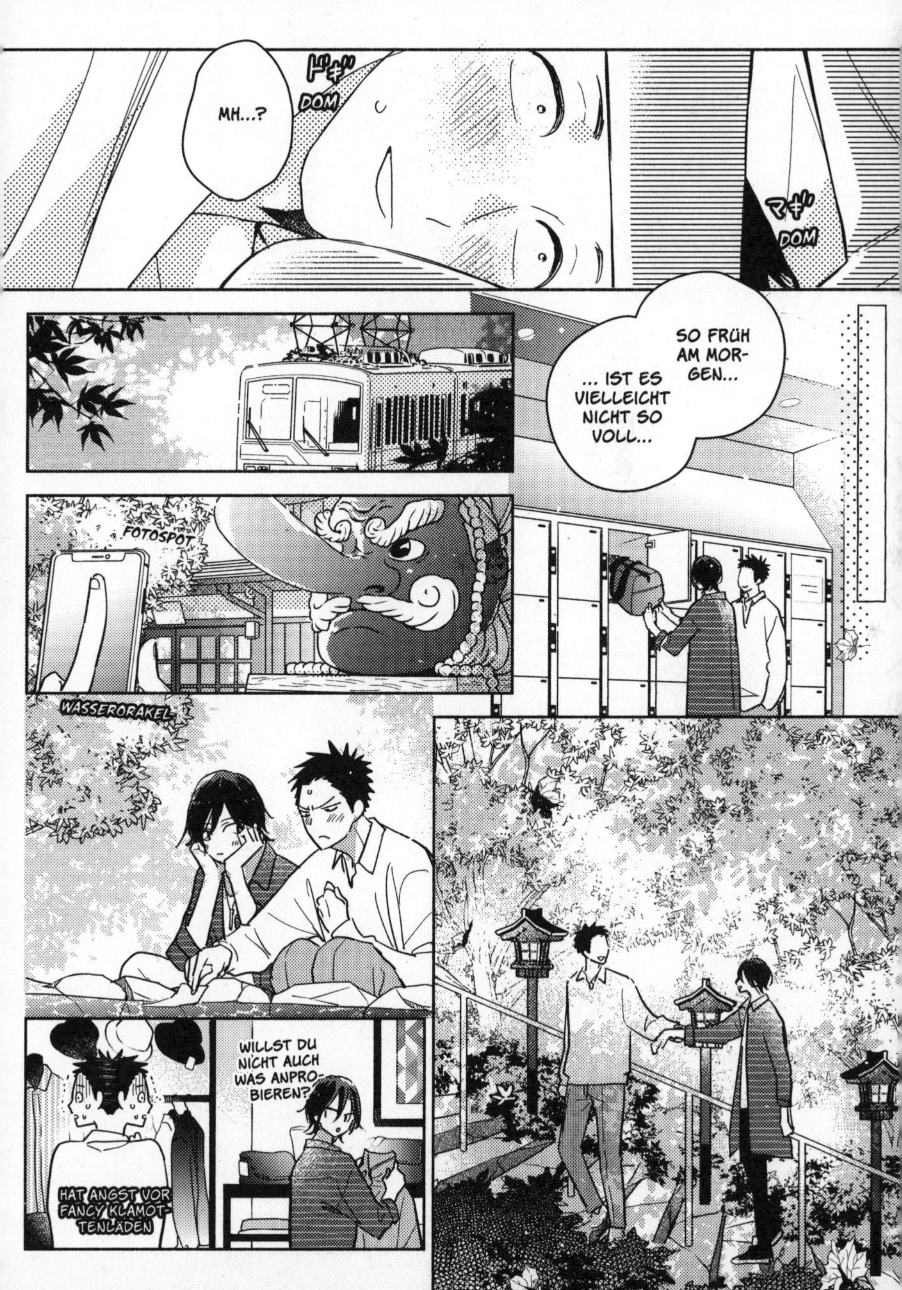
ドギ
DOM
MH...?
マギ
DOM
SO FRÜH AM MOR-GEN...
... IST ES VIELLEICHT NICHT SO VOLL...
FOTOSPOT
WASSERORAKEL
WILLST DU NICHT AUCH WAS ANPRO-BIEREN?
HAT ANGST VOR FANCY KLAMOT-TENLÄDEN

... HAT ZU DIESEM ABEND GEFÜHRT, DER MIR SO WUNDERBAR IN ERINNERUNG BLEIBEN WIRD.

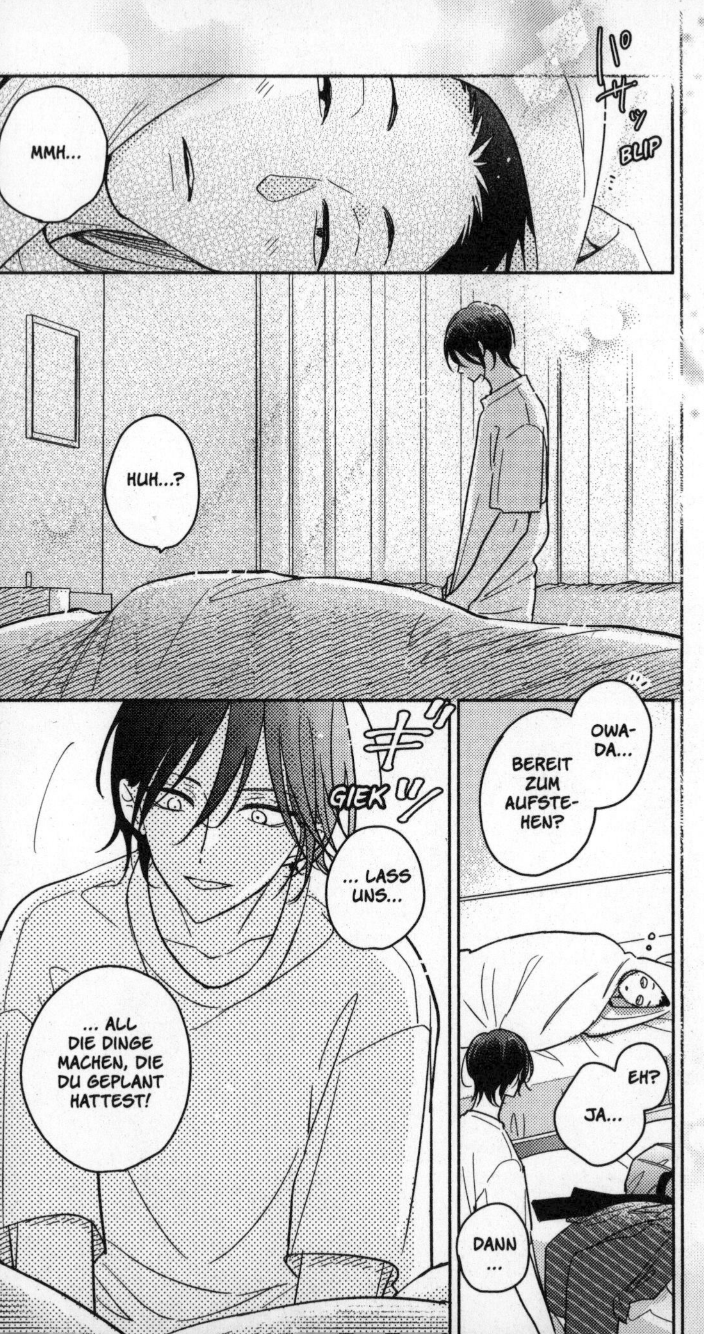

BLING

BLING

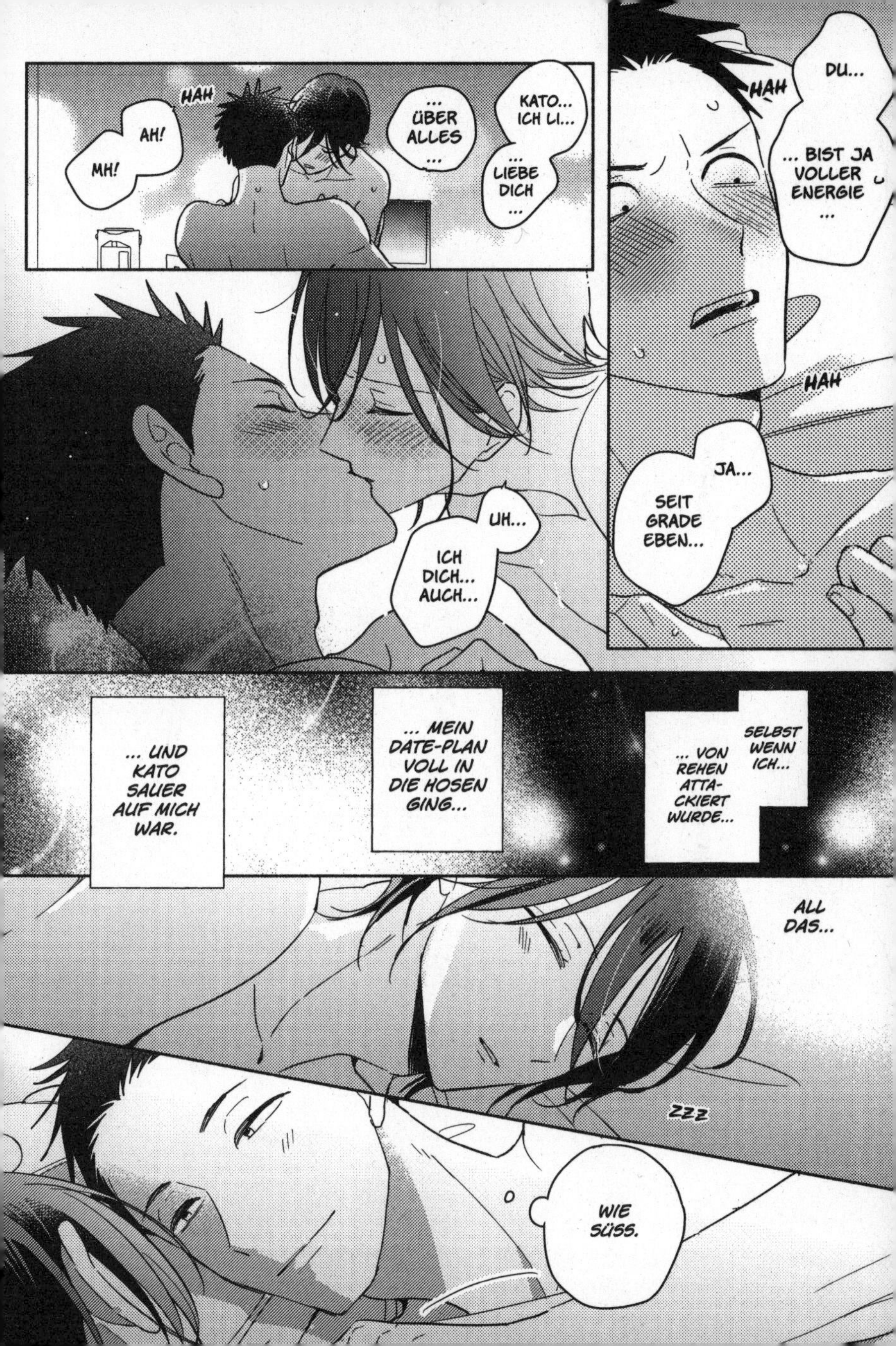
DU...
... BIST JA VOLLER ENERGIE ...
HAH
HAH
JA...
SEIT GRADE EBEN...
KATO... ICH LI...
... LIEBE DICH ...
... ÜBER ALLES ...
HAH
AH!
MH!
UH...
ICH DICH... AUCH...
SELBST WENN ICH...
... VON REHEN ATTA-CKIERT WURDE...
... MEIN DATE-PLAN VOLL IN DIE HOSEN GING...
... UND KATO SAUER AUF MICH WAR.
ALL DAS...
ZZZ
WIE SÜSS.

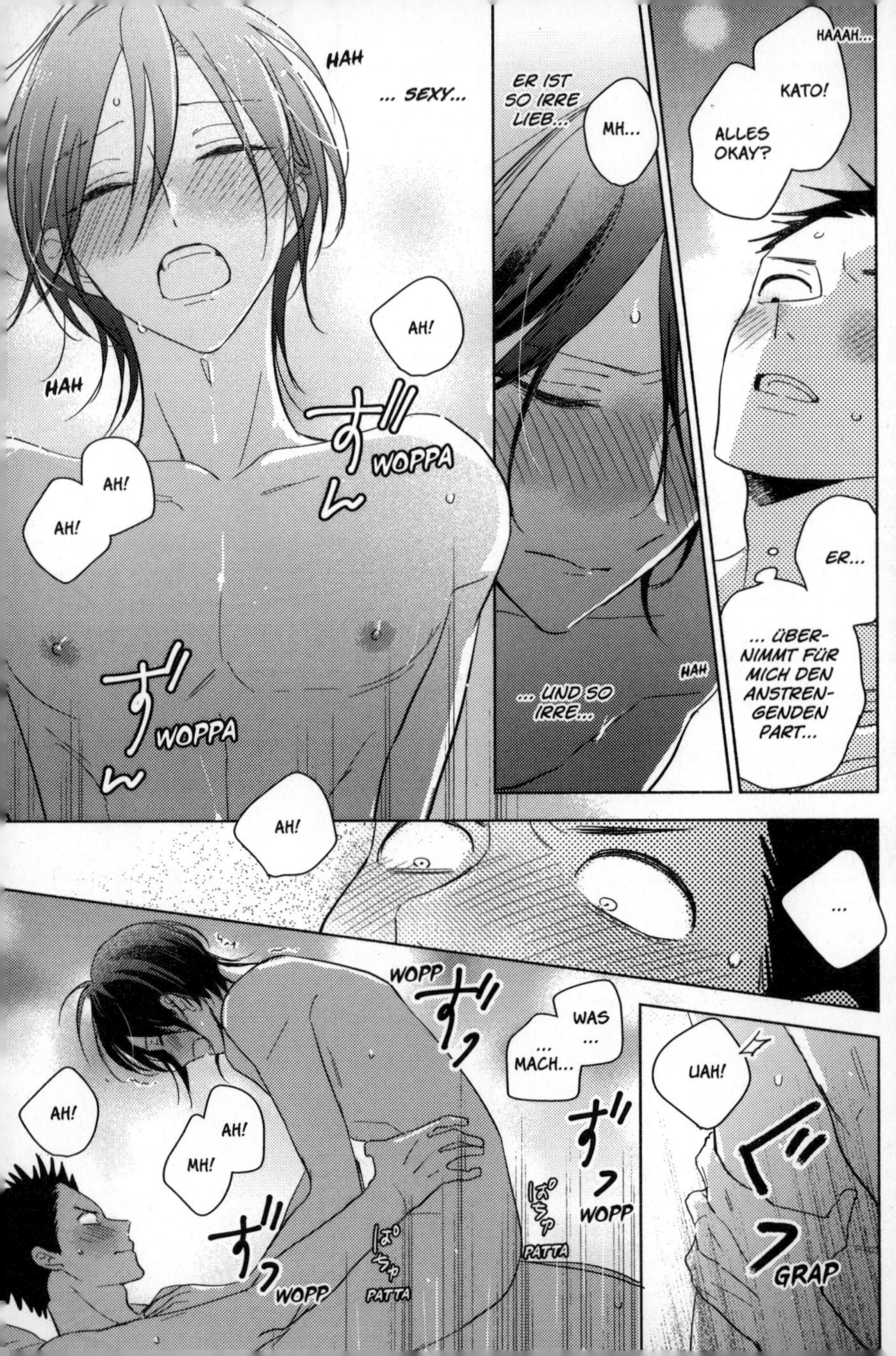

HAAAH...
KATO!
ALLES OKAY?
ER IST SO IRRE LIEB...
MH...
ER...
... ÜBERNIMMT FÜR MICH DEN ANSTRENGENDEN PART...
HAH
... UND SO IRRE...
HAH
... SEXY...
AH!
HAH
すん
WOPPA
AH!
AH!
ずん
WOPPA
AH!
...
UAH!
ぐっ
GRAP
WAS ... MACH...
ずっ
WOPP
ずっ
WOPP
ぱちゅ
PATTA
AH!
MH!
AH!
ずっ
WOPP
ぱちゅ
PATTA

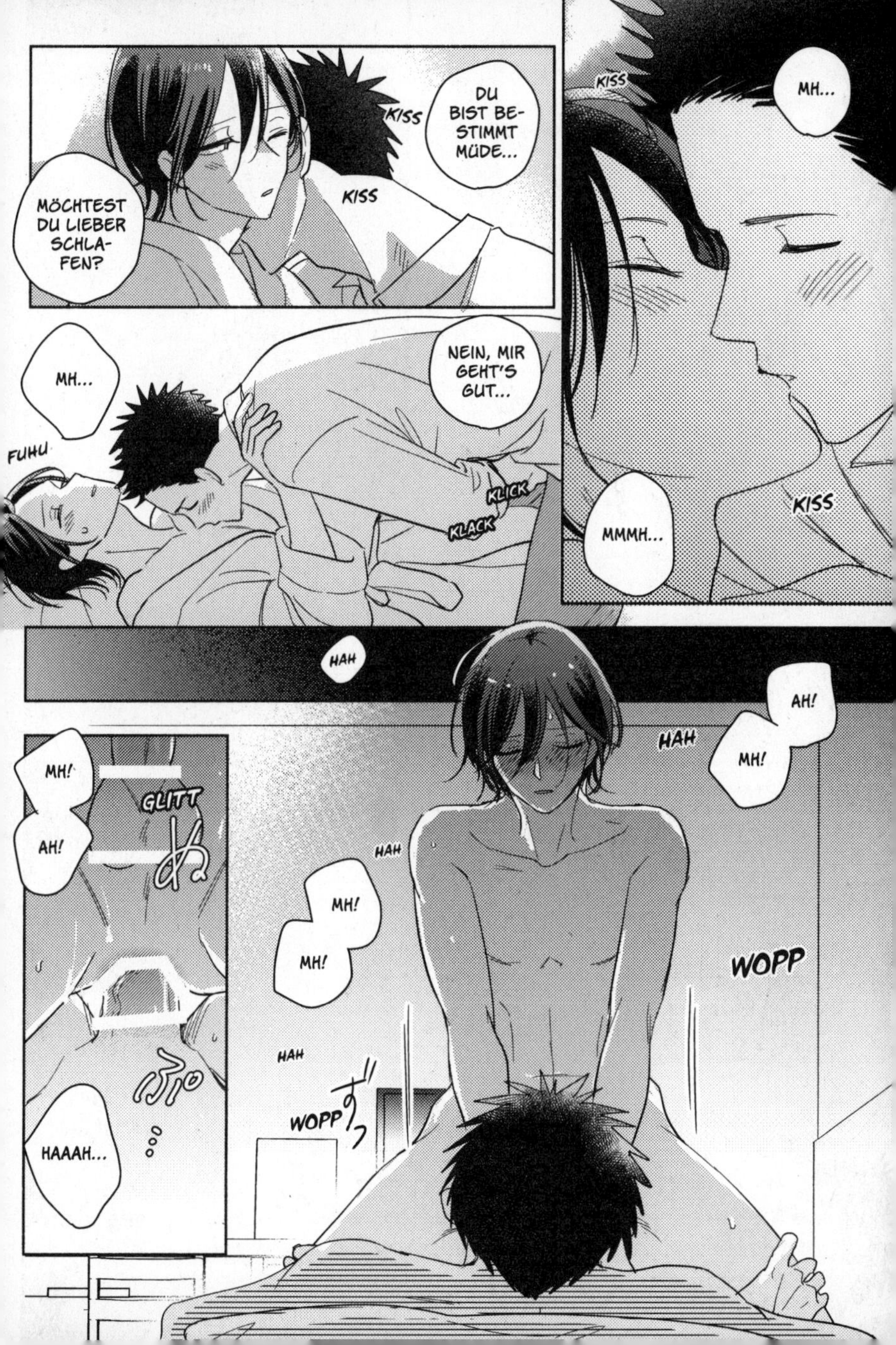
KISS
MH...
KISS
MMMH...
DU BIST BE-STIMMT MÜDE...
KISS
KISS
MÖCHTEST DU LIEBER SCHLA-FEN?
NEIN, MIR GEHT'S GUT...
KLICK
KLACK
MH...
FUHU
HAH
AH!
MH!
HAH
WOPP
HAH
MH!
MH!
HAH
WOPP
MH!
GLITT
AH!
HAAAH...

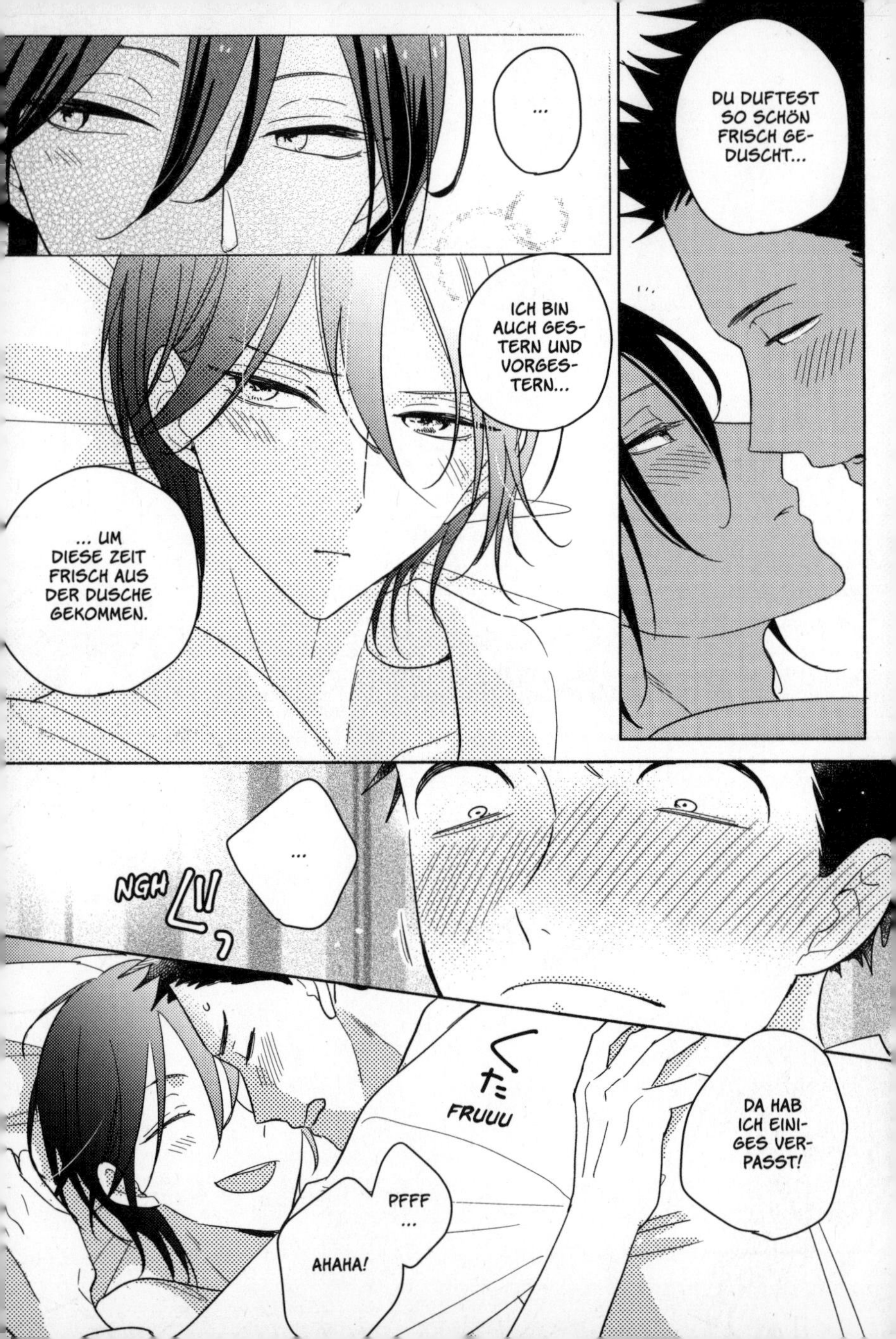
DU DUFTEST SO SCHÖN FRISCH GE-DUSCHT...
...
...
ICH BIN AUCH GES-TERN UND VORGES-TERN...
... UM DIESE ZEIT FRISCH AUS DER DUSCHE GEKOMMEN.
...
NGH
FRUUU
DA HAB ICH EINI-GES VER-PASST!
PFFF ...
AHAHA!

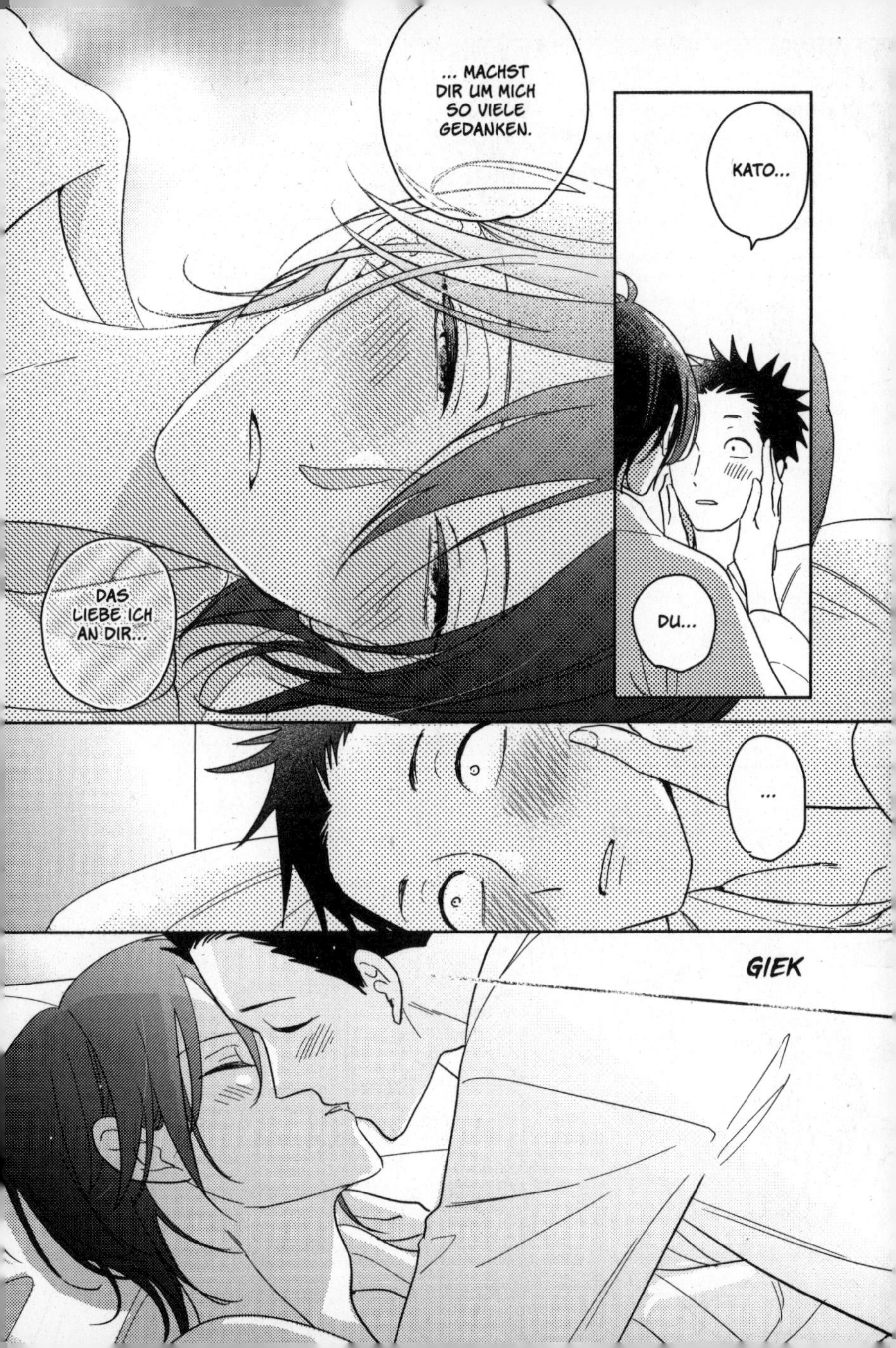
KATO...
DU...
... MACHST DIR UM MICH SO VIELE GEDANKEN.
DAS LIEBE ICH AN DIR...
...
GIEK

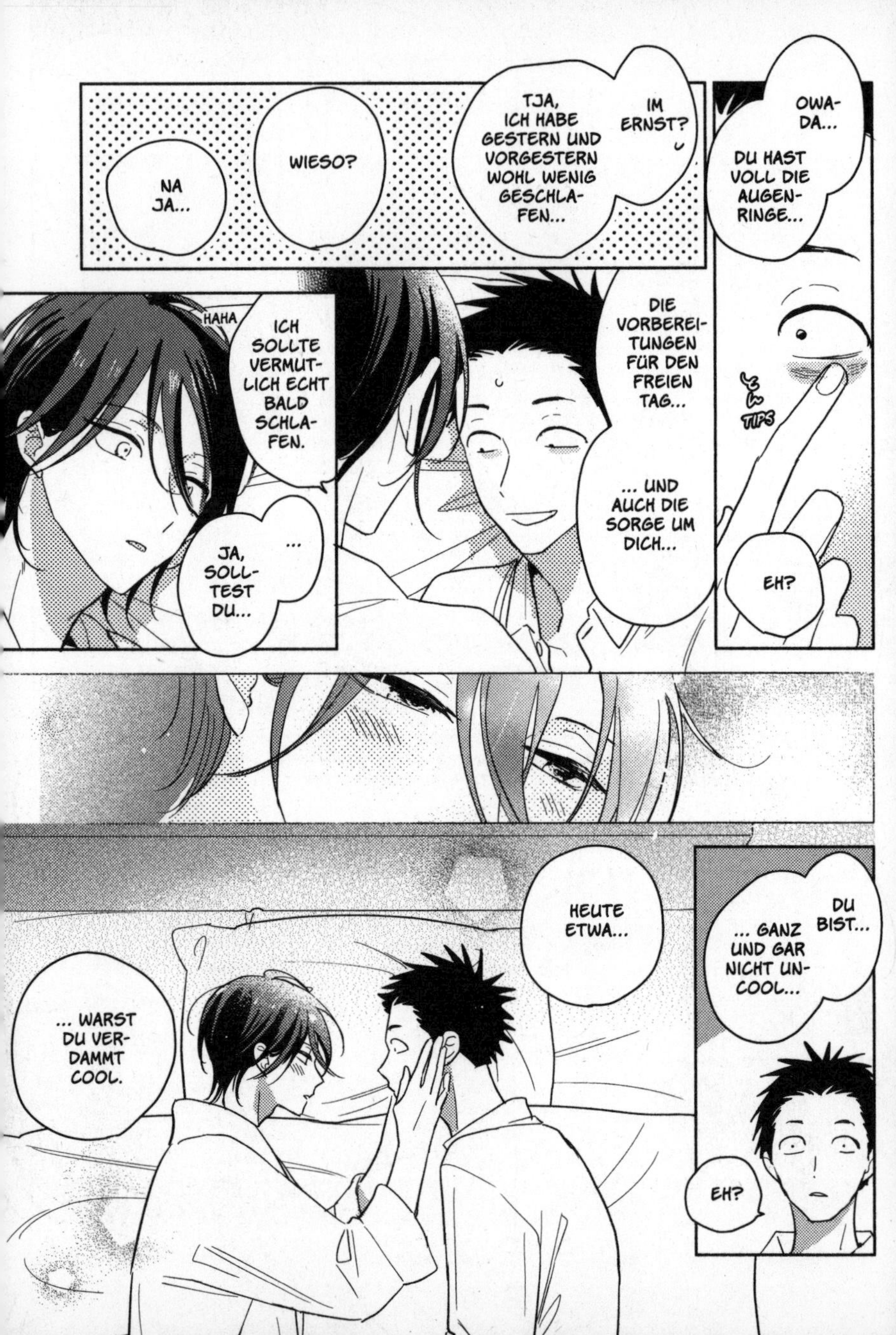
OWA-DA...
DU HAST VOLL DIE AUGEN-RINGE...
TIPS
EH?
IM ERNST?
TJA, ICH HABE GESTERN UND VORGESTERN WOHL WENIG GESCHLA-FEN...
WIESO?
NA JA...
DIE VORBEREI-TUNGEN FÜR DEN FREIEN TAG...
... UND AUCH DIE SORGE UM DICH...
HAHA
ICH SOLLTE VERMUT-LICH ECHT BALD SCHLA-FEN.
... JA, SOLL-TEST DU...
DU BIST...
... GANZ UND GAR NICHT UN-COOL...
EH?
HEUTE ETWA...
... WARST DU VER-DAMMT COOL.

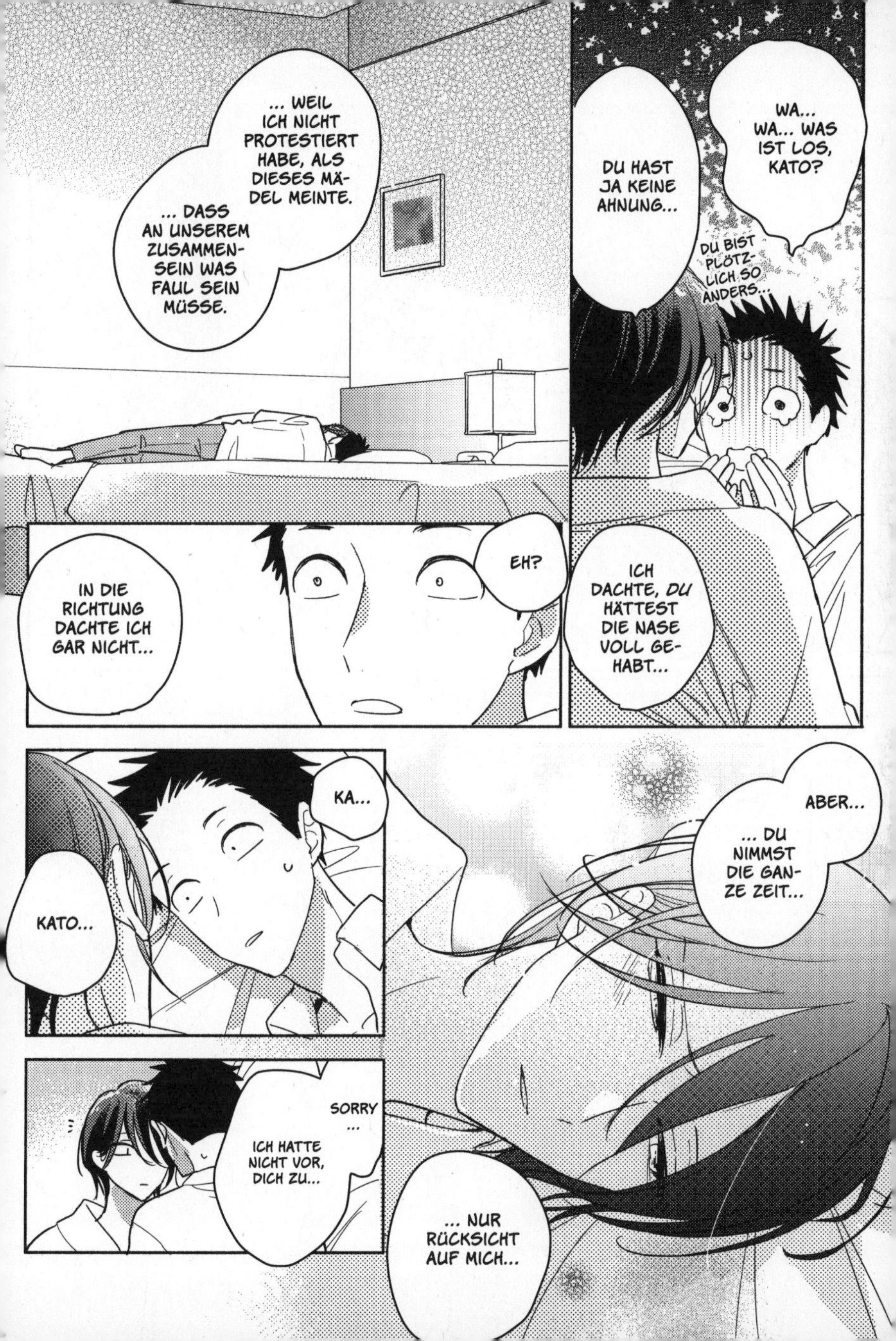
WA... WA... WAS IST LOS, KATO?
DU BIST PLÖTZLICH SO ANDERS...
DU HAST JA KEINE AHNUNG...
... WEIL ICH NICHT PROTESTIERT HABE, ALS DIESES MÄDEL MEINTE.
... DASS AN UNSEREM ZUSAMMENSEIN WAS FAUL SEIN MÜSSE.
ICH DACHTE, *DU* HÄTTEST DIE NASE VOLL GEHABT...
EH?
IN DIE RICHTUNG DACHTE ICH GAR NICHT...
ABER...
... DU NIMMST DIE GANZE ZEIT...
... NUR RÜCKSICHT AUF MICH...
KA...
KATO...
SORRY ...
ICH HATTE NICHT VOR, DICH ZU...

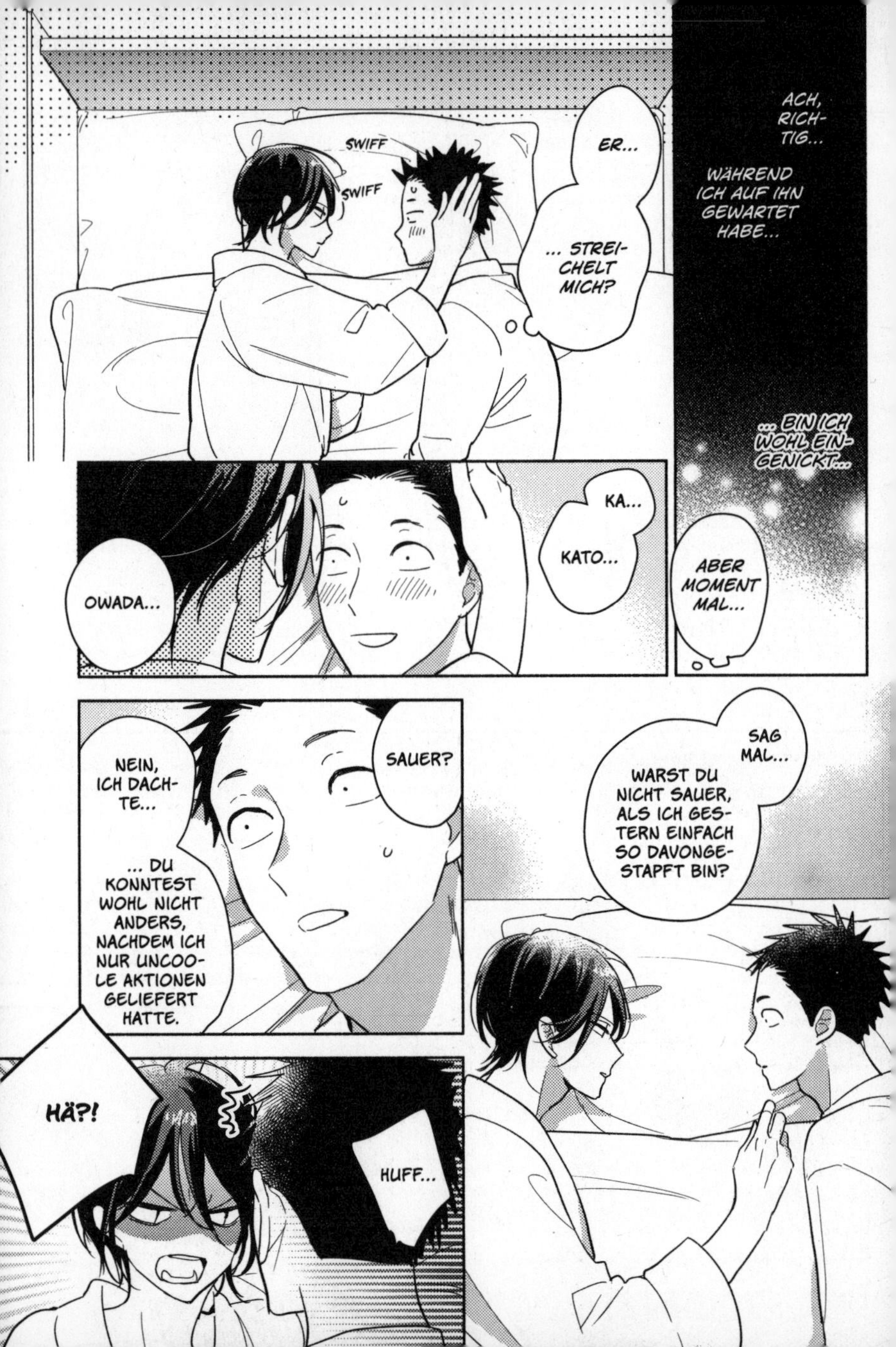
ACH, RICH-TIG...
WÄHREND ICH AUF IHN GEWARTET HABE...
ER...
... STREI-CHELT MICH?
SWIFF
SWIFF
... BIN ICH WOHL EIN-GENICKT...
ABER MOMENT MAL...
KA...
KATO...
OWADA...
SAG MAL...
WARST DU NICHT SAUER, ALS ICH GES-TERN EINFACH SO DAVONGE-STAPFT BIN?
SAUER?
NEIN, ICH DACH-TE...
... DU KONNTEST WOHL NICHT ANDERS, NACHDEM ICH NUR UNCOO-LE AKTIONEN GELIEFERT HATTE.
HÄ?!
HUFF...

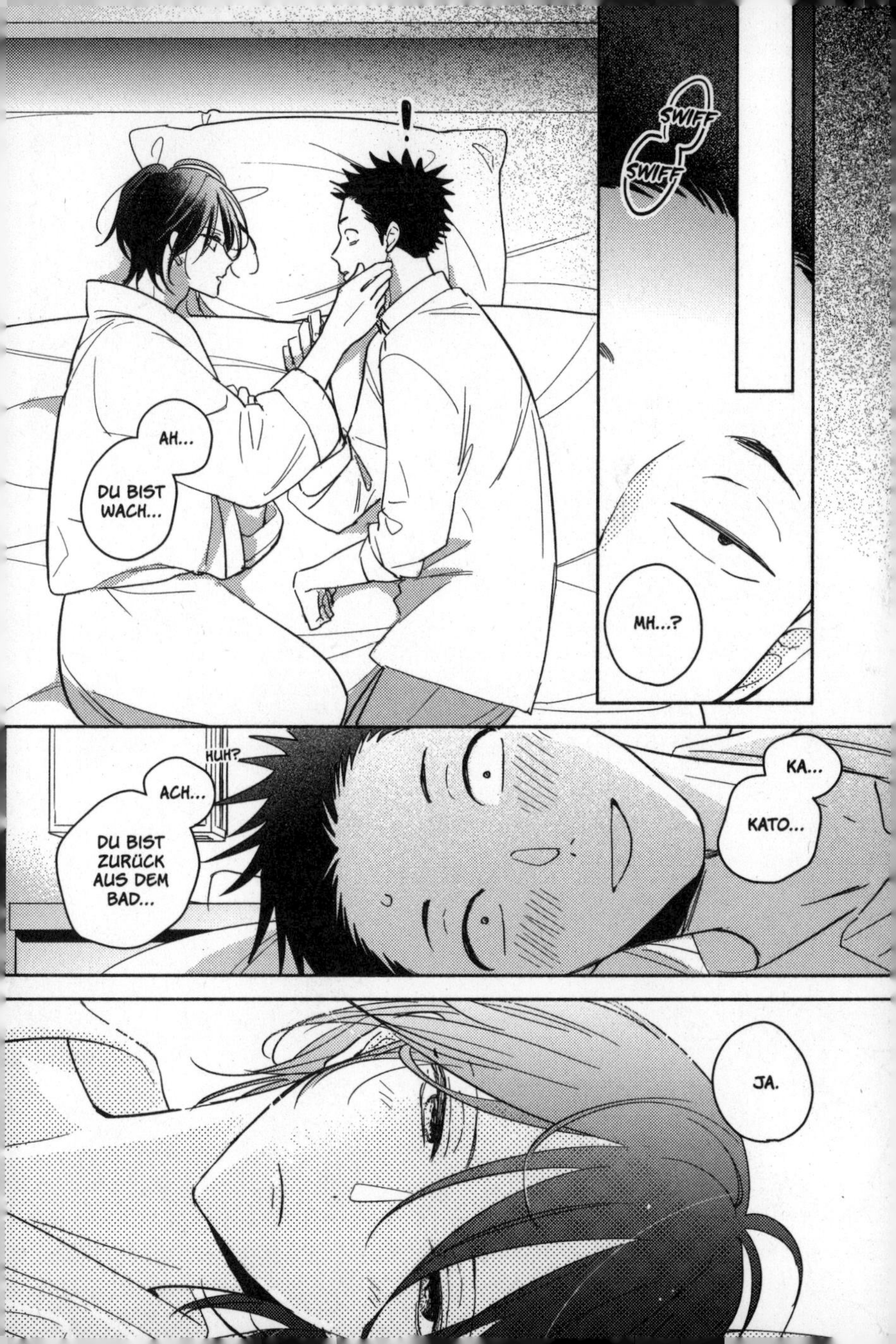
SWIFF
SWIFF
MH...?
!
AH...
DU BIST WACH...
KA...
KATO...
HUH?
ACH...
DU BIST ZURÜCK AUS DEM BAD...
JA.

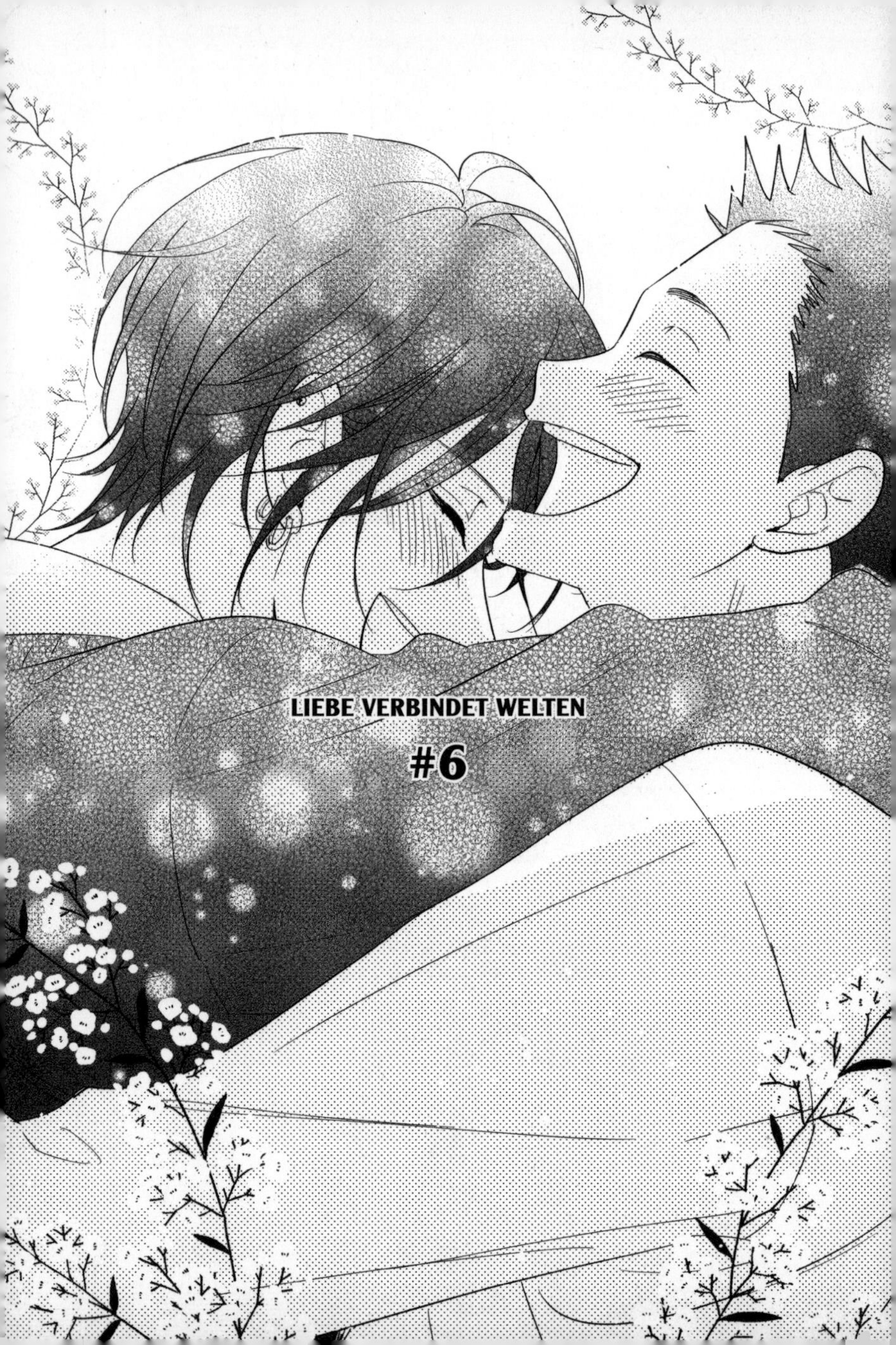
LIEBE VERBINDET WELTEN
#6

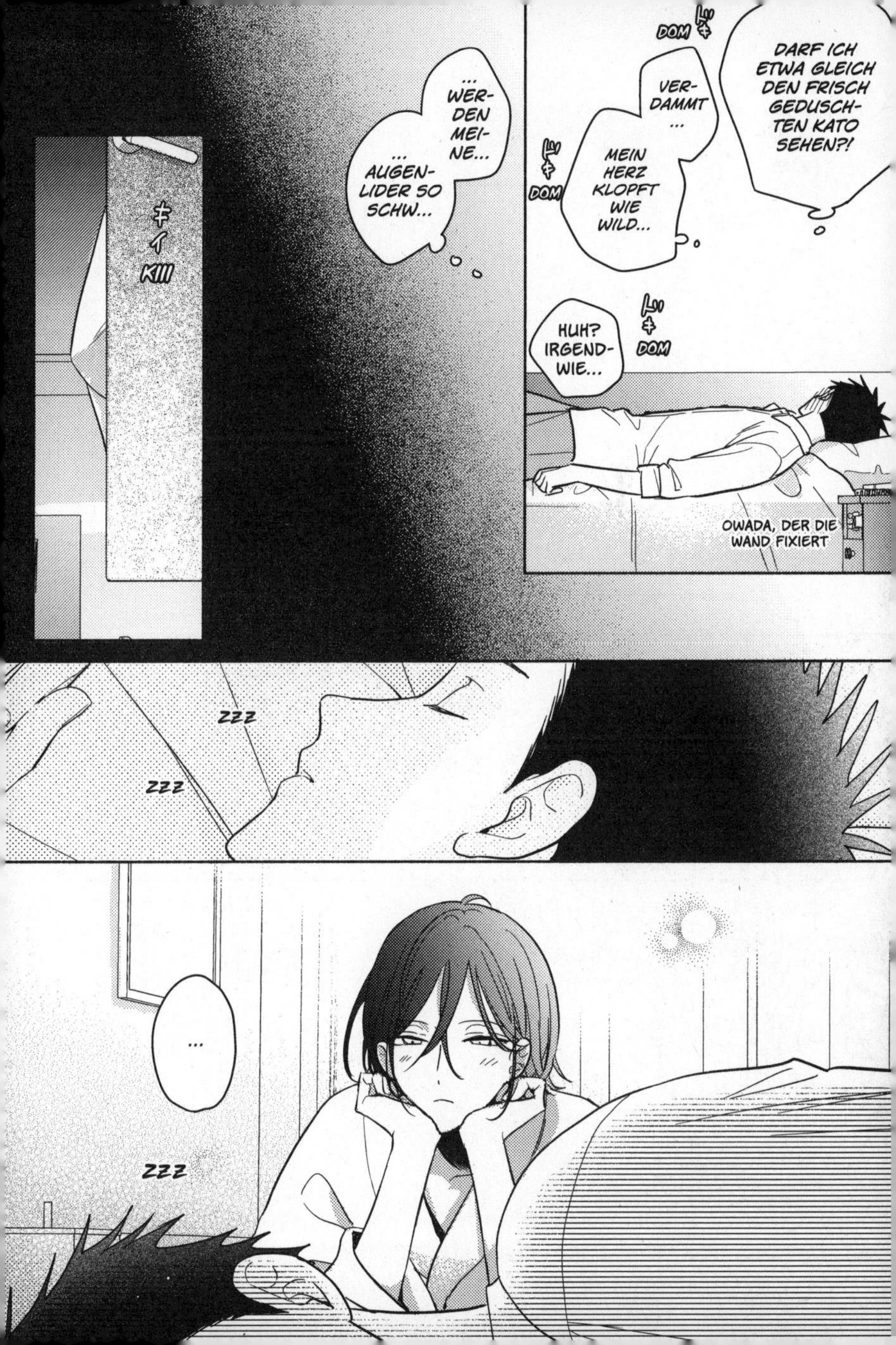

DARF ICH ETWA GLEICH DEN FRISCH GEDUSCH-TEN KATO SEHEN?!
ドキ DOM
VER-DAMMT ...
MEIN HERZ KLOPFT WIE WILD...
ドキ DOM
ドキ DOM
HUH? IRGEND-WIE...
OWADA, DER DIE WAND FIXIERT
... WER-DEN MEI-NE...
... AUGEN-LIDER SO SCHW...
キィ KIII
ZZZ
ZZZ
...
ZZZ

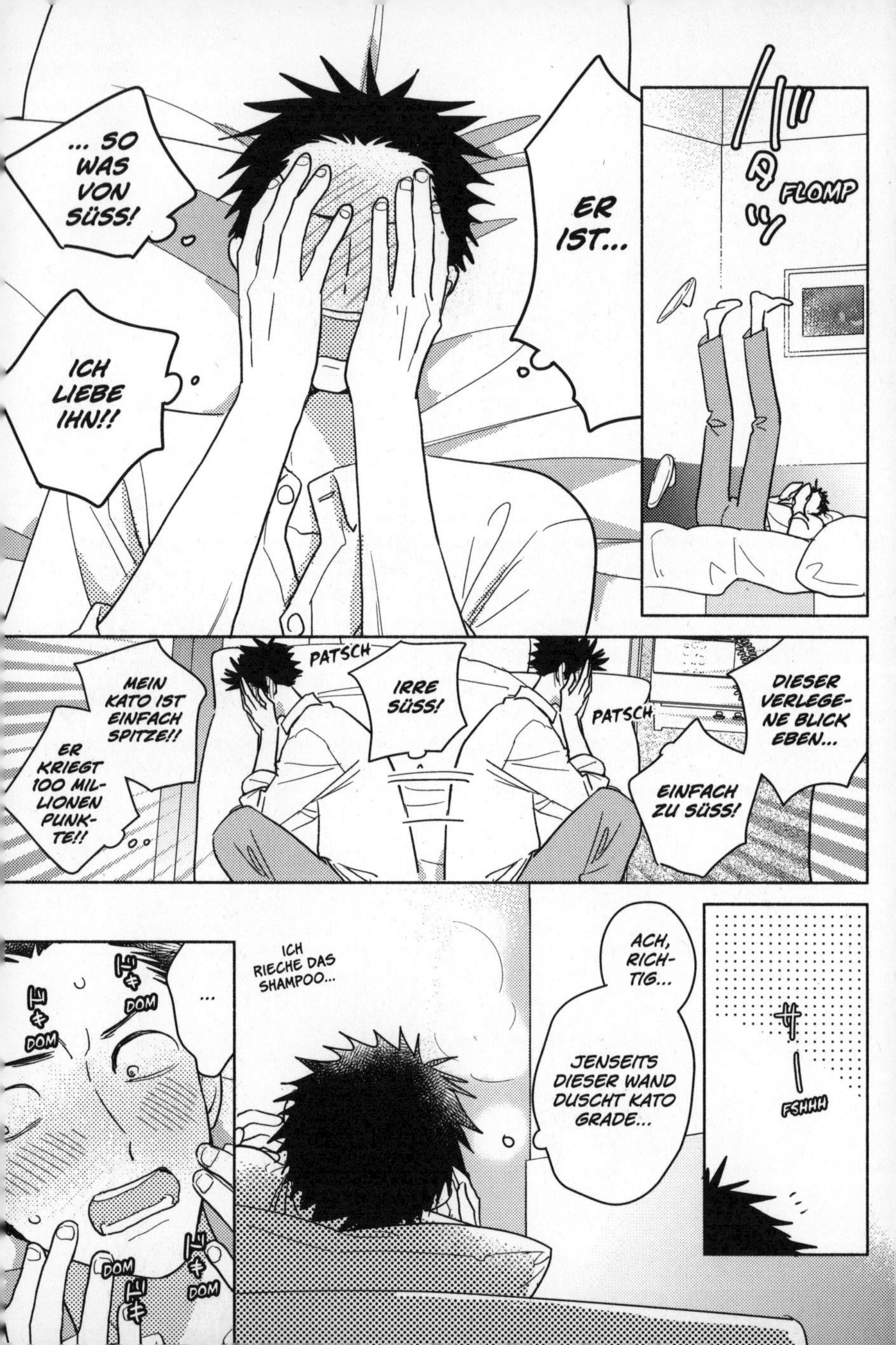
FLOMP
ER IST...
... SO WAS VON SÜSS!
ICH LIEBE IHN!!
DIESER VERLEGE-NE BLICK EBEN...
PATSCH
EINFACH ZU SÜSS!
IRRE SÜSS!
PATSCH
MEIN KATO IST EINFACH SPITZE!!
ER KRIEGT 100 MIL-LIONEN PUNK-TE!!
FSHHH
ACH, RICH-TIG...
JENSEITS DIESER WAND DUSCHT KATO GRADE...
ICH RIECHE DAS SHAMPOO...
...
DOM
DOM
DOM
DOM

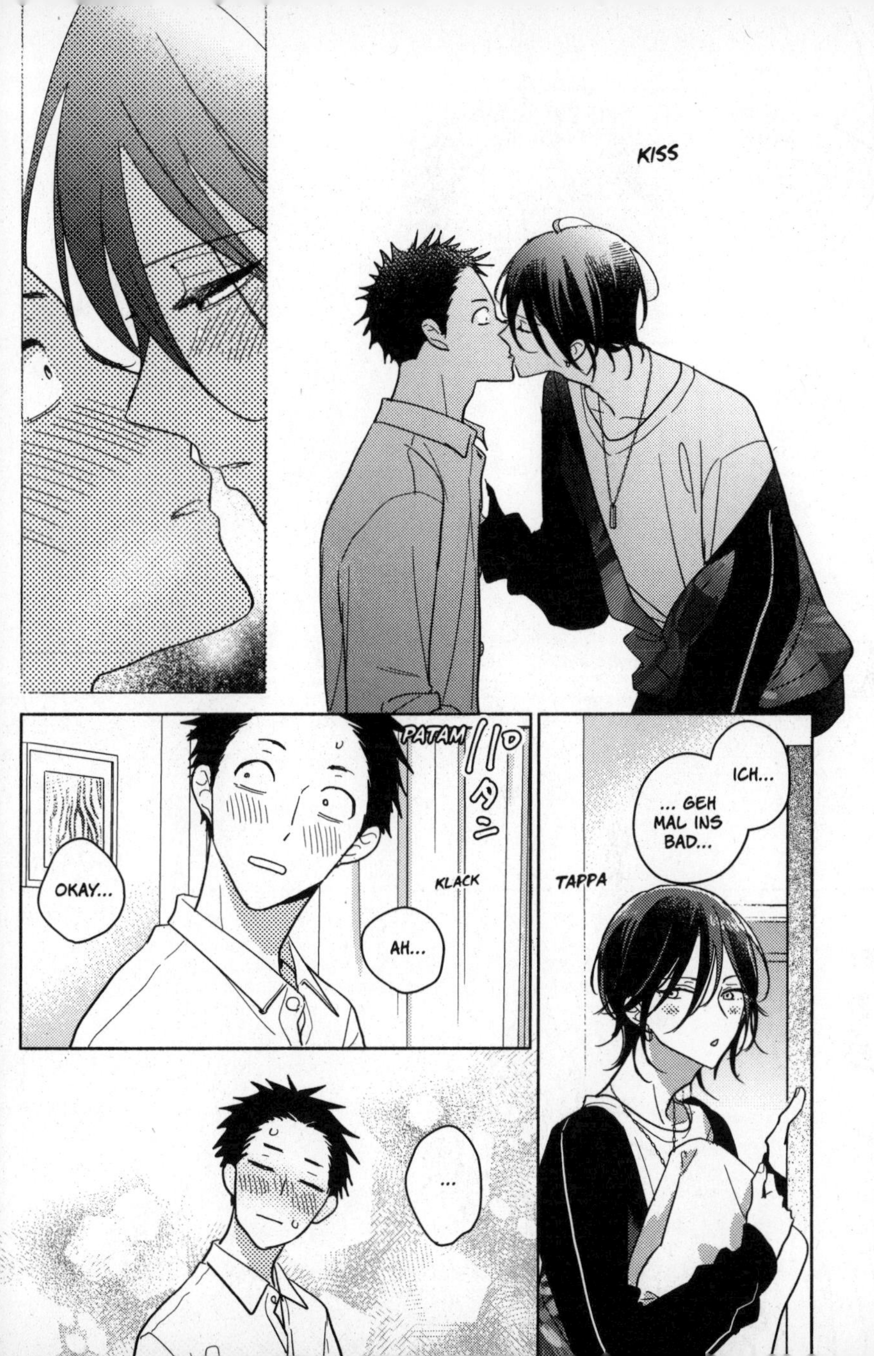
KISS
ICH...
... GEH MAL INS BAD...
TAPPA
PATAM
KLACK
AH...
OKAY...
...

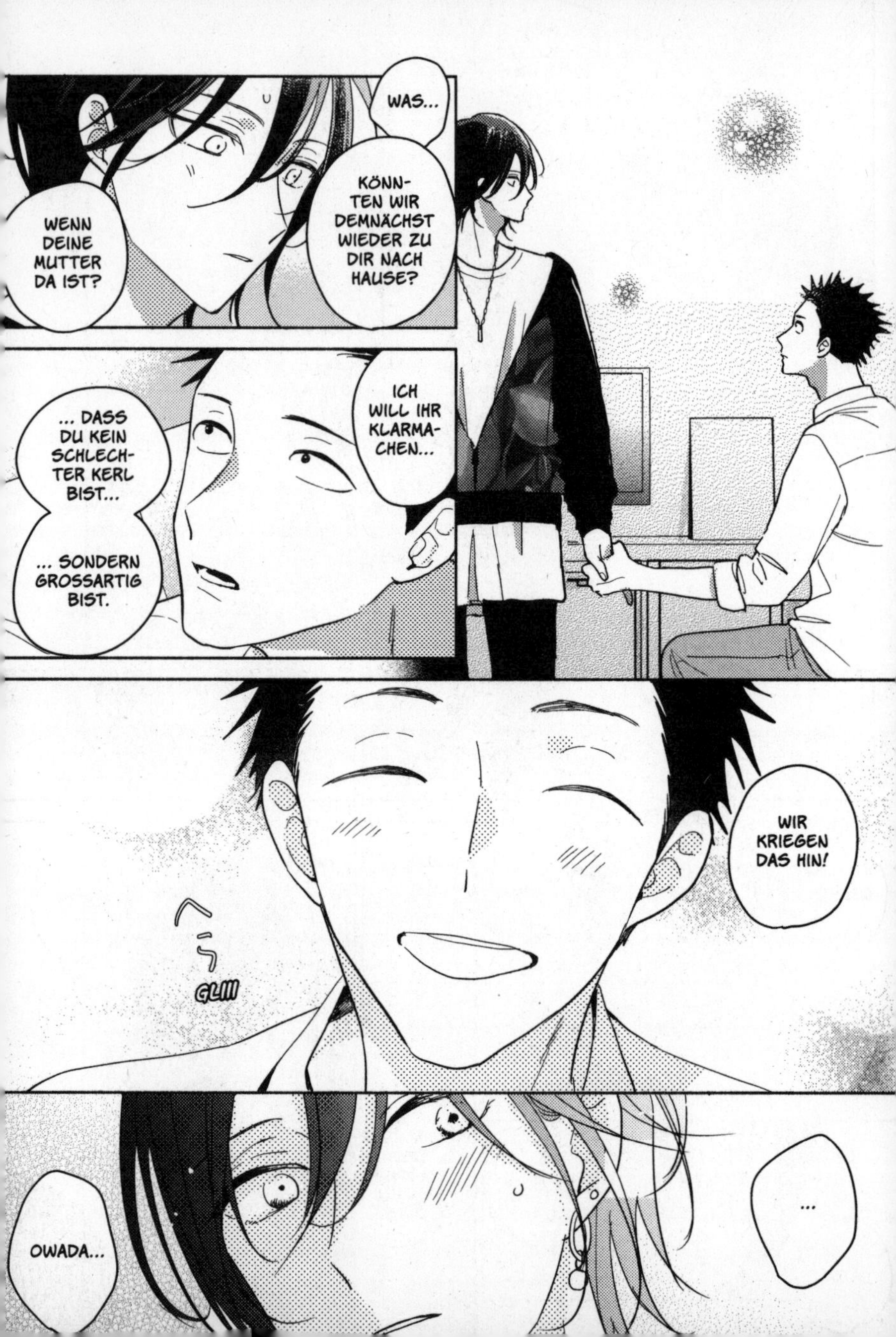

WAS...
KÖNN-TEN WIR DEMNÄCHST WIEDER ZU DIR NACH HAUSE?
WENN DEINE MUTTER DA IST?
ICH WILL IHR KLARMA-CHEN...
... DASS DU KEIN SCHLECH-TER KERL BIST...
... SONDERN GROSSARTIG BIST.
WIR KRIEGEN DAS HIN!
GLIII
...
OWADA...

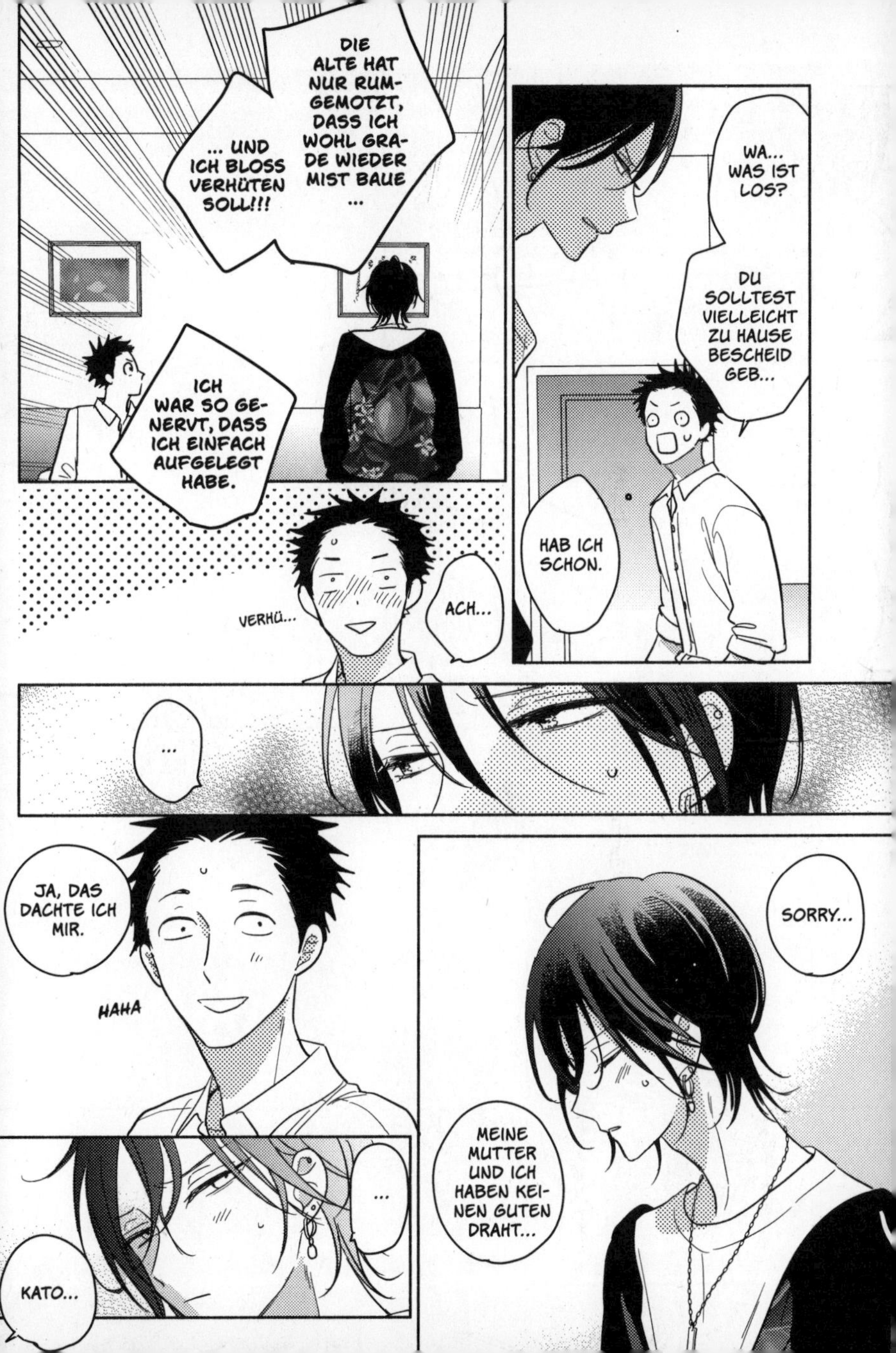
WA... WAS IST LOS?
DU SOLLTEST VIELLEICHT ZU HAUSE BESCHEID GEB...
HAB ICH SCHON.
DIE ALTE HAT NUR RUMGEMOTZT, DASS ICH WOHL GRADE WIEDER MIST BAUE ...
... UND ICH BLOSS VERHÜTEN SOLL!!!
ICH WAR SO GENERVT, DASS ICH EINFACH AUFGELEGT HABE.
ACH...
VERHÜ...
...
SORRY...
MEINE MUTTER UND ICH HABEN KEINEN GUTEN DRAHT...
JA, DAS DACHTE ICH MIR.
HAHA
...
KATO...

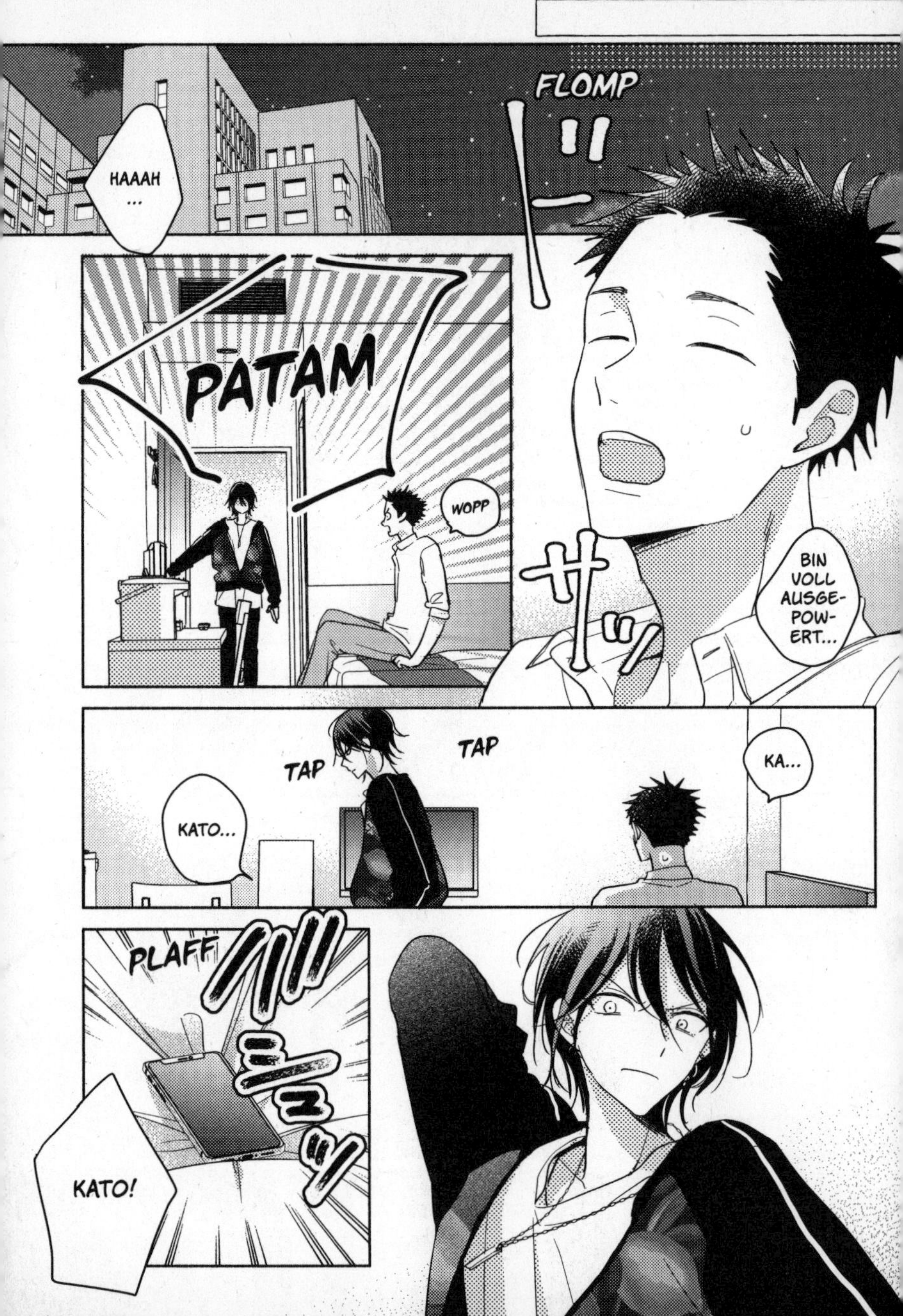
FLOMP
HAAAH ...
BIN VOLL AUSGE-POW-ERT...
PATAM
WOPP
KA...
TAP
TAP
KATO...
PLAFF
KATO!

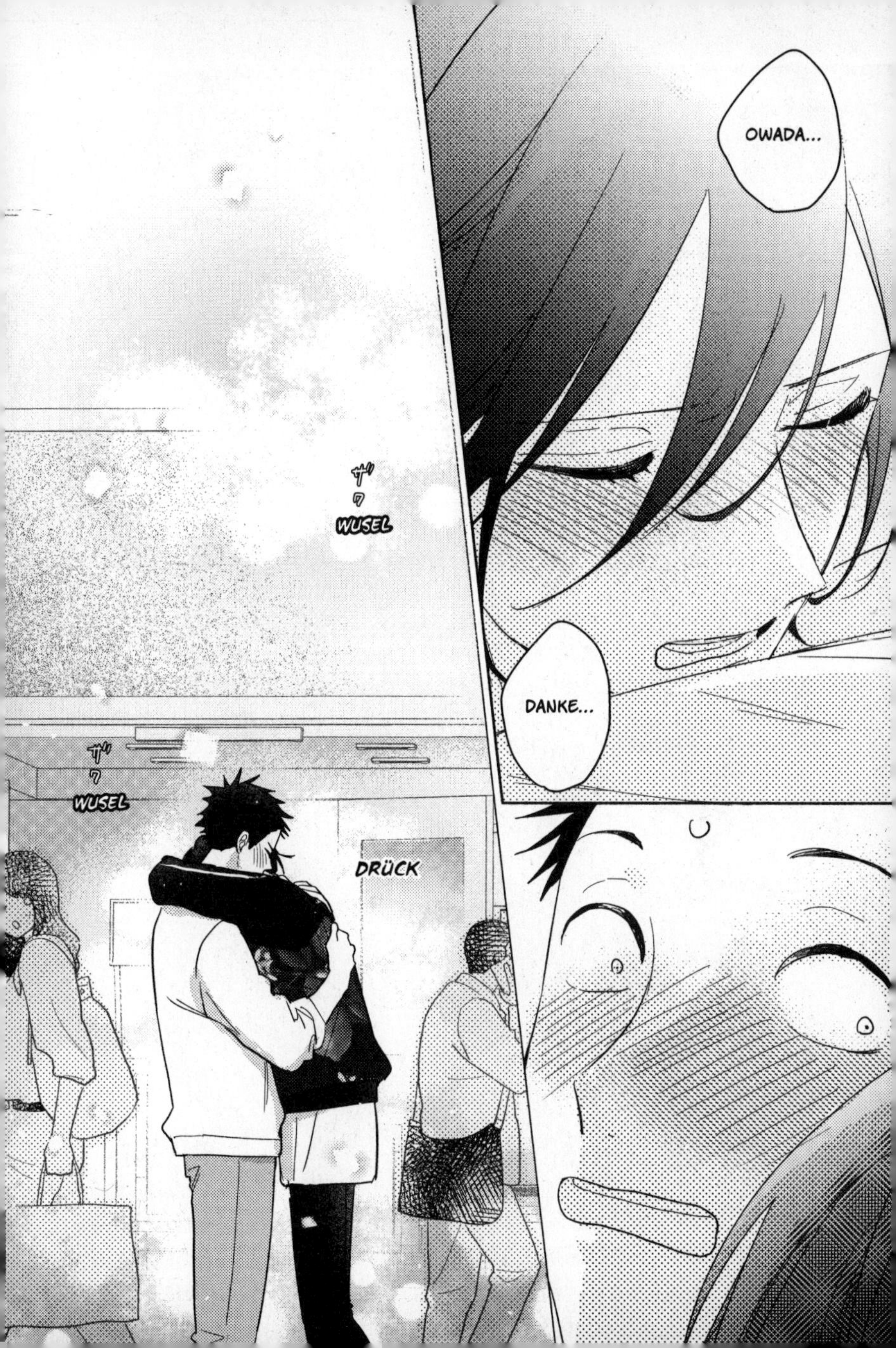
OWADA...
DANKE...
ザワ
WUSEL
ザワ
WUSEL
DRÜCK

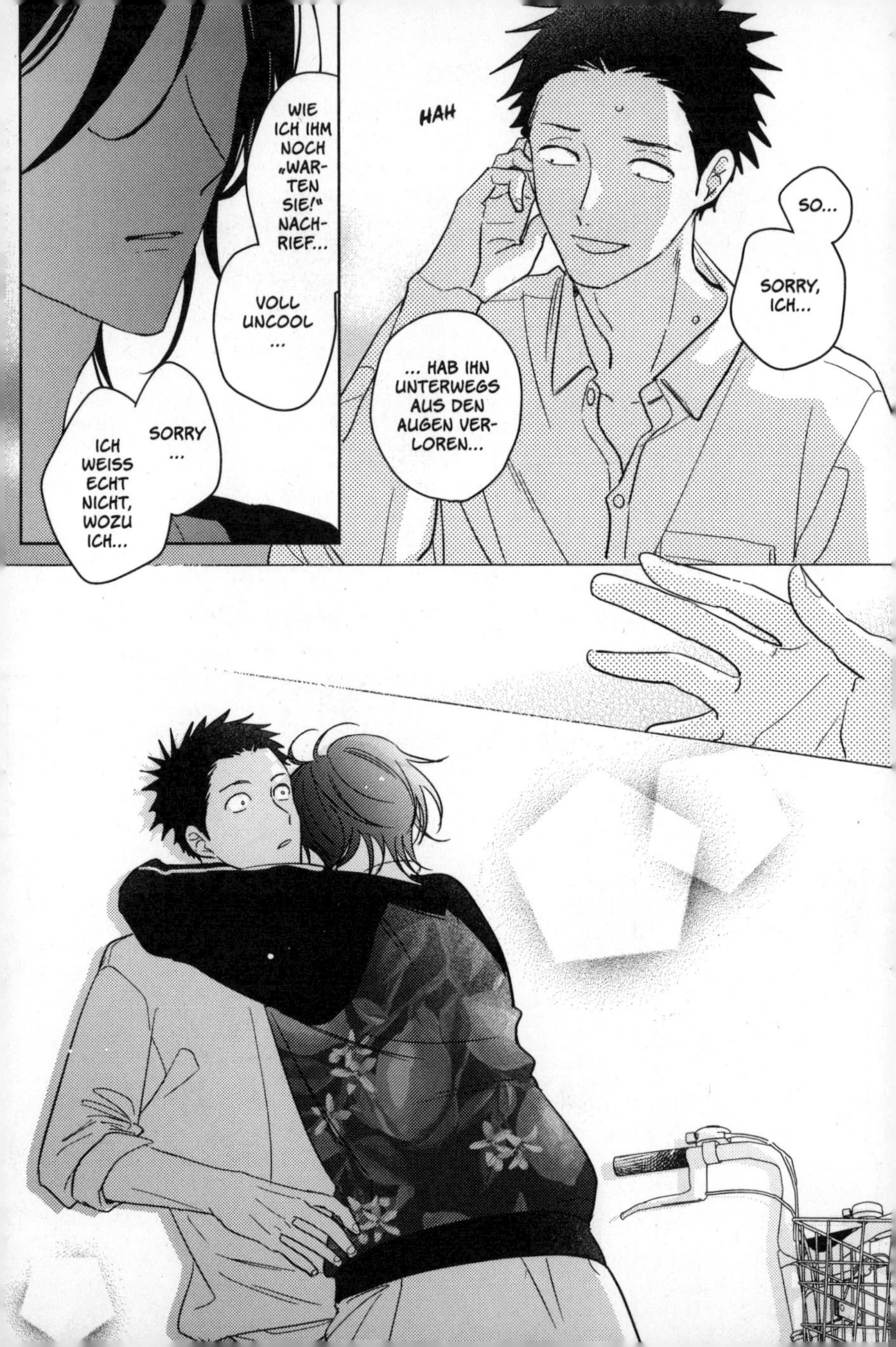
SO...
SORRY, ICH...
HAH
... HAB IHN UNTERWEGS AUS DEN AUGEN VERLOREN...
WIE ICH IHM NOCH „WARTEN SIE!“ NACHRIEF...
VOLL UNCOOL ...
SORRY ...
ICH WEISS ECHT NICHT, WOZU ICH...

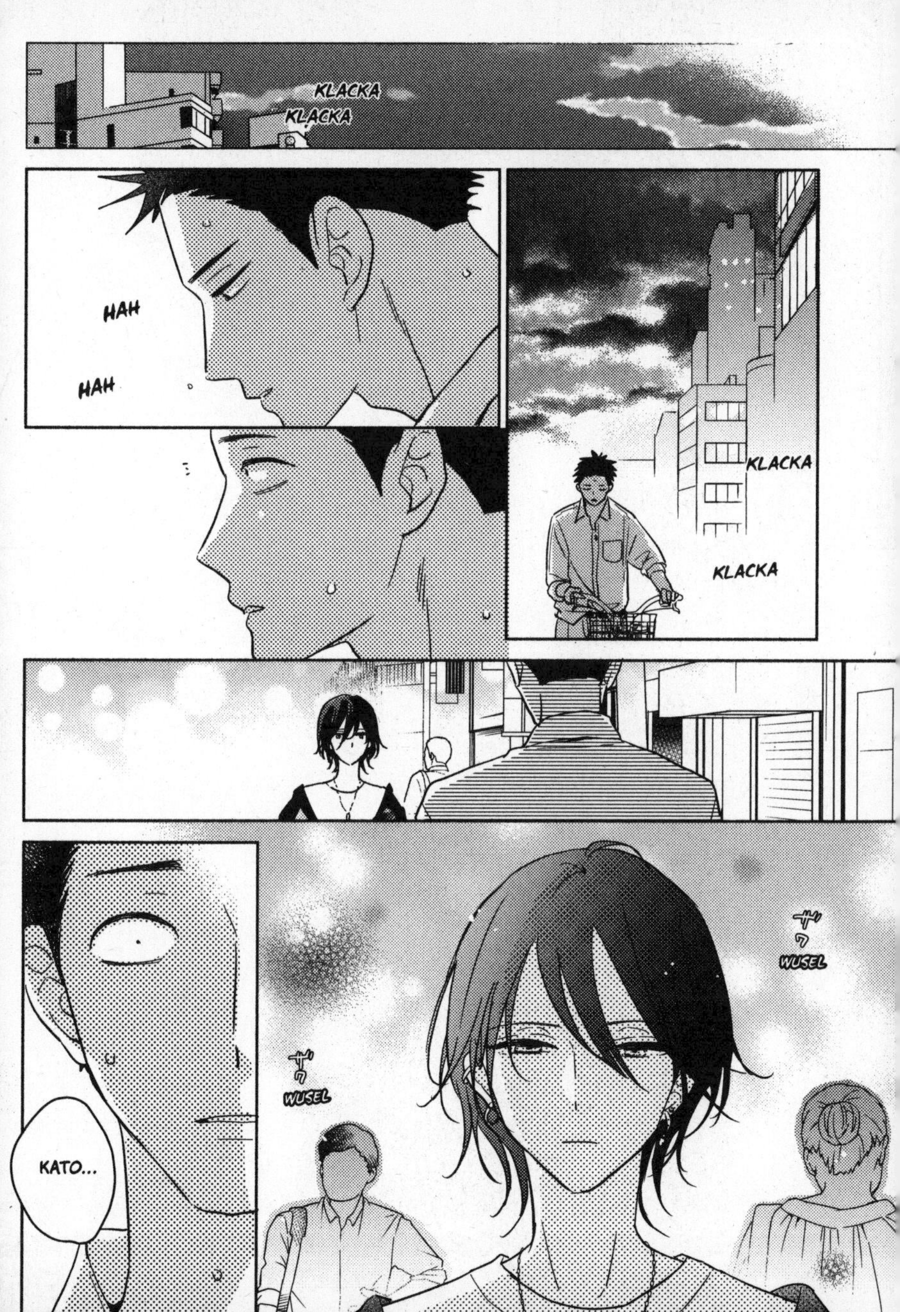
KLACKA
KLACKA
KLACKA
KLACKA
HAH
HAH
WUSEL
WUSEL
KATO...

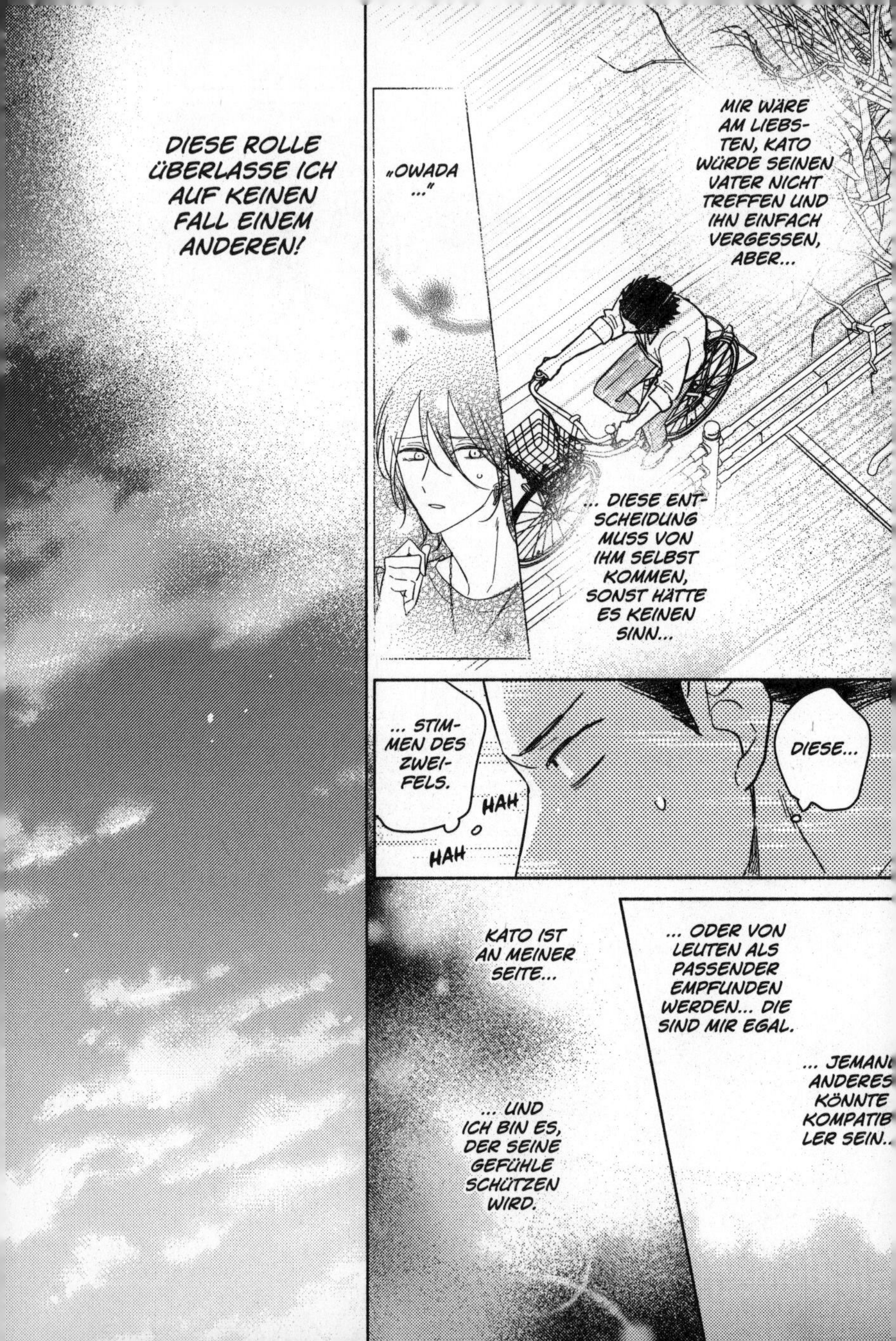
MIR WÄRE AM LIEBSTEN, KATO WÜRDE SEINEN VATER NICHT TREFFEN UND IHN EINFACH VERGESSEN, ABER...
... DIESE ENTSCHEIDUNG MUSS VON IHM SELBST KOMMEN, SONST HÄTTE ES KEINEN SINN...
„OWADA ...“
DIESE...
... STIMMEN DES ZWEIFELS.
HAH
HAH
... JEMAN ANDERES KÖNNTE KOMPATIB LER SEIN..
... ODER VON LEUTEN ALS PASSENDER EMPFUNDEN WERDEN... DIE SIND MIR EGAL.
KATO IST AN MEINER SEITE...
... UND ICH BIN ES, DER SEINE GEFÜHLE SCHÜTZEN WIRD.
DIESE ROLLE ÜBERLASSE ICH AUF KEINEN FALL EINEM ANDEREN!

ICH WEISS JA SELBST NICHT...

OWADA...

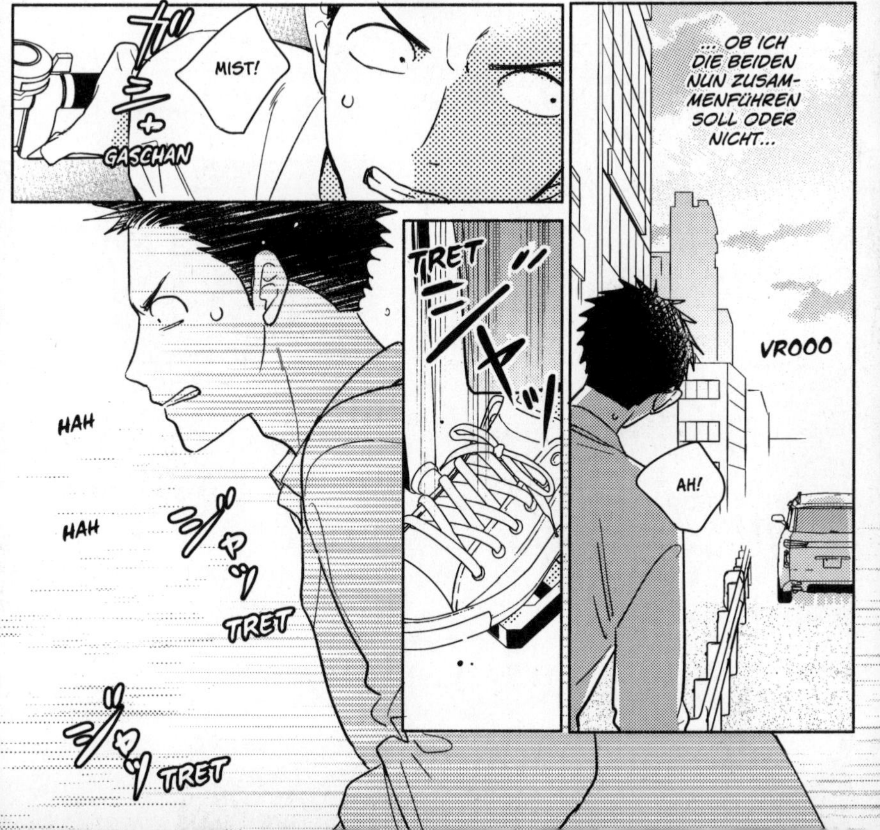

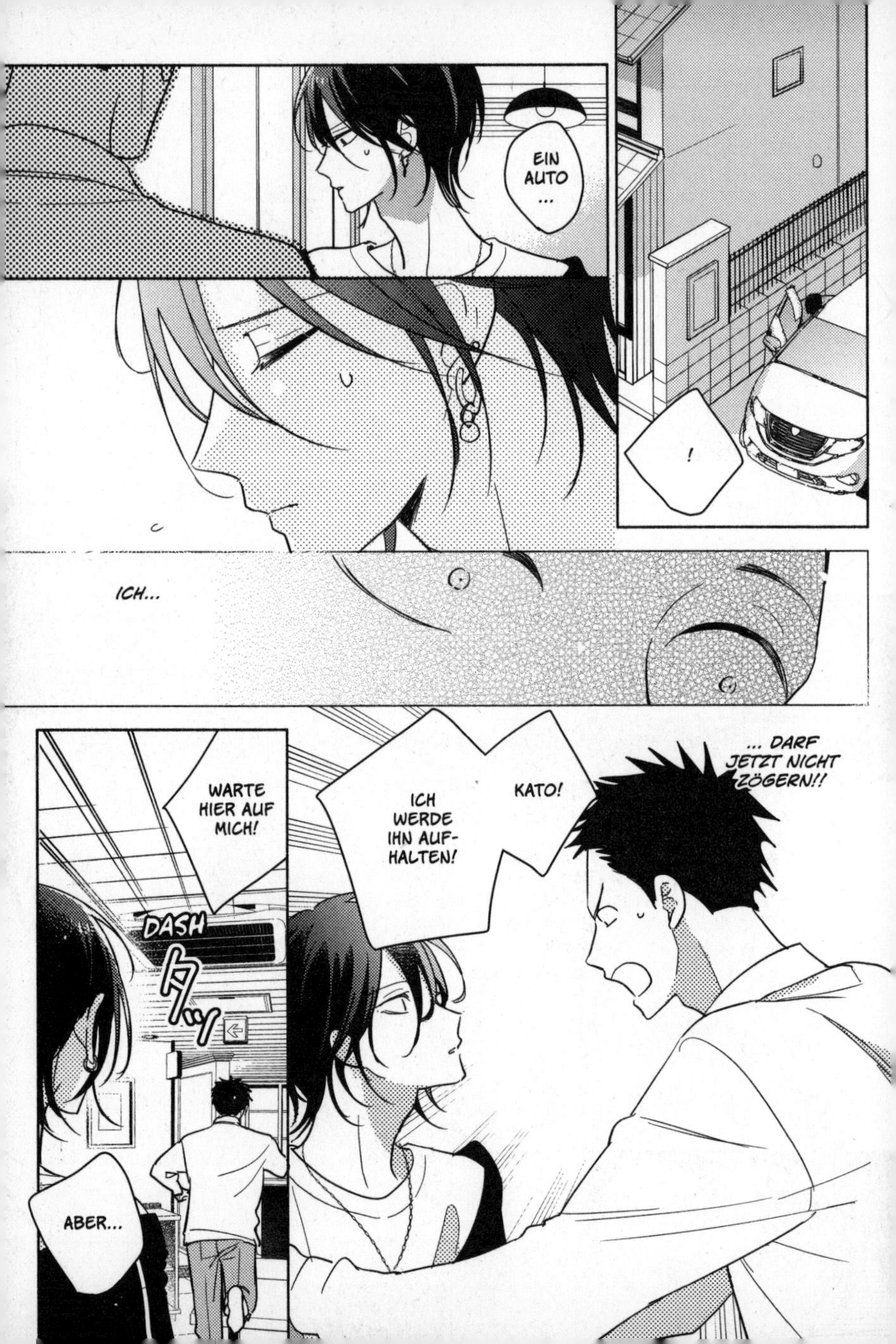
!
EIN AUTO ...
ICH...
... DARF JETZT NICHT ZÖGERN!!
KATO!
ICH WERDE IHN AUFHALTEN!
WARTE HIER AUF MICH!
DASH
ABER...

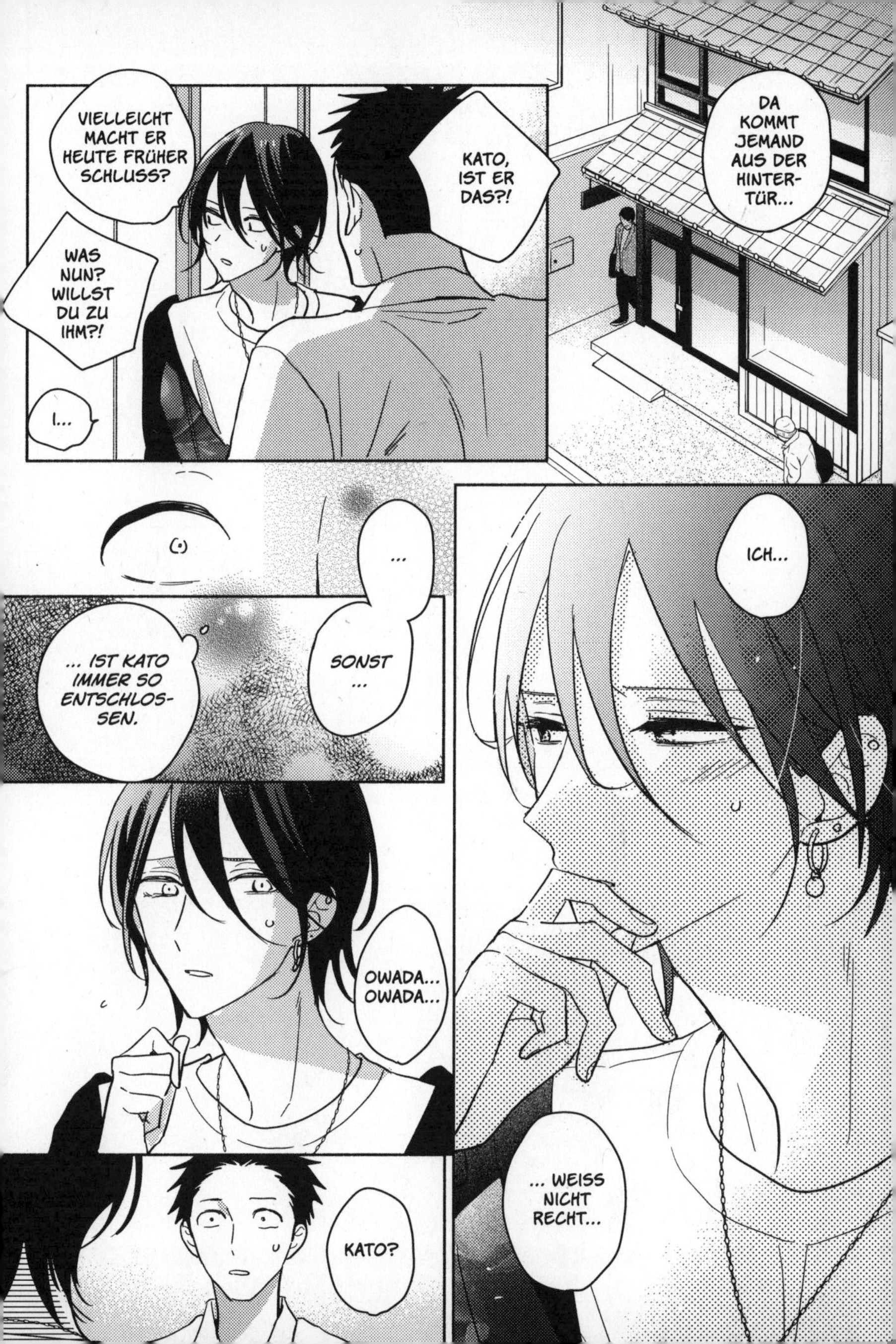
DA KOMMT JEMAND AUS DER HINTER-TÜR...
KATO, IST ER DAS?!
VIELLEICHT MACHT ER HEUTE FRÜHER SCHLUSS?
WAS NUN? WILLST DU ZU IHM?!
I...
ICH...
... WEISS NICHT RECHT...
...
SONST ...
... IST KATO IMMER SO ENTSCHLOSSEN.
OWADA... OWADA...
KATO?

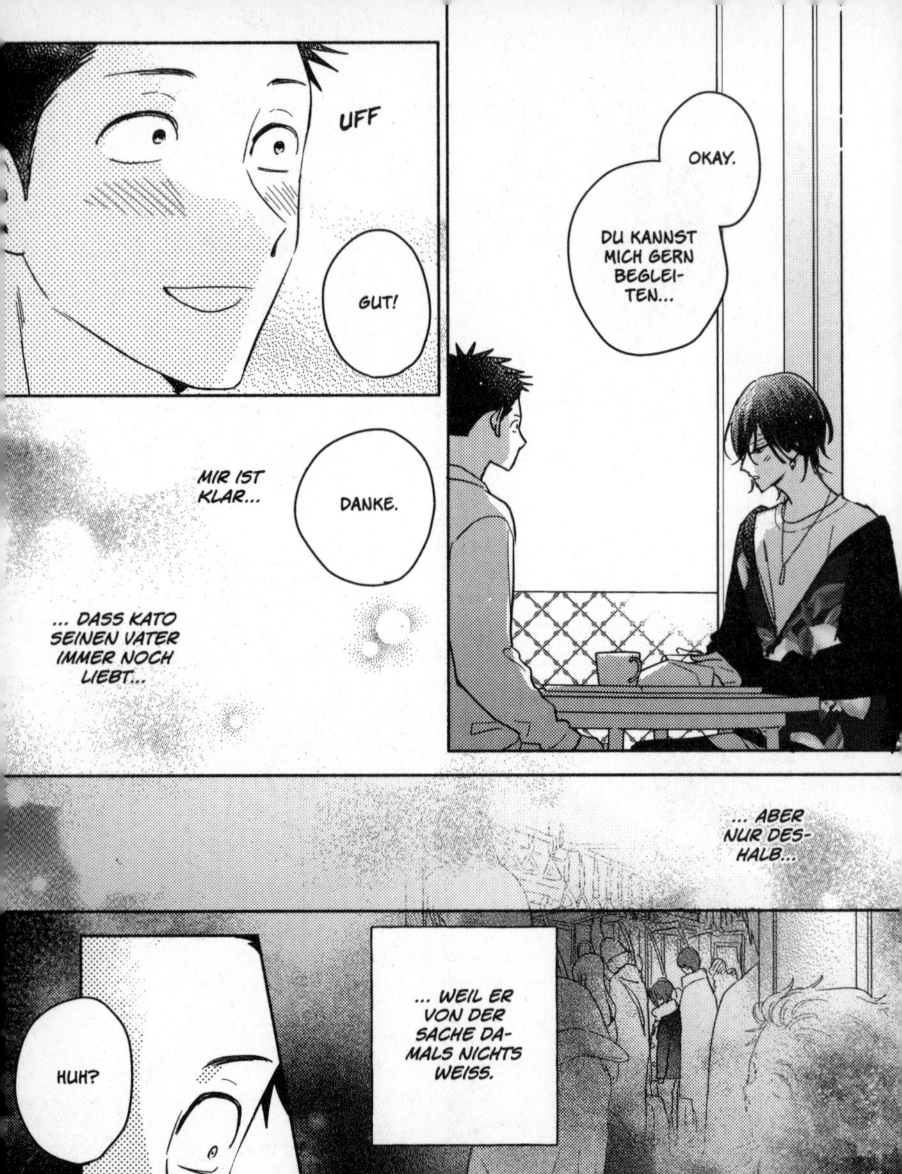
OKAY.
DU KANNST MICH GERN BEGLEI-TEN...
UFF
GUT!
DANKE.
MIR IST KLAR...
... DASS KATO SEINEN VATER IMMER NOCH LIEBT...
... ABER NUR DES-HALB...
... WEIL ER VON DER SACHE DA-MALS NICHTS WEISS.
HUH?
IRKS

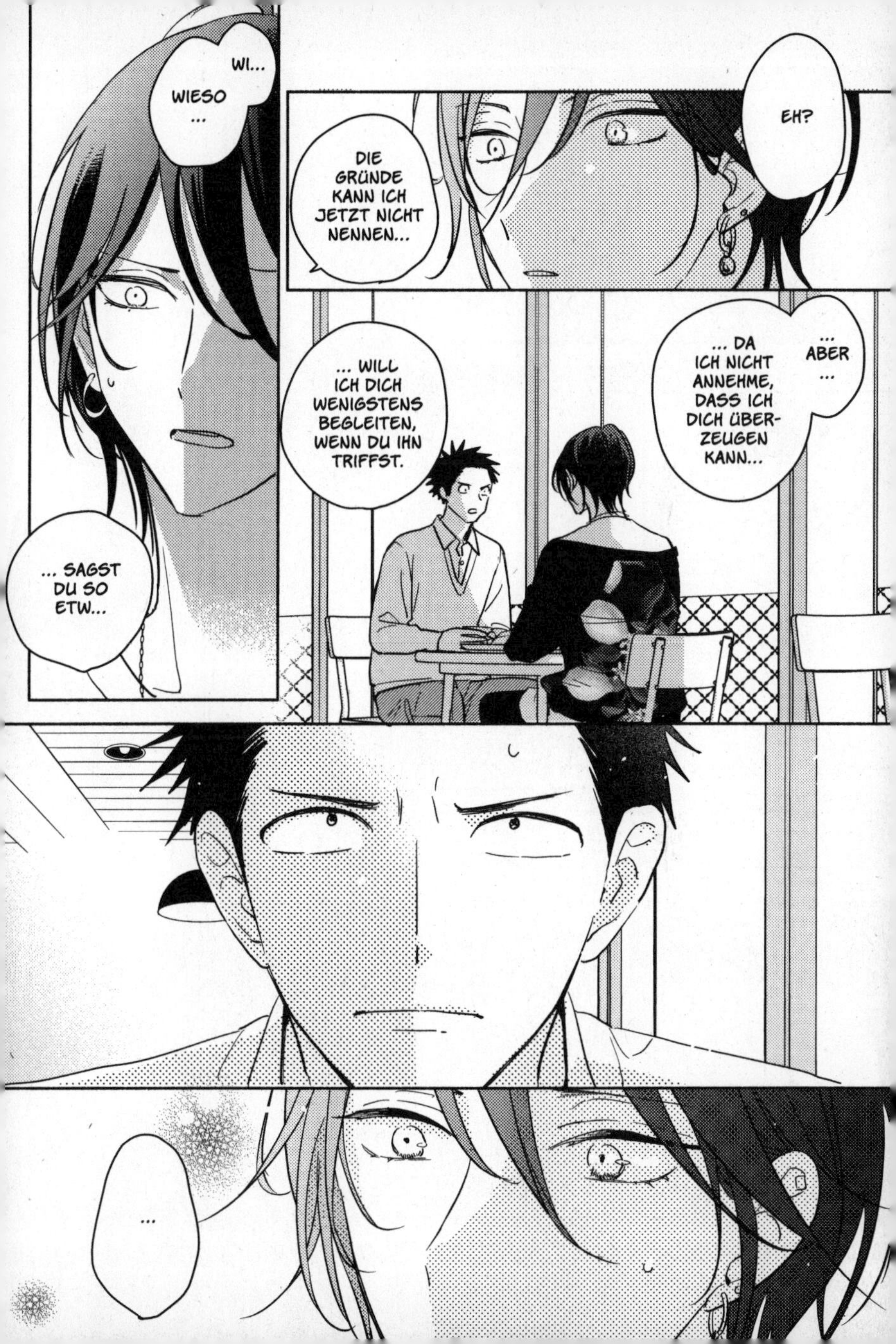
EH?
DIE GRÜNDE KANN ICH JETZT NICHT NENNEN...
WI... WIESO ...
... ABER ...
... DA ICH NICHT ANNEHME, DASS ICH DICH ÜBERZEUGEN KANN...
... WILL ICH DICH WENIGSTENS BEGLEITEN, WENN DU IHN TRIFFST.
... SAGST DU SO ETW...
...

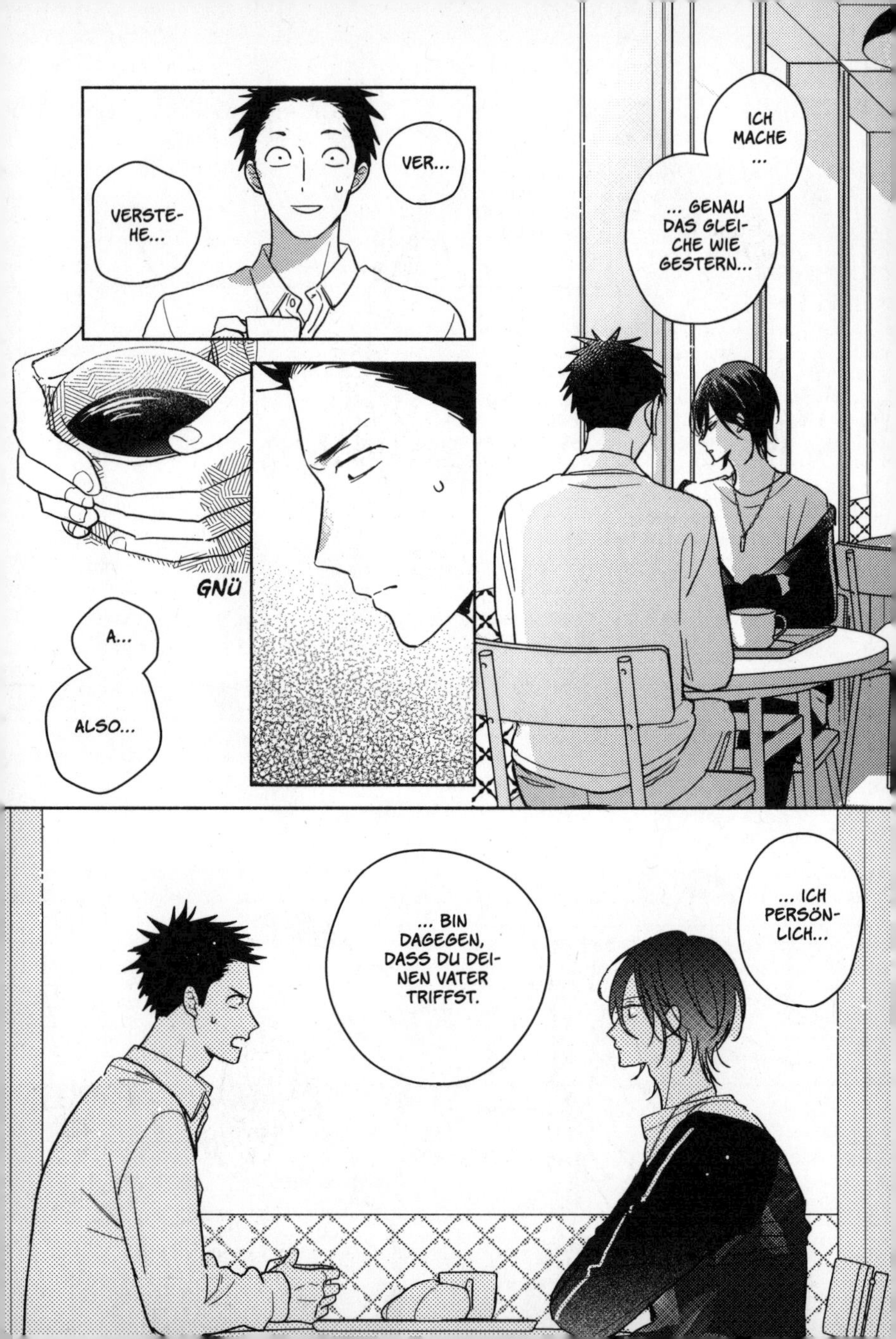
ICH MACHE ...
... GENAU DAS GLEICHE WIE GESTERN...
VER...
VERSTEHE...
GNÜ
A...
ALSO...
... ICH PERSÖNLICH...
... BIN DAGEGEN, DASS DU DEINEN VATER TRIFFST.

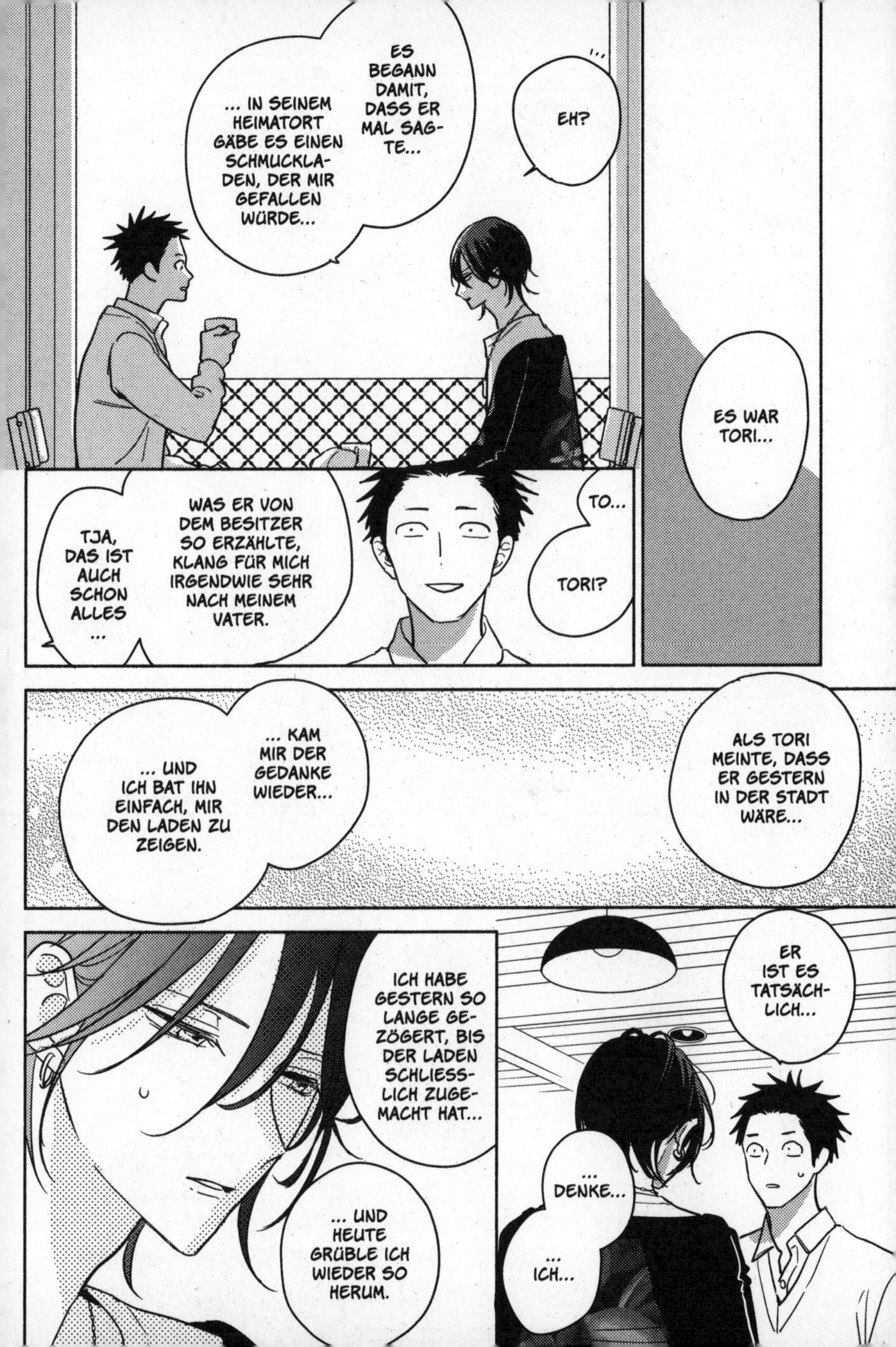

EH?
ES BEGANN DAMIT, DASS ER MAL SAGTE...
... IN SEINEM HEIMATORT GÄBE ES EINEN SCHMUCKLADEN, DER MIR GEFALLEN WÜRDE...
ES WAR TORI...
TO...
TORI?
WAS ER VON DEM BESITZER SO ERZÄHLTE, KLANG FÜR MICH IRGENDWIE SEHR NACH MEINEM VATER.
TJA, DAS IST AUCH SCHON ALLES ...
ALS TORI MEINTE, DASS ER GESTERN IN DER STADT WÄRE...
... KAM MIR DER GEDANKE WIEDER...
... UND ICH BAT IHN EINFACH, MIR DEN LADEN ZU ZEIGEN.
ER IST ES TATSÄCHLICH...
... ICH...
... DENKE...
ICH HABE GESTERN SO LANGE GEZÖGERT, BIS DER LADEN SCHLIESSLICH ZUGEMACHT HAT...
... UND HEUTE GRÜBLE ICH WIEDER SO HERUM.

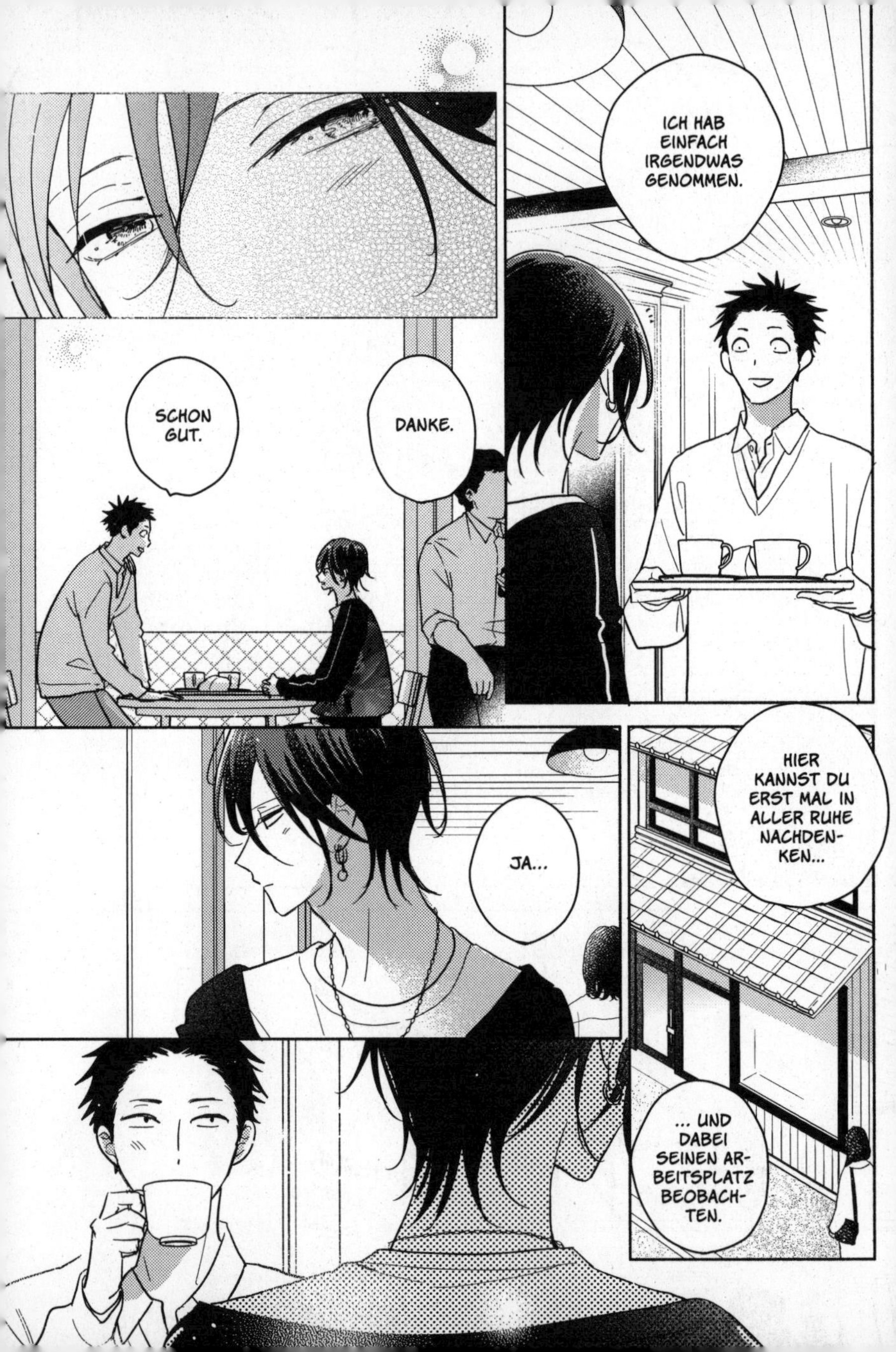
ICH HAB EINFACH IRGENDWAS GENOMMEN.
DANKE.
SCHON GUT.
HIER KANNST DU ERST MAL IN ALLER RUHE NACHDEN-KEN...
... UND DABEI SEINEN AR-BEITSPLATZ BEOBACH-TEN.
JA...

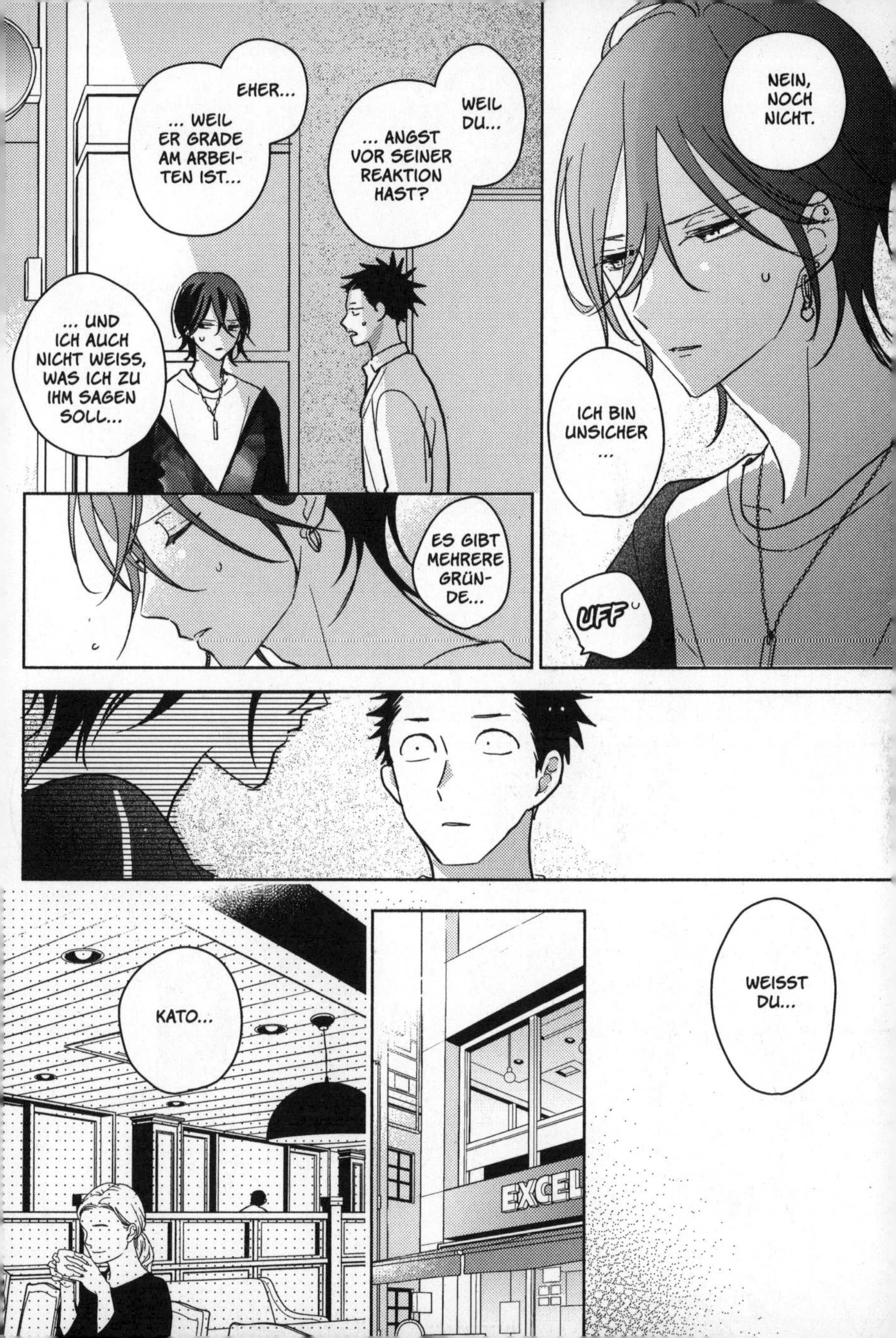
NEIN, NOCH NICHT.
WEIL DU...
... ANGST VOR SEINER REAKTION HAST?
EHER...
... WEIL ER GRADE AM ARBEITEN IST...
... UND ICH AUCH NICHT WEISS, WAS ICH ZU IHM SAGEN SOLL...
ICH BIN UNSICHER ...
UFF
ES GIBT MEHRERE GRÜNDE...
WEISST DU...
KATO...
EXCEL

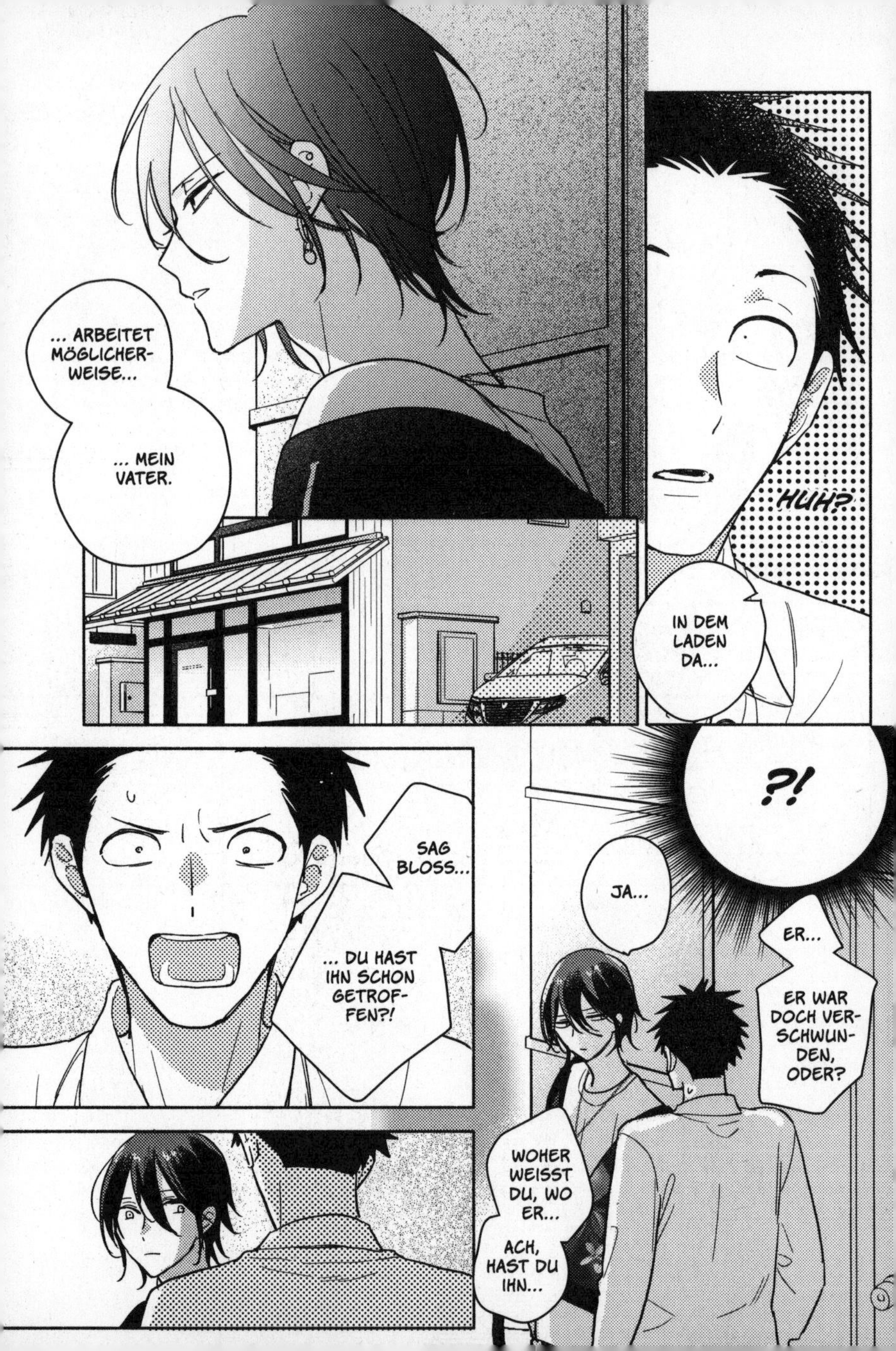
IN DEM LADEN DA...
... ARBEITET MÖGLICHERWEISE...
... MEIN VATER.
HUH?
?!
SAG BLOSS...
... DU HAST IHN SCHON GETROFFEN?!
JA...
ER...
ER WAR DOCH VERSCHWUNDEN, ODER?
WOHER WEISST DU, WO ER...
ACH, HAST DU IHN...

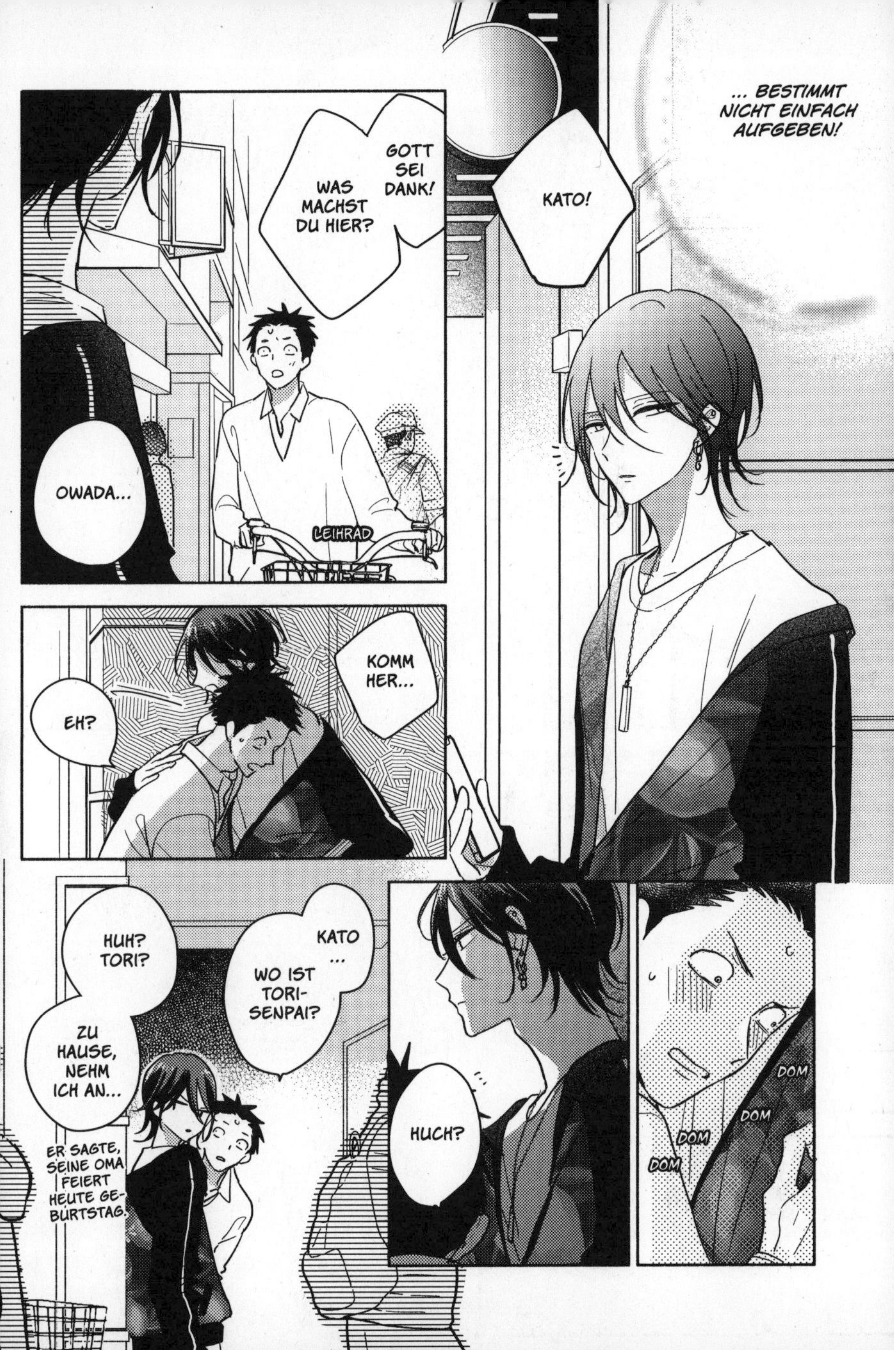
... BESTIMMT NICHT EINFACH AUFGEBEN!
KATO!
GOTT SEI DANK!
WAS MACHST DU HIER?
OWADA...
LEIHRAD
KOMM HER...
EH?
KATO ...
WO IST TORI-SENPAI?
HUH? TORI?
ZU HAUSE, NEHM ICH AN...
ER SAGTE, SEINE OMA FEIERT HEUTE GEBURTSTAG.
HUCH?
DOM
DOM
DOM
DOM

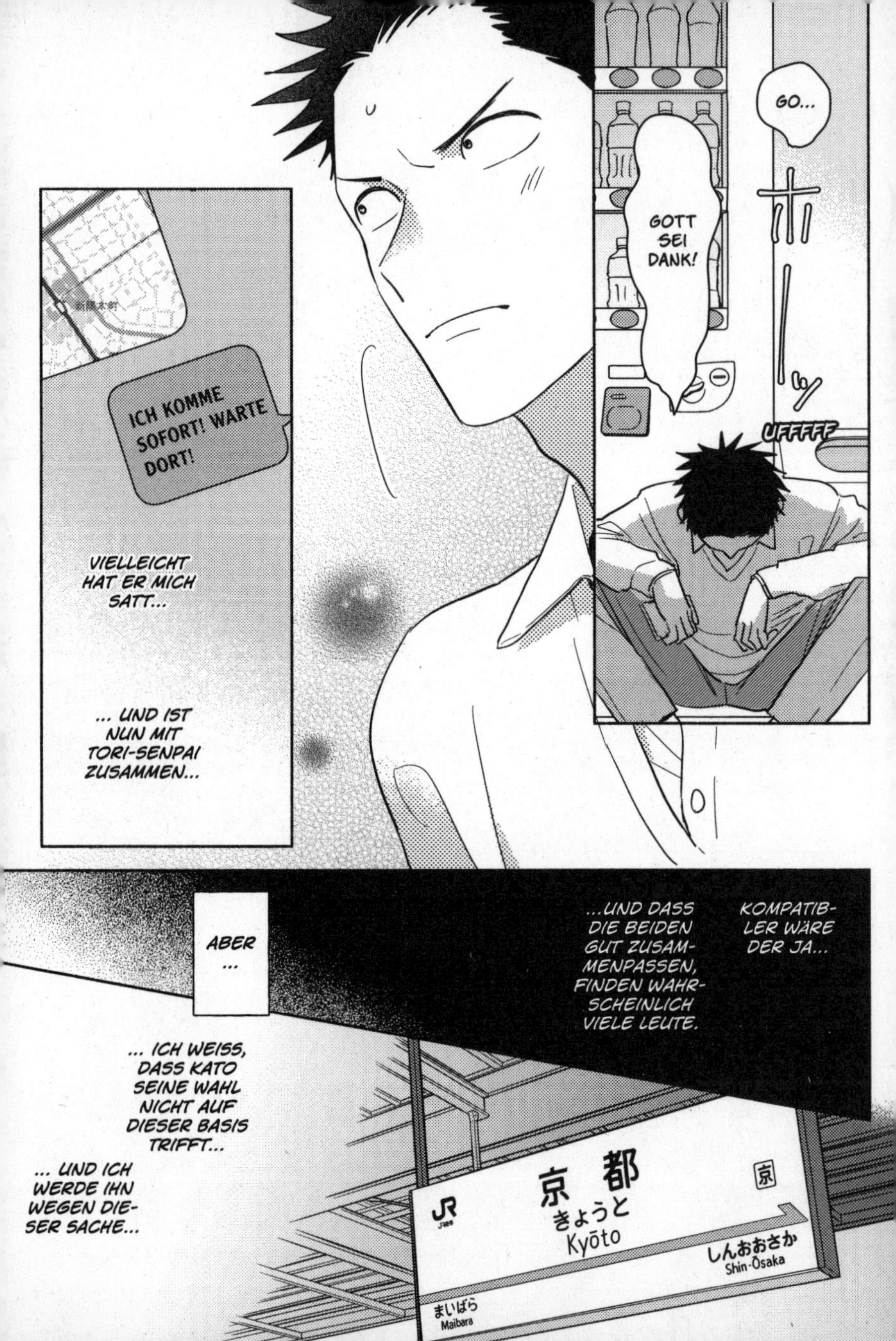
GO...
GOTT SEI DANK!
UFFFFF
ICH KOMME SOFORT! WARTE DORT!
VIELLEICHT HAT ER MICH SATT...
... UND IST NUN MIT TORI-SENPAI ZUSAMMEN...
KOMPATIBLER WÄRE DER JA...
...UND DASS DIE BEIDEN GUT ZUSAMMENPASSEN, FINDEN WAHRSCHEINLICH VIELE LEUTE.
ABER ...
... ICH WEISS, DASS KATO SEINE WAHL NICHT AUF DIESER BASIS TRIFFT...
... UND ICH WERDE IHN WEGEN DIESER SACHE...
京都
きょうと
Kyōto
しんおおさか
Shin-Ōsaka
まいばら
Maibara

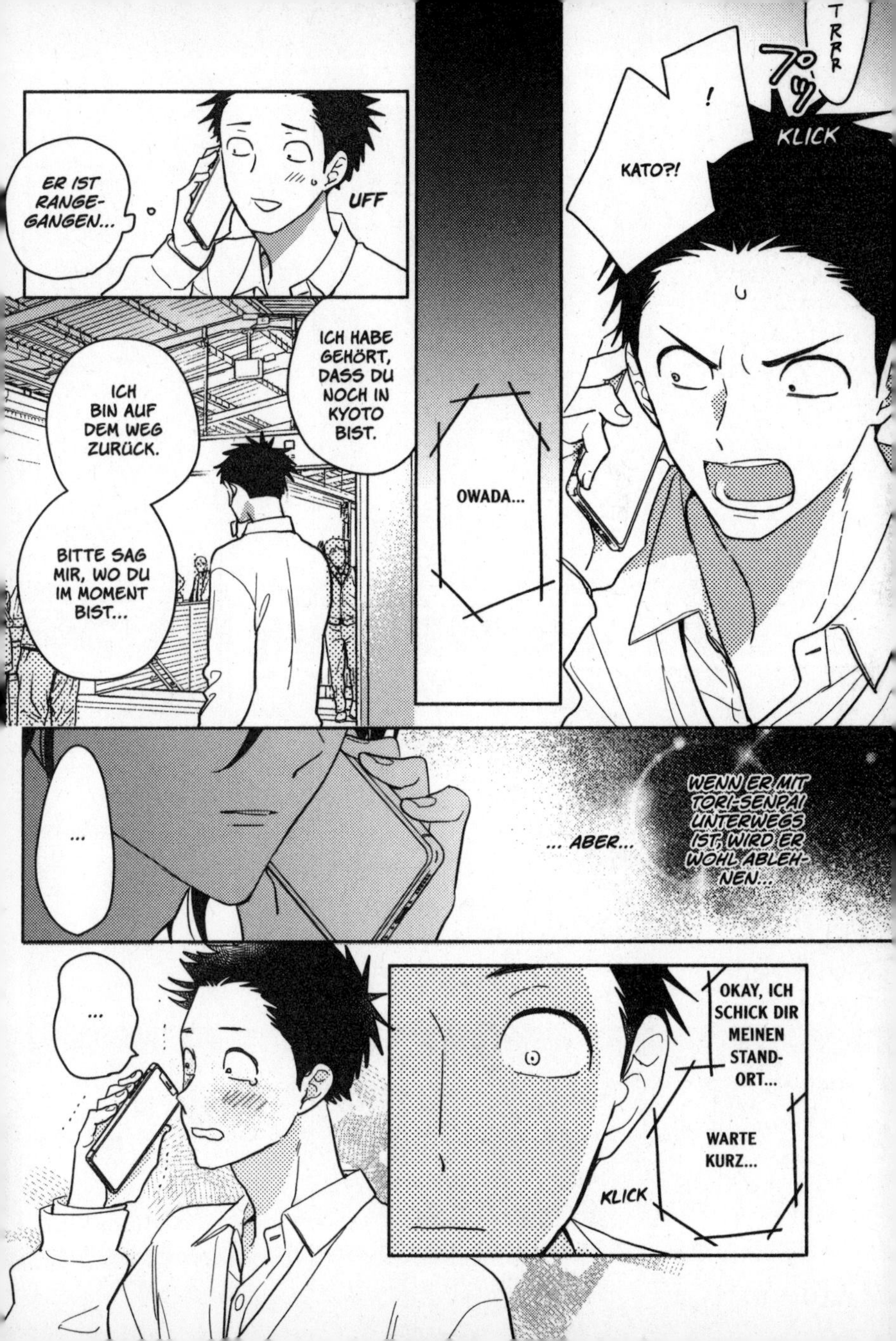
TRRR
KLICK
!
KATO?!
OWADA...
ER IST RANGEGANGEN...
UFF
ICH HABE GEHÖRT, DASS DU NOCH IN KYOTO BIST.
ICH BIN AUF DEM WEG ZURÜCK.
BITTE SAG MIR, WO DU IM MOMENT BIST...
WENN ER MIT TORI-SENPAI UNTERWEGS IST, WIRD ER WOHL ABLEHNEN...
... ABER...
...
OKAY, ICH SCHICK DIR MEINEN STANDORT...
WARTE KURZ...
KLICK
...

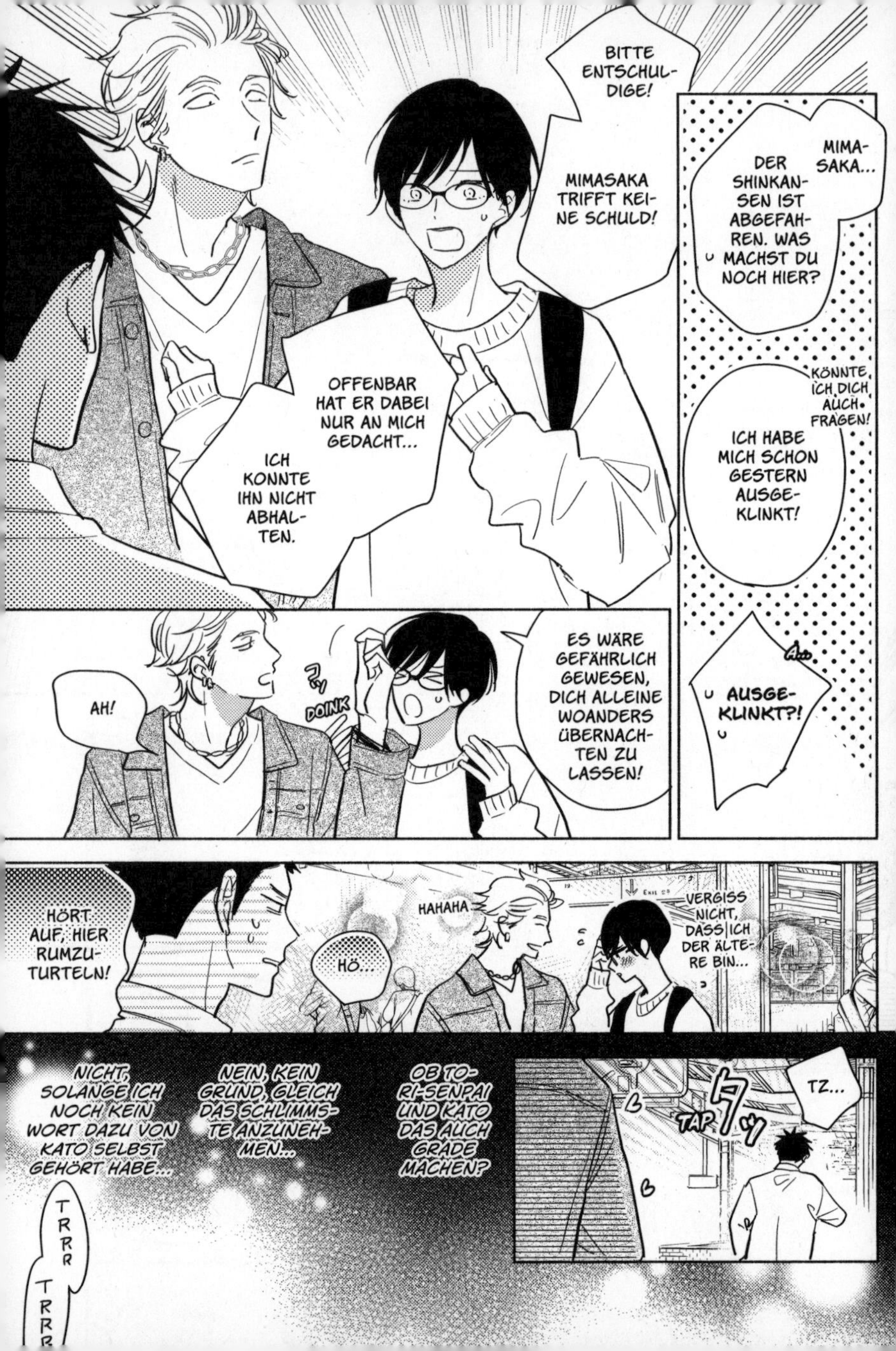

MIMA-SAKA...
DER SHINKAN-SEN IST ABGEFAH-REN. WAS MACHST DU NOCH HIER?
BITTE ENTSCHUL-DIGE!
MIMASAKA TRIFFT KEI-NE SCHULD!
OFFENBAR HAT ER DABEI NUR AN MICH GEDACHT...
ICH KONNTE IHN NICHT ABHAL-TEN.
KÖNNTE ICH DICH AUCH FRAGEN!
ICH HABE MICH SCHON GESTERN AUSGE-KLINKT!
AUSGE-KLINKT?!
ES WÄRE GEFÄHRLICH GEWESEN, DICH ALLEINE WOANDERS ÜBERNACHTEN ZU LASSEN!
DOINK
AH!
VERGISS NICHT, DASS ICH DER ÄLTERE BIN...
HAHAHA
HÖ...
HÖRT AUF, HIER RUMZU-TURTELN!
TZ...
TAP
OB TO-RI-SENPAI UND KATO DAS AUCH GRADE MACHEN?
NEIN, KEIN GRUND, GLEICH DAS SCHLIMMS-TE ANZUNEH-MEN...
NICHT, SOLANGE ICH NOCH KEIN WORT DAZU VON KATO SELBST GEHÖRT HABE...
TRRR
TRRR

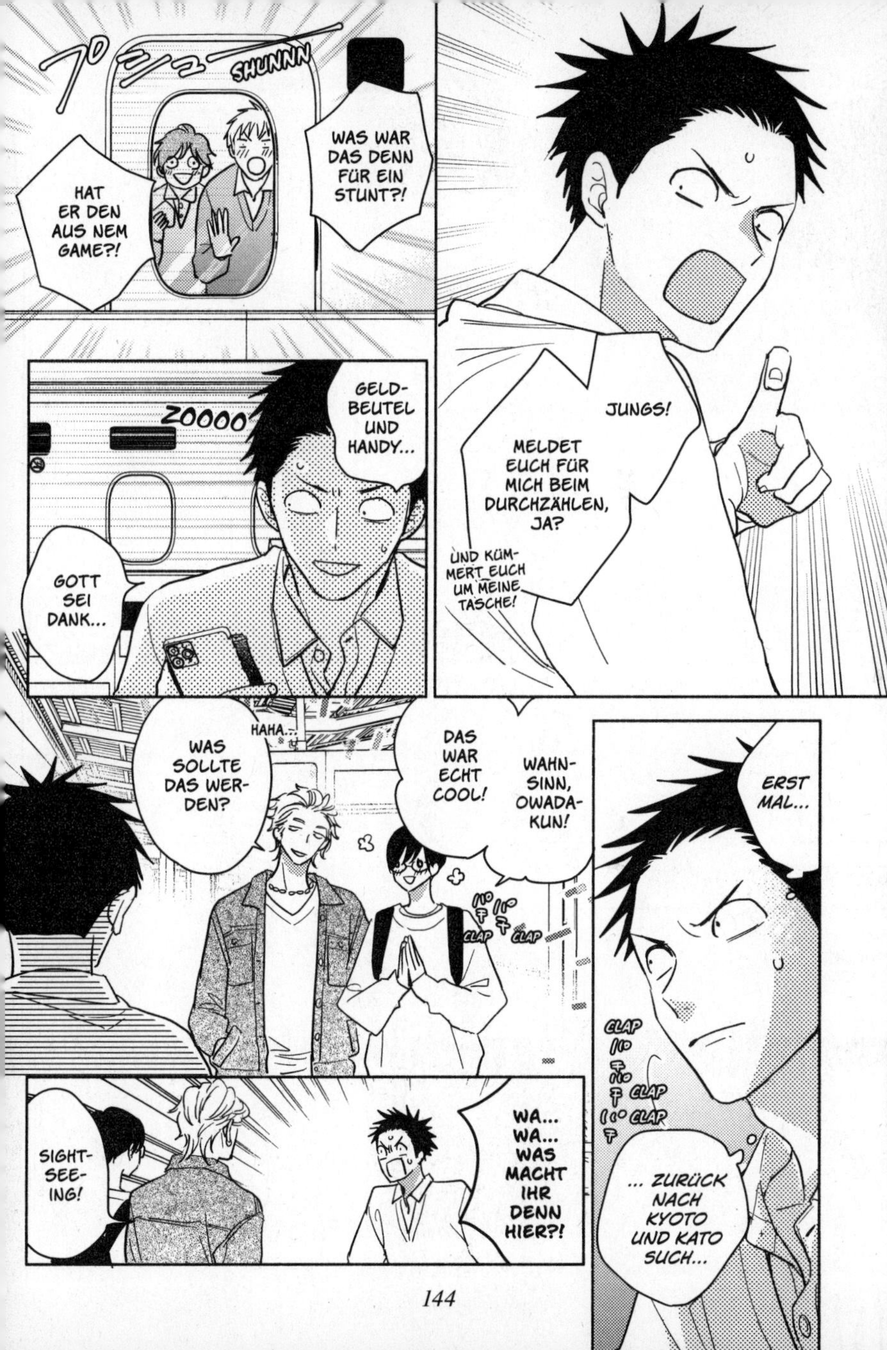
JUNGS!
MELDET EUCH FÜR MICH BEIM DURCHZÄHLEN, JA?
UND KÜMMERT EUCH UM MEINE TASCHE!
プシュー SHUNNN
WAS WAR DAS DENN FÜR EIN STUNT?!
HAT ER DEN AUS NEM GAME?!
ZOOOO
GELD-BEUTEL UND HANDY...
GOTT SEI DANK...
ERST MAL...
... ZURÜCK NACH KYOTO UND KATO SUCH...
CLAP
CLAP
CLAP
WAHN-SINN, OWADA-KUN!
DAS WAR ECHT COOL!
CLAP
CLAP
HAHA...
WAS SOLLTE DAS WER-DEN?
WA... WA... WAS MACHT IHR DENN HIER?!
SIGHT-SEE-ING!

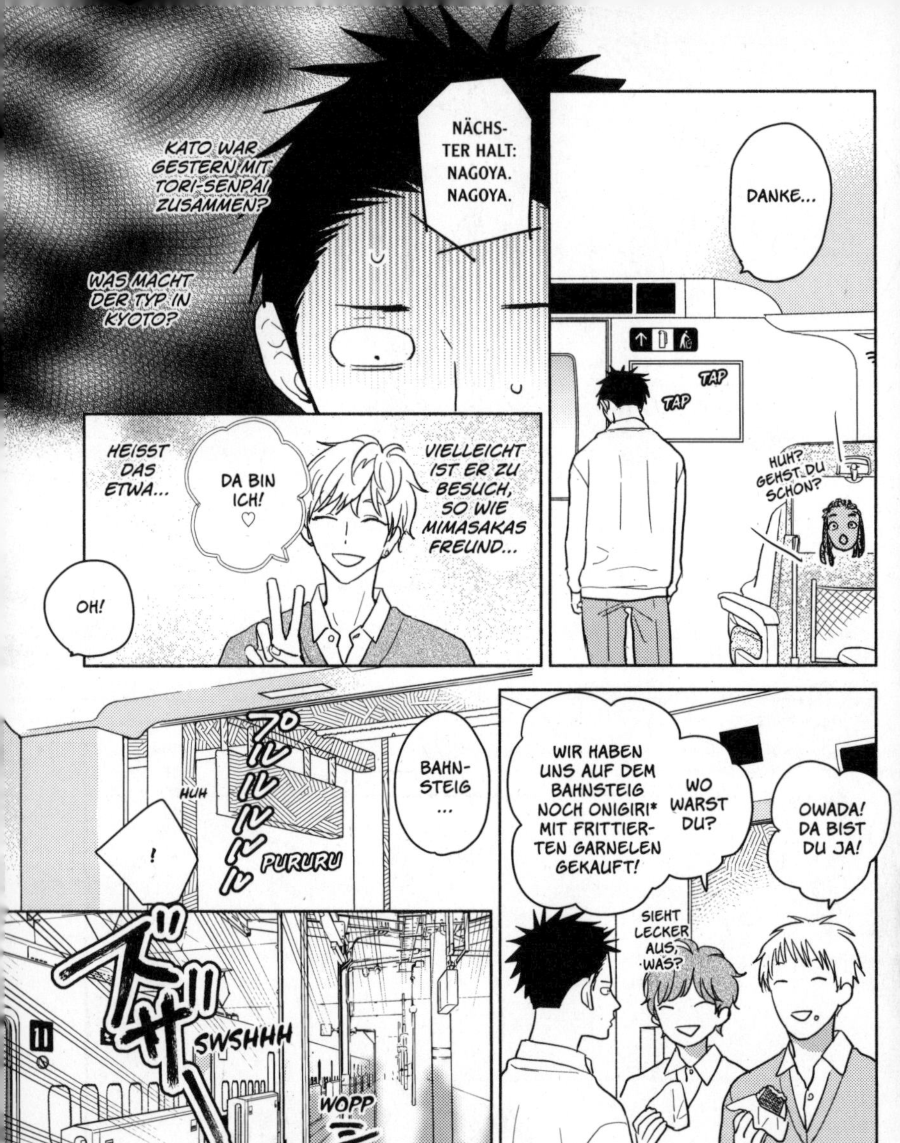

* GEFÜLLTE REISBÄLLCHEN

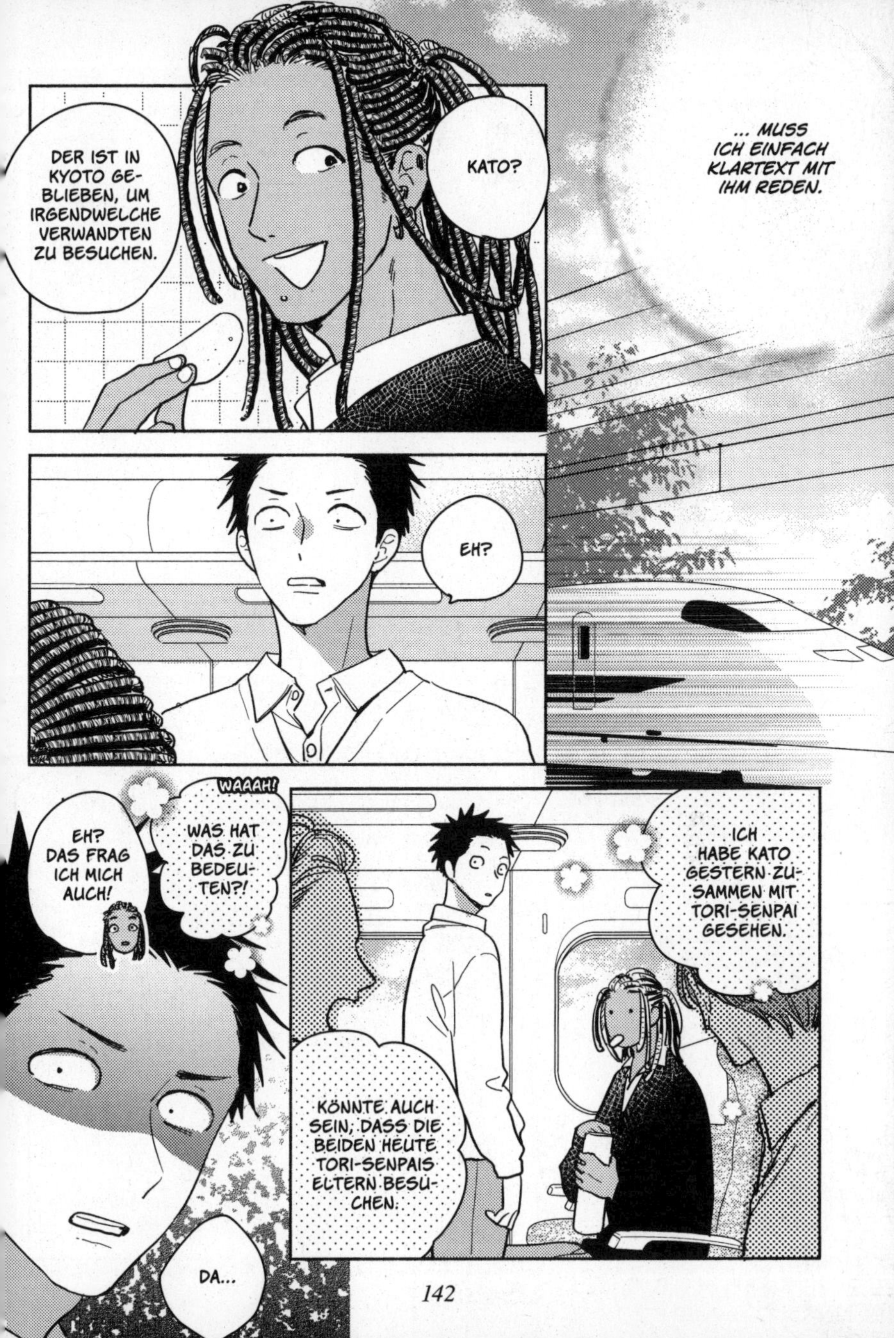
... MUSS ICH EINFACH KLARTEXT MIT IHM REDEN.
KATO?
DER IST IN KYOTO GEBLIEBEN, UM IRGENDWELCHE VERWANDTEN ZU BESUCHEN.
EH?
ICH HABE KATO GESTERN ZUSAMMEN MIT TORI-SENPAI GESEHEN.
KÖNNTE AUCH SEIN, DASS DIE BEIDEN HEUTE TORI-SENPAIS ELTERN BESUCHEN.
WAAAH!
WAS HAT DAS ZU BEDEUTEN?!
EH? DAS FRAG ICH MICH AUCH!
DA...

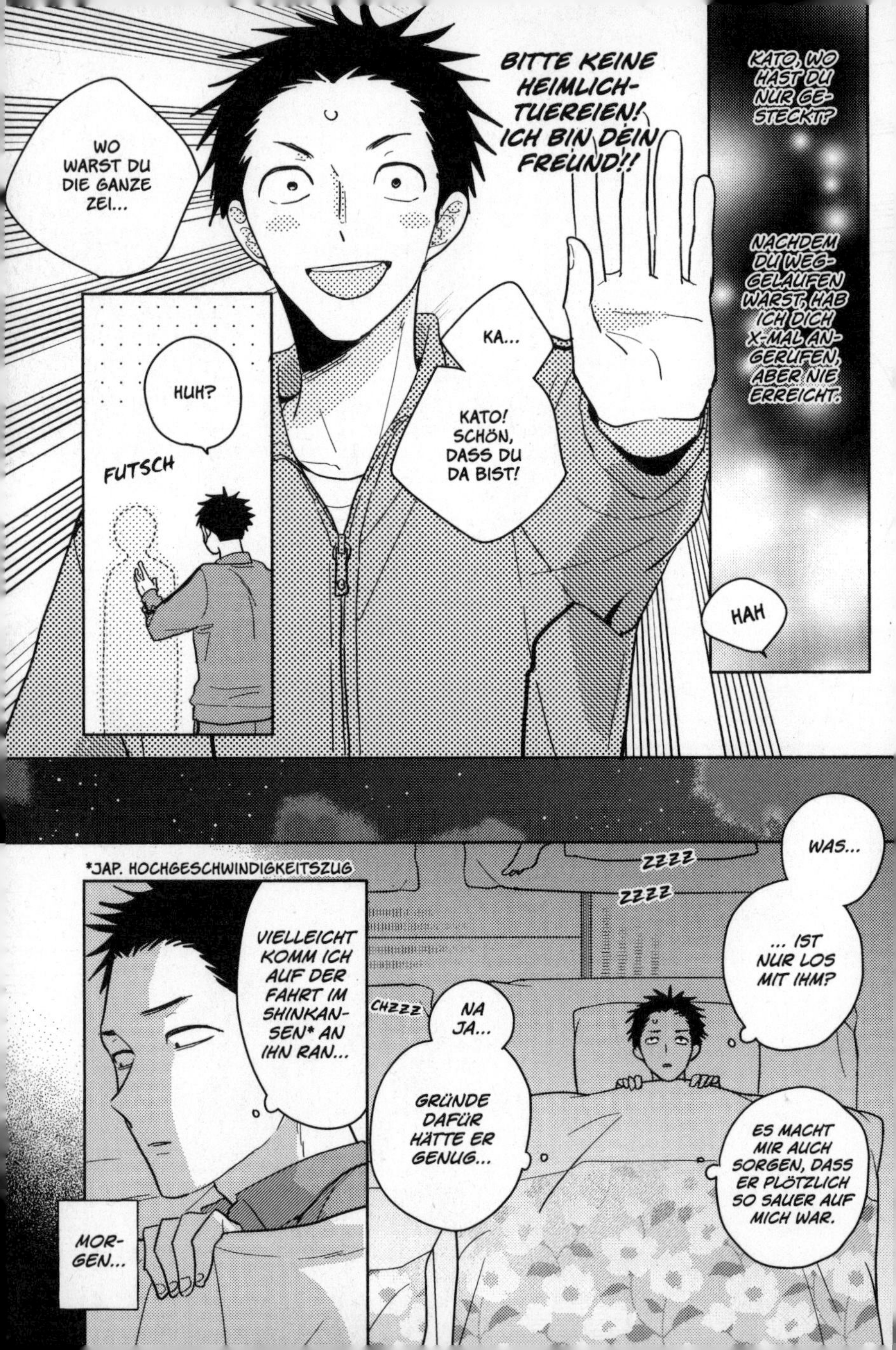
KATO, WO HAST DU NUR GESTECKT?
NACHDEM DU WEGGELAUFEN WARST, HAB ICH DICH X-MAL ANGERUFEN, ABER NIE ERREICHT.
HAH
KA...
KATO! SCHÖN, DASS DU DA BIST!
BITTE KEINE HEIMLICHTUEREIEN! ICH BIN DEIN FREUND!!
WO WARST DU DIE GANZE ZEI...
HUH?
FUTSCH
WAS...
... IST NUR LOS MIT IHM?
ES MACHT MIR AUCH SORGEN, DASS ER PLÖTZLICH SO SAUER AUF MICH WAR.
ZZZZ
ZZZZ
NA JA...
GRÜNDE DAFÜR HÄTTE ER GENUG...
CHZZZ
VIELLEICHT KOMM ICH AUF DER FAHRT IM SHINKANSEN* AN IHN RAN...
MORGEN...
*JAP. HOCHGESCHWINDIGKEITSZUG

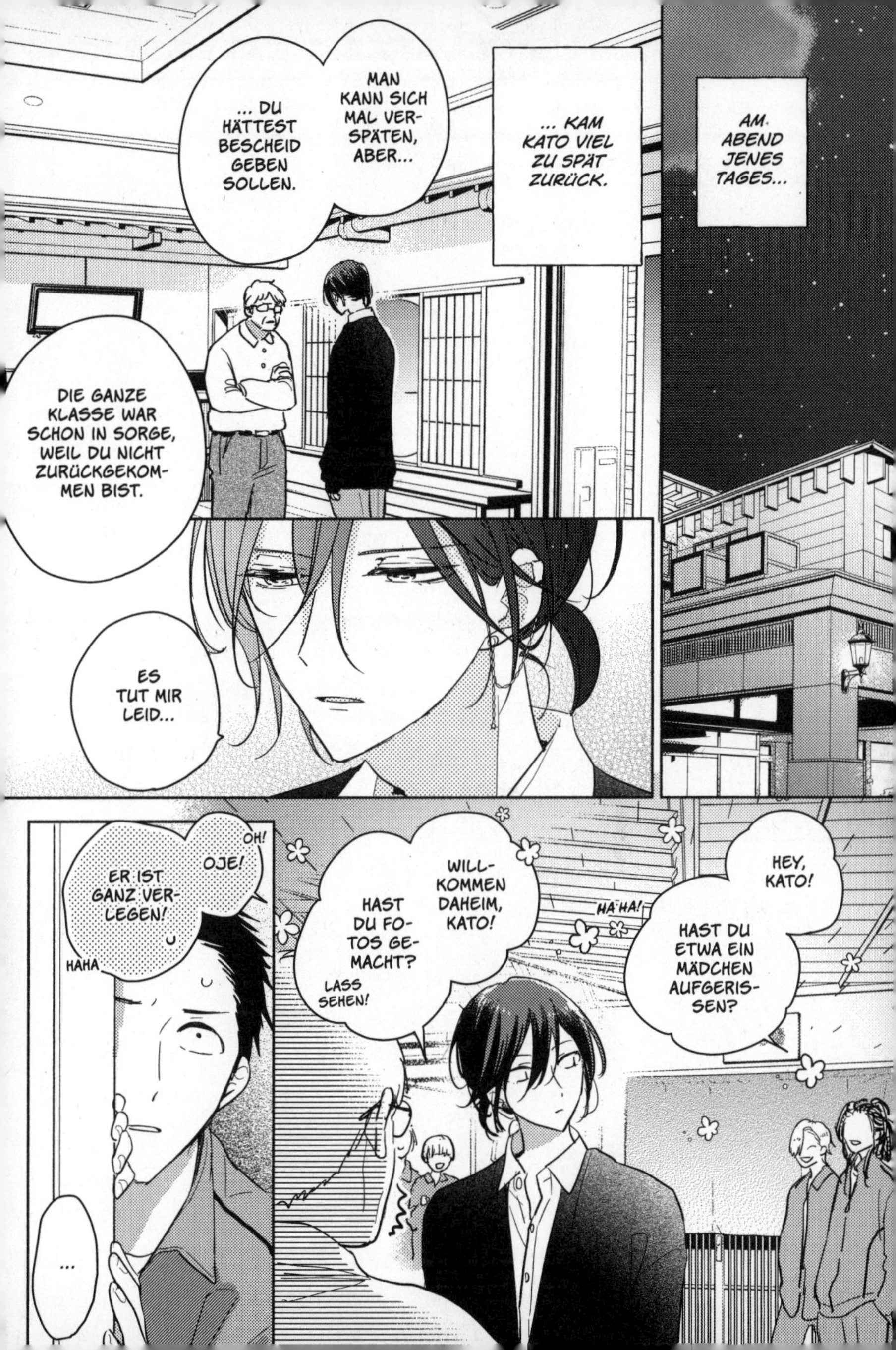
AM ABEND JENES TAGES...
... KAM KATO VIEL ZU SPÄT ZURÜCK.
MAN KANN SICH MAL VERSPÄTEN, ABER...
... DU HÄTTEST BESCHEID GEBEN SOLLEN.
DIE GANZE KLASSE WAR SCHON IN SORGE, WEIL DU NICHT ZURÜCKGEKOMMEN BIST.
ES TUT MIR LEID...
HEY, KATO!
HAST DU ETWA EIN MÄDCHEN AUFGERISSEN?
HA HA!
WILLKOMMEN DAHEIM, KATO!
HAST DU FOTOS GEMACHT?
LASS SEHEN!
OH!
OJE!
ER IST GANZ VERLEGEN!
HAHA
...

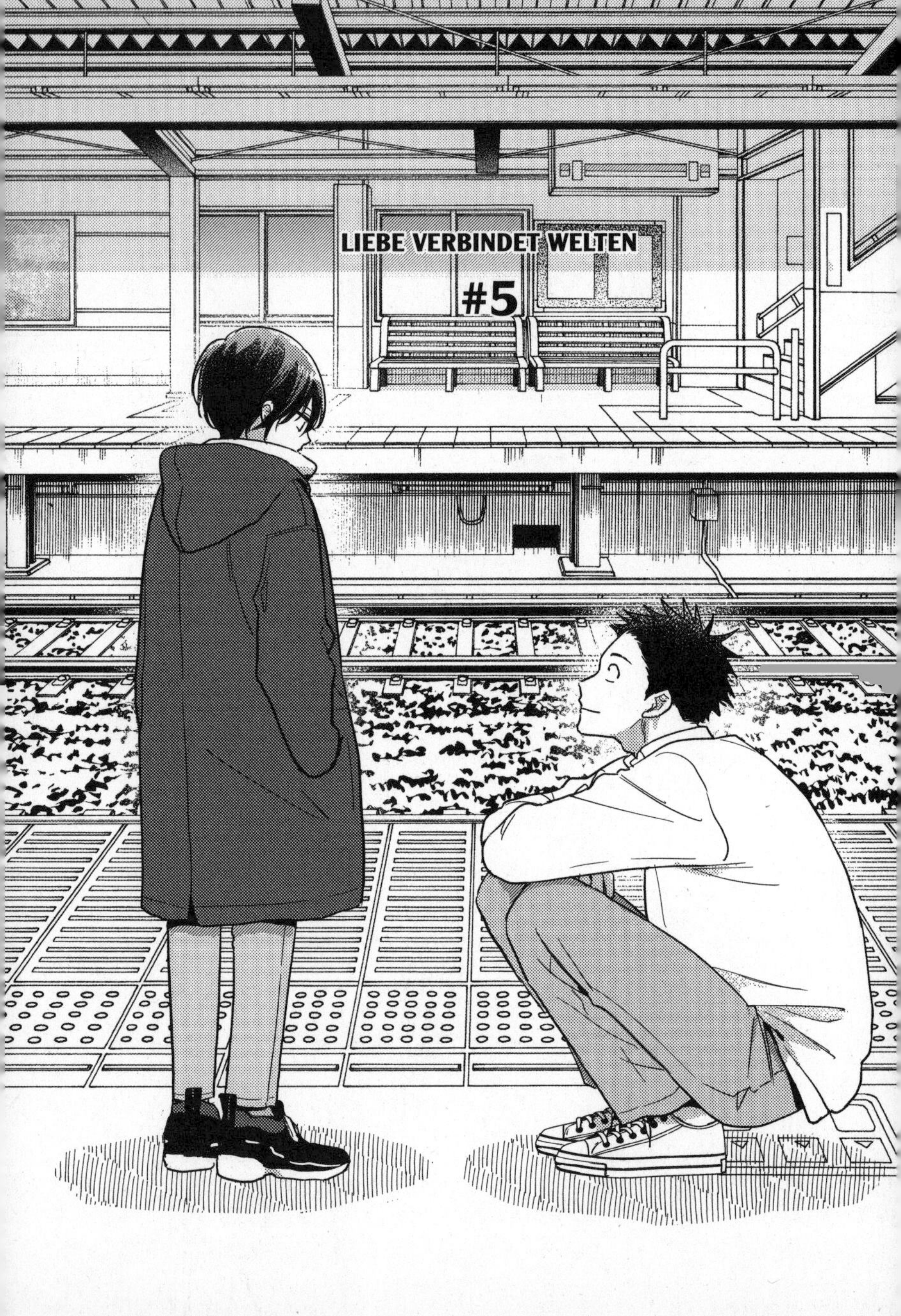
LIEBE VERBINDET WELTEN
#5

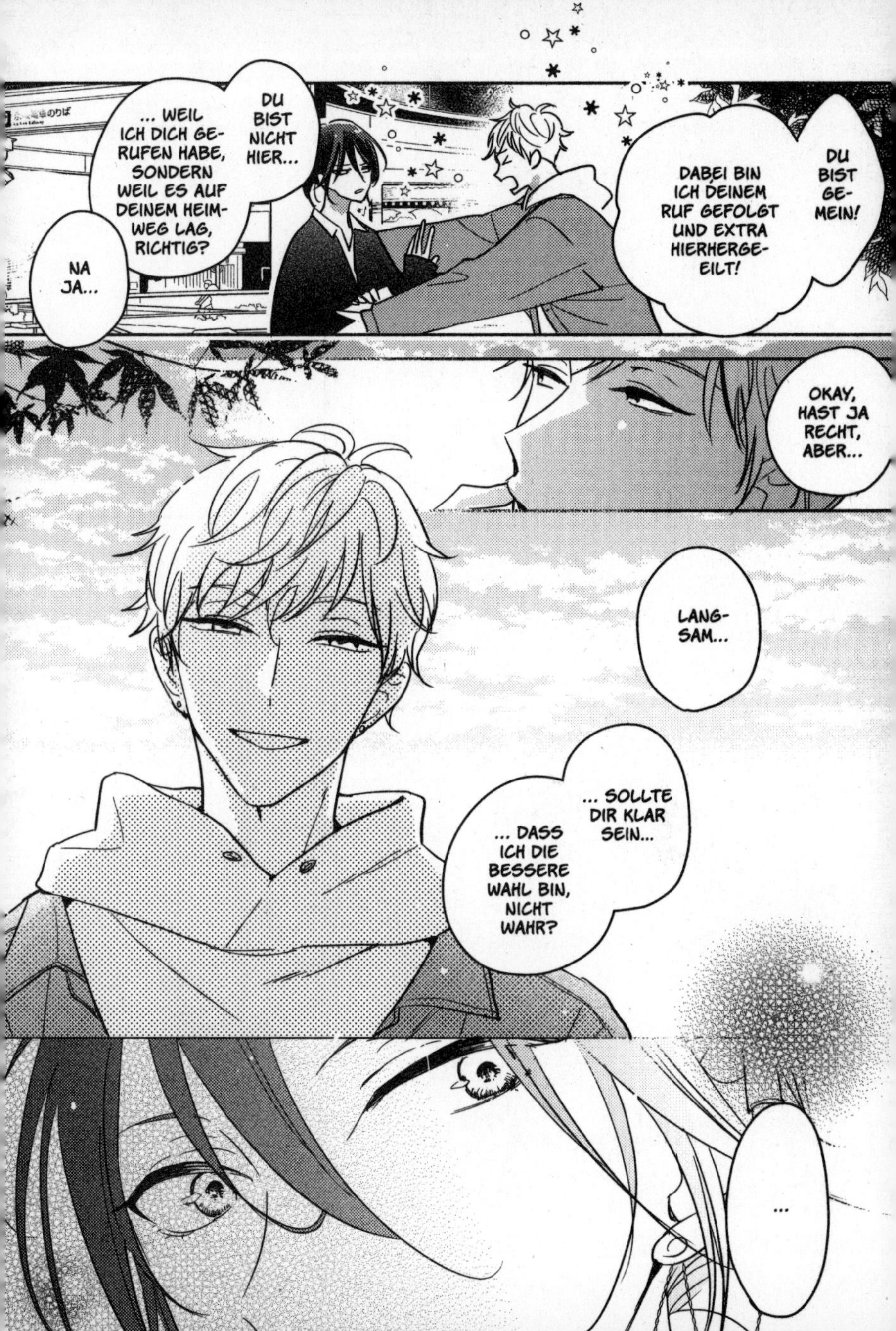
DU BIST GEMEIN!
DABEI BIN ICH DEINEM RUF GEFOLGT UND EXTRA HIERHERGEEILT!
DU BIST NICHT HIER...
... WEIL ICH DICH GERUFEN HABE, SONDERN WEIL ES AUF DEINEM HEIMWEG LAG, RICHTIG?
NA JA...
OKAY, HAST JA RECHT, ABER...
LANGSAM...
... SOLLTE DIR KLAR SEIN...
... DASS ICH DIE BESSERE WAHL BIN, NICHT WAHR?
...

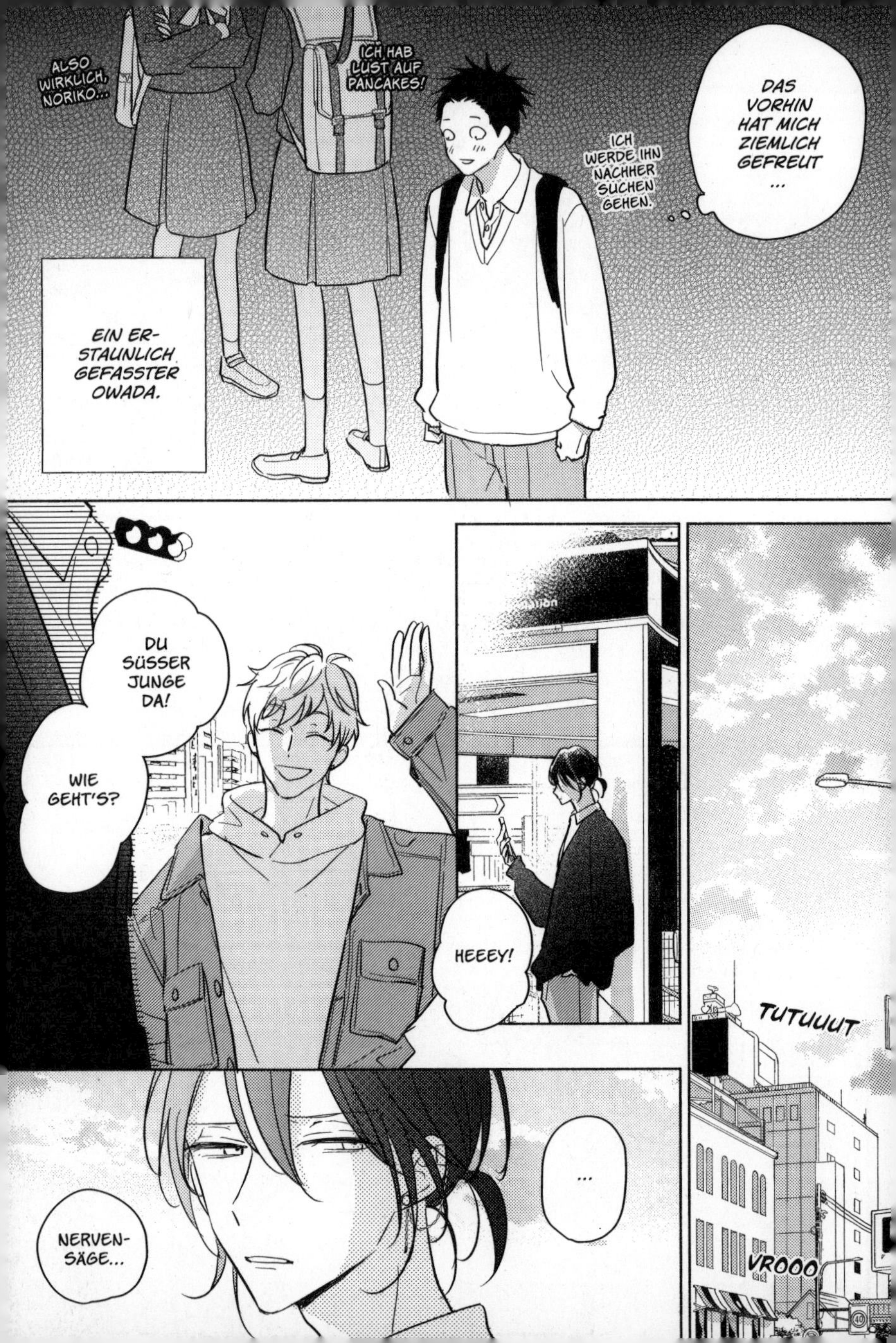
DAS VORHIN HAT MICH ZIEMLICH GEFREUT ...
ICH WERDE IHN NACHHER SUCHEN GEHEN.
ICH HAB LUST AUF PANCAKES!
ALSO WIRKLICH, NORIKO...
EIN ER-STAUNLICH GEFASSTER OWADA.
TUTUUUT
HEEEY!
DU SÜSSER JUNGE DA!
WIE GEHT'S?
VROOO
...
NERVEN-SÄGE...

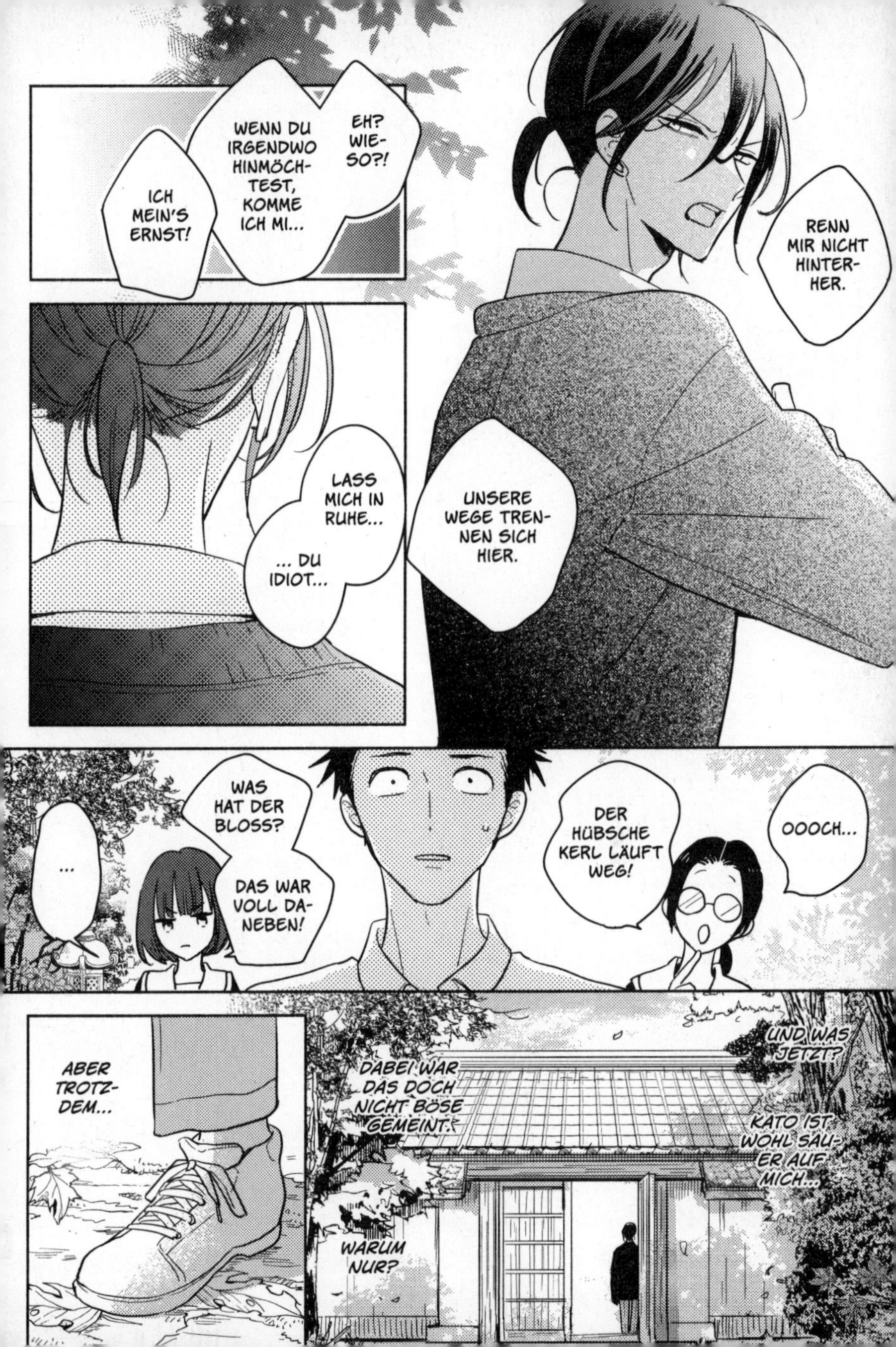
RENN MIR NICHT HINTERHER.
EH? WIESO?!
WENN DU IRGENDWO HINMÖCHTEST, KOMME ICH MI...
ICH MEIN'S ERNST!
UNSERE WEGE TRENNEN SICH HIER.
LASS MICH IN RUHE...
... DU IDIOT...
OOOCH...
DER HÜBSCHE KERL LÄUFT WEG!
WAS HAT DER BLOSS?
DAS WAR VOLL DANEBEN!
...
UND WAS JETZT?
KATO IST WOHL SAUER AUF MICH...
DABEI WAR DAS DOCH NICHT BÖSE GEMEINT.
WARUM NUR?
ABER TROTZDEM...

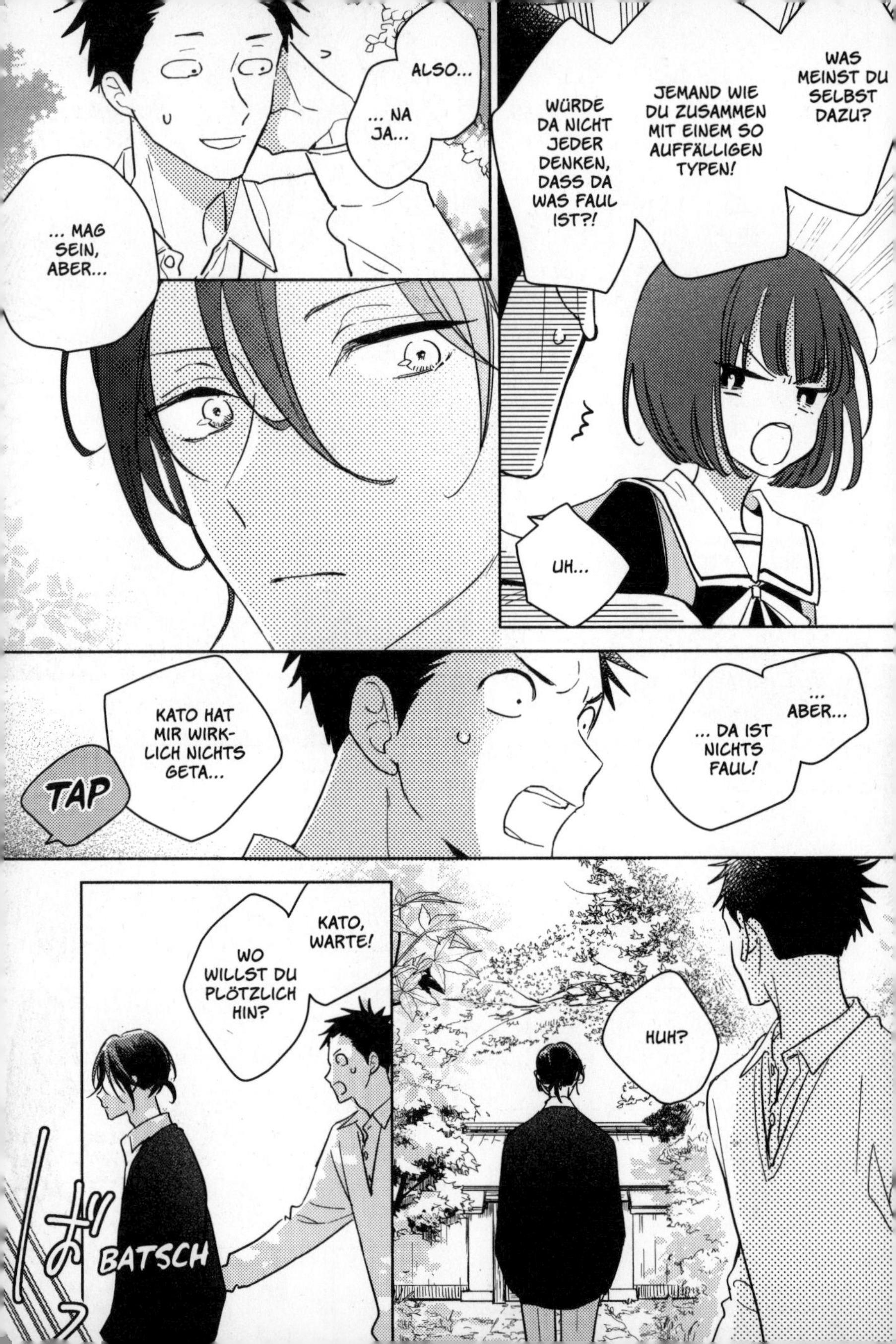

WAS MEINST DU SELBST DAZU?
JEMAND WIE DU ZUSAMMEN MIT EINEM SO AUFFÄLLIGEN TYPEN!
WÜRDE DA NICHT JEDER DENKEN, DASS DA WAS FAUL IST?!
ALSO...
... NA JA...
... MAG SEIN, ABER...
UH...
... ABER...
... DA IST NICHTS FAUL!
KATO HAT MIR WIRKLICH NICHTS GETA...
TAP
HUH?
KATO, WARTE!
WO WILLST DU PLÖTZLICH HIN?
BATSCH

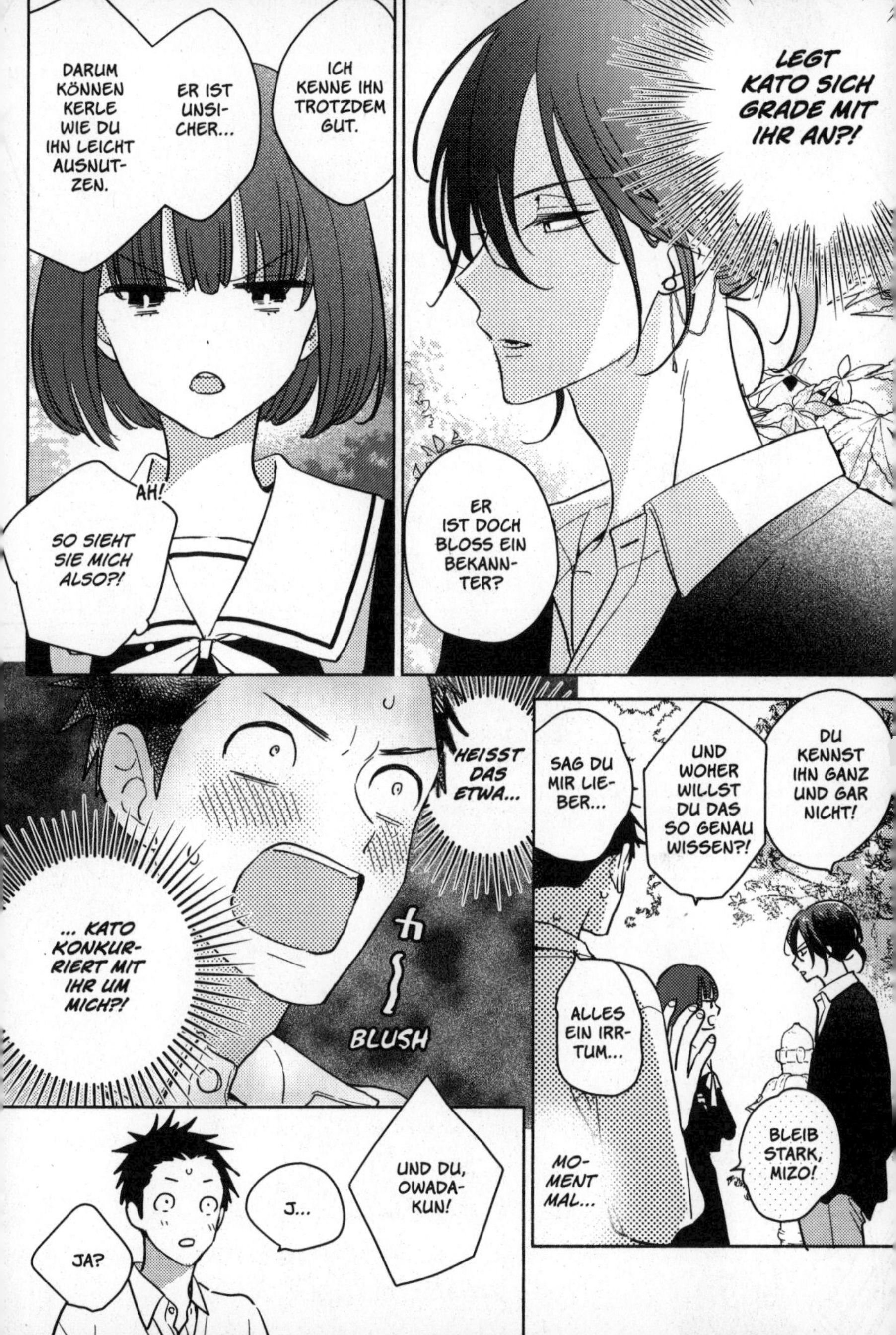
LEGT KATO SICH GRADE MIT IHR AN?!
ER IST DOCH BLOSS EIN BEKANNTER?
ICH KENNE IHN TROTZDEM GUT.
ER IST UNSICHER...
DARUM KÖNNEN KERLE WIE DU IHN LEICHT AUSNUTZEN.
AH!
SO SIEHT SIE MICH ALSO?!
DU KENNST IHN GANZ UND GAR NICHT!
UND WOHER WILLST DU DAS SO GENAU WISSEN?!
SAG DU MIR LIEBER...
BLEIB STARK, MIZO!
ALLES EIN IRRTUM...
MOMENT MAL...
HEISST DAS ETWA...
... KATO KONKURRIERT MIT IHR UM MICH?!
カ〜
BLUSH
UND DU, OWADA-KUN!
J...
JA?

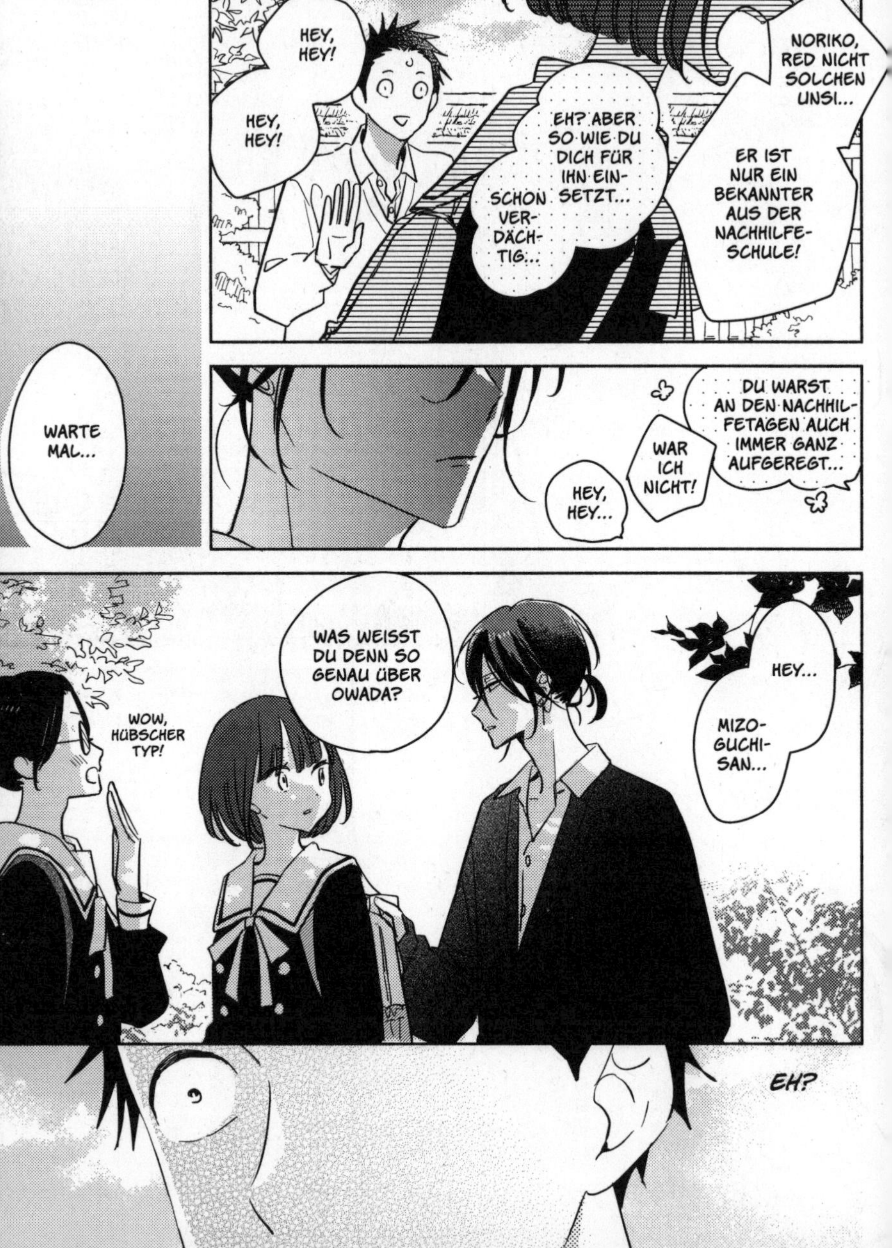
NORIKO, RED NICHT SOLCHEN UNSI...
ER IST NUR EIN BEKANNTER AUS DER NACHHILFE-SCHULE!
EH? ABER SO WIE DU DICH FÜR IHN EIN-SETZT...
SCHON VER-DÄCH-TIG...
HEY, HEY!
HEY, HEY!
DU WARST AN DEN NACHHILFETAGEN AUCH IMMER GANZ AUFGEREGT...
WAR ICH NICHT!
HEY, HEY...
WARTE MAL...
HEY...
MIZO-GUCHI-SAN...
WAS WEISST DU DENN SO GENAU ÜBER OWADA?
WOW, HÜBSCHER TYP!
EH?

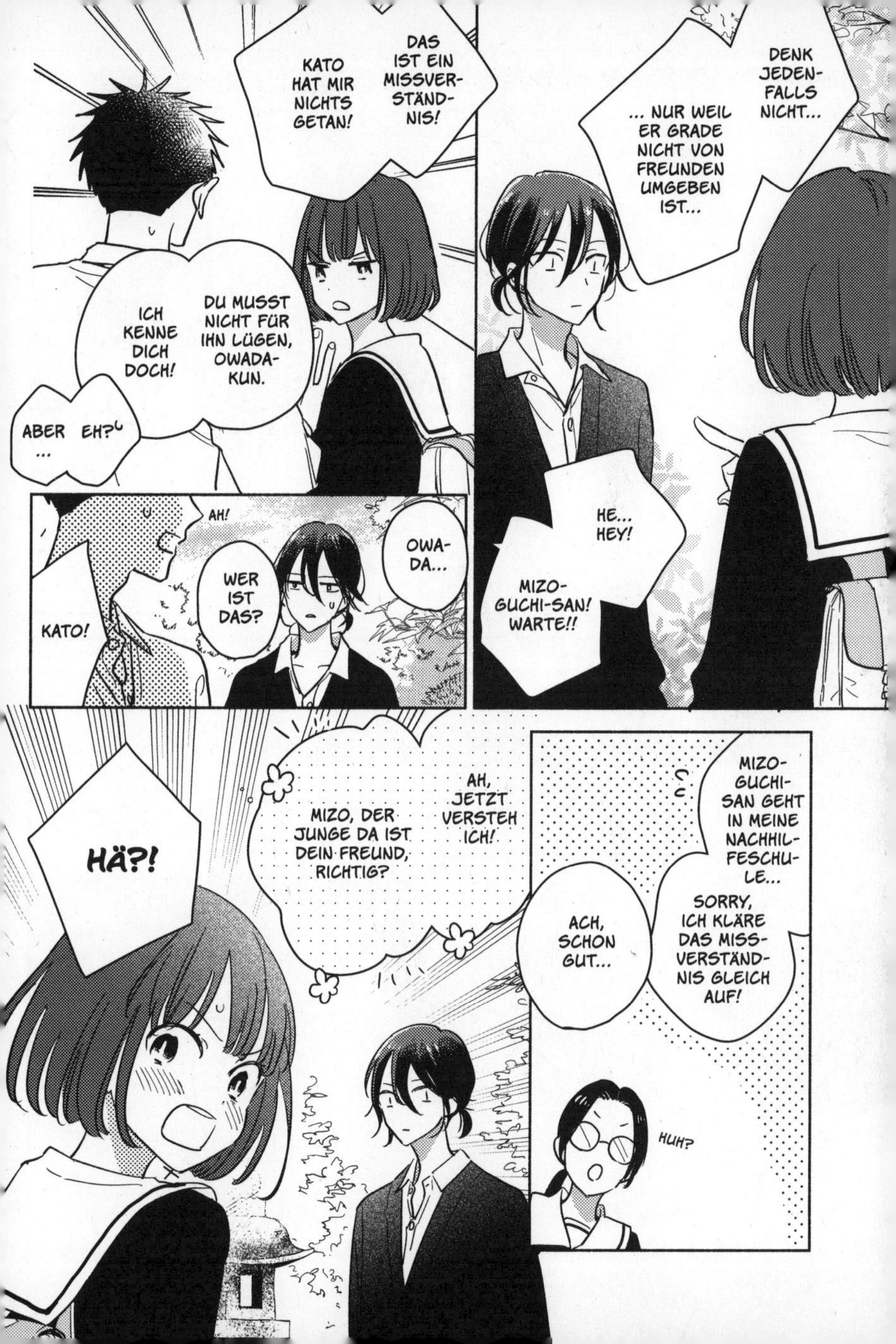
DAS IST EIN MISSVER-STÄND-NIS!
KATO HAT MIR NICHTS GETAN!
DU MUSST NICHT FÜR IHN LÜGEN, OWADA-KUN.
ICH KENNE DICH DOCH!
EH?
ABER ...
DENK JEDEN-FALLS NICHT...
... NUR WEIL ER GRADE NICHT VON FREUNDEN UMGEBEN IST...
HE... HEY!
MIZO-GUCHI-SAN! WARTE!!
OWA-DA...
AH!
WER IST DAS?
KATO!
MIZO-GUCHI-SAN GEHT IN MEINE NACHHIL-FESCHU-LE...
SORRY, ICH KLÄRE DAS MISS-VERSTÄND-NIS GLEICH AUF!
ACH, SCHON GUT...
AH, JETZT VERSTEH ICH!
MIZO, DER JUNGE DA IST DEIN FREUND, RICHTIG?
HÄ?!
HUH?

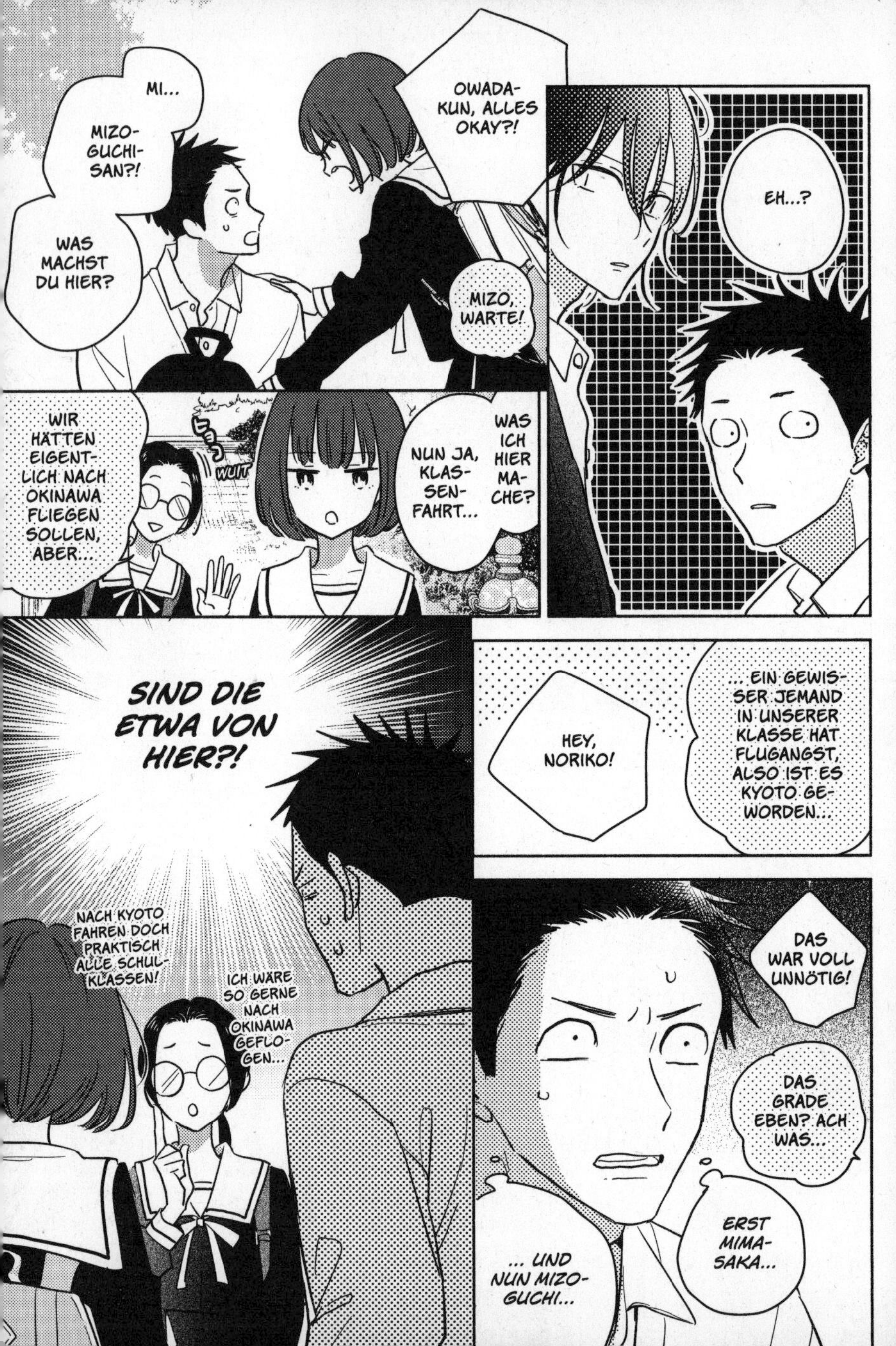
OWADA-KUN, ALLES OKAY?!
MI...
MIZOGUCHI-SAN?!
WAS MACHST DU HIER?
MIZO, WARTE!
EH...?
WAS ICH HIER MACHE?
NUN JA, KLASSENFAHRT...
WUIT
WIR HÄTTEN EIGENTLICH NACH OKINAWA FLIEGEN SOLLEN, ABER...
... EIN GEWISSER JEMAND IN UNSERER KLASSE HAT FLUGANGST, ALSO IST ES KYOTO GEWORDEN...
HEY, NORIKO!
SIND DIE ETWA VON HIER?!
NACH KYOTO FAHREN DOCH PRAKTISCH ALLE SCHULKLASSEN!
ICH WÄRE SO GERNE NACH OKINAWA GEFLOGEN...
DAS WAR VOLL UNNÖTIG!
DAS GRADE EBEN? ACH WAS...
ERST MIMASAKA...
... UND NUN MIZOGUCHI...

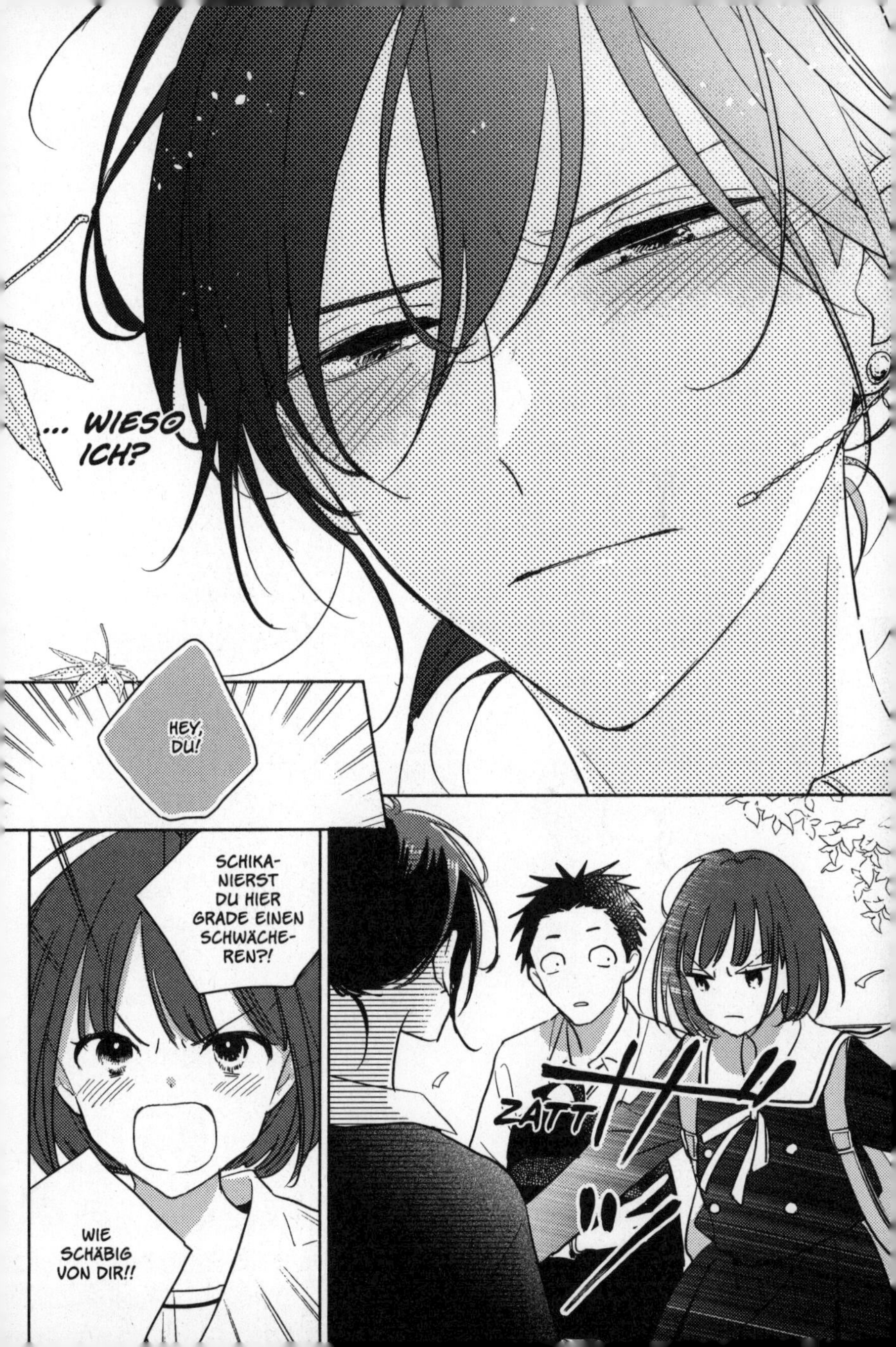
... WIESO ICH?
HEY, DU!
ZATT
SCHIKA-NIERST DU HIER GRADE EINEN SCHWÄCHE-REN?!
WIE SCHÄBIG VON DIR!!

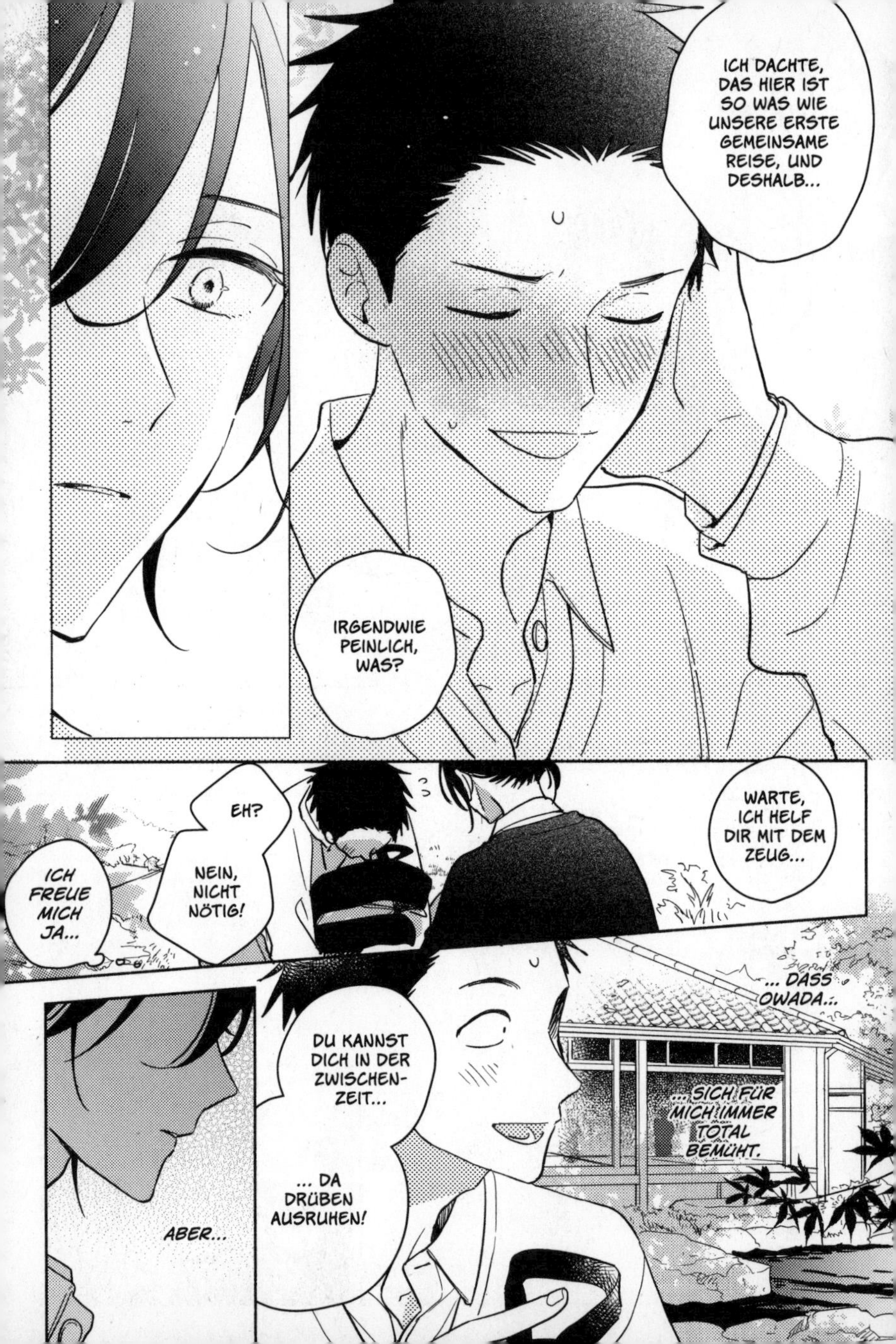
ICH DACHTE, DAS HIER IST SO WAS WIE UNSERE ERSTE GEMEINSAME REISE, UND DESHALB...
IRGENDWIE PEINLICH, WAS?
WARTE, ICH HELF DIR MIT DEM ZEUG...
EH?
NEIN, NICHT NÖTIG!
ICH FREUE MICH JA...
... DASS OWADA...
... SICH FÜR MICH IMMER TOTAL BEMÜHT.
DU KANNST DICH IN DER ZWISCHEN-ZEIT...
... DA DRÜBEN AUSRUHEN!
ABER...

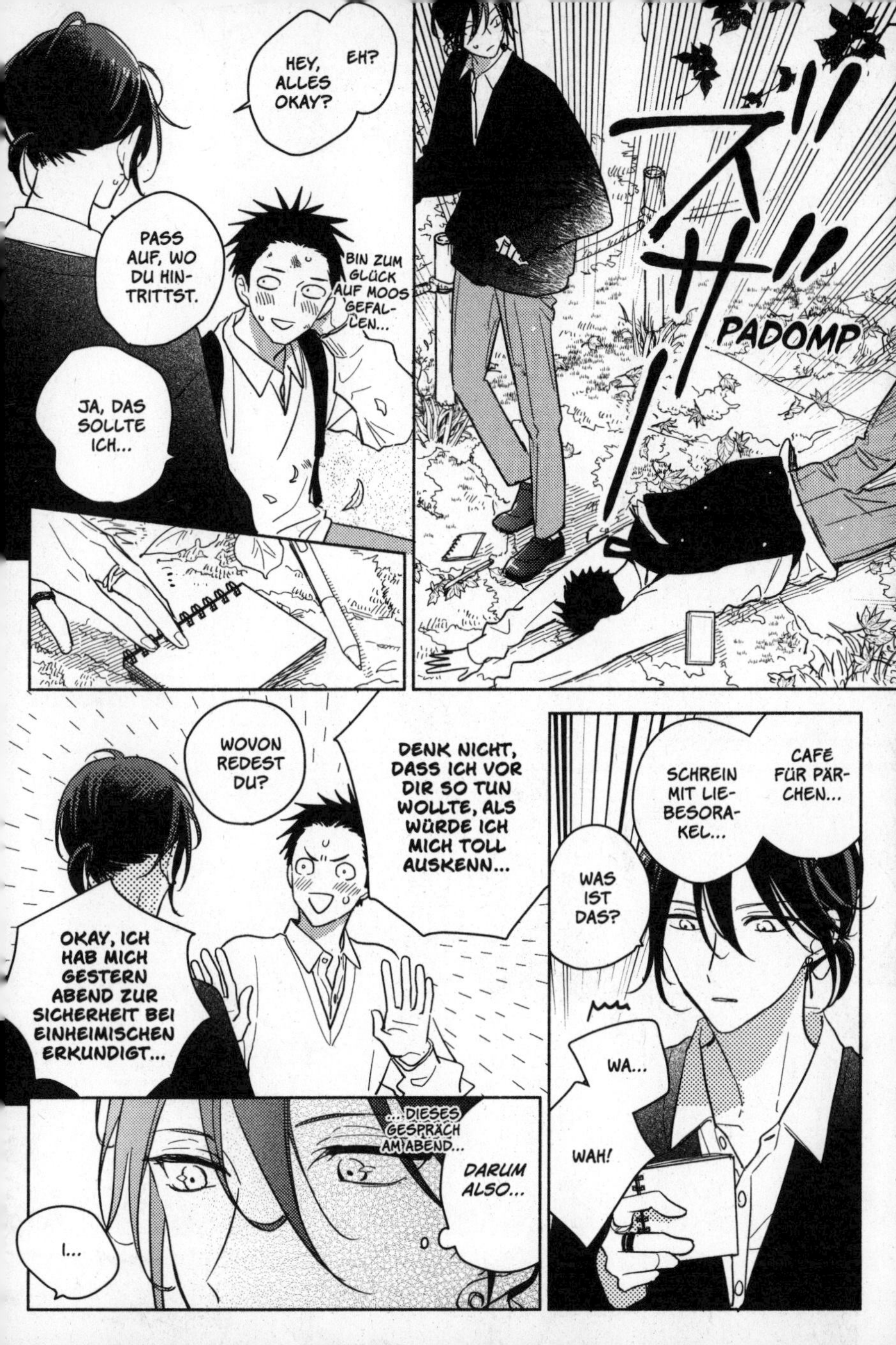
HEY, ALLES OKAY?
EH?
PADOMP
PASS AUF, WO DU HINTRITTST.
BIN ZUM GLÜCK AUF MOOS GEFALLEN...
JA, DAS SOLLTE ICH...
CAFE FÜR PÄRCHEN...
SCHREIN MIT LIEBESORAKEL...
WAS IST DAS?
WA...
WAH!
DENK NICHT, DASS ICH VOR DIR SO TUN WOLLTE, ALS WÜRDE ICH MICH TOLL AUSKENN...
WOVON REDEST DU?
OKAY, ICH HAB MICH GESTERN ABEND ZUR SICHERHEIT BEI EINHEIMISCHEN ERKUNDIGT...
...DIESES GESPRÄCH AM ABEND...
DARUM ALSO...
I...

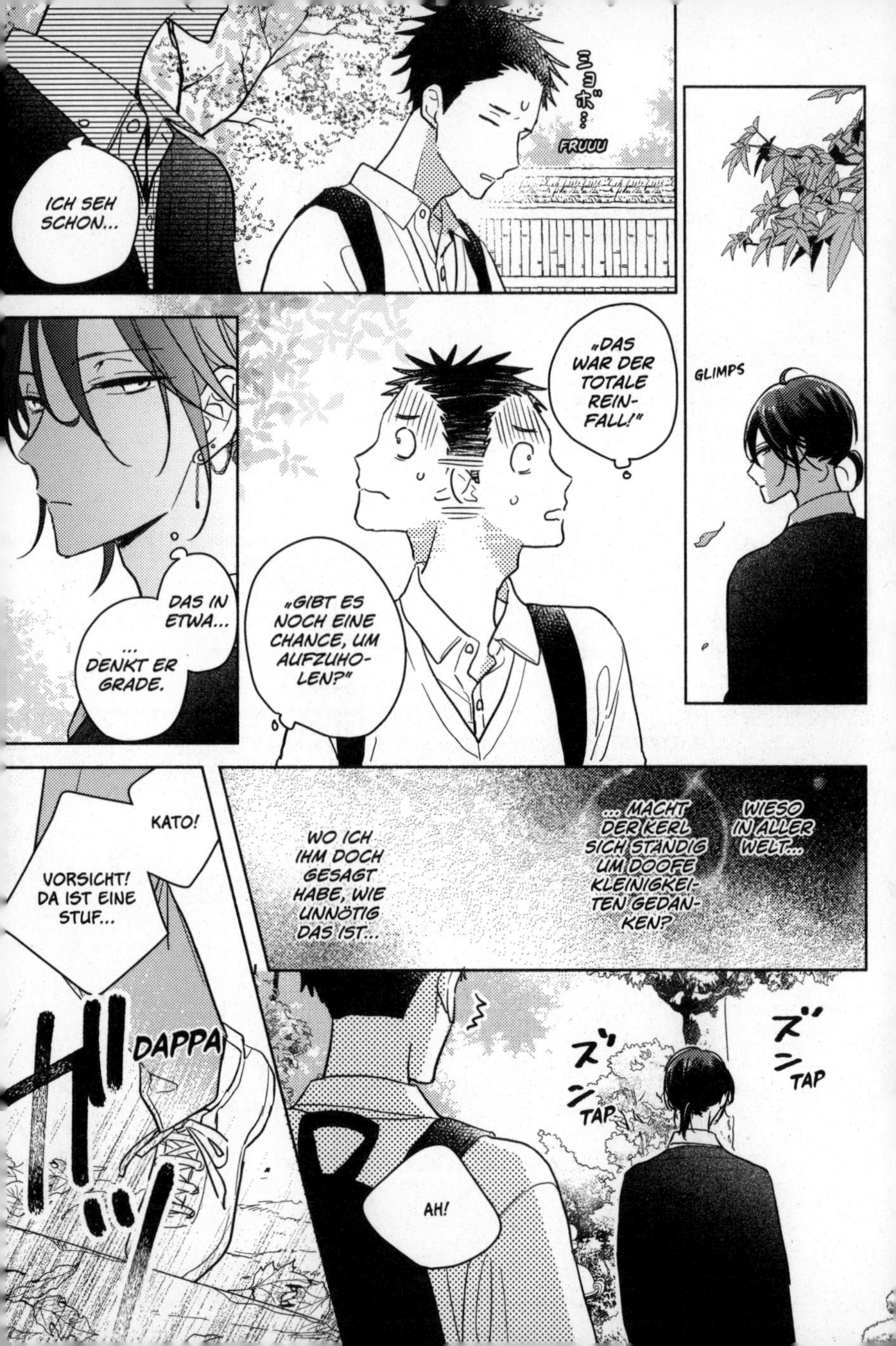
ショボ…
FRUUU
ICH SEH SCHON…
GLIMPS
„DAS WAR DER TOTALE REIN-FALL!"
„GIBT ES NOCH EINE CHANCE, UM AUFZUHO-LEN?"
DAS IN ETWA…
… DENKT ER GRADE.
WIESO IN ALLER WELT…
… MACHT DER KERL SICH STÄNDIG UM DOOFE KLEINIGKEI-TEN GEDAN-KEN?
WO ICH IHM DOCH GESAGT HABE, WIE UNNÖTIG DAS IST…
KATO!
VORSICHT! DA IST EINE STUF…
ズン
TAP
ズン
TAP
DAPPA
AH!

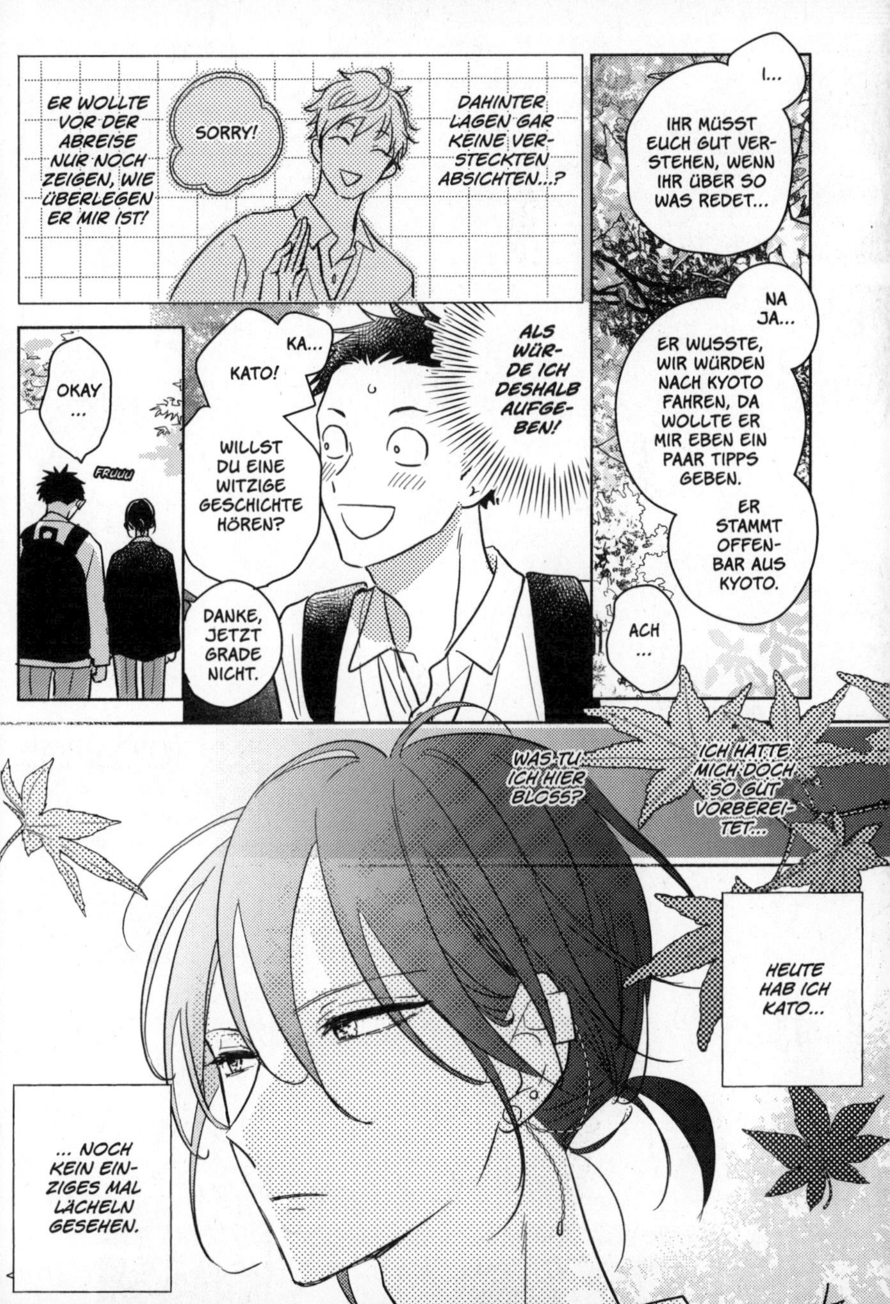
I...
IHR MÜSST EUCH GUT VERSTEHEN, WENN IHR ÜBER SO WAS REDET...
NA JA...
ER WUSSTE, WIR WÜRDEN NACH KYOTO FAHREN, DA WOLLTE ER MIR EBEN EIN PAAR TIPPS GEBEN.
ER STAMMT OFFENBAR AUS KYOTO.
ACH ...
DAHINTER LAGEN GAR KEINE VERSTECKTEN ABSICHTEN...?
SORRY!
ER WOLLTE VOR DER ABREISE NUR NOCH ZEIGEN, WIE ÜBERLEGEN ER MIR IST!
ALS WÜRDE ICH DESHALB AUFGEBEN!
KA...
KATO!
WILLST DU EINE WITZIGE GESCHICHTE HÖREN?
DANKE, JETZT GRADE NICHT.
OKAY ...
FRUUU
ICH HATTE MICH DOCH SO GUT VORBEREITET...
WAS TU ICH HIER BLOSS?
HEUTE HAB ICH KATO...
... NOCH KEIN EINZIGES MAL LÄCHELN GESEHEN.

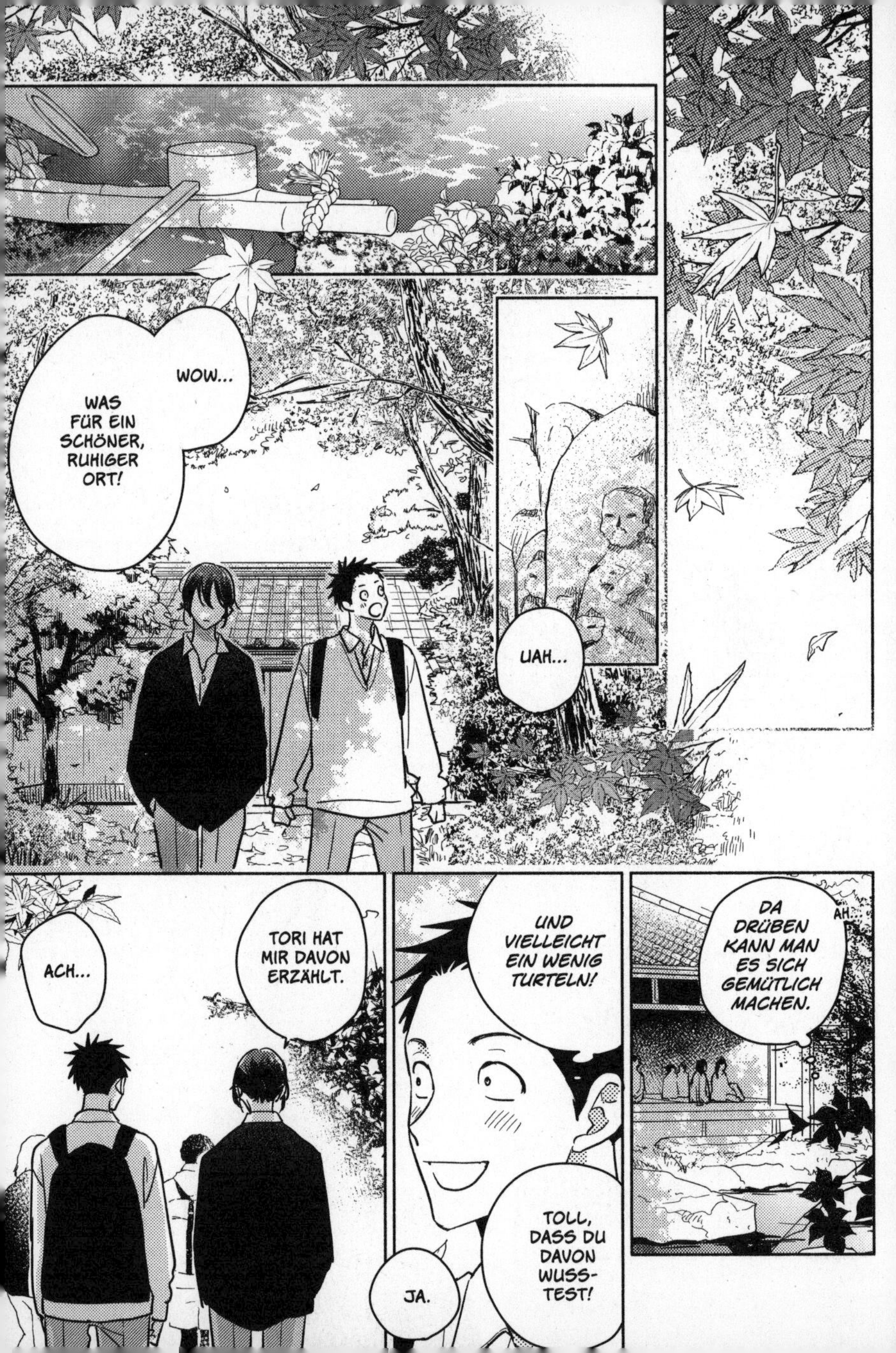
UAH...
WOW...
WAS FÜR EIN SCHÖNER, RUHIGER ORT!
AH.
DA DRÜBEN KANN MAN ES SICH GEMÜTLICH MACHEN.
UND VIELLEICHT EIN WENIG TURTELN!
TOLL, DASS DU DAVON WUSS-TEST!
JA.
TORI HAT MIR DAVON ERZÄHLT.
ACH...

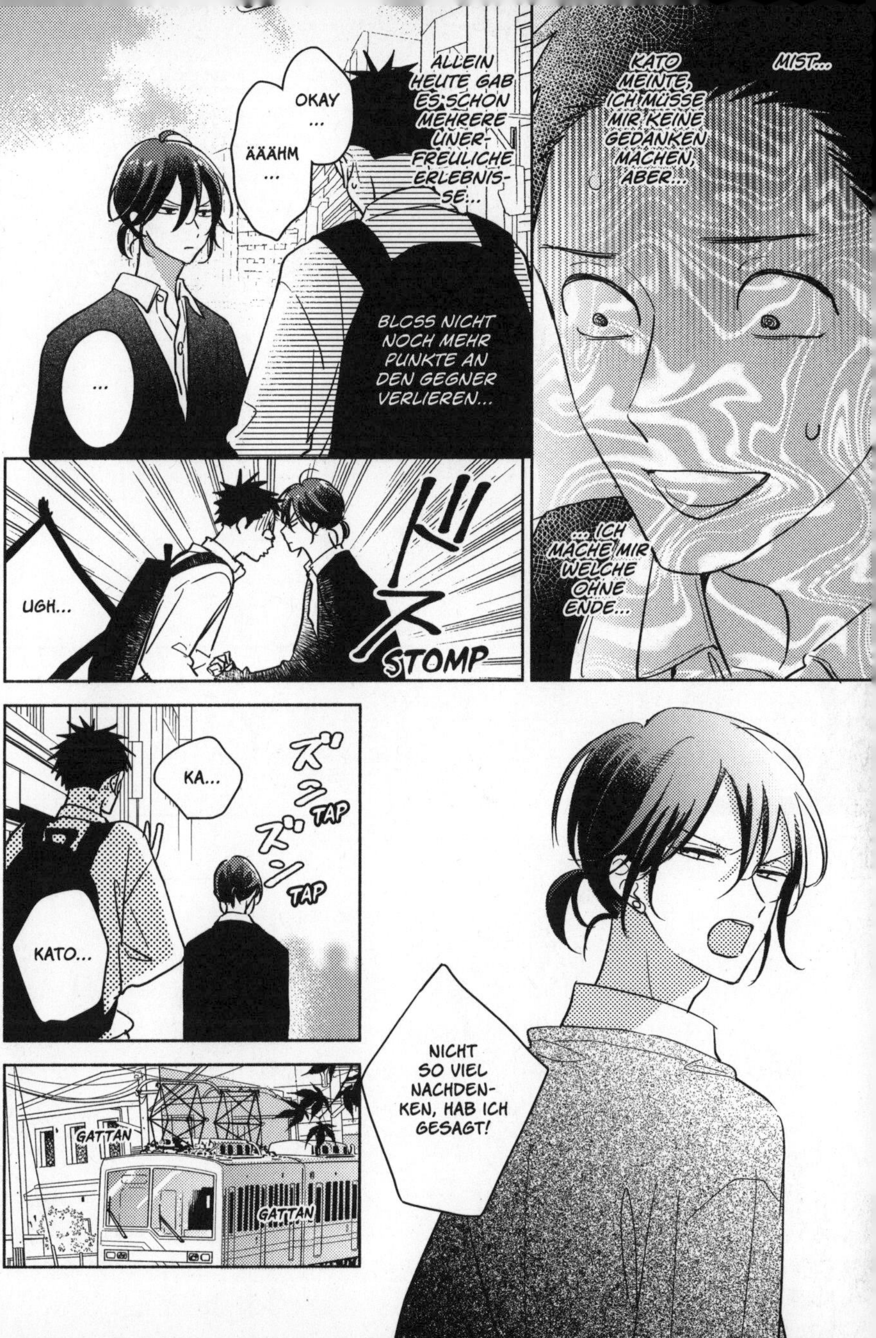

ALLEIN HEUTE GAB ES SCHON MEHRERE UNERFREULICHE ERLEBNISSE...

OKAY ...

ÄÄÄHM ...

...

BLOSS NICHT NOCH MEHR PUNKTE AN DEN GEGNER VERLIEREN...

MIST...

KATO MEINTE, ICH MÜSSE MIR KEINE GEDANKEN MACHEN, ABER...

... ICH MACHE MIR WELCHE OHNE ENDE...

ドス
STOMP

UGH...

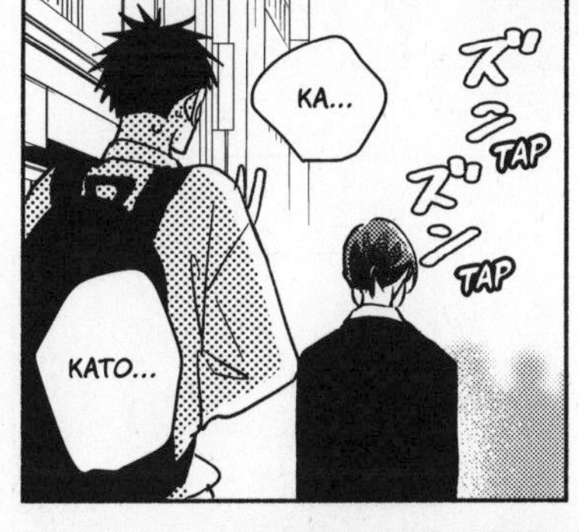

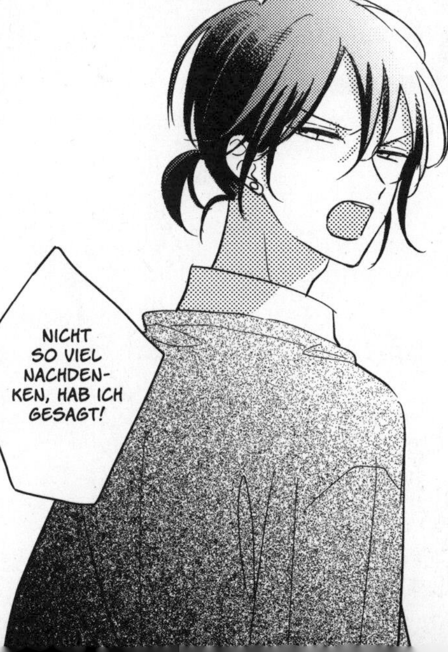

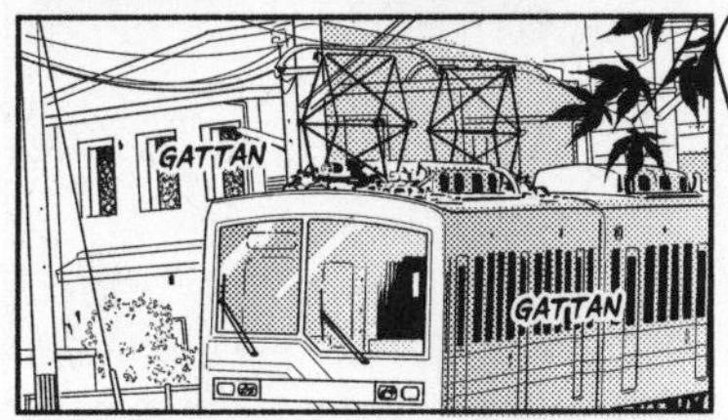

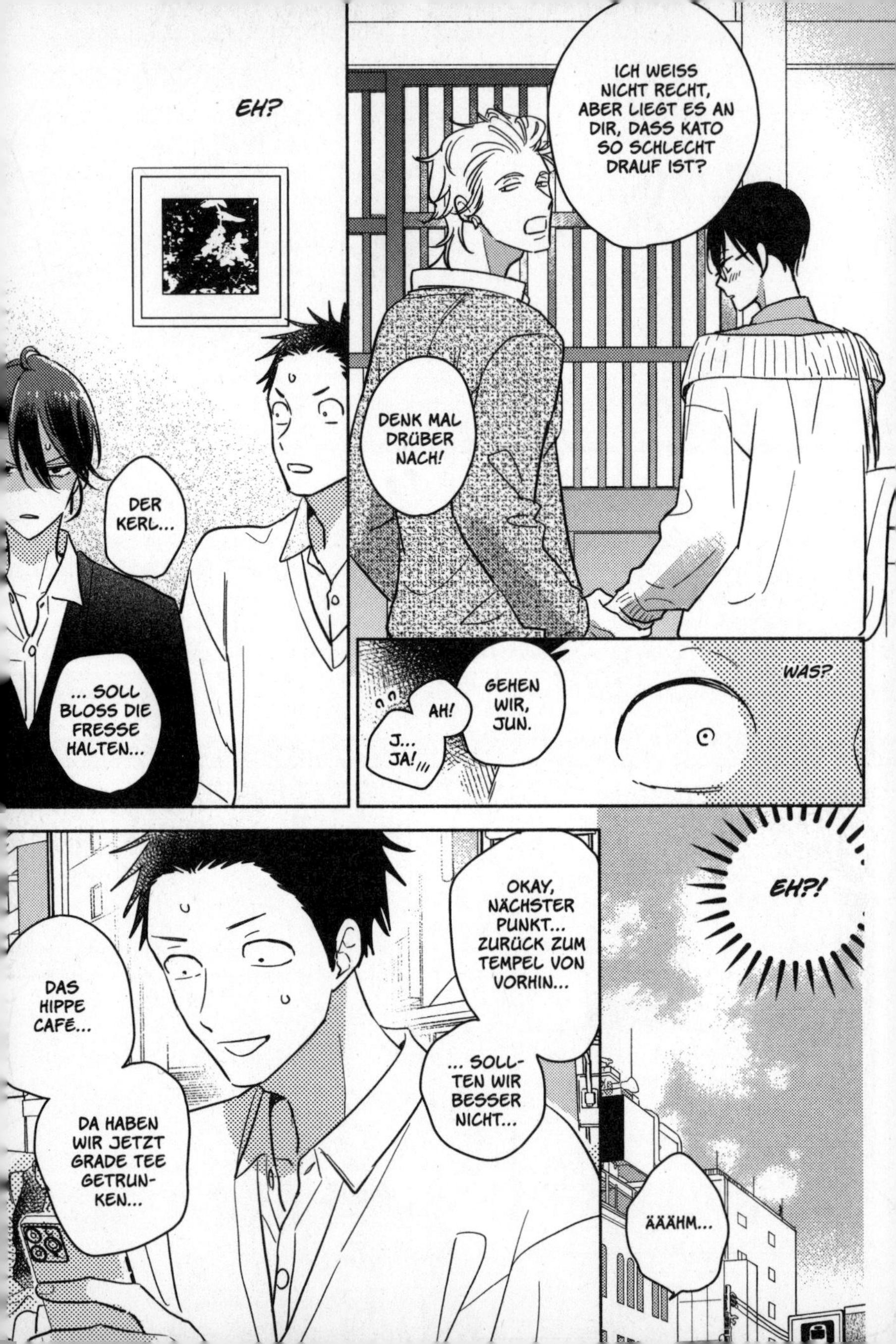
ICH WEISS NICHT RECHT, ABER LIEGT ES AN DIR, DASS KATO SO SCHLECHT DRAUF IST?
DENK MAL DRÜBER NACH!
EH?
DER KERL...
... SOLL BLOSS DIE FRESSE HALTEN...
WAS?
GEHEN WIR, JUN.
AH!
J... JA!
EH?!
ÄÄÄHM...
OKAY, NÄCHSTER PUNKT... ZURÜCK ZUM TEMPEL VON VORHIN...
... SOLL-TEN WIR BESSER NICHT...
DAS HIPPE CAFÉ...
DA HABEN WIR JETZT GRADE TEE GETRUN-KEN...

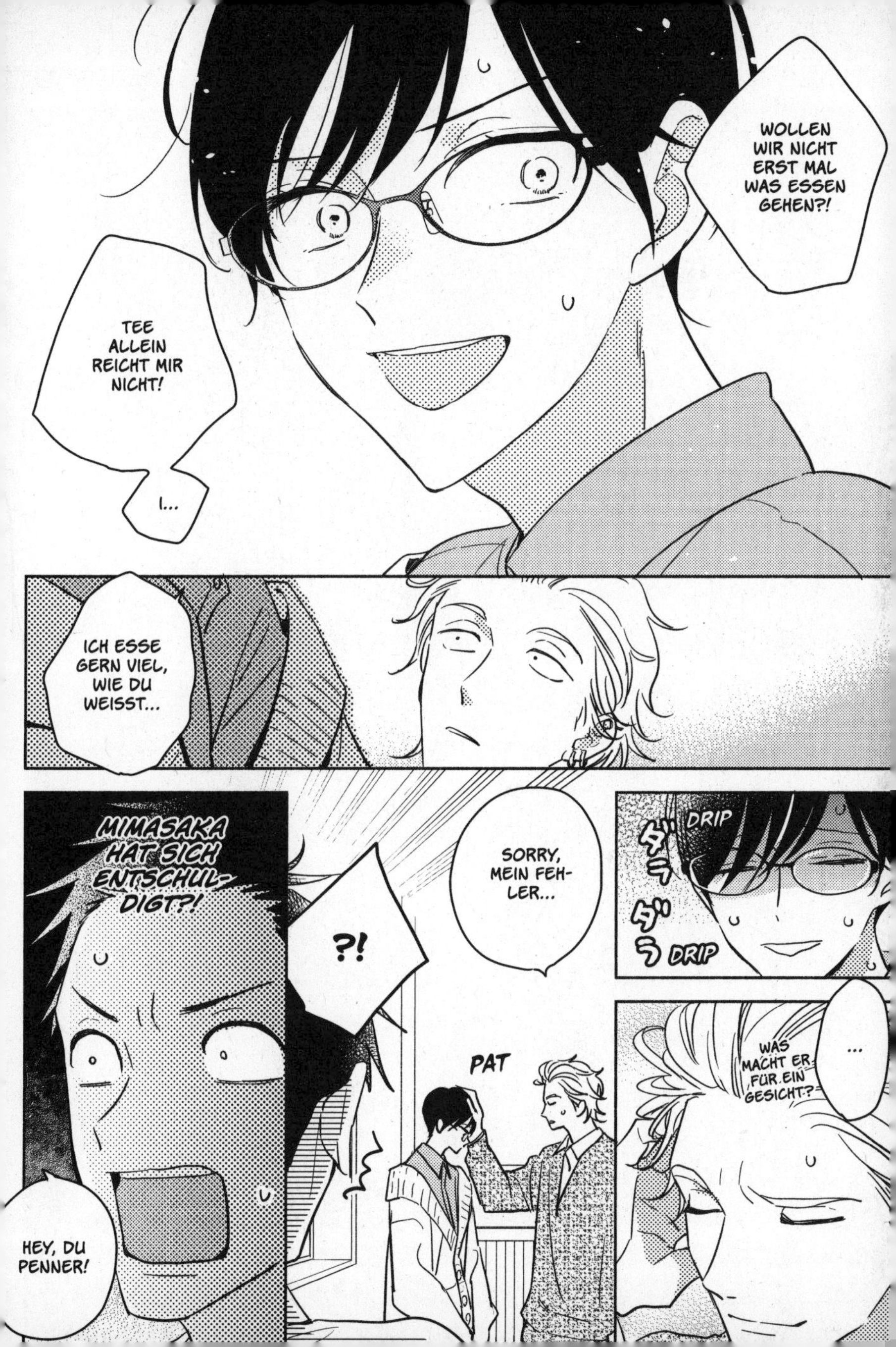

WOLLEN WIR NICHT ERST MAL WAS ESSEN GEHEN?!
TEE ALLEIN REICHT MIR NICHT!
I...
ICH ESSE GERN VIEL, WIE DU WEISST...
DRIP
ダラダラ
DRIP
...
WAS MACHT ER FÜR EIN GESICHT?
SORRY, MEIN FEHLER...
PAT
?!
MIMASAKA HAT SICH ENTSCHULDIGT?!
HEY, DU PENNER!

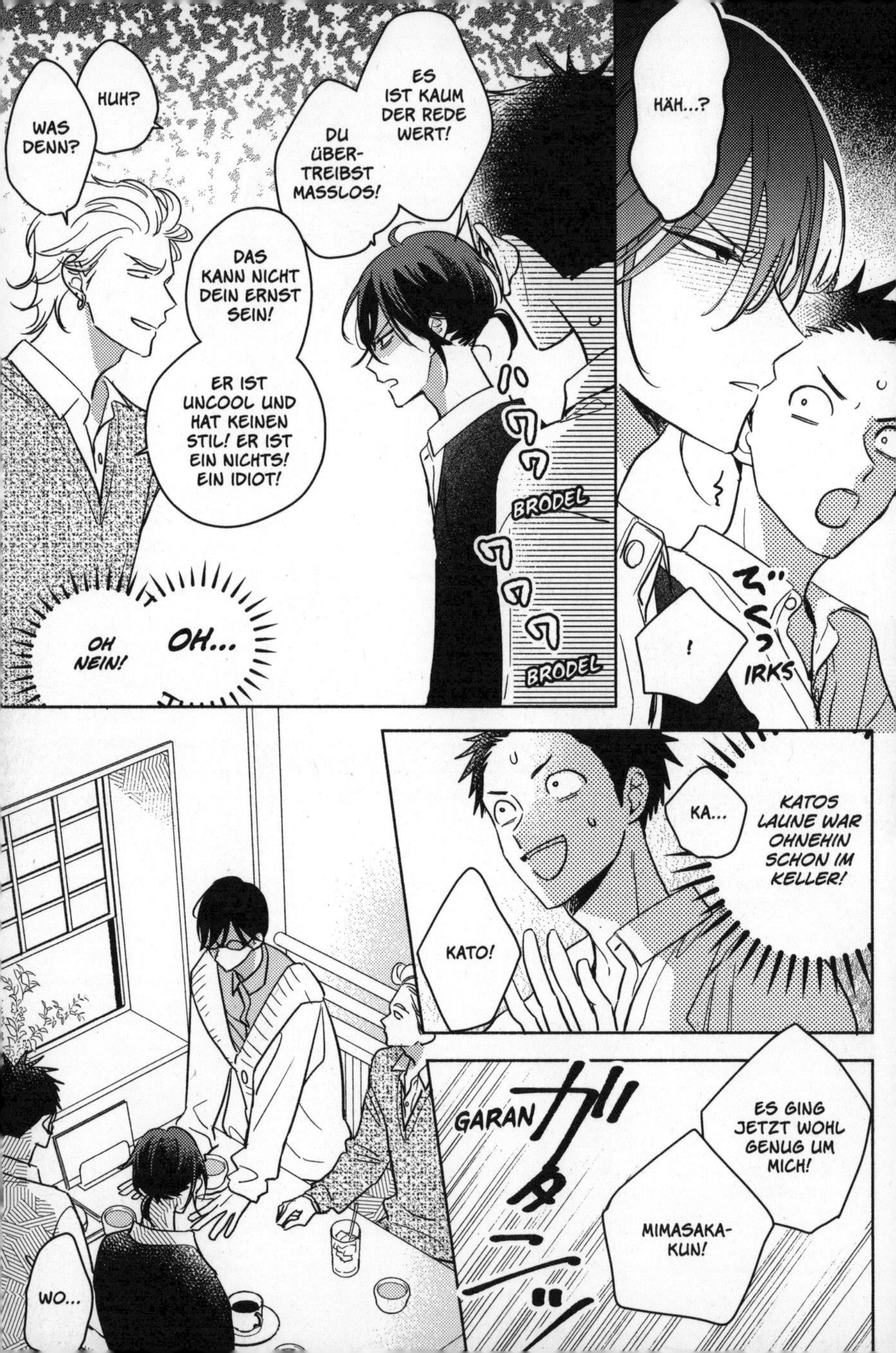
HÄH...?
!
IRKS
ES IST KAUM DER REDE WERT!
DU ÜBER-TREIBST MASSLOS!
HUH?
WAS DENN?
DAS KANN NICHT DEIN ERNST SEIN!
ER IST UNCOOL UND HAT KEINEN STIL! ER IST EIN NICHTS! EIN IDIOT!
BRODEL
BRODEL
OH...
OH NEIN!
KATOS LAUNE WAR OHNEHIN SCHON IM KELLER!
KA...
KATO!
ES GING JETZT WOHL GENUG UM MICH!
MIMASAKA-KUN!
GARAN
WO...

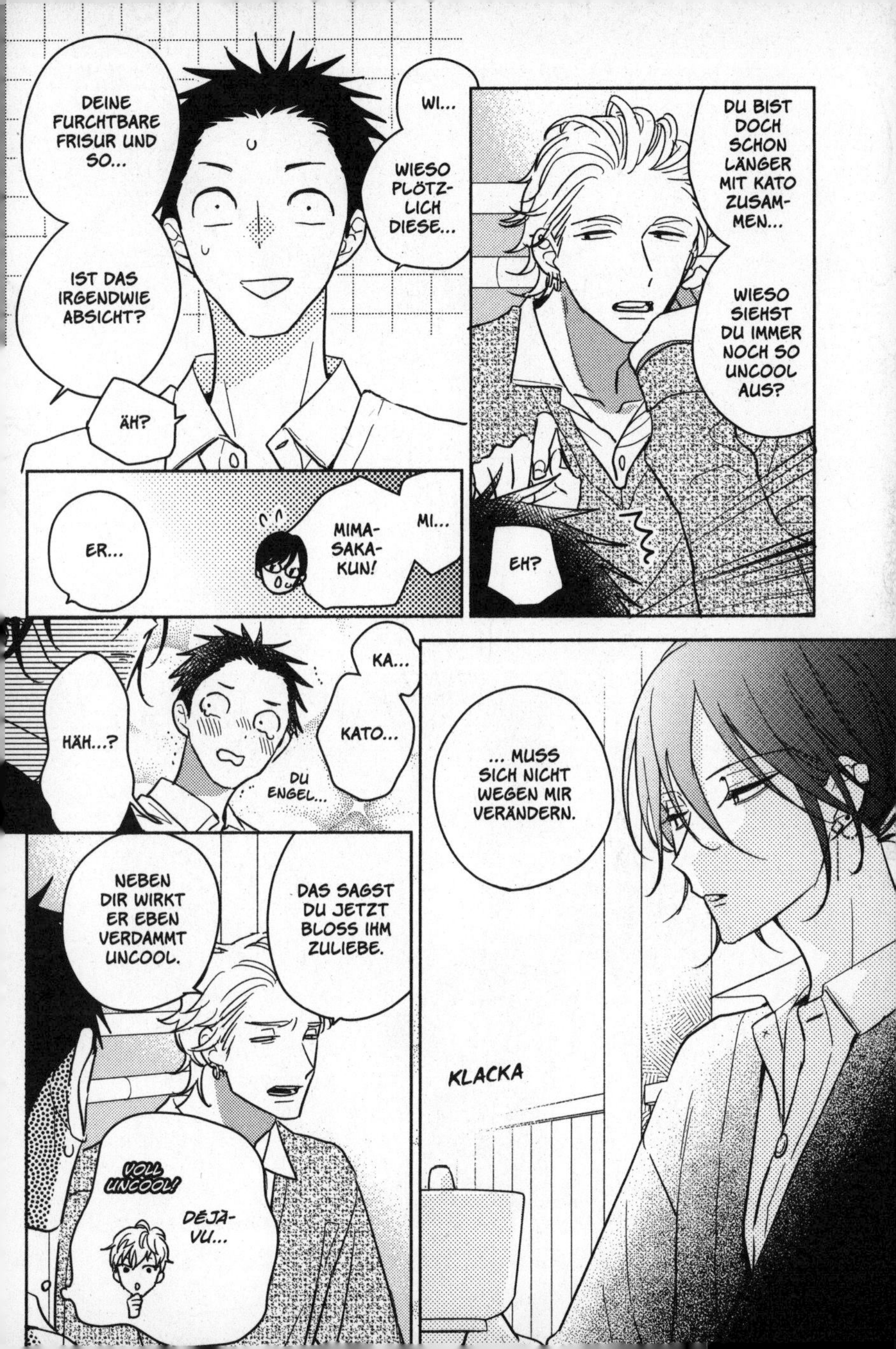
DU BIST DOCH SCHON LÄNGER MIT KATO ZUSAMMEN...
WIESO SIEHST DU IMMER NOCH SO UNCOOL AUS?
EH?
WI...
WIESO PLÖTZLICH DIESE...
DEINE FURCHTBARE FRISUR UND SO...
IST DAS IRGENDWIE ABSICHT?
ÄH?
MI...
MIMA-SAKA-KUN!
ER...
... MUSS SICH NICHT WEGEN MIR VERÄNDERN.
KLACKA
KA...
KATO...
DU ENGEL...
HÄH...?
DAS SAGST DU JETZT BLOSS IHM ZULIEBE.
NEBEN DIR WIRKT ER EBEN VERDAMMT UNCOOL.
VOLL UNCOOL!
DÉJÀ-VU...

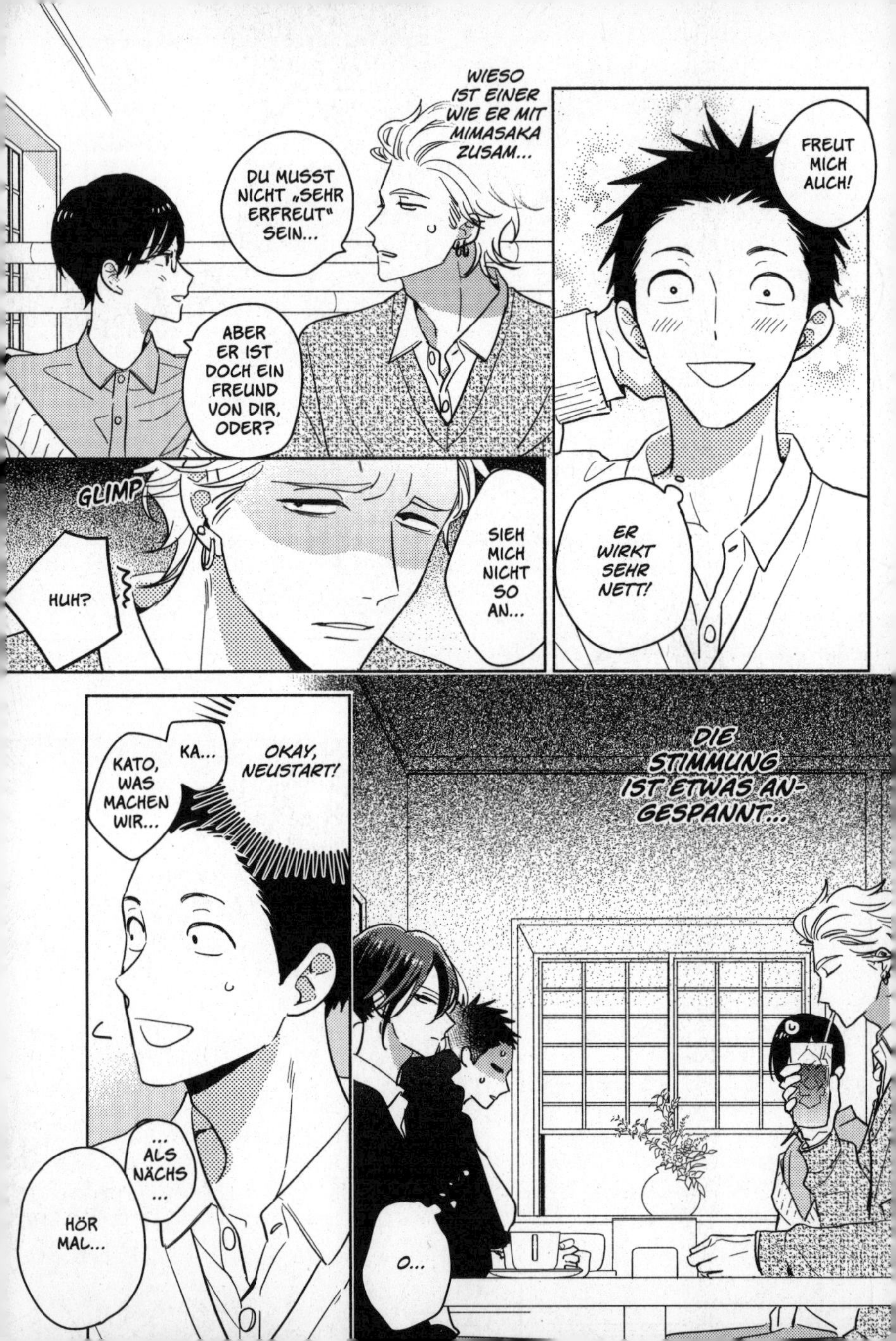
FREUT MICH AUCH!
ER WIRKT SEHR NETT!
WIESO IST EINER WIE ER MIT MIMASAKA ZUSAM...
DU MUSST NICHT „SEHR ERFREUT“ SEIN...
ABER ER IST DOCH EIN FREUND VON DIR, ODER?
SIEH MICH NICHT SO AN...
GLIMP
HUH?
DIE STIMMUNG IST ETWAS AN-GESPANNT...
O...
OKAY, NEUSTART!
KA...
KATO, WAS MACHEN WIR...
... ALS NÄCHS ...
HÖR MAL...

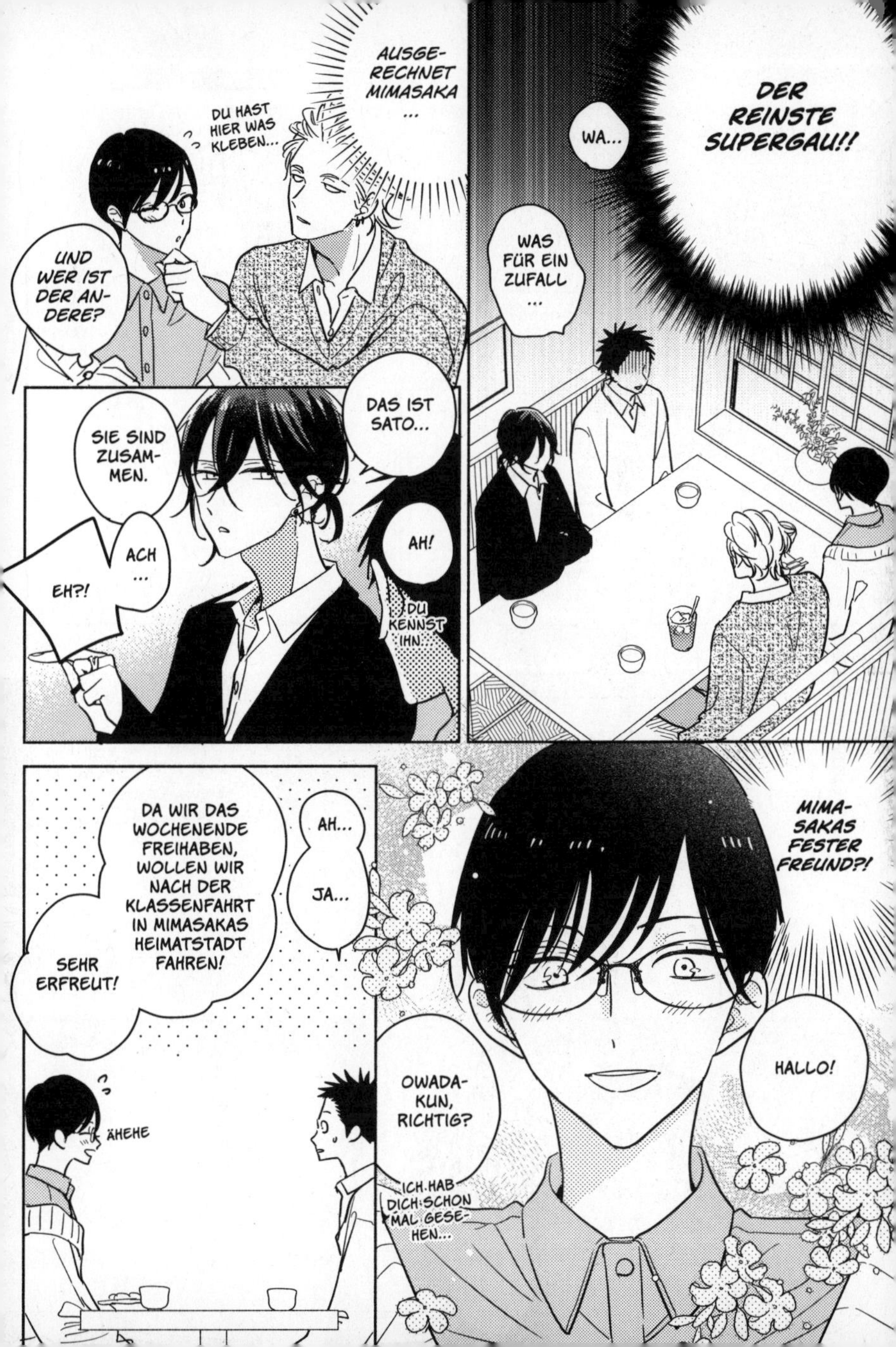
DER REINSTE SUPERGAU!!
WA...
WAS FÜR EIN ZUFALL ...
AUSGERECHNET MIMASAKA ...
DU HAST HIER WAS KLEBEN...
UND WER IST DER ANDERE?
DAS IST SATO...
AH!
DU KENNST IHN.
SIE SIND ZUSAMMEN.
ACH ...
EH?!
MIMASAKAS FESTER FREUND?!
HALLO!
OWADA-KUN, RICHTIG?
ICH HAB DICH SCHON MAL GESEHEN...
AH...
JA...
DA WIR DAS WOCHENENDE FREIHABEN, WOLLEN WIR NACH DER KLASSENFAHRT IN MIMASAKAS HEIMATSTADT FAHREN!
SEHR ERFREUT!
ÄHEHE

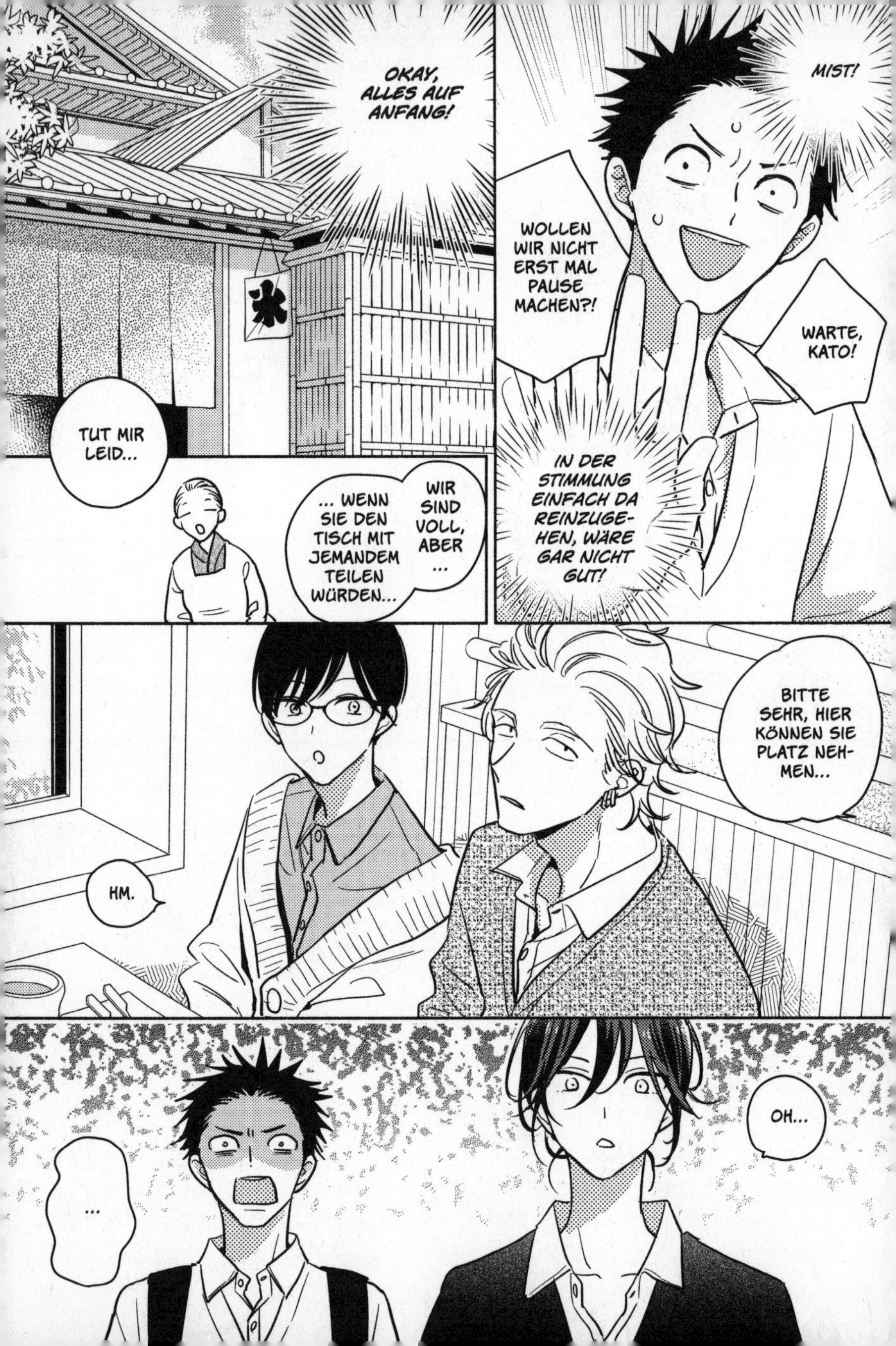
MIST!
WOLLEN WIR NICHT ERST MAL PAUSE MACHEN?!
WARTE, KATO!
IN DER STIMMUNG EINFACH DA REINZUGEHEN, WÄRE GAR NICHT GUT!
OKAY, ALLES AUF ANFANG!
TUT MIR LEID...
WIR SIND VOLL, ABER ...
... WENN SIE DEN TISCH MIT JEMANDEM TEILEN WÜRDEN...
BITTE SEHR, HIER KÖNNEN SIE PLATZ NEHMEN...
HM.
OH...
...

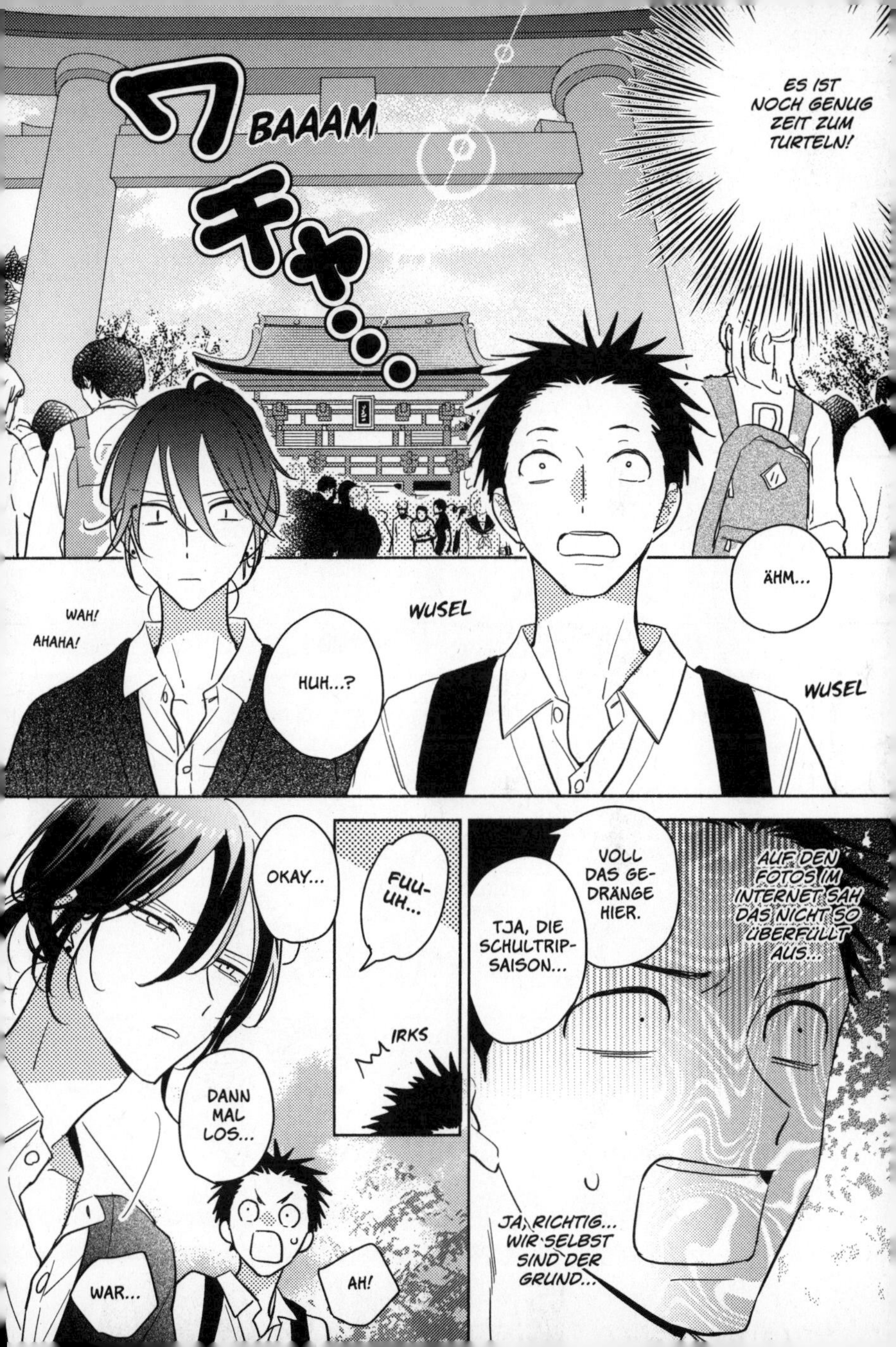
BAAAM
ES IST NOCH GENUG ZEIT ZUM TURTELN!
ÄHM...
WUSEL
WAH!
AHAHA!
HUH...?
WUSEL
VOLL DAS GEDRÄNGE HIER.
AUF DEN FOTOS IM INTERNET SAH DAS NICHT SO ÜBERFÜLLT AUS...
TJA, DIE SCHULTRIPSAISON...
FUU-UH...
OKAY...
IRKS
JA, RICHTIG... WIR SELBST SIND DER GRUND...
DANN MAL LOS...
AH!
WAR...

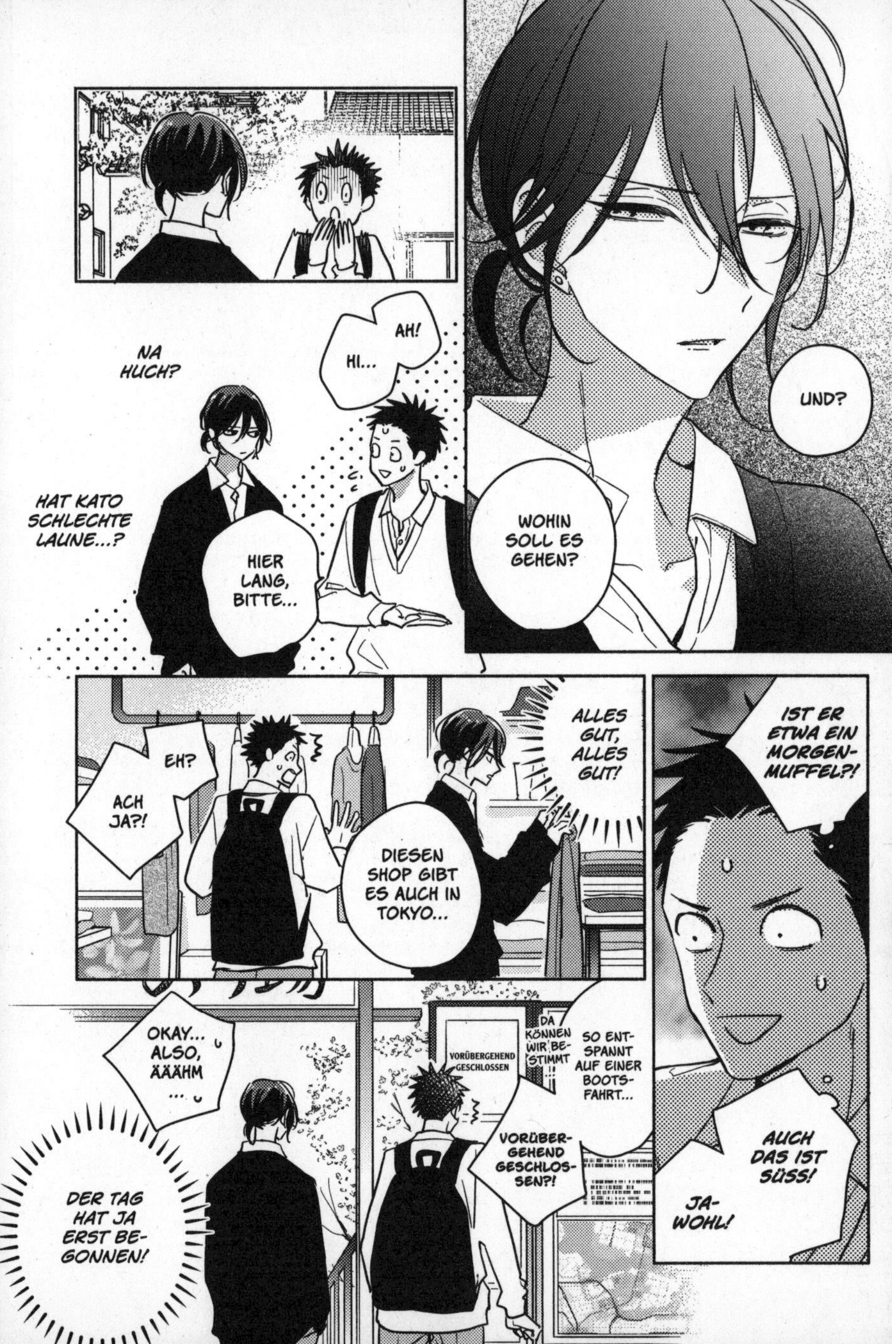
UND?
WOHIN SOLL ES GEHEN?
AH!
HI...
NA HUCH?
HAT KATO SCHLECHTE LAUNE...?
HIER LANG, BITTE...
IST ER ETWA EIN MORGEN-MUFFEL?!
ALLES GUT, ALLES GUT!
EH?
ACH JA?!
DIESEN SHOP GIBT ES AUCH IN TOKYO...
AUCH DAS IST SÜSS!
JA-WOHL!
SO ENT-SPANNT AUF EINER BOOTS-FAHRT...
DA KÖNNEN WIR BE-STIMMT !!
VORÜBERGEHEND GESCHLOSSEN
VORÜBER-GEHEND GESCHLOS-SEN?!
OKAY... ALSO, ÄÄÄHM ...
DER TAG HAT JA ERST BE-GONNEN!

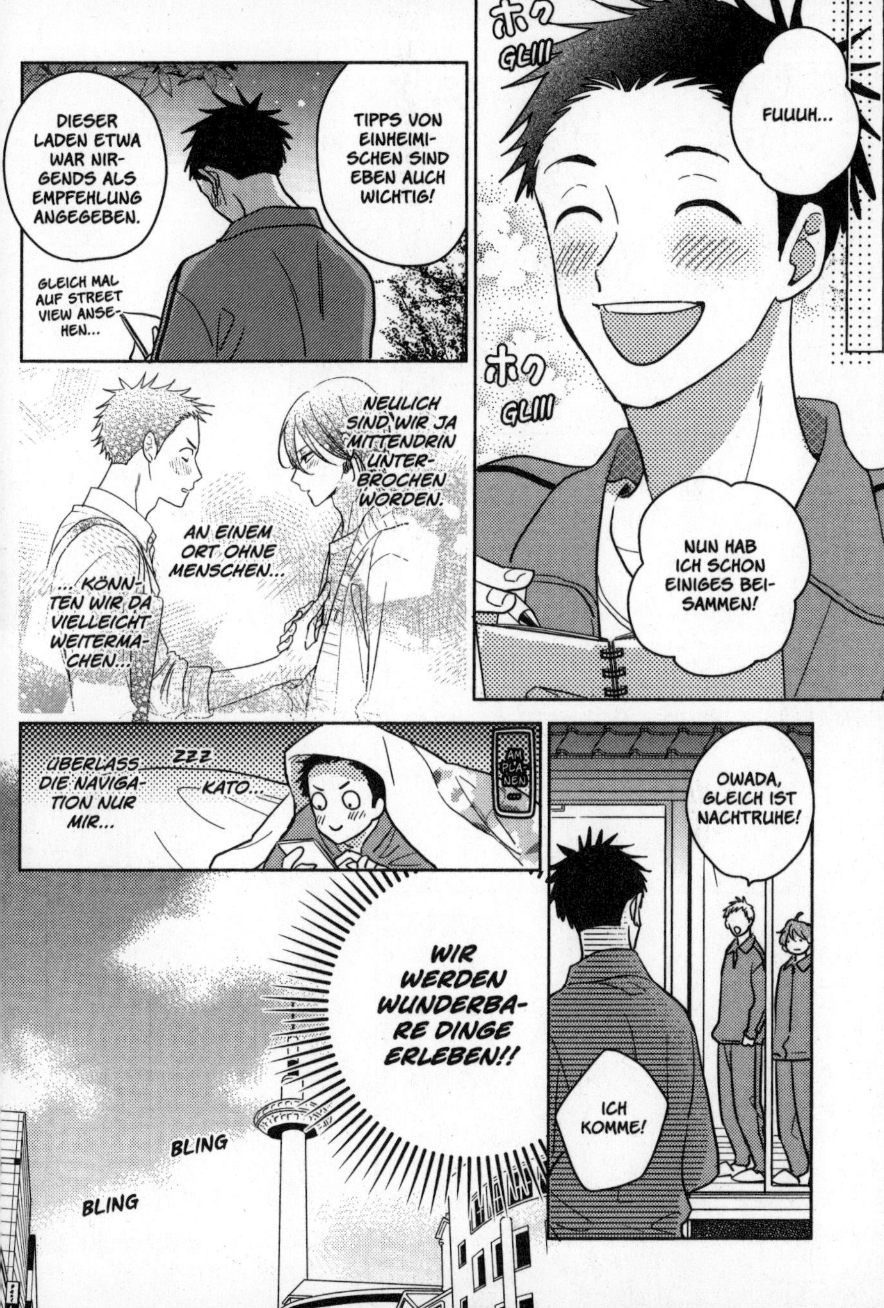
ホク
GLIII
FUUUH...
ホク
GLIII
NUN HAB ICH SCHON EINIGES BEISAMMEN!
TIPPS VON EINHEIMISCHEN SIND EBEN AUCH WICHTIG!
DIESER LADEN ETWA WAR NIRGENDS ALS EMPFEHLUNG ANGEGEBEN.
GLEICH MAL AUF STREET VIEW ANSEHEN...
NEULICH SIND WIR JA MITTENDRIN UNTERBROCHEN WORDEN.
AN EINEM ORT OHNE MENSCHEN...
... KÖNNTEN WIR DA VIELLEICHT WEITERMACHEN...
OWADA, GLEICH IST NACHTRUHE!
ICH KOMME!
AM PLANEN
ZZZ
KATO...
ÜBERLASS DIE NAVIGATION NUR MIR...
WIR WERDEN WUNDERBARE DINGE ERLEBEN!!
BLING
BLING

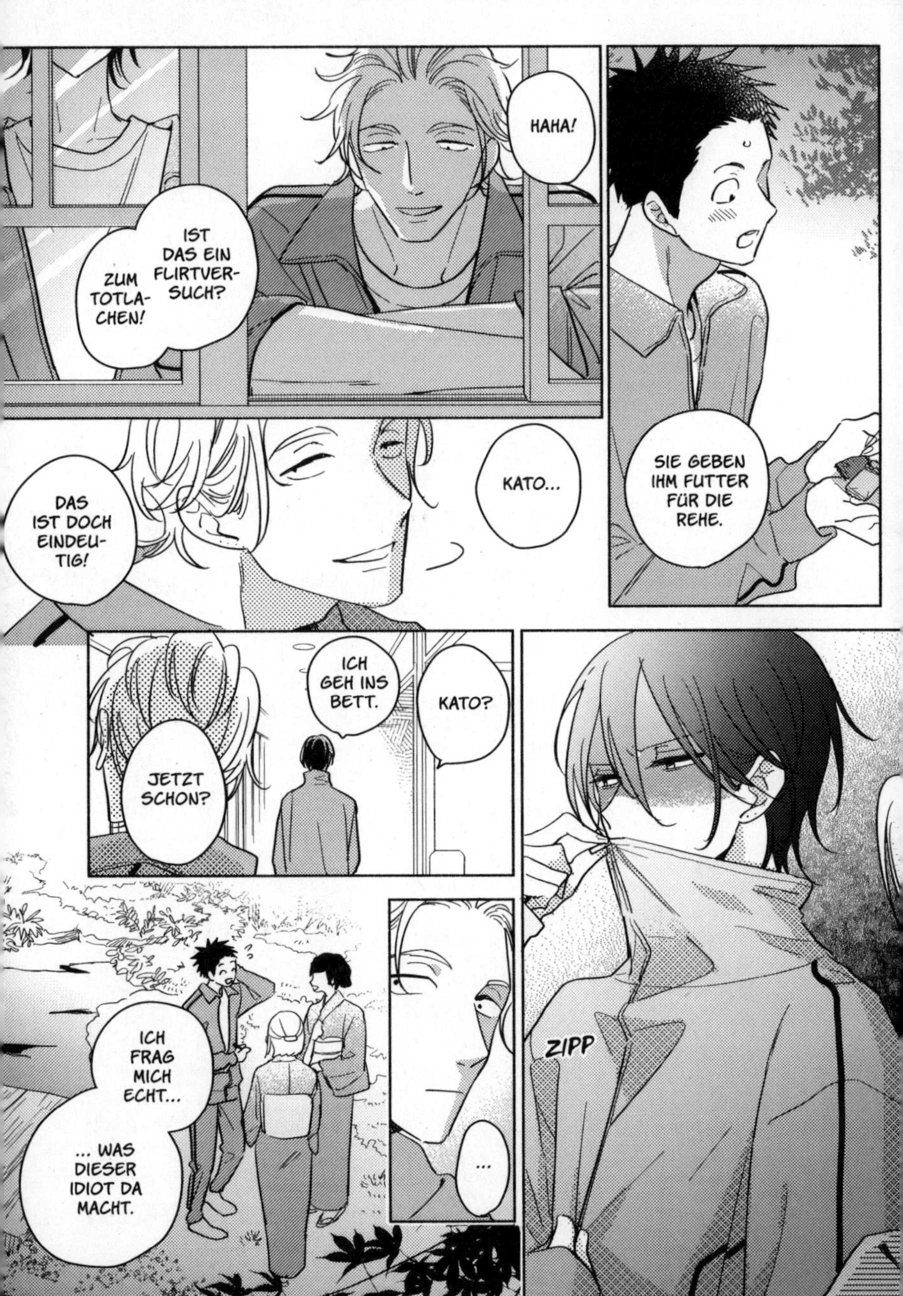
SIE GEBEN IHM FUTTER FÜR DIE REHE.
HAHA!
IST DAS EIN FLIRTVERSUCH?
ZUM TOTLACHEN!
KATO...
DAS IST DOCH EINDEUTIG!
ZIPP
KATO?
ICH GEH INS BETT.
JETZT SCHON?
...
ICH FRAG MICH ECHT...
... WAS DIESER IDIOT DA MACHT.

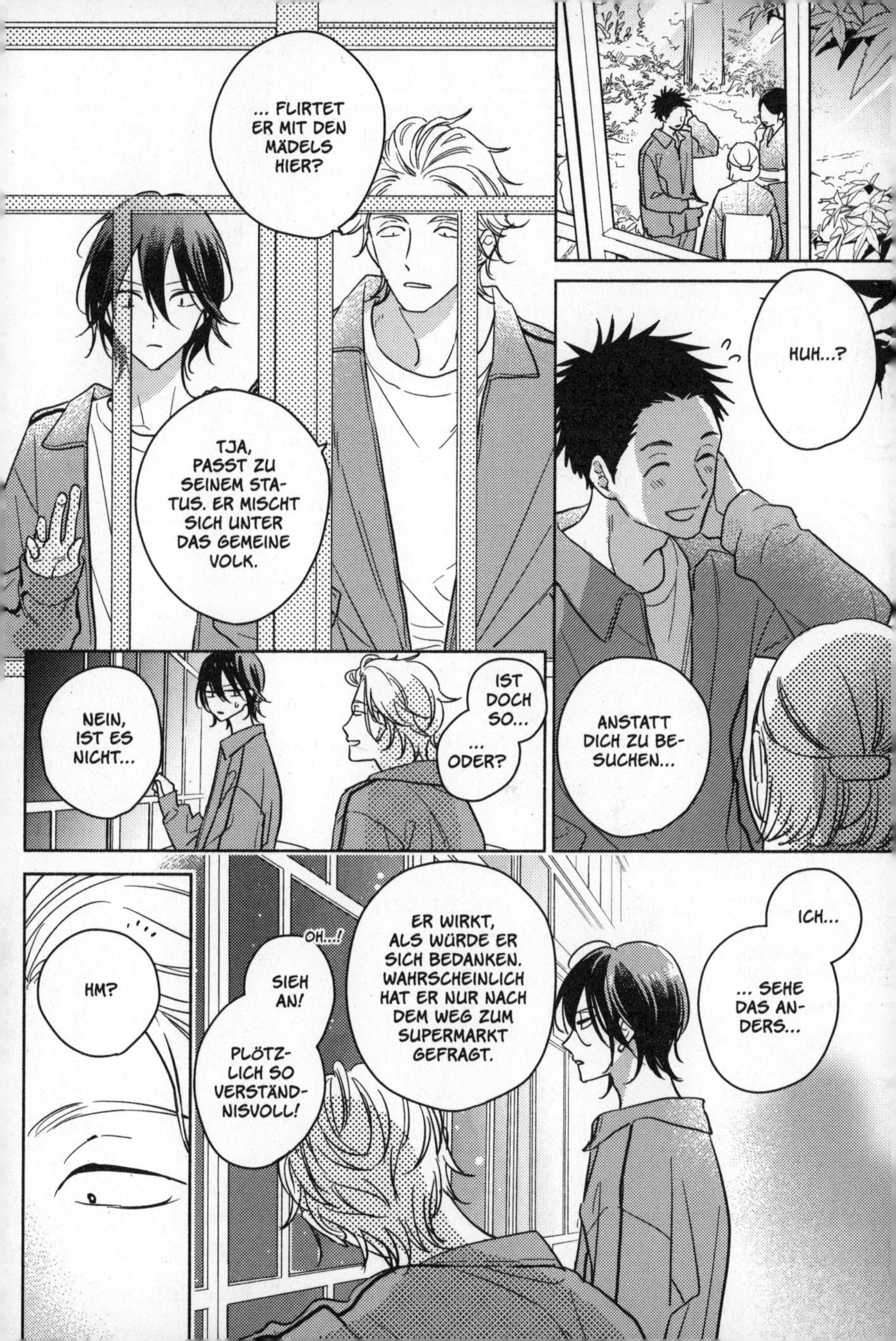
... FLIRTET ER MIT DEN MÄDELS HIER?
TJA, PASST ZU SEINEM STATUS. ER MISCHT SICH UNTER DAS GEMEINE VOLK.
HUH...?
ANSTATT DICH ZU BESUCHEN...
IST DOCH SO...
... ODER?
NEIN, IST ES NICHT...
ICH...
... SEHE DAS ANDERS...
ER WIRKT, ALS WÜRDE ER SICH BEDANKEN. WAHRSCHEINLICH HAT ER NUR NACH DEM WEG ZUM SUPERMARKT GEFRAGT.
OH...!
SIEH AN!
PLÖTZLICH SO VERSTÄNDNISVOLL!
HM?

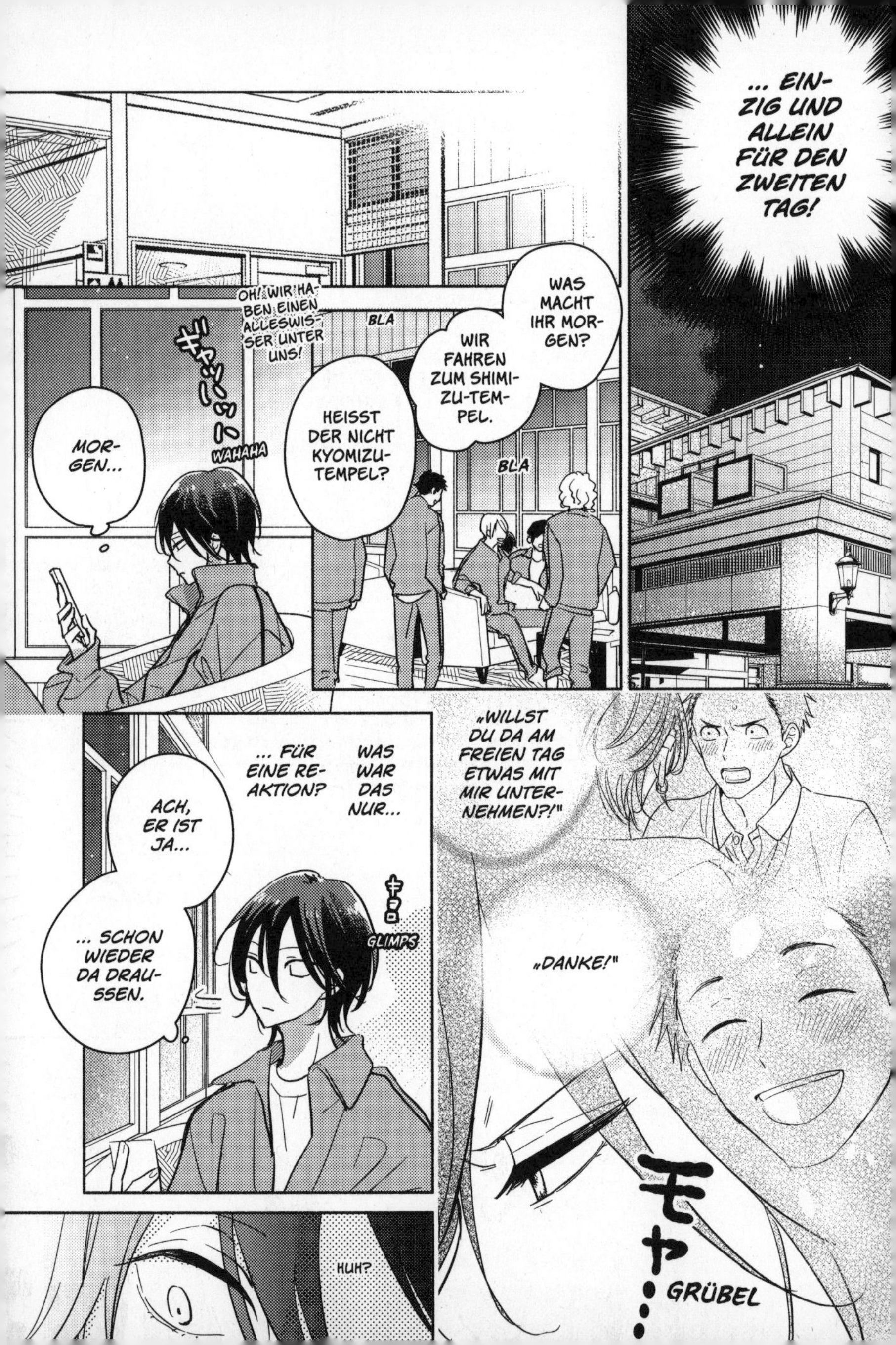
... EIN-
ZIG UND
ALLEIN
FÜR DEN
ZWEITEN
TAG!
WAS MACHT IHR MOR-GEN?
WIR FAHREN ZUM SHIMI-ZU-TEM-PEL.
HEISST DER NICHT KYOMIZU-TEMPEL?
BLA
BLA
OH! WIR HA-BEN EINEN ALLESWIS-SER UNTER UNS!
WAHAHA
MOR-GEN...
„WILLST DU DA AM FREIEN TAG ETWAS MIT MIR UNTER-NEHMEN?!"
WAS WAR DAS NUR...
... FÜR EINE RE-AKTION?
ACH, ER IST JA...
... SCHON WIEDER DA DRAU-SSEN.
GLIMPS
„DANKE!"
GRÜBEL
HUH?

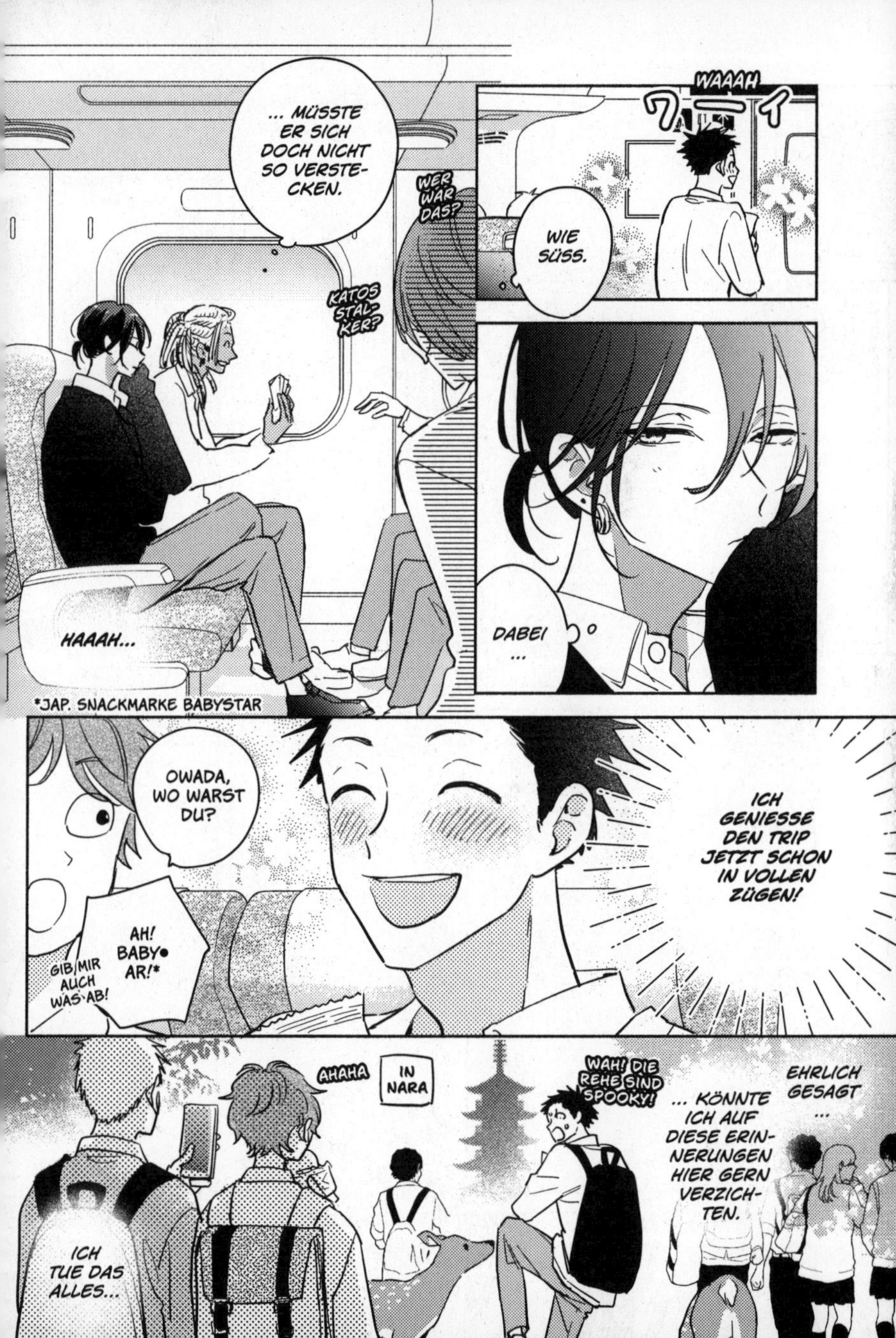
WAAAH
... MÜSSTE ER SICH DOCH NICHT SO VERSTE-CKEN.
WIE SÜSS.
WER WÄR DAS?
KATOS STAL-KER?
DABEI ...
HAAAH...
*JAP. SNACKMARKE BABYSTAR
ICH GENIESSE DEN TRIP JETZT SCHON IN VOLLEN ZÜGEN!
OWADA, WO WARST DU?
AH! BABY● AR!*
GIB MIR AUCH WAS AB!
EHRLICH GESAGT ...
... KÖNNTE ICH AUF DIESE ERIN-NERUNGEN HIER GERN VERZICH-TEN.
WAH! DIE REHE SIND SPOOKY!
IN NARA
AHAHA
ICH TUE DAS ALLES...

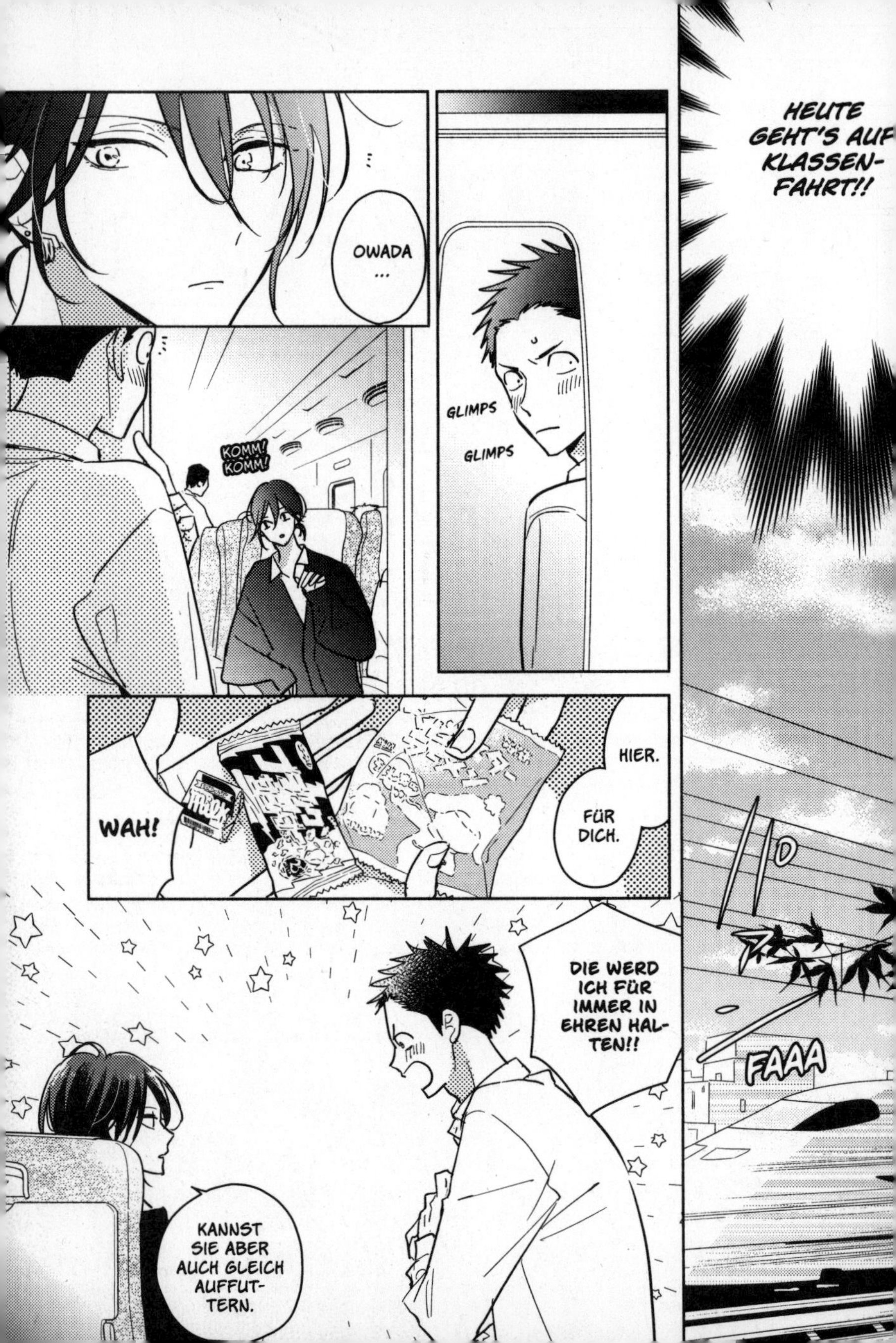
HEUTE GEHT'S AUF KLASSEN-FAHRT!!
FAAA
GLIMPS
GLIMPS
...
OWADA ...
KOMM! KOMM!
HIER.
FÜR DICH.
WAH!
DIE WERD ICH FÜR IMMER IN EHREN HAL-TEN!!
KANNST SIE ABER AUCH GLEICH AUFFUT-TERN.

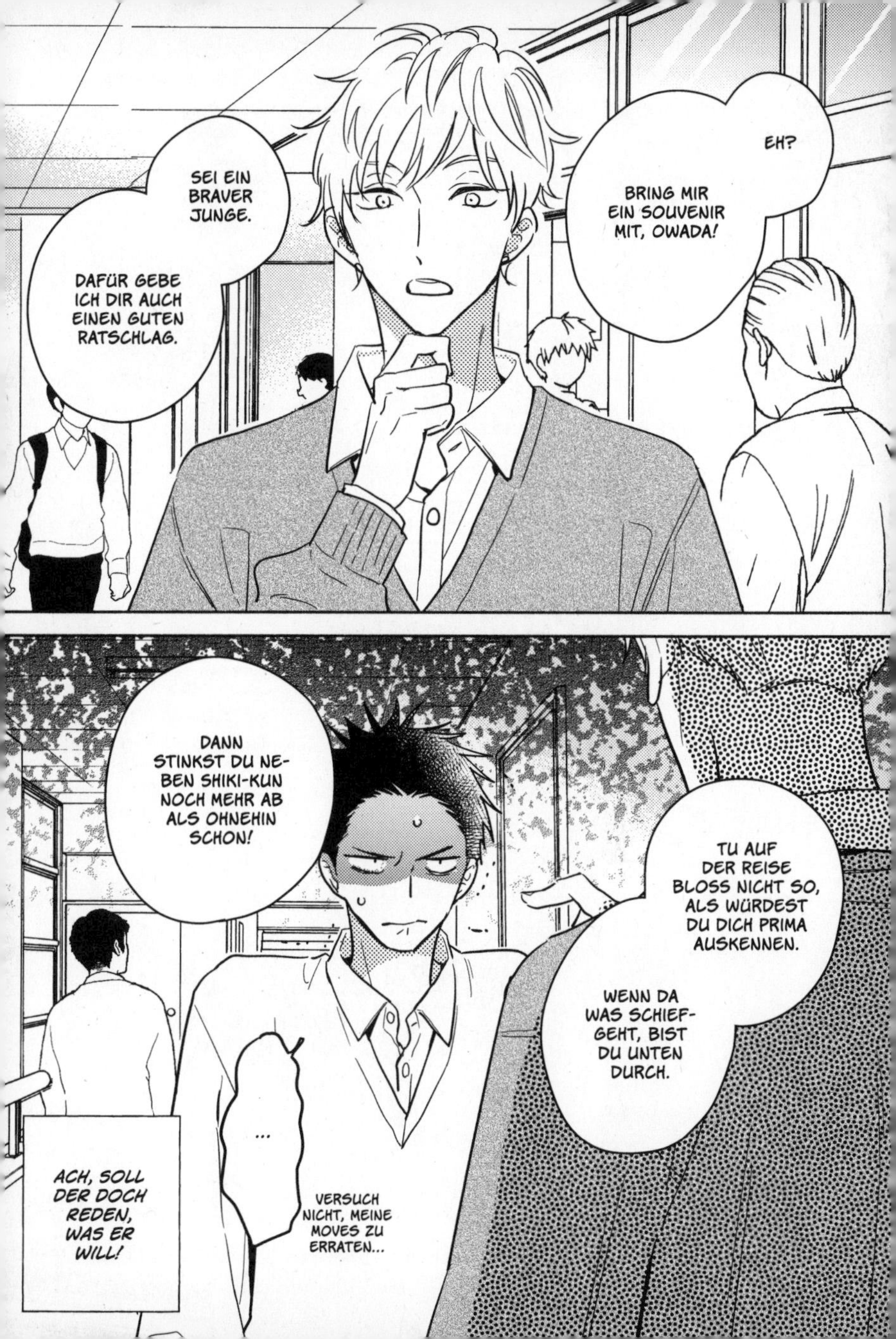
EH?
BRING MIR EIN SOUVENIR MIT, OWADA!
SEI EIN BRAVER JUNGE.
DAFÜR GEBE ICH DIR AUCH EINEN GUTEN RATSCHLAG.
TU AUF DER REISE BLOSS NICHT SO, ALS WÜRDEST DU DICH PRIMA AUSKENNEN.
WENN DA WAS SCHIEF-GEHT, BIST DU UNTEN DURCH.
DANN STINKST DU NE-BEN SHIKI-KUN NOCH MEHR AB ALS OHNEHIN SCHON!
...
VERSUCH NICHT, MEINE MOVES ZU ERRATEN...
ACH, SOLL DER DOCH REDEN, WAS ER WILL!

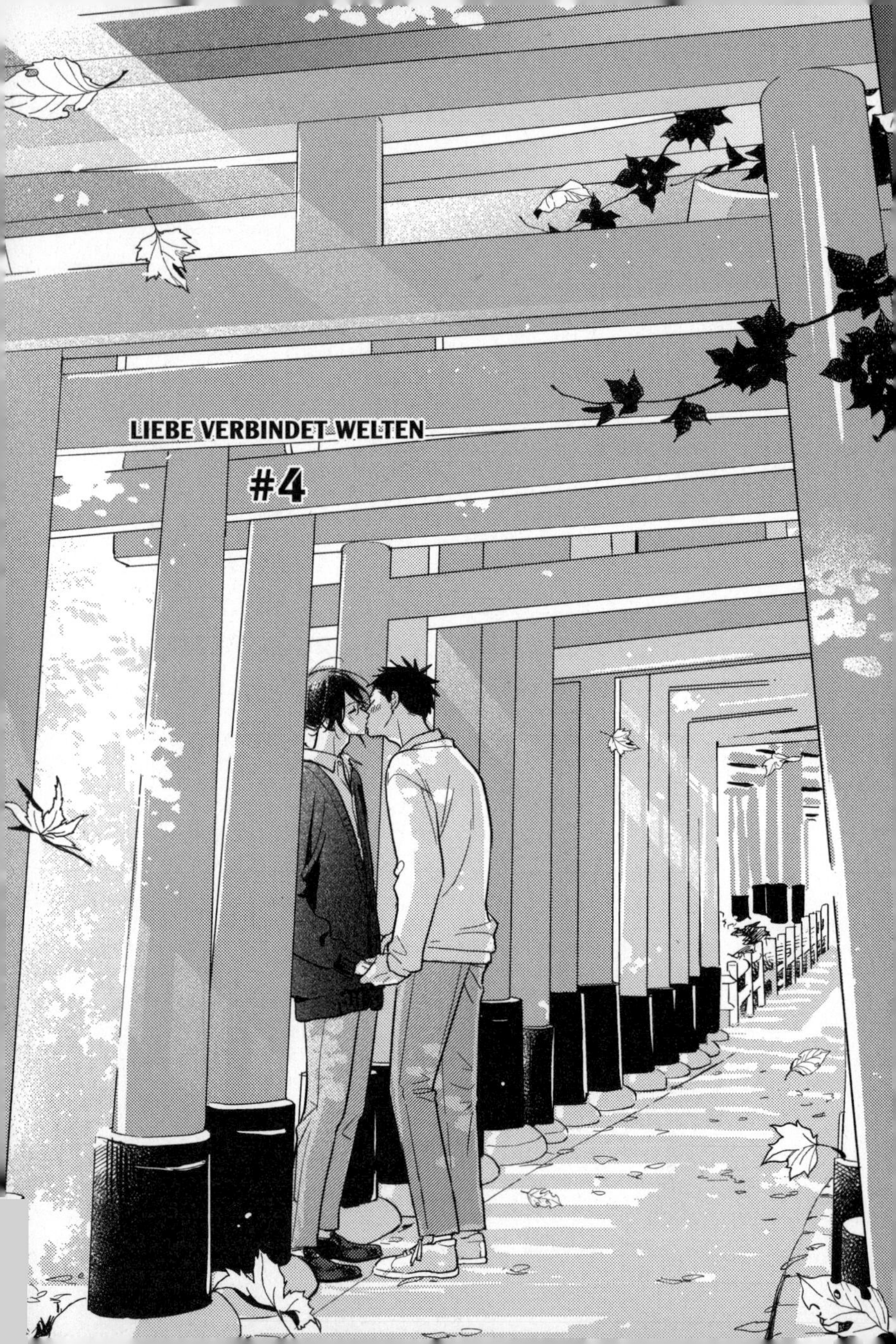
LIEBE VERBINDET WELTEN
#4

LIEBE VERBINDET WELTEN

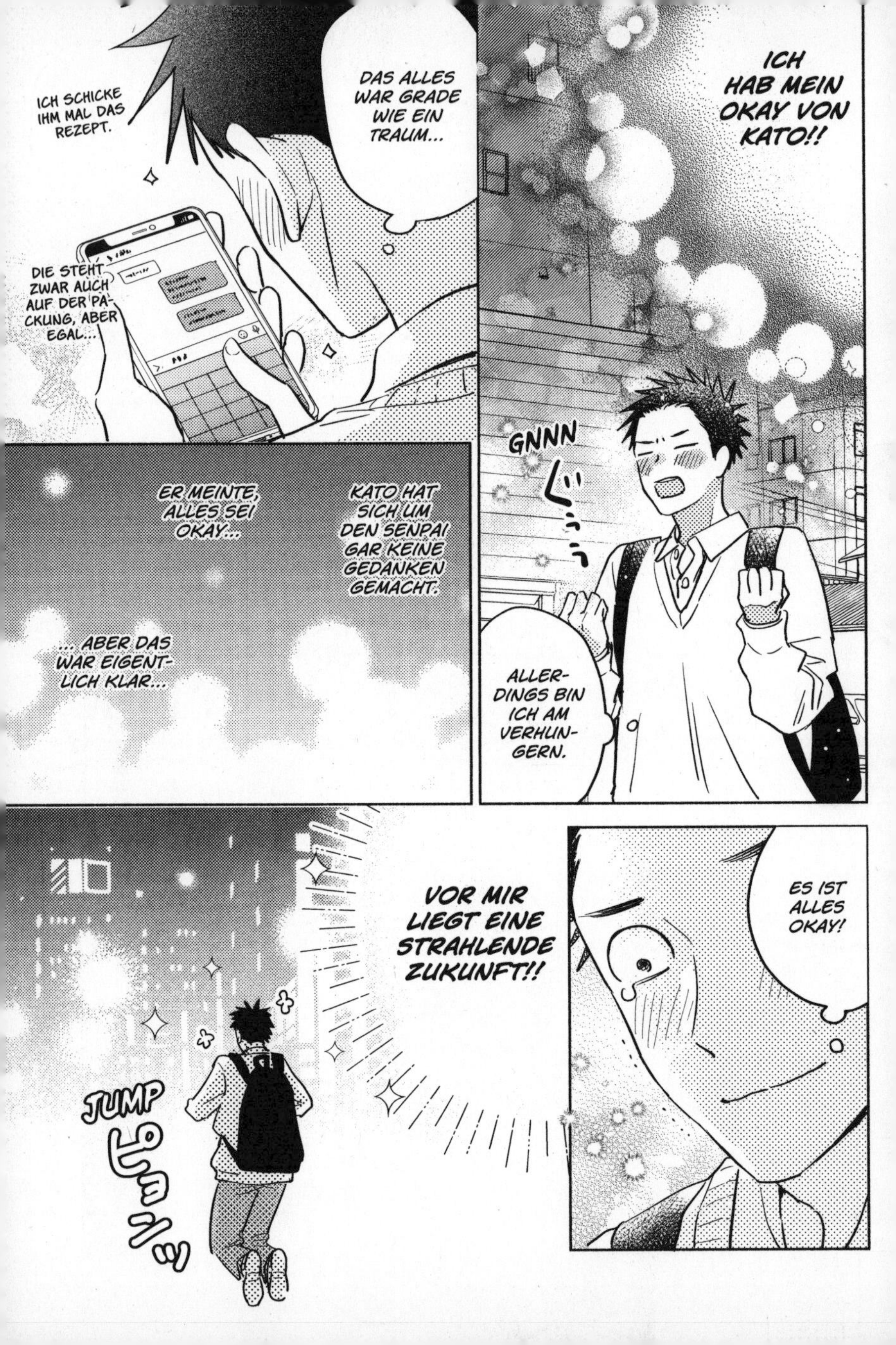

ICH HAB MEIN OKAY VON KATO!!
GNNN
ALLERDINGS BIN ICH AM VERHUNGERN.
DAS ALLES WAR GRADE WIE EIN TRAUM...
ICH SCHICKE IHM MAL DAS REZEPT.
DIE STEHT ZWAR AUCH AUF DER PACKUNG, ABER EGAL...
KATO HAT SICH UM DEN SENPAI GAR KEINE GEDANKEN GEMACHT.
ER MEINTE, ALLES SEI OKAY...
... ABER DAS WAR EIGENTLICH KLAR...

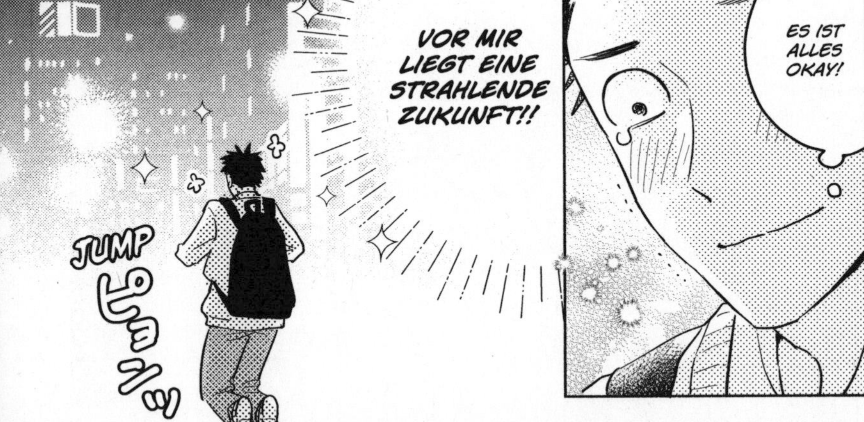

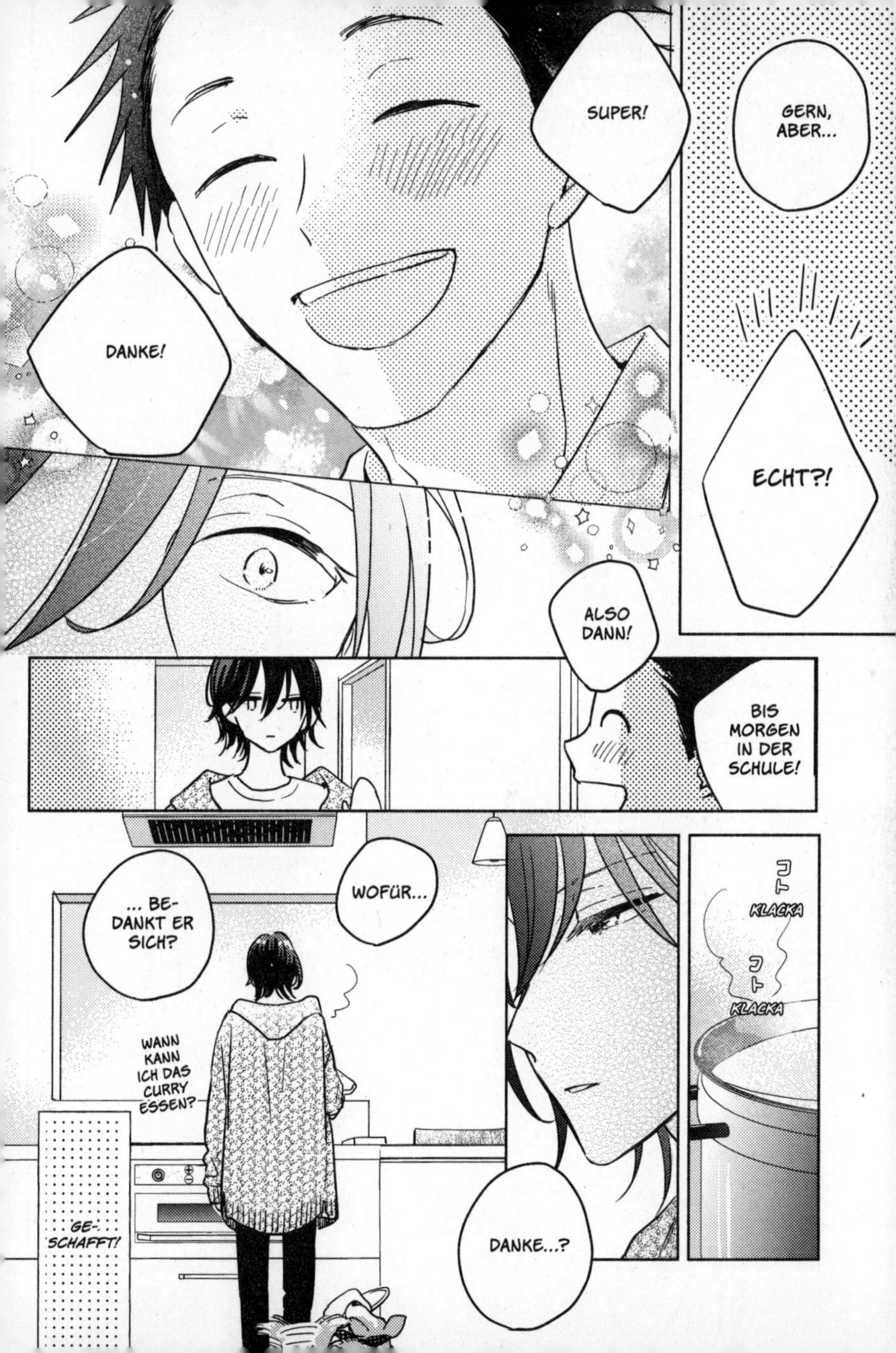

GERN, ABER...
SUPER!
DANKE!
ECHT?!
ALSO DANN!
BIS MORGEN IN DER SCHULE!
コト
KLACKA
コト
KLACKA
DANKE...?
WOFÜR...
... BE-DANKT ER SICH?
WANN KANN ICH DAS CURRY ESSEN?
GE-SCHAFFT!

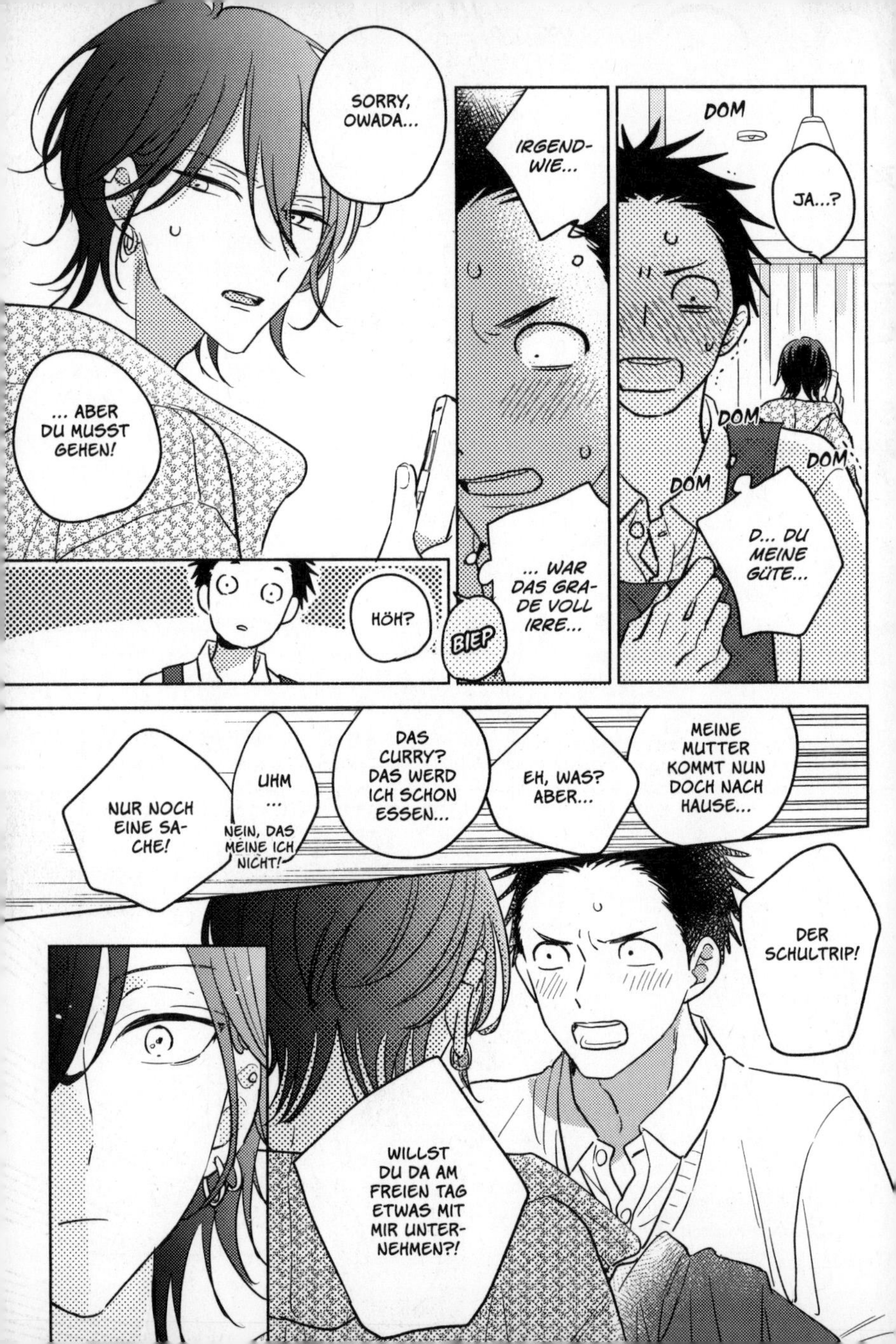
DOM
JA...?
DOM
DOM
DOM
D... DU MEINE GÜTE...
IRGENDWIE...
... WAR DAS GRADE VOLL IRRE...
BIEP
SORRY, OWADA...
... ABER DU MUSST GEHEN!
HÖH?
MEINE MUTTER KOMMT NUN DOCH NACH HAUSE...
EH, WAS? ABER...
DAS CURRY? DAS WERD ICH SCHON ESSEN...
UHM ...
NEIN, DAS MEINE ICH NICHT!
NUR NOCH EINE SACHE!
DER SCHULTRIP!
WILLST DU DA AM FREIEN TAG ETWAS MIT MIR UNTERNEHMEN?!

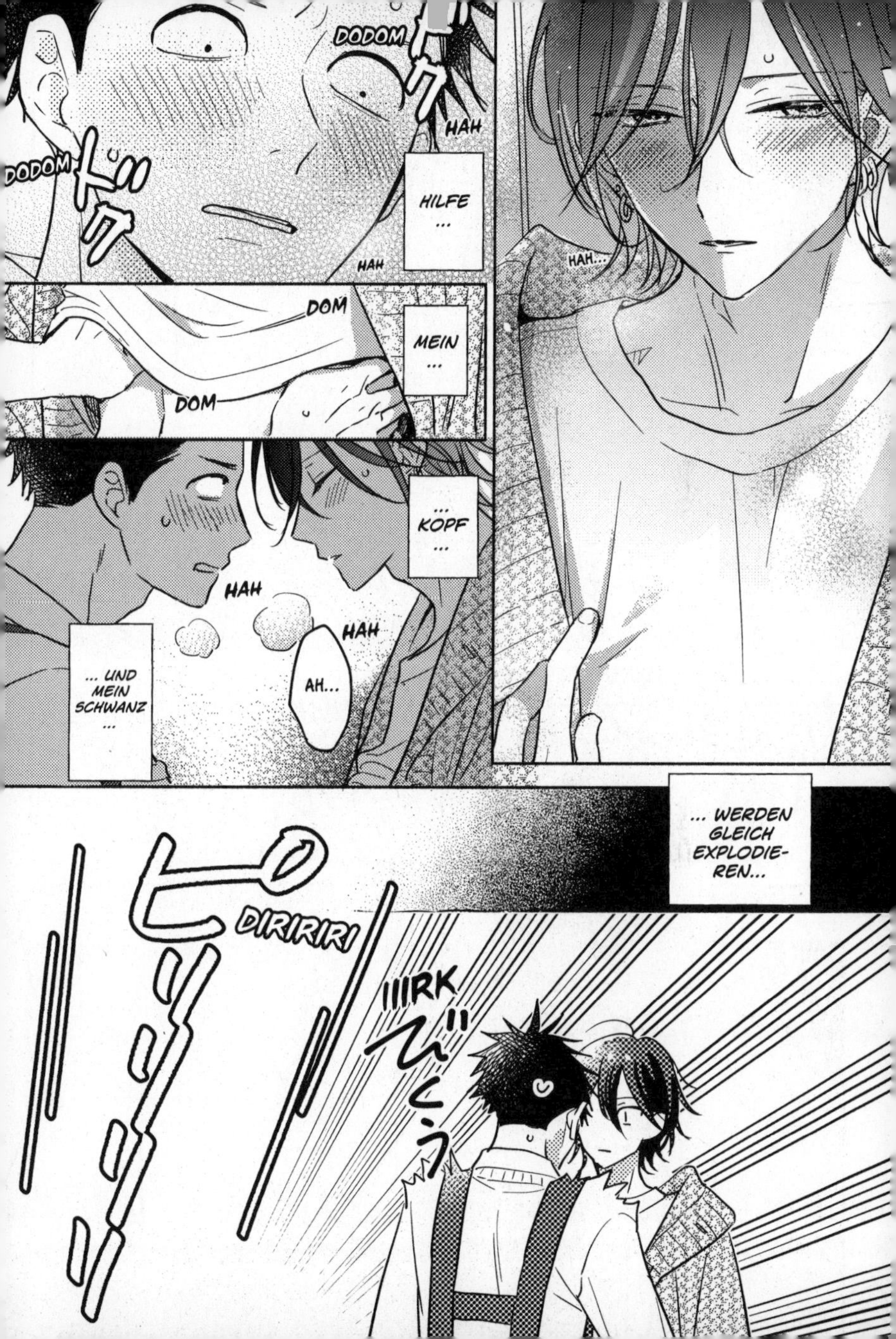
HAH...
DODOM
HAH
HILFE ...
DODOM
HAH
DOM
MEIN ...
DOM
... KOPF ...
HAH
HAH
AH...
... UND MEIN SCHWANZ ...
... WERDEN GLEICH EXPLODIE-REN...
DIRIRIRI
IIIRK

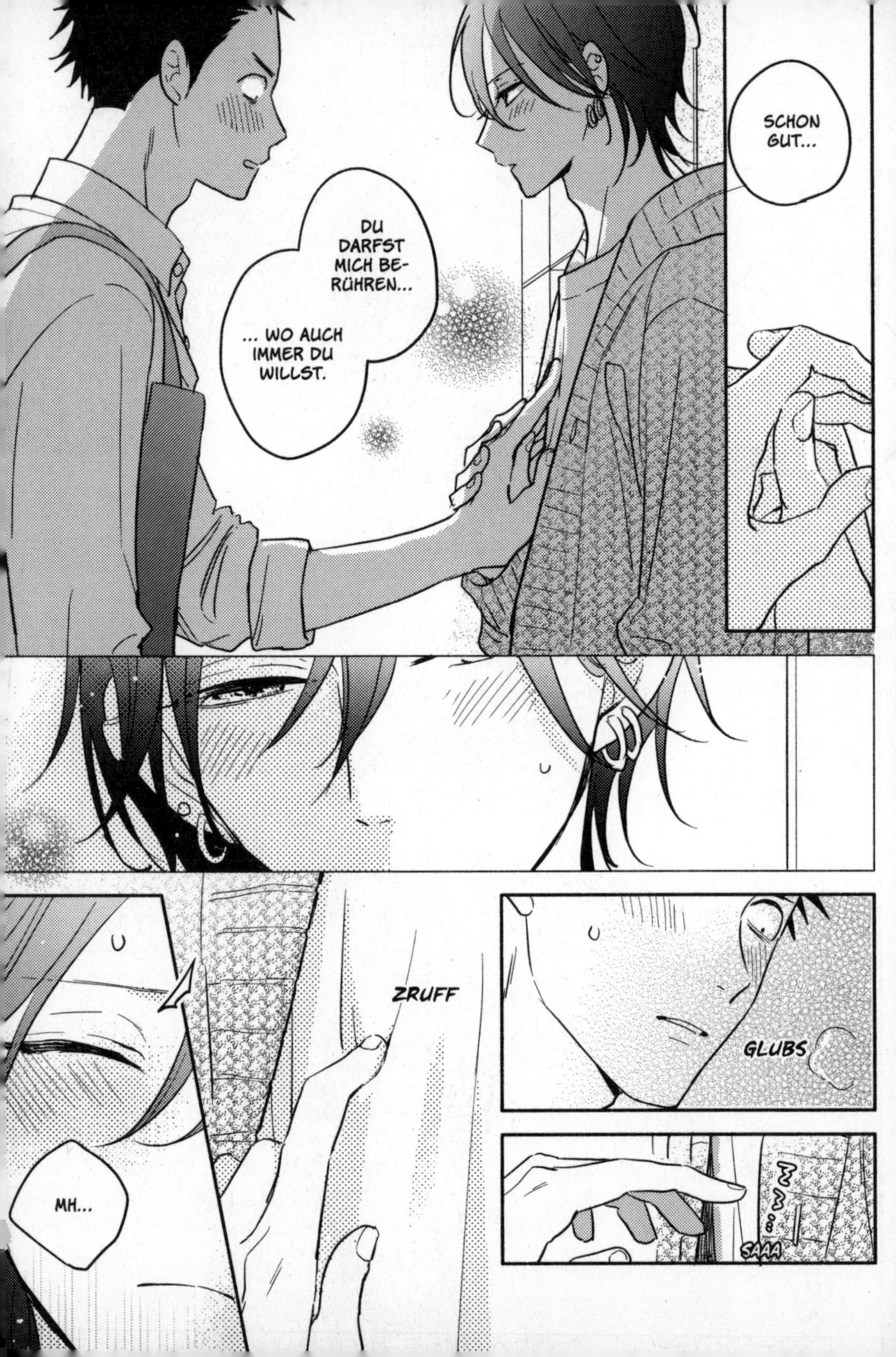
SCHON GUT...
DU DARFST MICH BE-RÜHREN...
... WO AUCH IMMER DU WILLST.
GLUBS
ZRUFF
MH...
SAAA

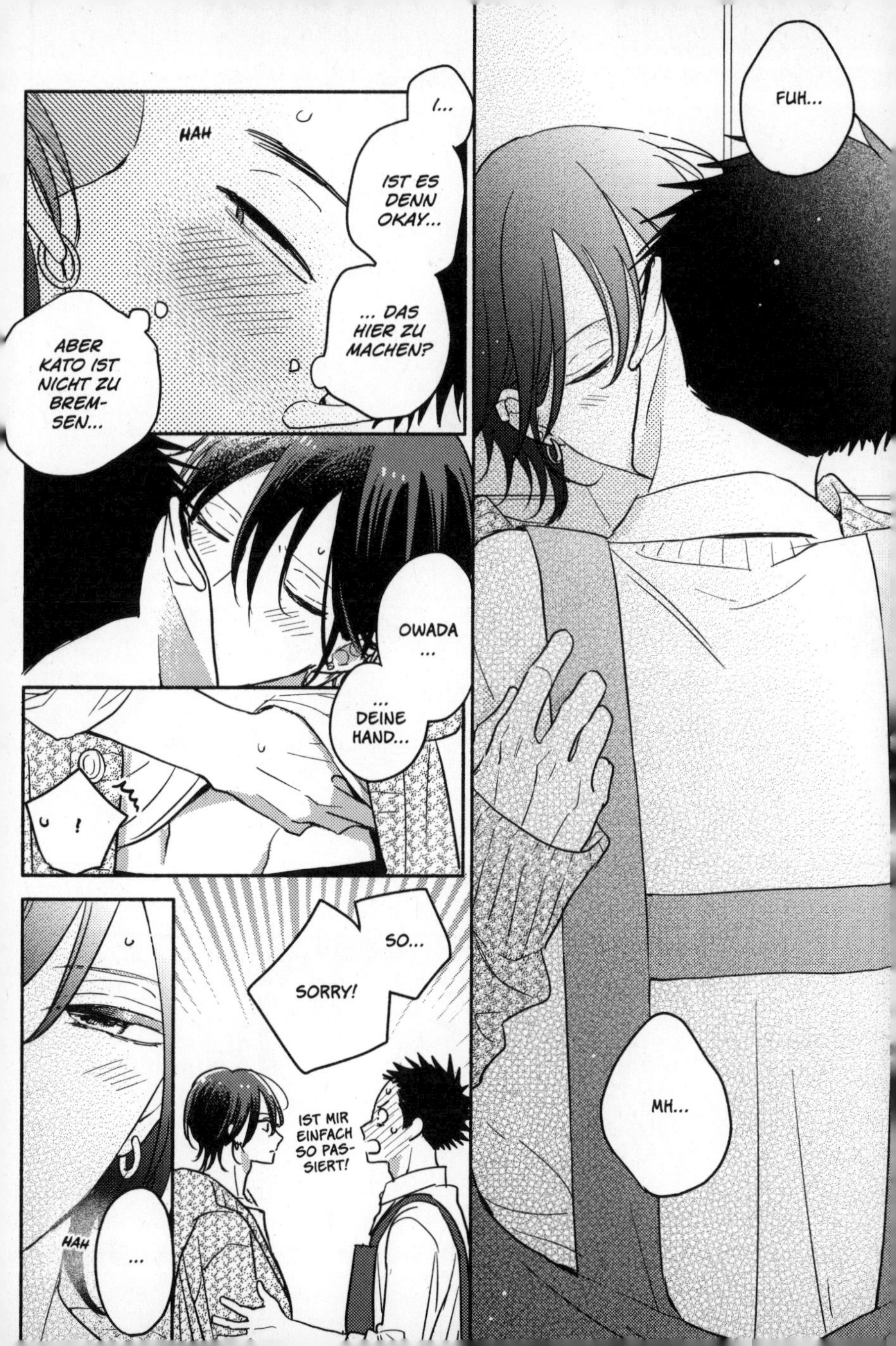

FUH...
MH...
I...
IST ES DENN OKAY...
... DAS HIER ZU MACHEN?
HAH
ABER KATO IST NICHT ZU BREMSEN...
OWADA ...
... DEINE HAND...
!
SO...
SORRY!
IST MIR EINFACH SO PASSIERT!
HAH
...

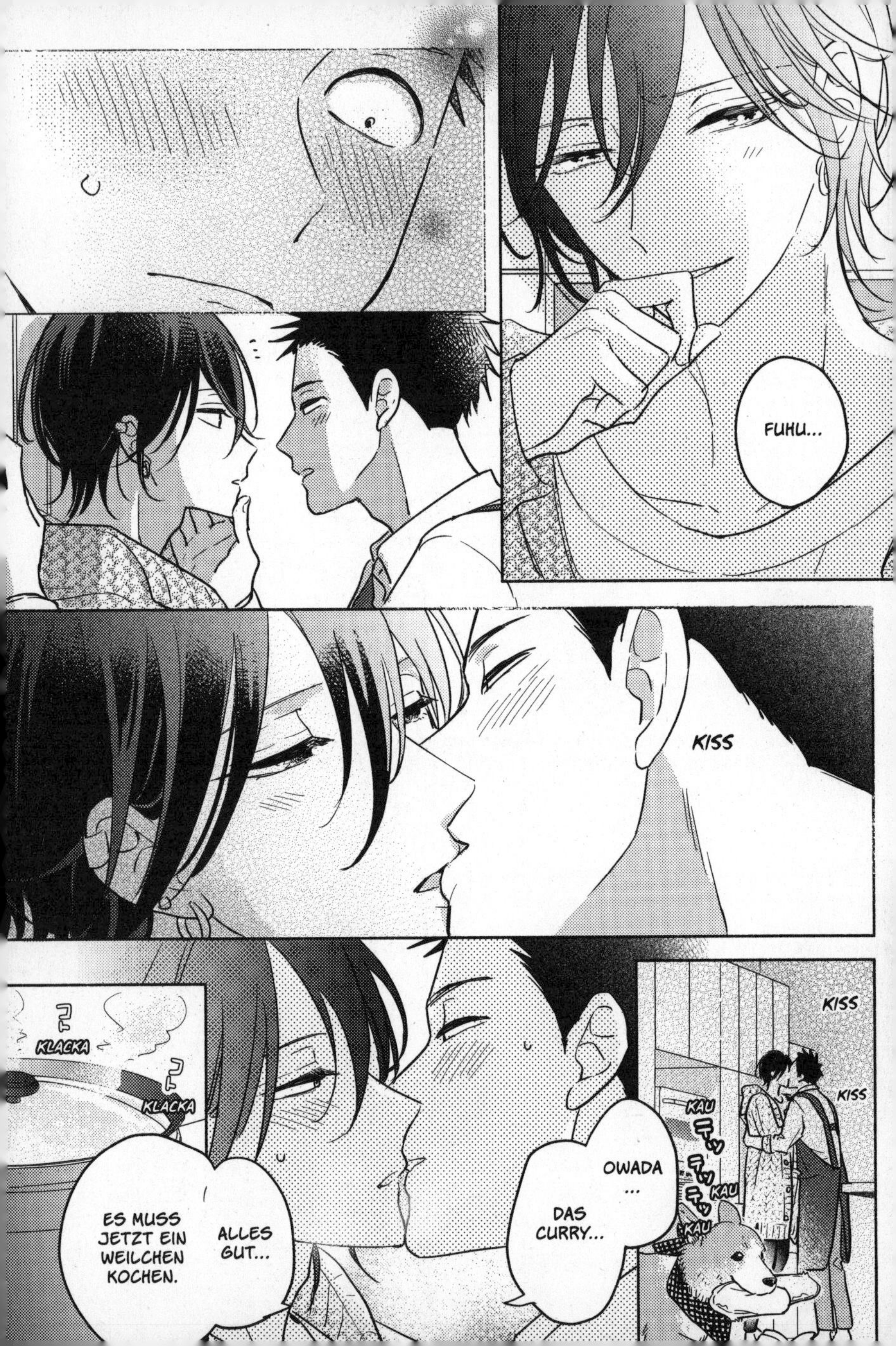
FUHU...
KISS
KISS
KISS
OWADA ...
DAS CURRY...
ALLES GUT...
ES MUSS JETZT EIN WEILCHEN KOCHEN.
KLACKA
KLACKA
KAU
KAU
KAU

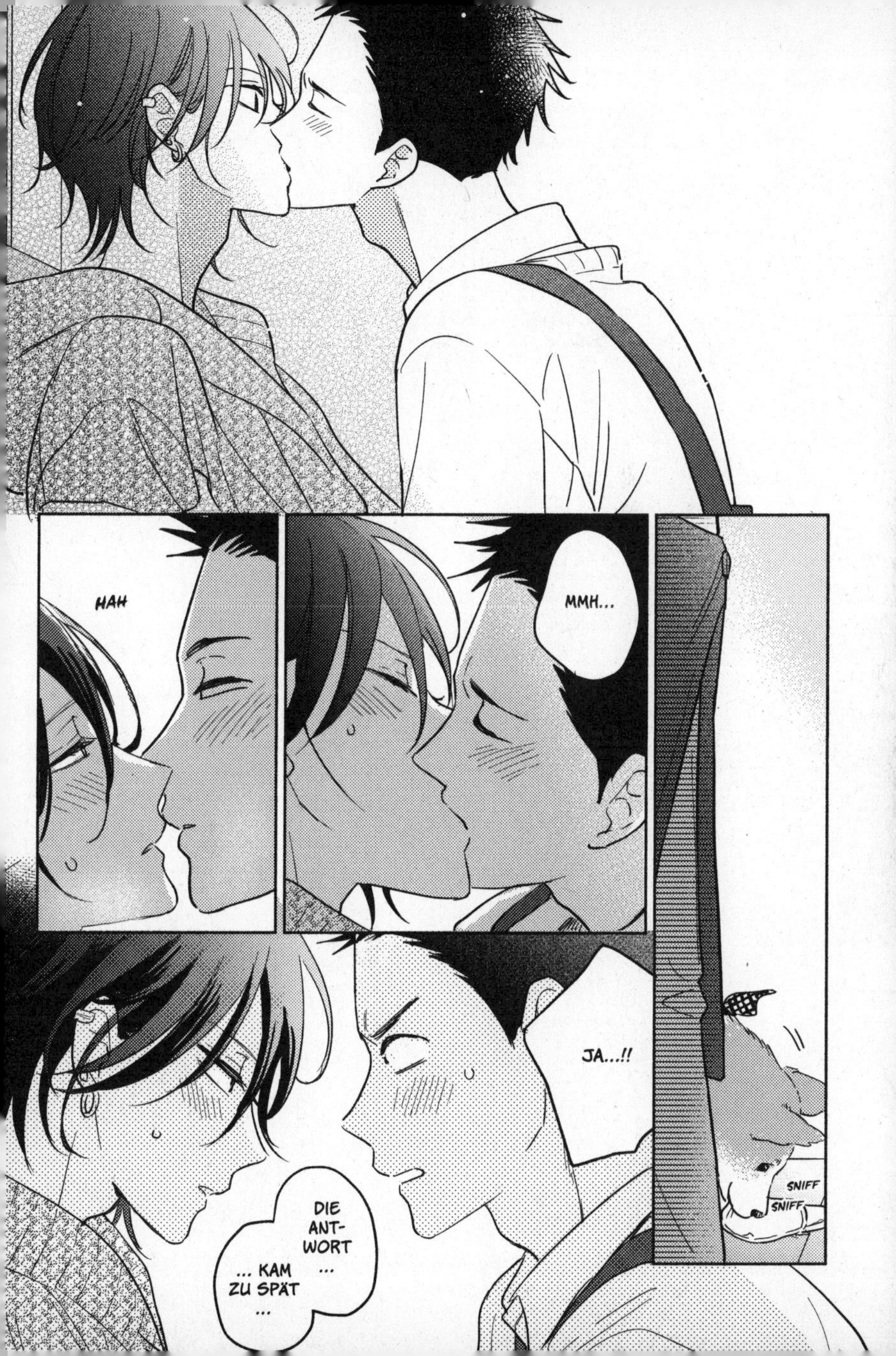

MMH...
HAH
SNIFF
SNIFF
JA...!!
DIE ANT-WORT ...
... KAM ZU SPÄT ...

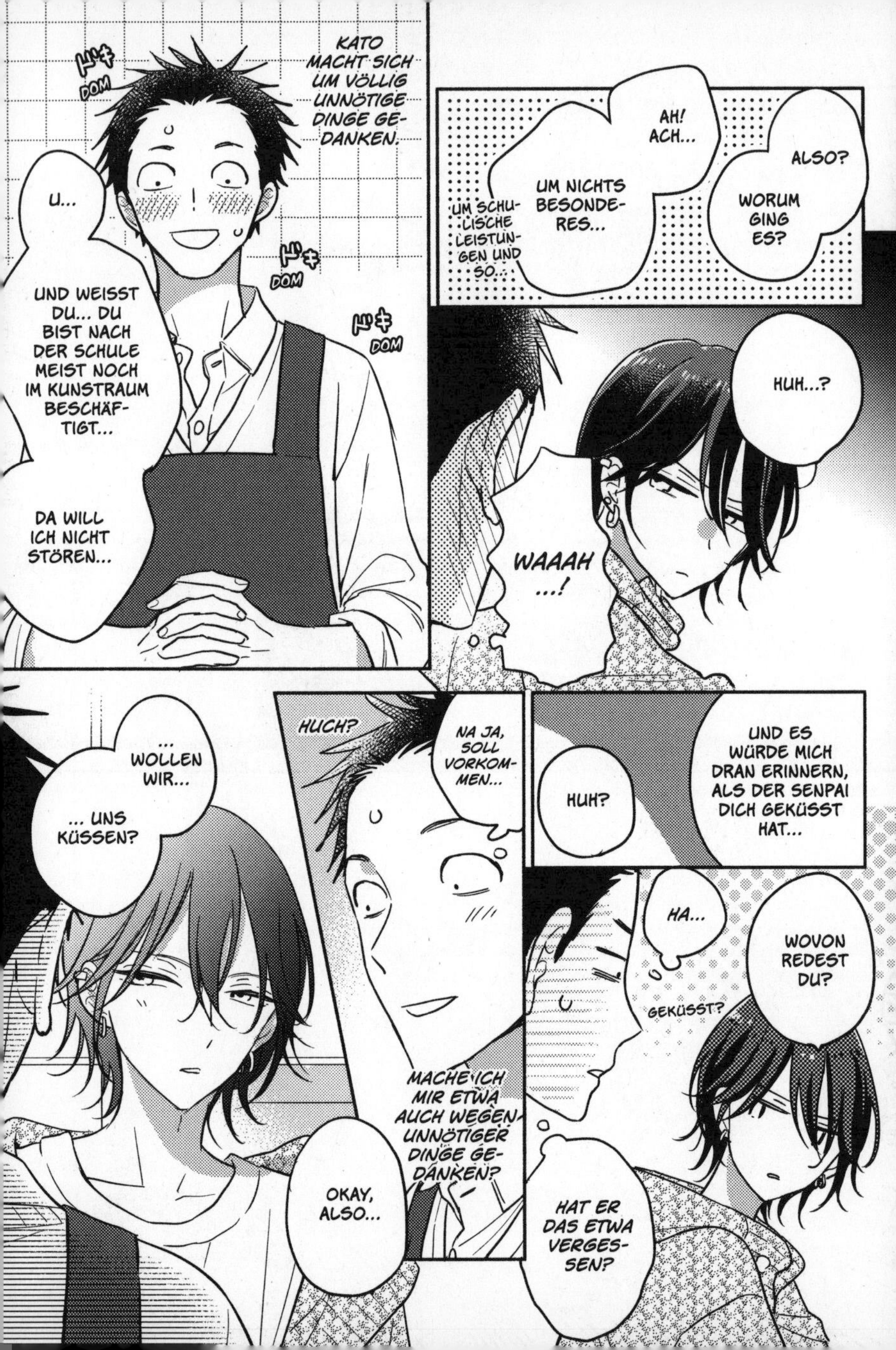
ALSO? WORUM GING ES?
AH! ACH...
UM NICHTS BESONDE-RES...
UM SCHU-LISCHE LEISTUN-GEN UND SO...
KATO MACHT SICH UM VÖLLIG UNNÖTIGE DINGE GE-DANKEN.
ドキ DOM
U...
ドキ DOM
UND WEISST DU... DU BIST NACH DER SCHULE MEIST NOCH IM KUNSTRAUM BESCHÄF-TIGT...
ドキ DOM
DA WILL ICH NICHT STÖREN...
HUH...?
WAAAH ...!
UND ES WÜRDE MICH DRAN ERINNERN, ALS DER SENPAI DICH GEKÜSST HAT...
HUH?
NA JA, SOLL VORKOM-MEN...
HUCH?
... WOLLEN WIR...
... UNS KÜSSEN?
WOVON REDEST DU?
HA...
GEKÜSST?
HAT ER DAS ETWA VERGES-SEN?
MACHE ICH MIR ETWA AUCH WEGEN UNNÖTIGER DINGE GE-DANKEN?
OKAY, ALSO...

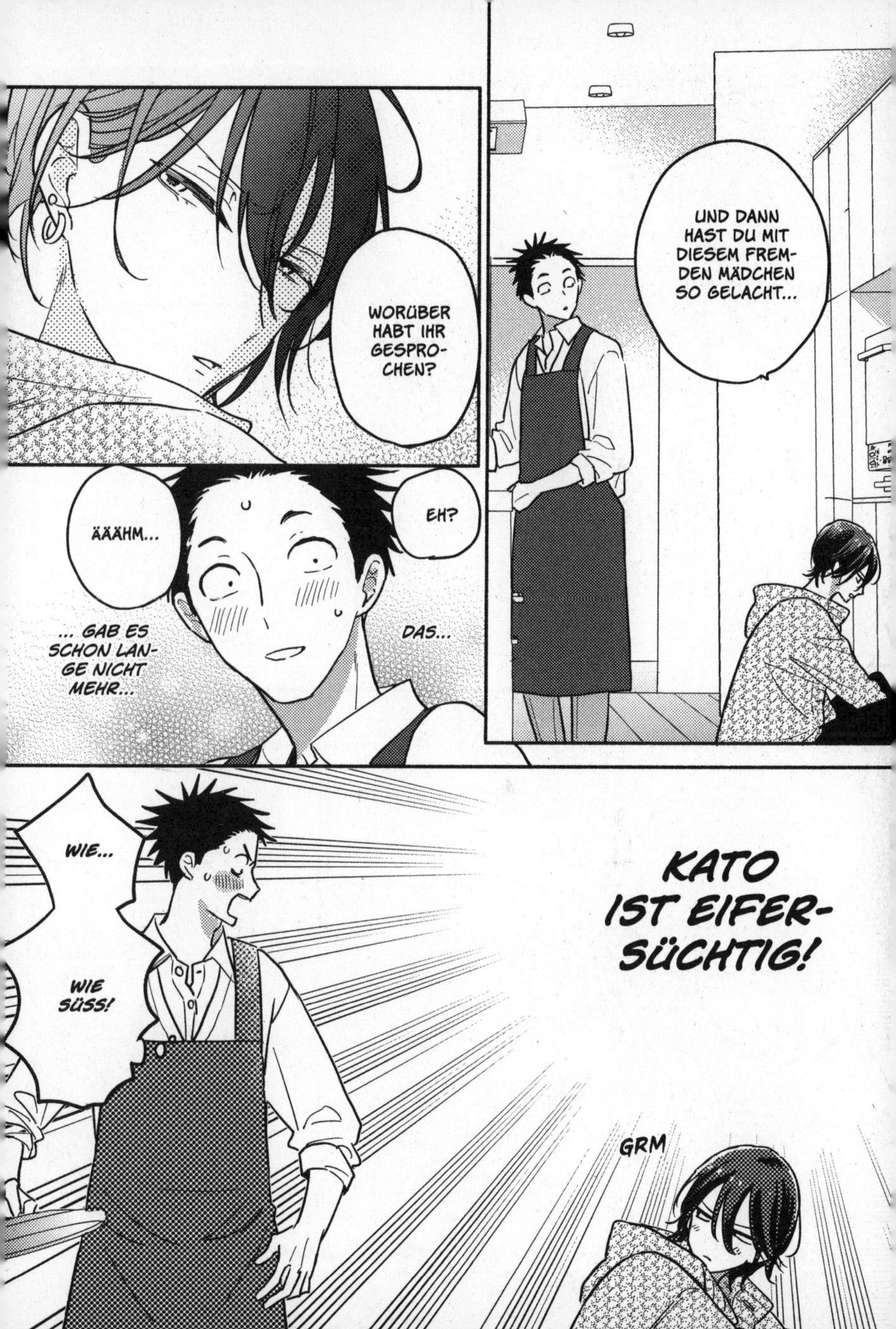
UND DANN HAST DU MIT DIESEM FREM-DEN MÄDCHEN SO GELACHT...
WORÜBER HABT IHR GESPRO-CHEN?
EH?
DAS...
ÄÄÄHM...
... GAB ES SCHON LAN-GE NICHT MEHR...
KATO IST EIFER-SÜCHTIG!
WIE...
WIE SÜSS!
GRM

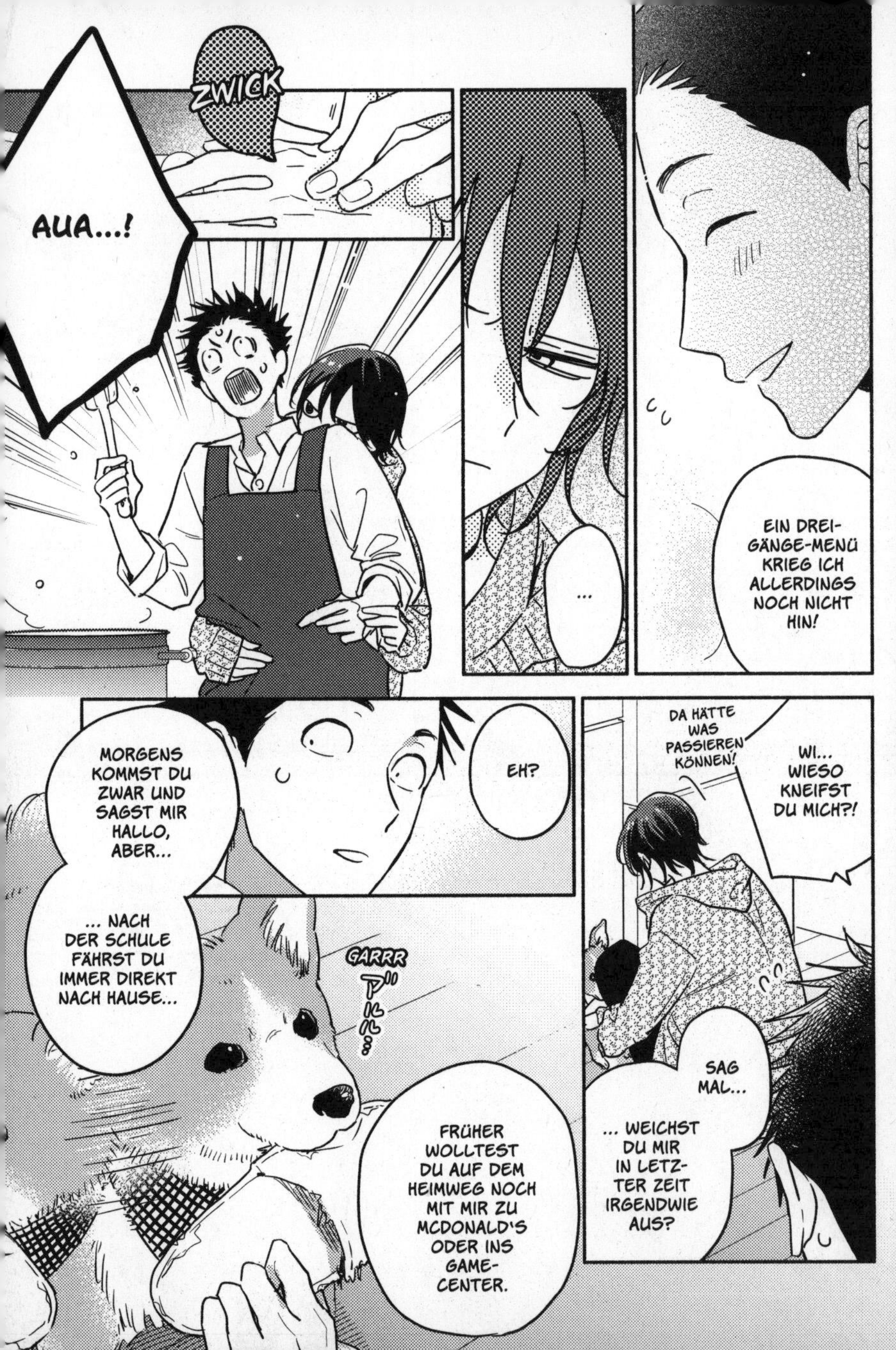
EIN DREI-GÄNGE-MENÜ KRIEG ICH ALLERDINGS NOCH NICHT HIN!
...
ZWICK
AUA...!
WI... WIESO KNEIFST DU MICH?!
DA HÄTTE WAS PASSIEREN KÖNNEN!
EH?
MORGENS KOMMST DU ZWAR UND SAGST MIR HALLO, ABER...
... NACH DER SCHULE FÄHRST DU IMMER DIREKT NACH HAUSE...
SAG MAL...
... WEICHST DU MIR IN LETZTER ZEIT IRGENDWIE AUS?
FRÜHER WOLLTEST DU AUF DEM HEIMWEG NOCH MIT MIR ZU MCDONALD'S ODER INS GAME-CENTER.
GARRR

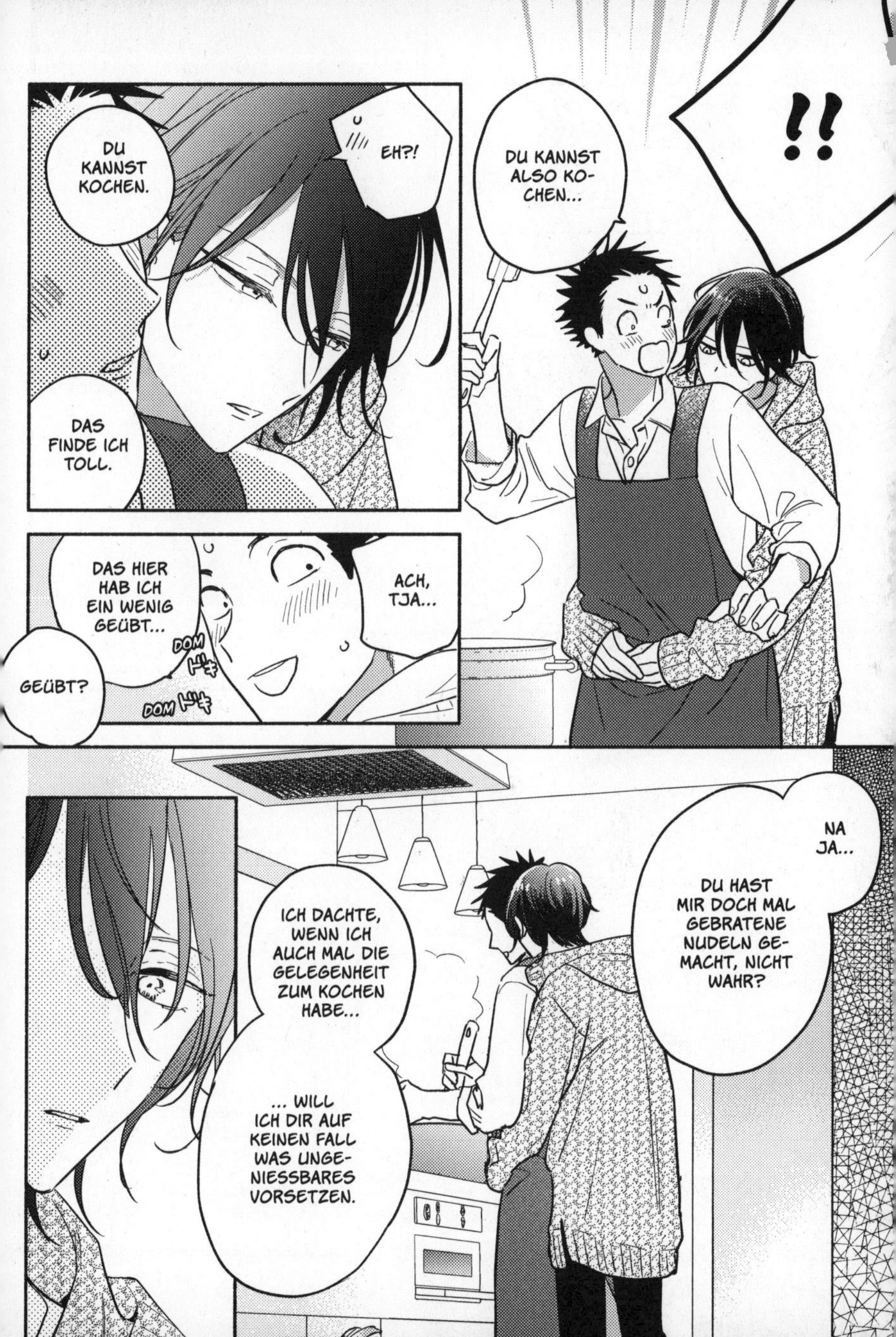
!!
DU KANNST ALSO KOCHEN...
EH?!
DU KANNST KOCHEN.
DAS FINDE ICH TOLL.
ACH, TJA...
DAS HIER HAB ICH EIN WENIG GEÜBT...
DOM ドキ
DOM ドキ
GEÜBT?
NA JA...
DU HAST MIR DOCH MAL GEBRATENE NUDELN GEMACHT, NICHT WAHR?
ICH DACHTE, WENN ICH AUCH MAL DIE GELEGENHEIT ZUM KOCHEN HABE...
... WILL ICH DIR AUF KEINEN FALL WAS UNGENIESSBARES VORSETZEN.

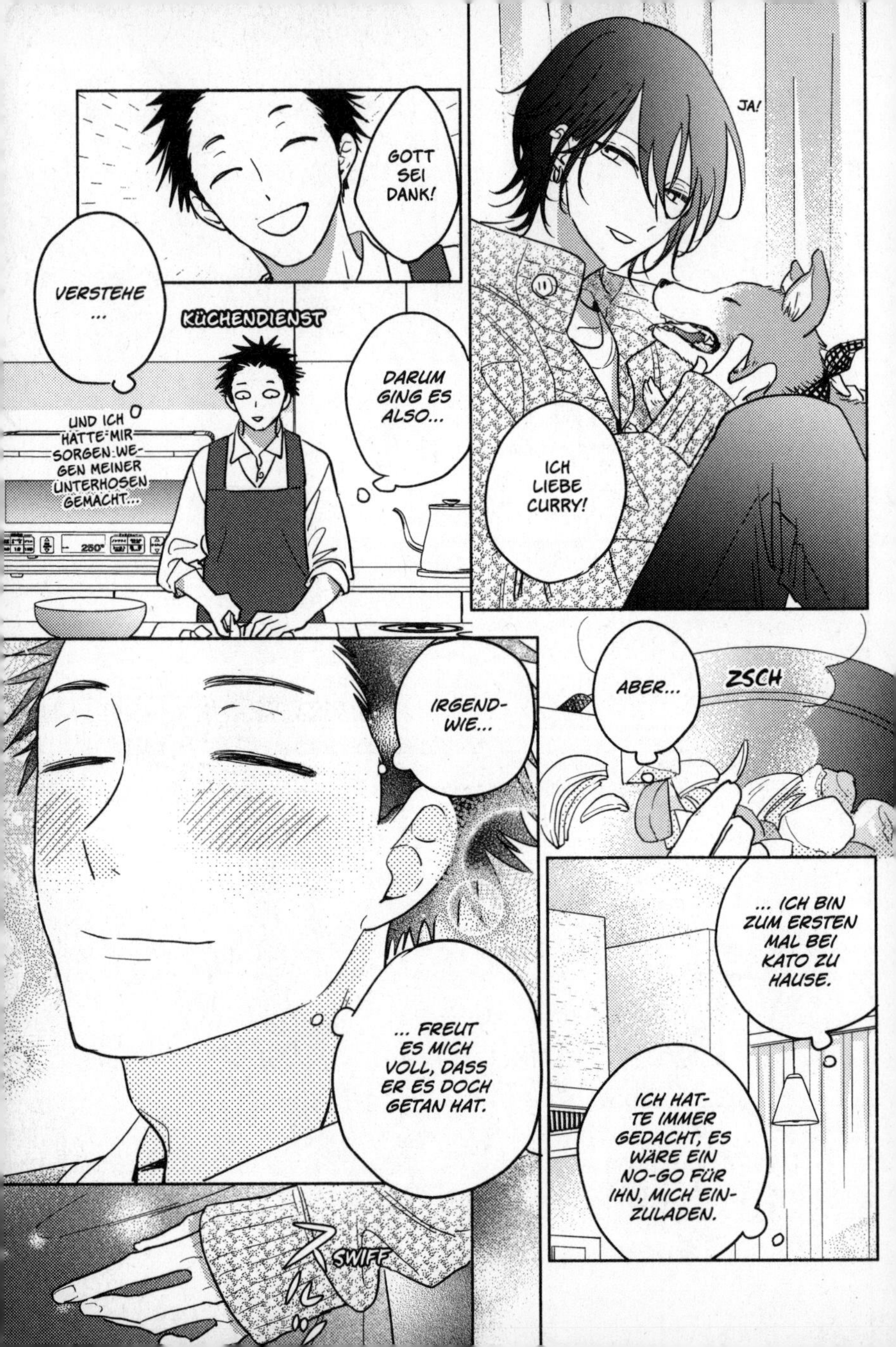
JA!
ICH LIEBE CURRY!
GOTT SEI DANK!
VERSTEHE ...
KÜCHENDIENST
DARUM GING ES ALSO...
UND ICH HATTE MIR SORGEN WEGEN MEINER UNTERHOSEN GEMACHT...
ABER...
ZSCH
... ICH BIN ZUM ERSTEN MAL BEI KATO ZU HAUSE.
ICH HATTE IMMER GEDACHT, ES WÄRE EIN NO-GO FÜR IHN, MICH EINZULADEN.
IRGENDWIE...
... FREUT ES MICH VOLL, DASS ER ES DOCH GETAN HAT.
SWIFF

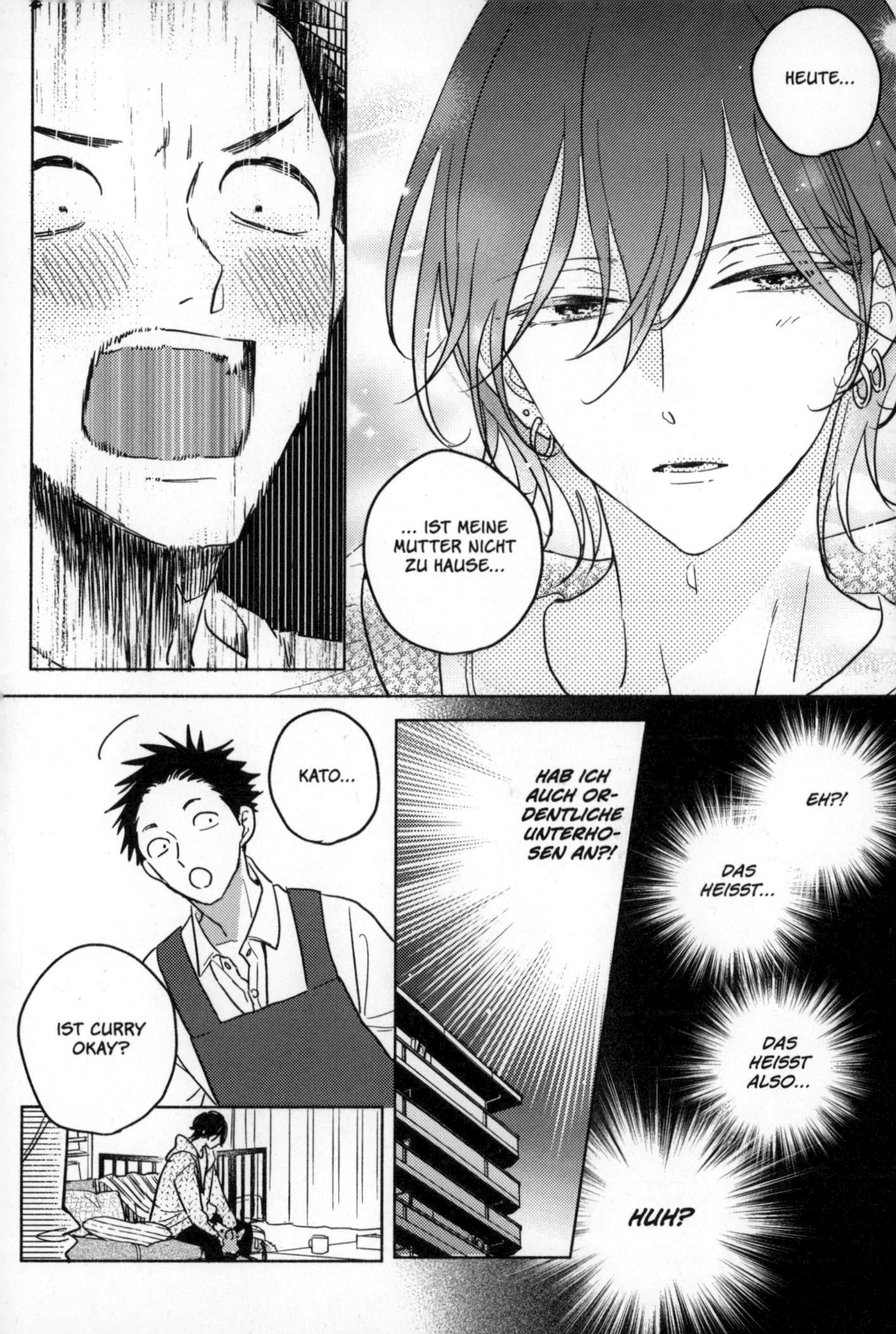
HEUTE...
... IST MEINE MUTTER NICHT ZU HAUSE...
EH?!
DAS HEISST...
DAS HEISST ALSO...
HUH?
HAB ICH AUCH ORDENTLICHE UNTERHOSEN AN?!
KATO...
IST CURRY OKAY?

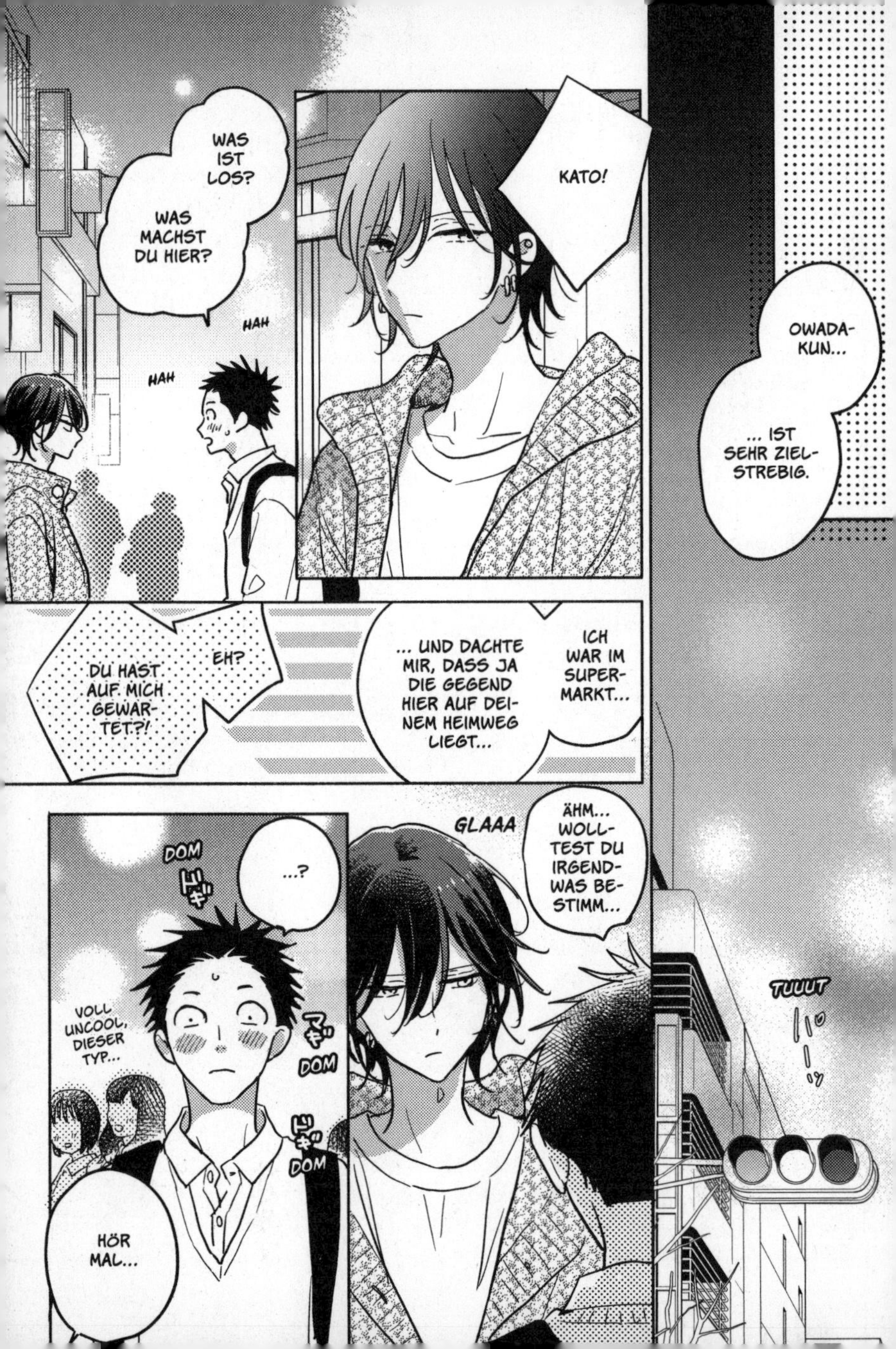
OWADA-KUN...
... IST SEHR ZIEL-STREBIG.
KATO!
WAS IST LOS?
WAS MACHST DU HIER?
HAH
HAH
ICH WAR IM SUPER-MARKT...
... UND DACHTE MIR, DASS JA DIE GEGEND HIER AUF DEI-NEM HEIMWEG LIEGT...
EH?
DU HAST AUF MICH GEWAR-TET?!
TUUUT
ÄHM... WOLL-TEST DU IRGEND-WAS BE-STIMM...
GLAAA
...?
DOM
DOM
DOM
VOLL UNCOOL, DIESER TYP...
HÖR MAL...

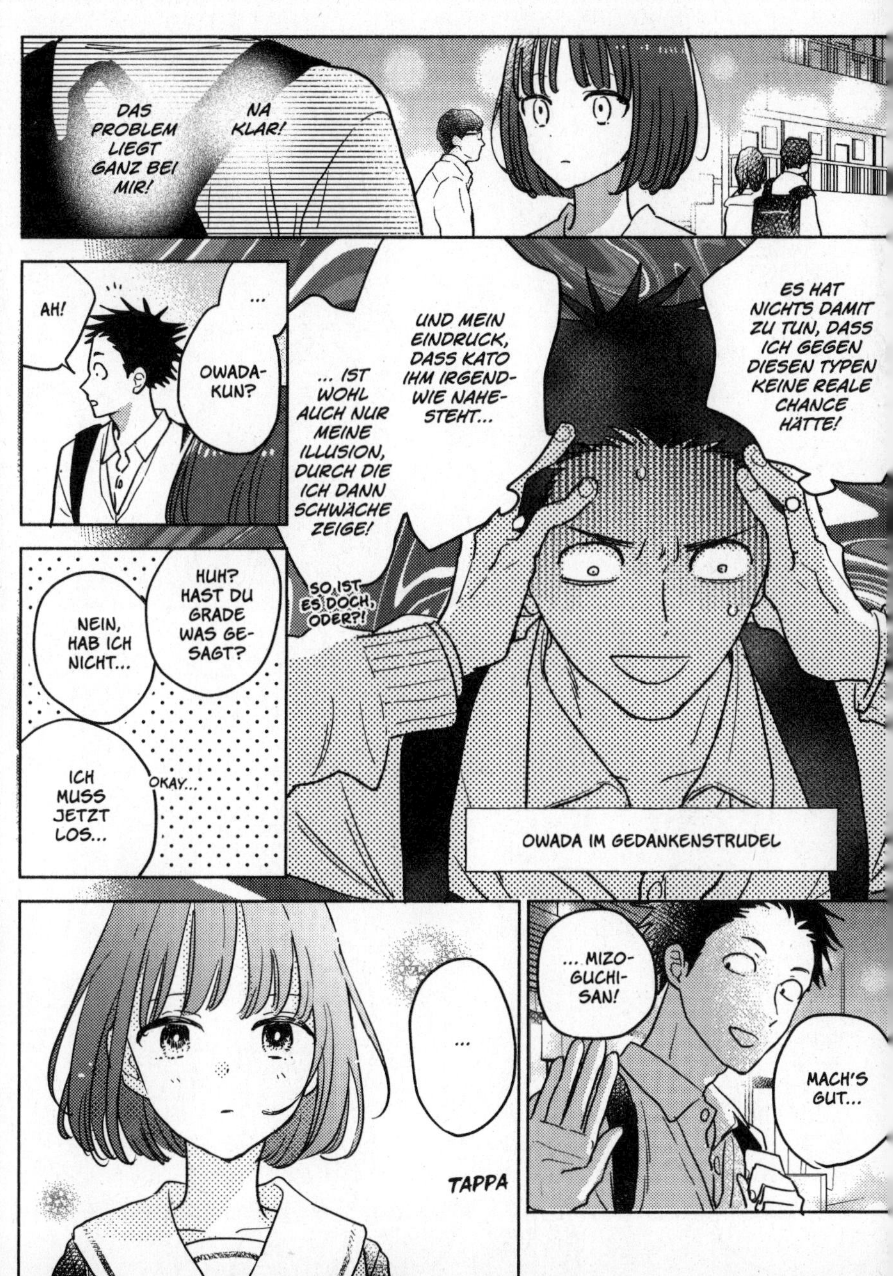
NA KLAR!
DAS PROBLEM LIEGT GANZ BEI MIR!
ES HAT NICHTS DAMIT ZU TUN, DASS ICH GEGEN DIESEN TYPEN KEINE REALE CHANCE HÄTTE!
UND MEIN EINDRUCK, DASS KATO IHM IRGENDWIE NAHESTEHT...
... IST WOHL AUCH NUR MEINE ILLUSION, DURCH DIE ICH DANN SCHWÄCHE ZEIGE!
SO IST ES DOCH, ODER?!
...
OWADA-KUN?
AH!
HUH? HAST DU GRADE WAS GESAGT?
NEIN, HAB ICH NICHT...
OKAY...
ICH MUSS JETZT LOS...
OWADA IM GEDANKENSTRUDEL
... MIZOGUCHI-SAN!
MACH'S GUT...
...
TAPPA

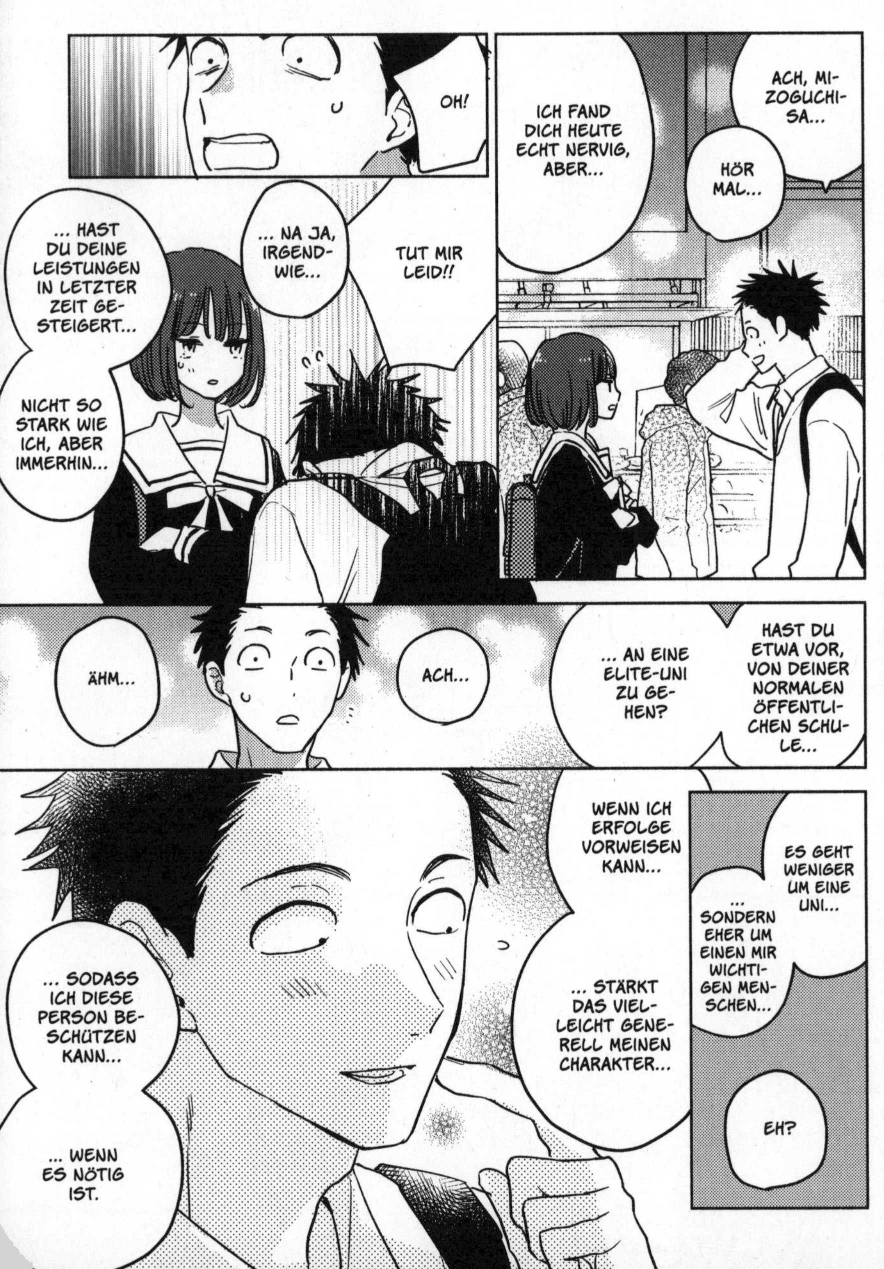
ACH, MIZOGUCHI-SA...
HÖR MAL...
ICH FAND DICH HEUTE ECHT NERVIG, ABER...
OH!
TUT MIR LEID!!
... NA JA, IRGENDWIE...
... HAST DU DEINE LEISTUNGEN IN LETZTER ZEIT GESTEIGERT...
NICHT SO STARK WIE ICH, ABER IMMERHIN...
HAST DU ETWA VOR, VON DEINER NORMALEN ÖFFENTLICHEN SCHULE...
... AN EINE ELITE-UNI ZU GEHEN?
ACH...
ÄHM...
ES GEHT WENIGER UM EINE UNI...
... SONDERN EHER UM EINEN MIR WICHTIGEN MENSCHEN...
EH?
WENN ICH ERFOLGE VORWEISEN KANN...
... STÄRKT DAS VIELLEICHT GENERELL MEINEN CHARAKTER...
... SODASS ICH DIESE PERSON BESCHÜTZEN KANN...
... WENN ES NÖTIG IST.

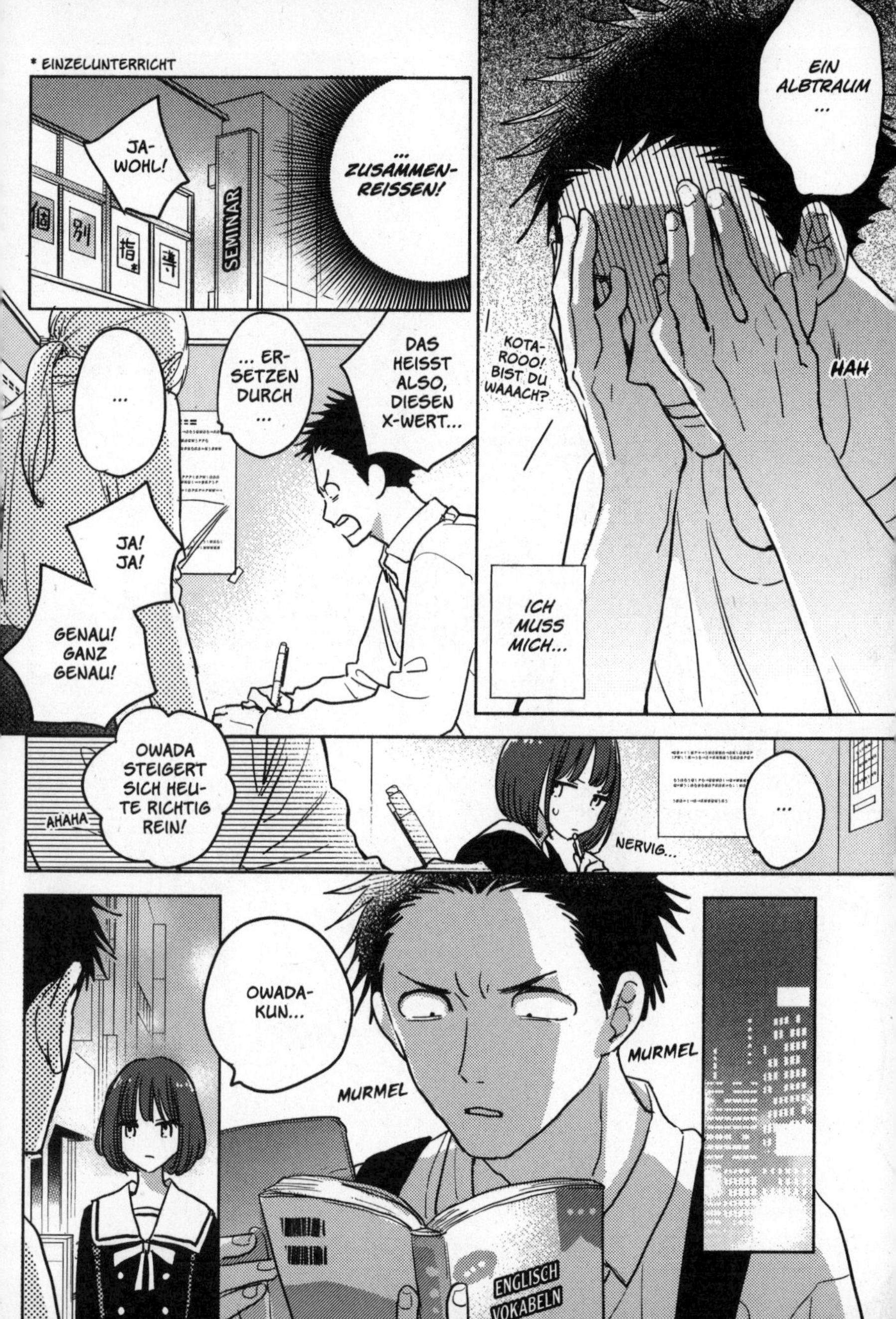
EIN ALBTRAUM ...
HAH
KOTA-ROOO! BIST DU WAAACH?
ICH MUSS MICH...
... ZUSAMMEN-REISSEN!
JA-WOHL!
SEMINAR
個別指導
* EINZELUNTERRICHT
DAS HEISST ALSO, DIESEN X-WERT...
... ER-SETZEN DURCH ...
...
JA! JA!
GENAU! GANZ GENAU!
...
NERVIG...
OWADA STEIGERT SICH HEU-TE RICHTIG REIN!
AHAHA
MURMEL
MURMEL
OWADA-KUN...
ENGLISCH VOKABELN

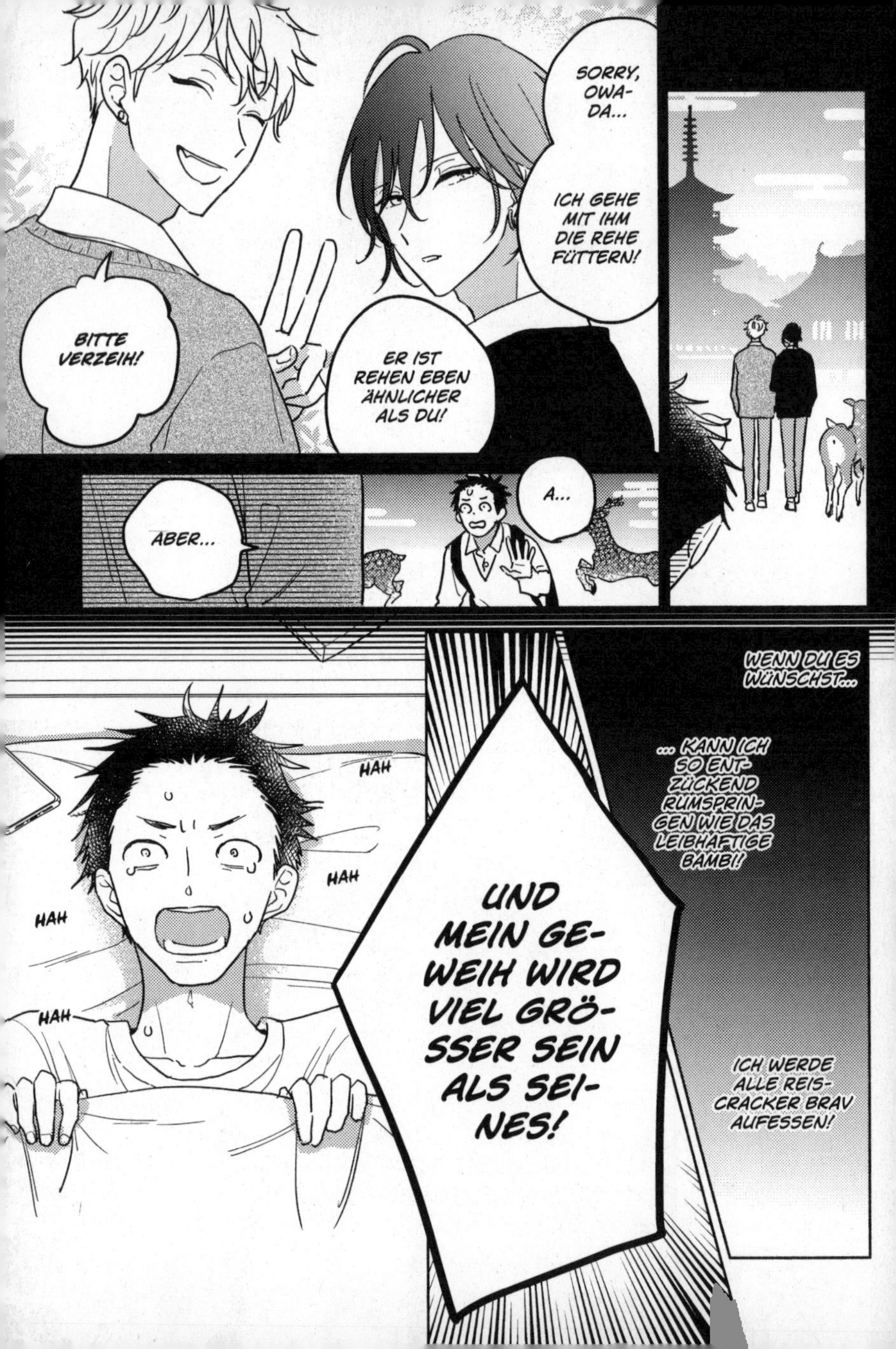
SORRY, OWADA...
ICH GEHE MIT IHM DIE REHE FÜTTERN!
ER IST REHEN EBEN ÄHNLICHER ALS DU!
BITTE VERZEIH!
A...
ABER...
WENN DU ES WÜNSCHST...
... KANN ICH SO ENTZÜCKEND RUMSPRINGEN WIE DAS LEIBHAFTIGE BAMBI!
ICH WERDE ALLE REISCRACKER BRAV AUFESSEN!
UND MEIN GEWEIH WIRD VIEL GRÖSSER SEIN ALS SEINES!
HAH
HAH
HAH
HAH

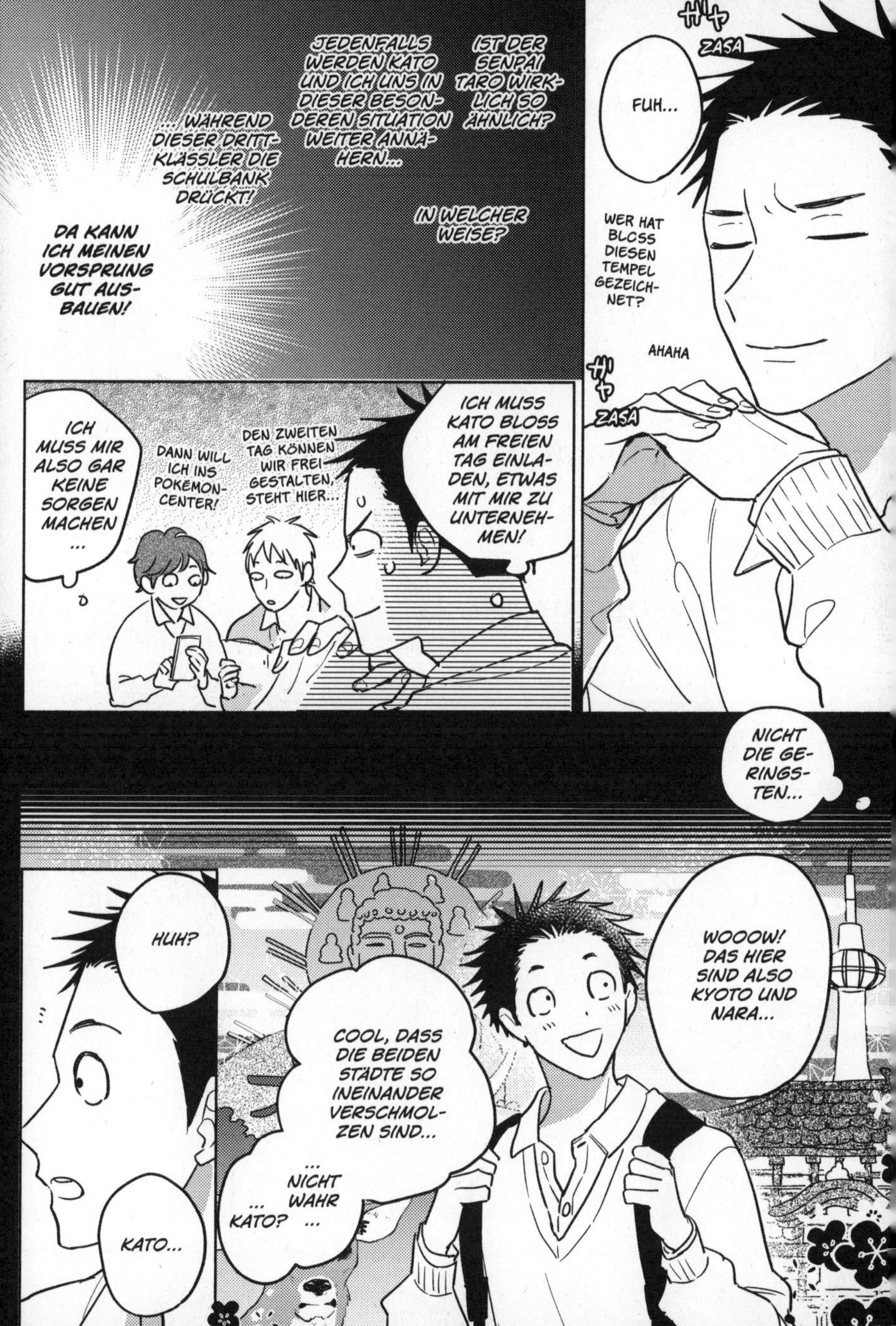
ザッ
ZASA
FUH...
WER HAT BLOSS DIESEN TEMPEL GEZEICHNET?
AHAHA
ザッ
ZASA
IST DER SENPAI TARO WIRKLICH SO ÄHNLICH?
IN WELCHER WEISE?
JEDENFALLS WERDEN KATO UND ICH UNS IN DIESER BESONDEREN SITUATION WEITER ANNÄHERN...
... WÄHREND DIESER DRITTKLÄSSLER DIE SCHULBANK DRÜCKT!
DA KANN ICH MEINEN VORSPRUNG GUT AUSBAUEN!
ICH MUSS KATO BLOSS AM FREIEN TAG EINLADEN, ETWAS MIT MIR ZU UNTERNEHMEN!
DEN ZWEITEN TAG KÖNNEN WIR FREI GESTALTEN, STEHT HIER...
DANN WILL ICH INS POKÉMON-CENTER!
ICH MUSS MIR ALSO GAR KEINE SORGEN MACHEN ...
NICHT DIE GERINGSTEN...
WOOOW! DAS HIER SIND ALSO KYOTO UND NARA...
COOL, DASS DIE BEIDEN STÄDTE SO INEINANDER VERSCHMOLZEN SIND...
... NICHT WAHR ... ... KATO? ...
HUH?
KATO...

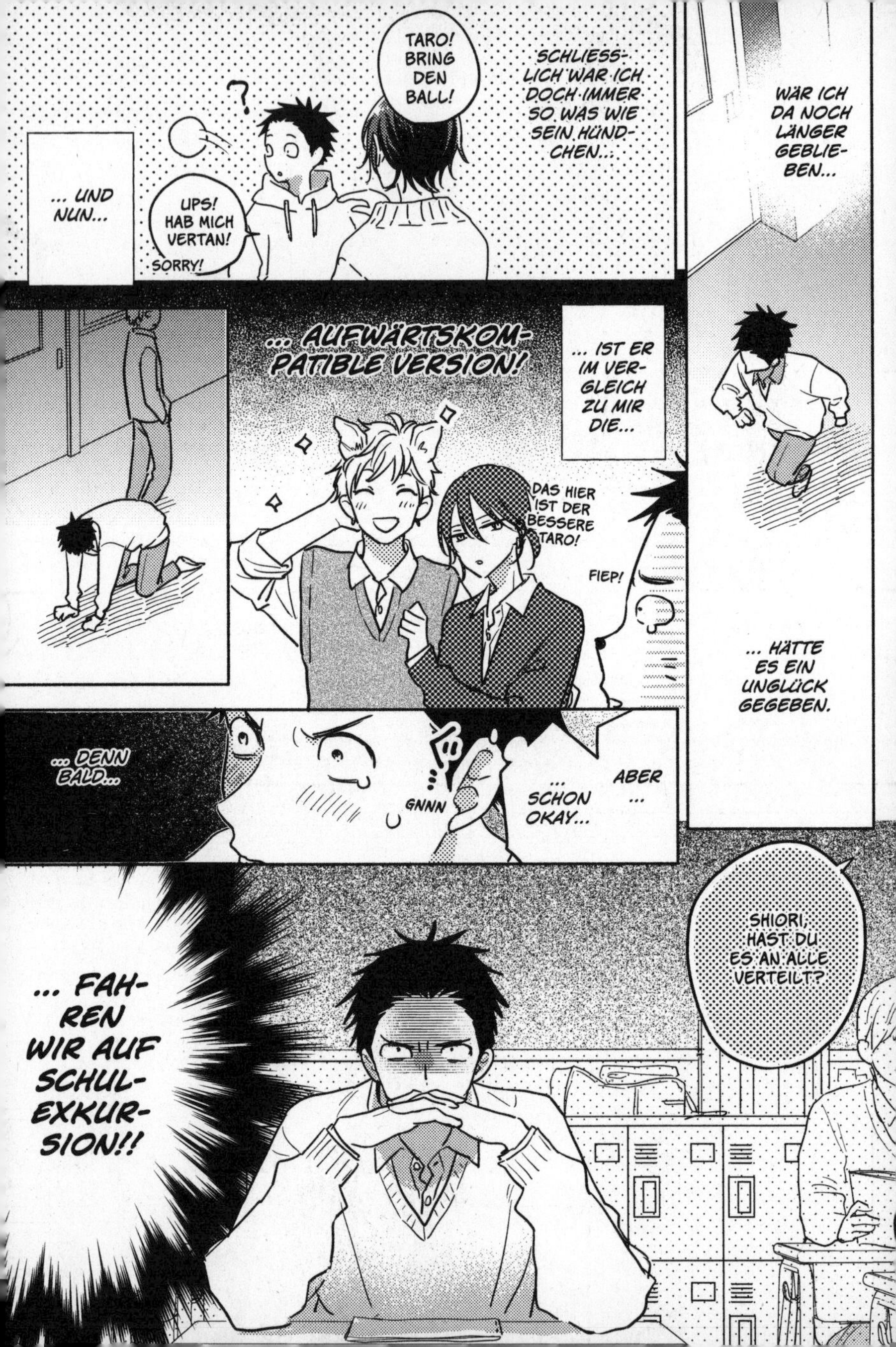

WÄR ICH DA NOCH LÄNGER GEBLIEBEN...
SCHLIESSLICH WAR ICH DOCH IMMER SO WAS WIE SEIN HÜNDCHEN...
TARO! BRING DEN BALL!
?
UPS! HAB MICH VERTAN!
SORRY!
... UND NUN...
... HÄTTE ES EIN UNGLÜCK GEGEBEN.
... IST ER IM VERGLEICH ZU MIR DIE...
... AUFWÄRTSKOMPATIBLE VERSION!
DAS HIER IST DER BESSERE TARO!
FIEP!
ABER ...
... SCHON OKAY...
GNNN
... DENN BALD...
SHIORI, HAST DU ES AN ALLE VERTEILT?
... FAHREN WIR AUF SCHULEXKURSION!!

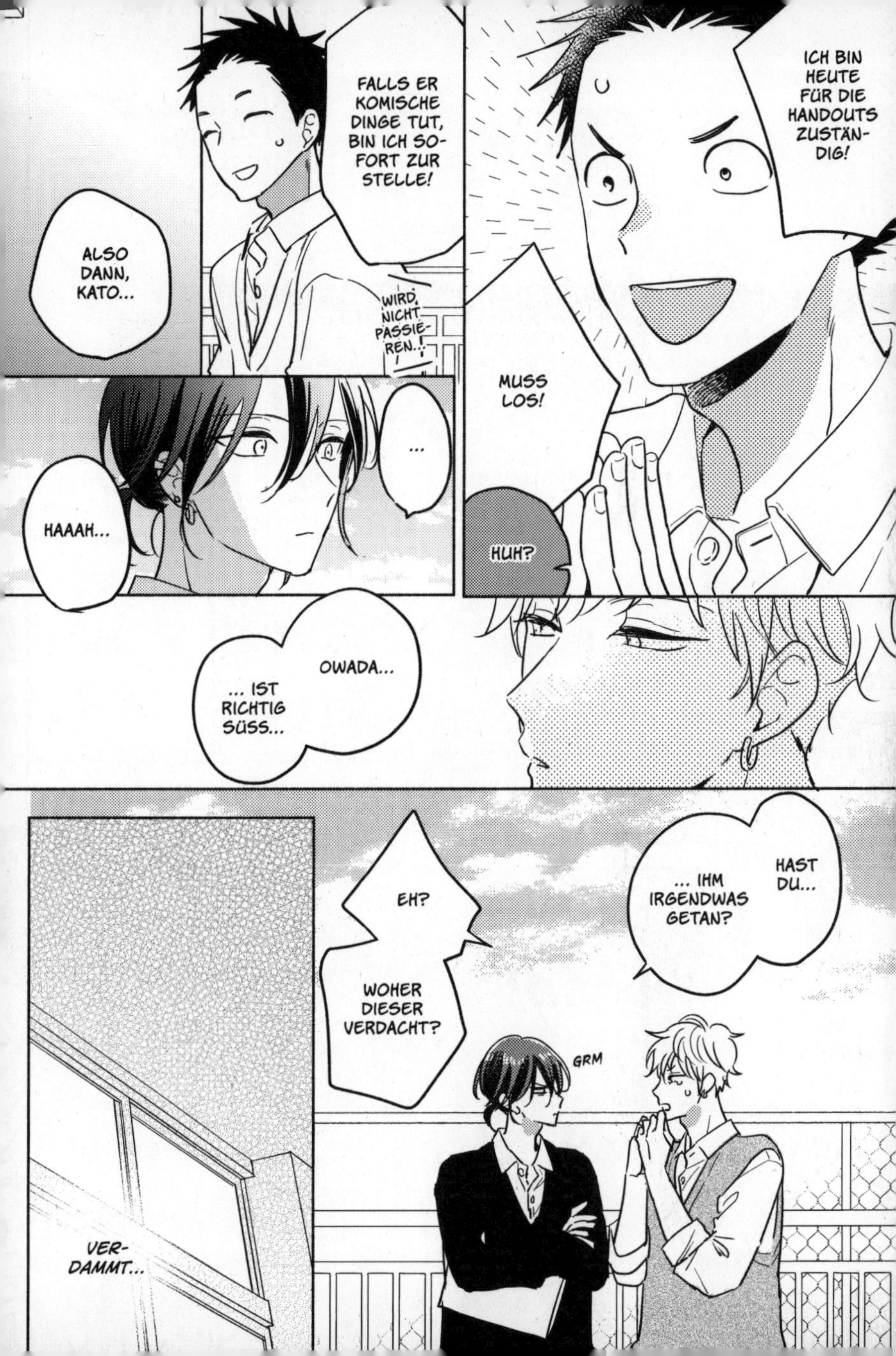
ICH BIN HEUTE FÜR DIE HANDOUTS ZUSTÄNDIG!
MUSS LOS!
FALLS ER KOMISCHE DINGE TUT, BIN ICH SOFORT ZUR STELLE!
ALSO DANN, KATO...
WIRD NICHT PASSIEREN...
HUH?
...
HAAAH...
OWADA...
... IST RICHTIG SÜSS...
HAST DU...
... IHM IRGENDWAS GETAN?
EH?
WOHER DIESER VERDACHT?
GRM
VERDAMMT...

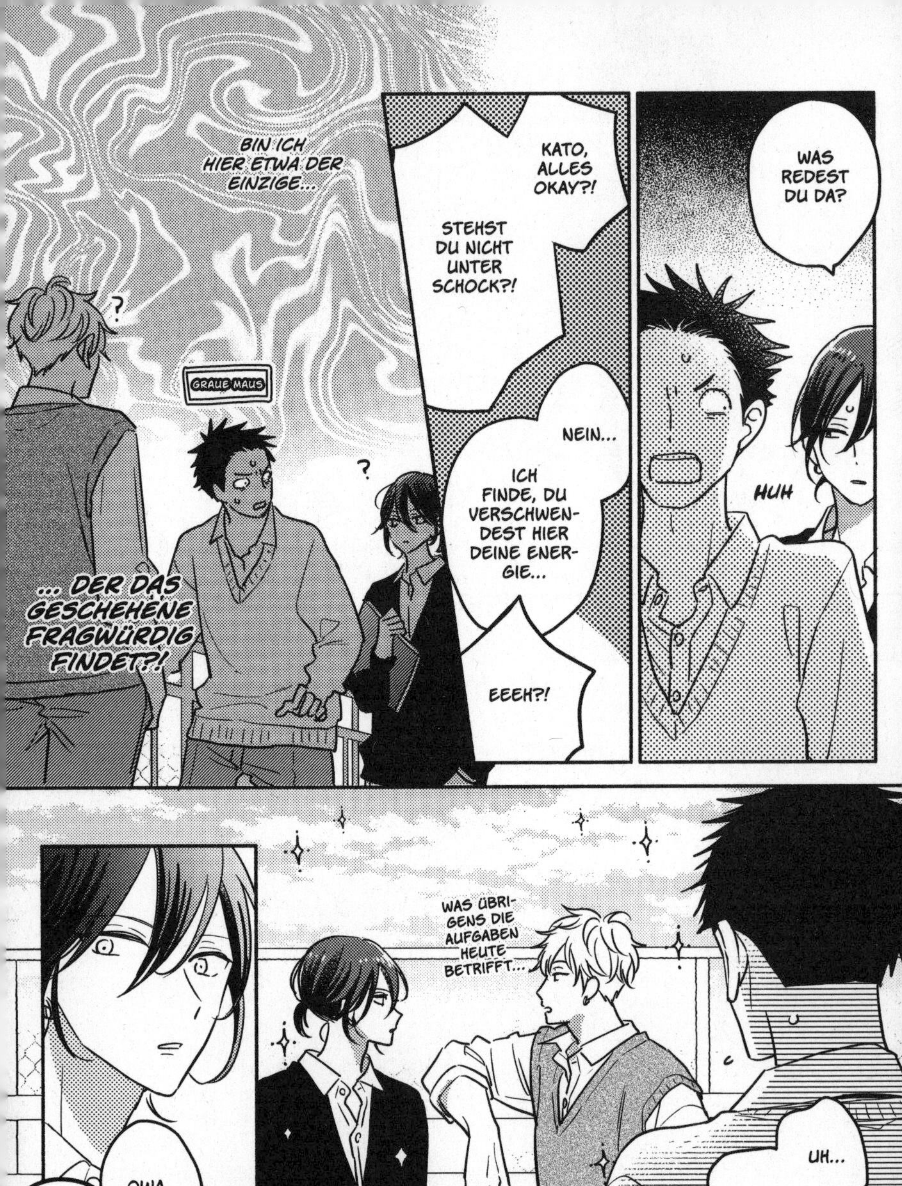

WAS REDEST DU DA?
HUH
KATO, ALLES OKAY?!
STEHST DU NICHT UNTER SCHOCK?!
NEIN...
ICH FINDE, DU VERSCHWEN-DEST HIER DEINE ENER-GIE...
EEEH?!
BIN ICH HIER ETWA DER EINZIGE...
?
GRAUE MAUS
?
... DER DAS GESCHEHENE FRAGWÜRDIG FINDET?!
UH...
UHM...
WAS ÜBRI-GENS DIE AUFGABEN HEUTE BETRIFFT...
OWA...
AH!

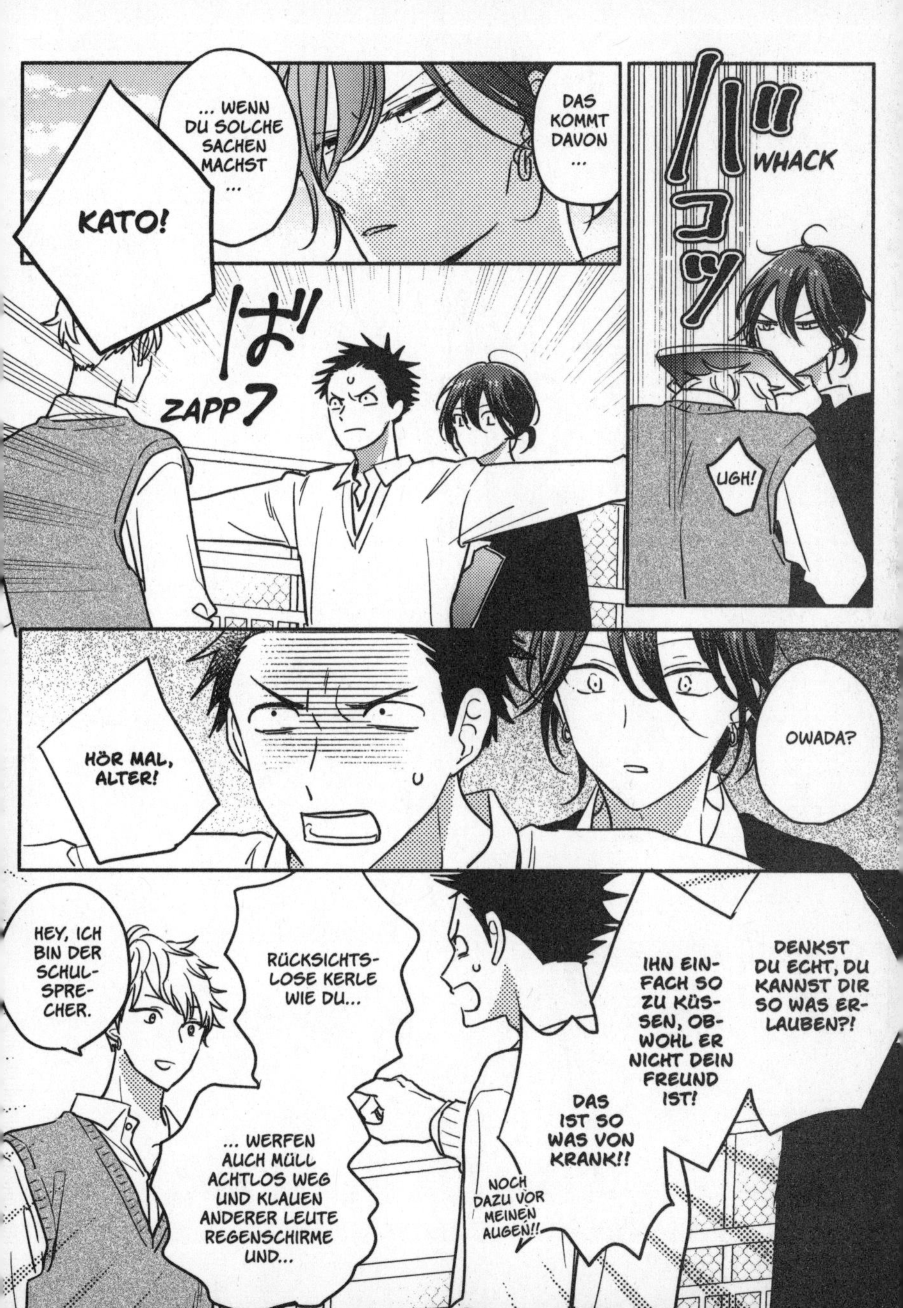
DAS KOMMT DAVON ...
... WENN DU SOLCHE SACHEN MACHST ...
KATO!
バコッ
WHACK
UGH!
ば
ZAPP
OWADA?
HÖR MAL, ALTER!
DENKST DU ECHT, DU KANNST DIR SO WAS ERLAUBEN?!
IHN EINFACH SO ZU KÜSSEN, OBWOHL ER NICHT DEIN FREUND IST!
DAS IST SO WAS VON KRANK!!
NOCH DAZU VOR MEINEN AUGEN!!
RÜCKSICHTSLOSE KERLE WIE DU...
... WERFEN AUCH MÜLL ACHTLOS WEG UND KLAUEN ANDERER LEUTE REGENSCHIRME UND...
HEY, ICH BIN DER SCHULSPRECHER.

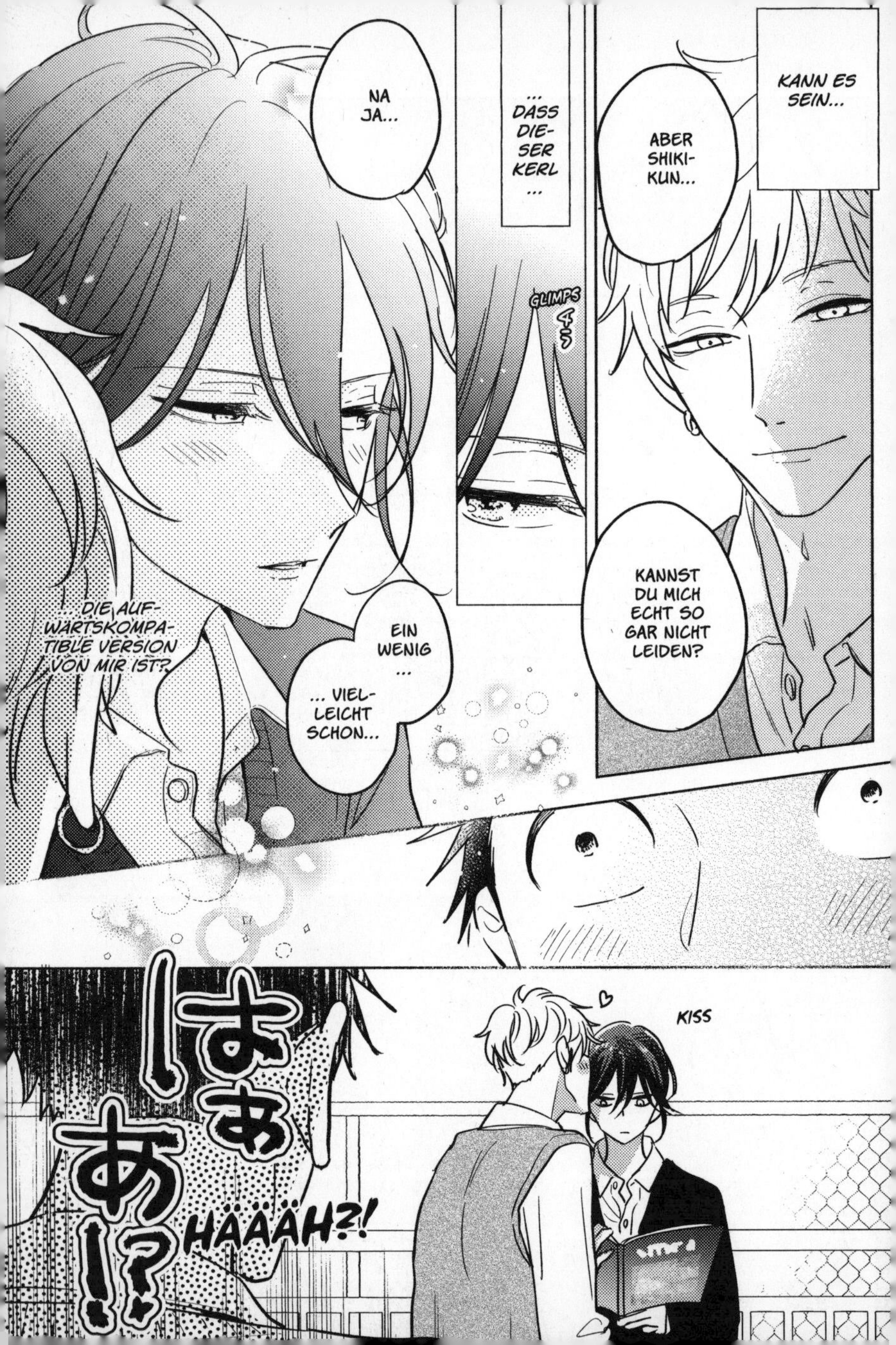
KANN ES SEIN…
ABER SHIKI-KUN…
… DASS DIE-SER KERL …
NA JA…
GLIMPS
KANNST DU MICH ECHT SO GAR NICHT LEIDEN?
… DIE AUF-WÄRTSKOMPA-TIBLE VERSION VON MIR IST?
EIN WENIG …
… VIEL-LEICHT SCHON…
KISS
はあ あ!?
HÄÄÄH?!

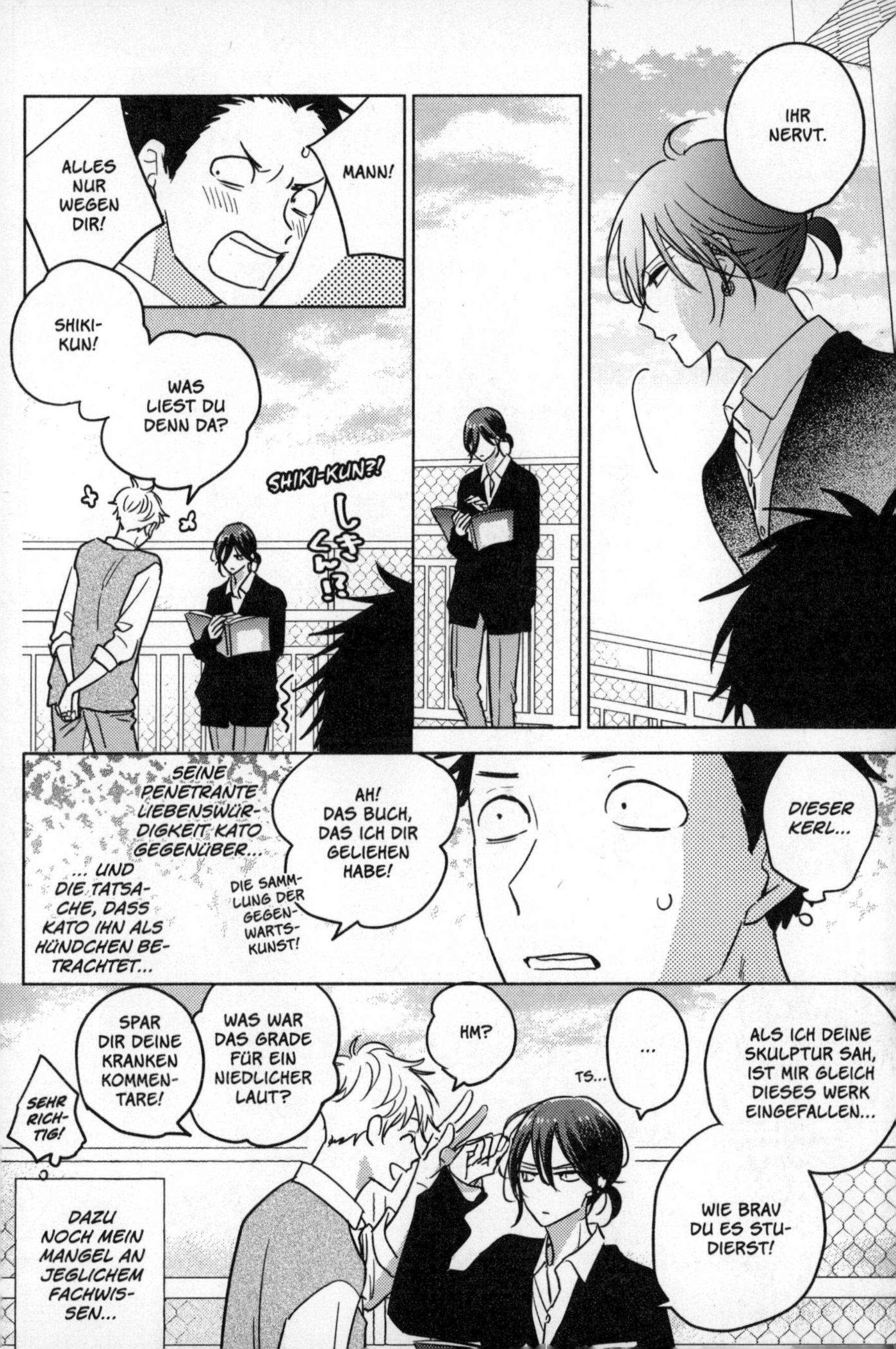

IHR NERVT.
MANN!
ALLES NUR WEGEN DIR!
SHIKI-KUN!
WAS LIEST DU DENN DA?
SHIKI-KUN?!
しきくん!?
DIESER KERL...
AH! DAS BUCH, DAS ICH DIR GELIEHEN HABE!
DIE SAMMLUNG DER GEGENWARTSKUNST!
SEINE PENETRANTE LIEBENSWÜRDIGKEIT KATO GEGENÜBER...
... UND DIE TATSACHE, DASS KATO IHN ALS HÜNDCHEN BETRACHTET...
ALS ICH DEINE SKULPTUR SAH, IST MIR GLEICH DIESES WERK EINGEFALLEN...
WIE BRAV DU ES STUDIERST!
...
TS...
HM?
WAS WAR DAS GRADE FÜR EIN NIEDLICHER LAUT?
SPAR DIR DEINE KRANKEN KOMMENTARE!
SEHR RICHTIG!
DAZU NOCH MEIN MANGEL AN JEGLICHEM FACHWISSEN...

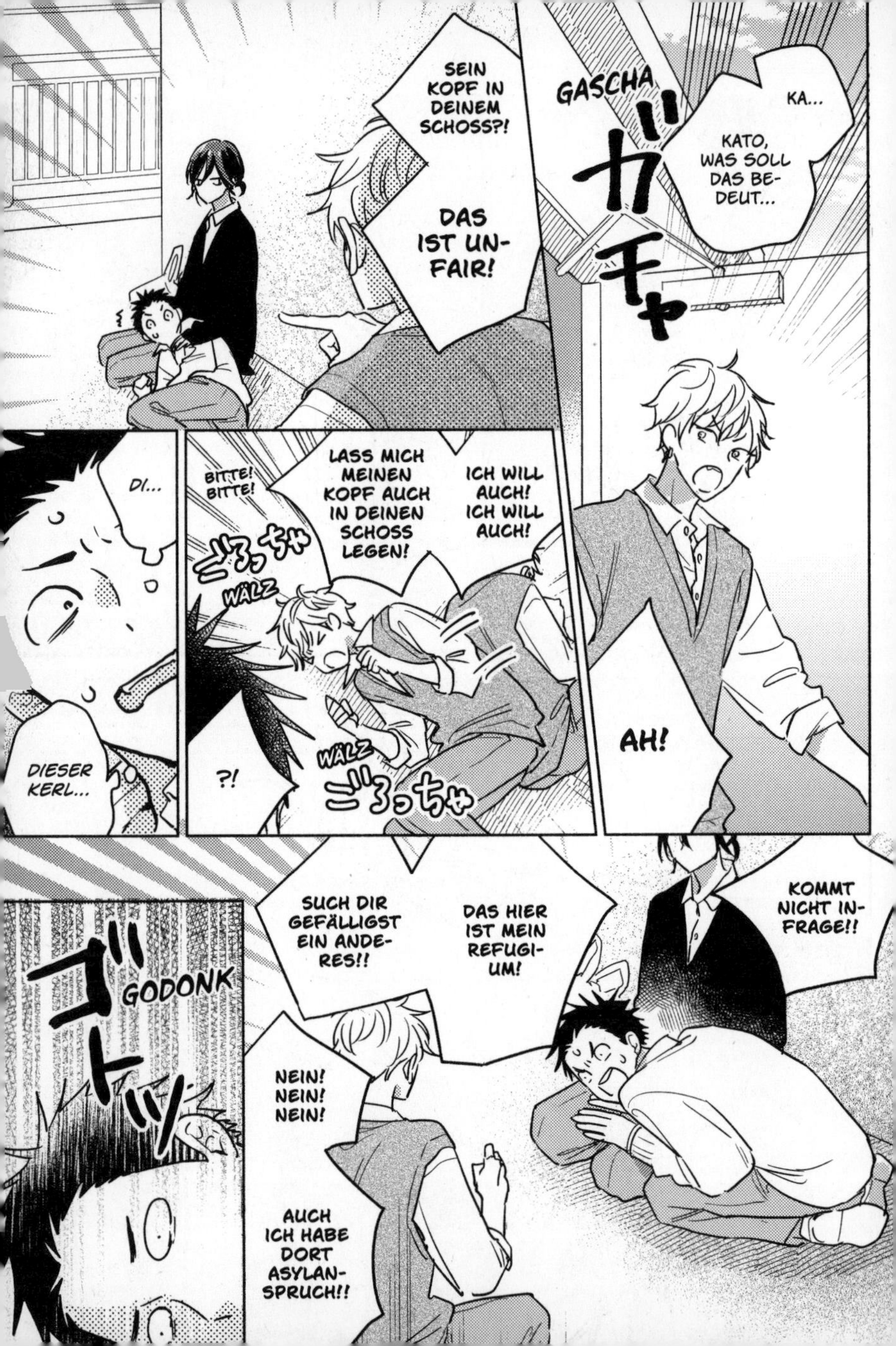

GASCHA
ガチャ
KA...
KATO, WAS SOLL DAS BEDEUT...
SEIN KOPF IN DEINEM SCHOSS?!
DAS IST UNFAIR!
AH!
ICH WILL AUCH! ICH WILL AUCH!
LASS MICH MEINEN KOPF AUCH IN DEINEN SCHOSS LEGEN!
BITTE! BITTE!
WÄLZ
ごろっちゃ
WÄLZ
ごろっちゃ
?!
DI...
DIESER KERL...
KOMMT NICHT INFRAGE!!
DAS HIER IST MEIN REFUGIUM!
SUCH DIR GEFÄLLIGST EIN ANDERES!!
NEIN! NEIN! NEIN!
AUCH ICH HABE DORT ASYLANSPRUCH!!
GODONK
ゴドッ

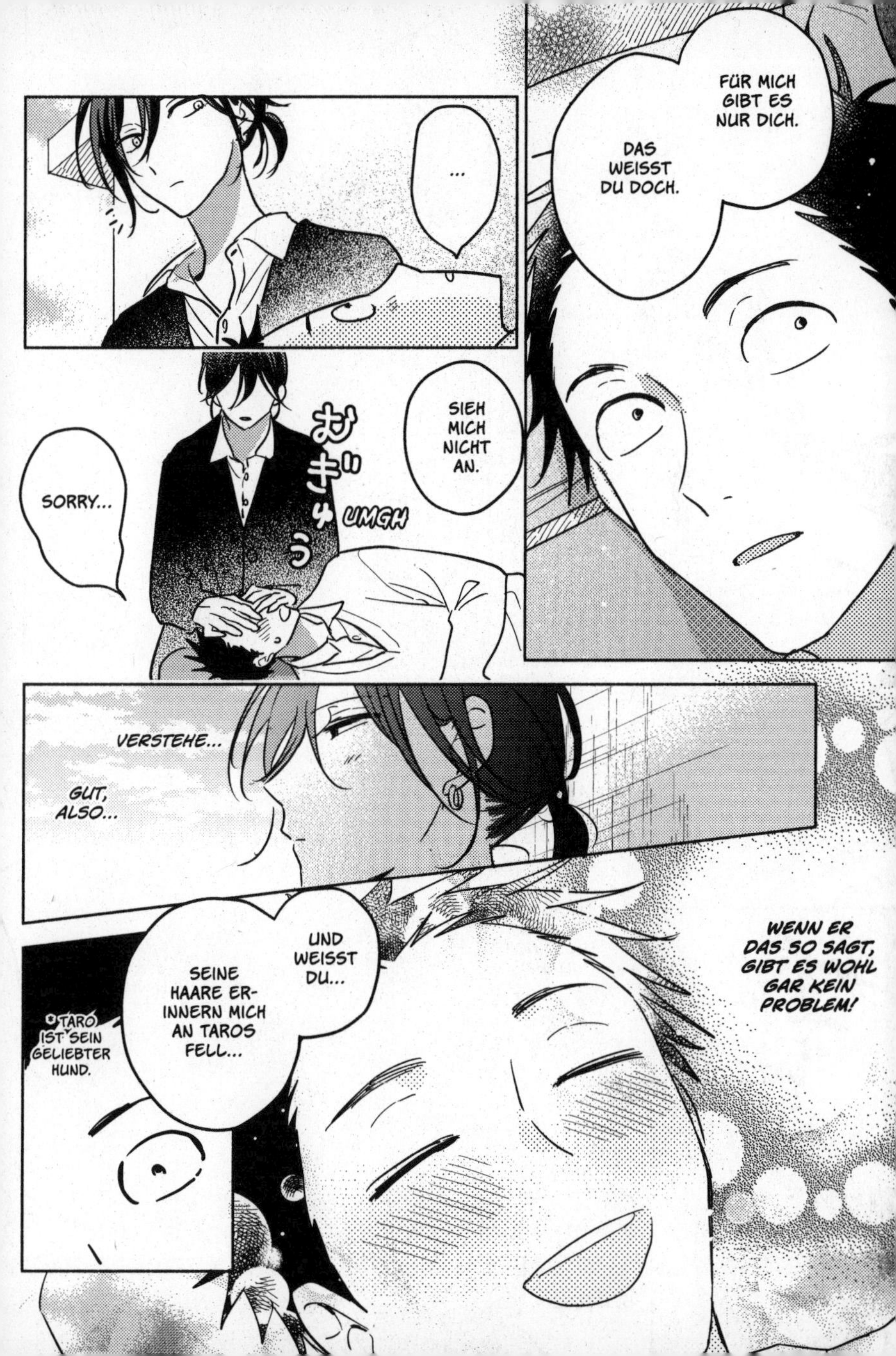
FÜR MICH GIBT ES NUR DICH.
DAS WEISST DU DOCH.
...
SIEH MICH NICHT AN.
むぎゅう
UMGH
SORRY...
VERSTEHE...
GUT, ALSO...
WENN ER DAS SO SAGT, GIBT ES WOHL GAR KEIN PROBLEM!
UND WEISST DU...
SEINE HAARE ERINNERN MICH AN TAROS FELL...
*TARO IST SEIN GELIEBTER HUND.

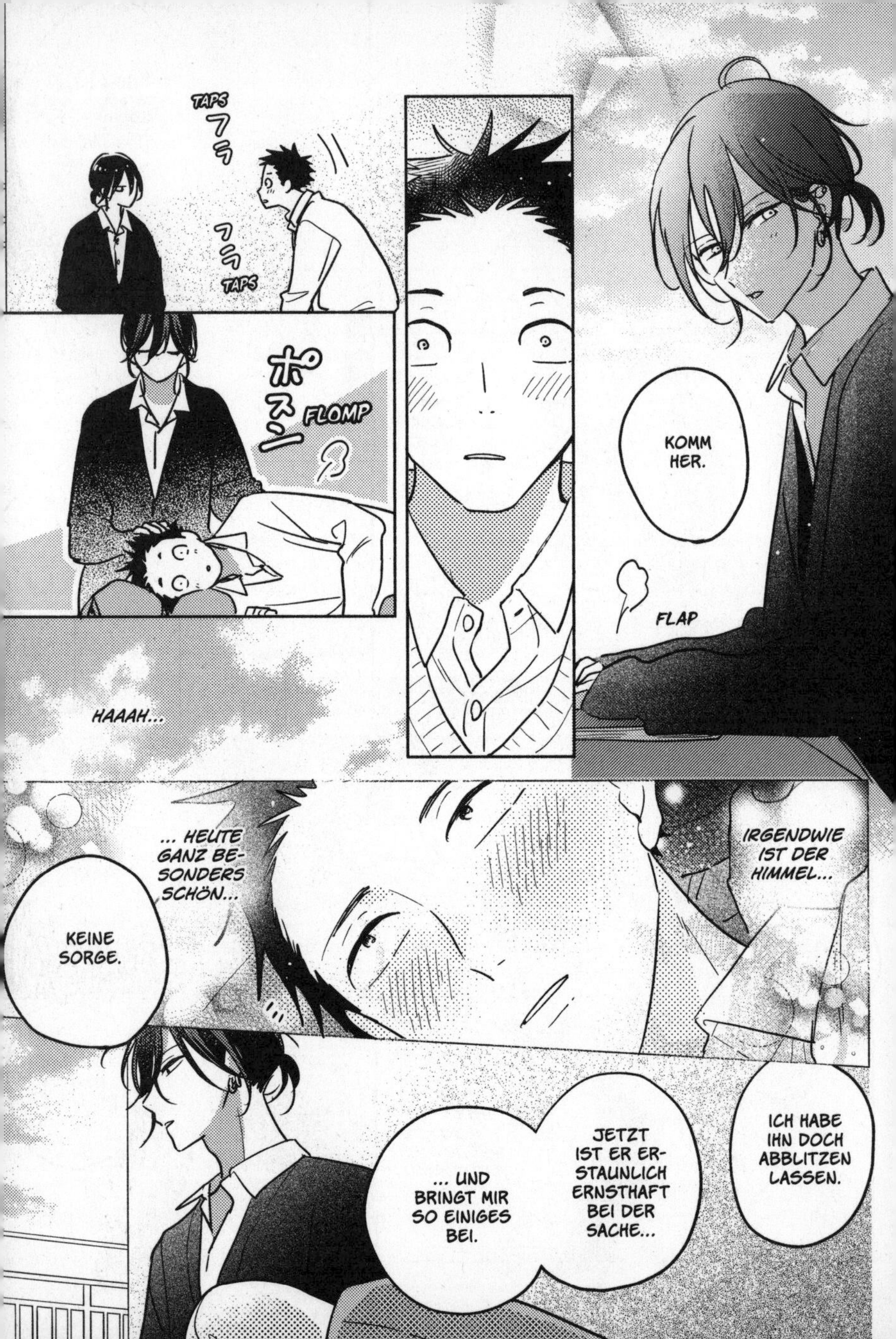
KOMM HER.
FLAP
TAPS
フラ
フラ
TAPS
ポスン
FLOMP
HAAAH...
IRGENDWIE IST DER HIMMEL...
... HEUTE GANZ BESONDERS SCHÖN...
KEINE SORGE.
ICH HABE IHN DOCH ABBLITZEN LASSEN.
JETZT IST ER ERSTAUNLICH ERNSTHAFT BEI DER SACHE...
... UND BRINGT MIR SO EINIGES BEI.

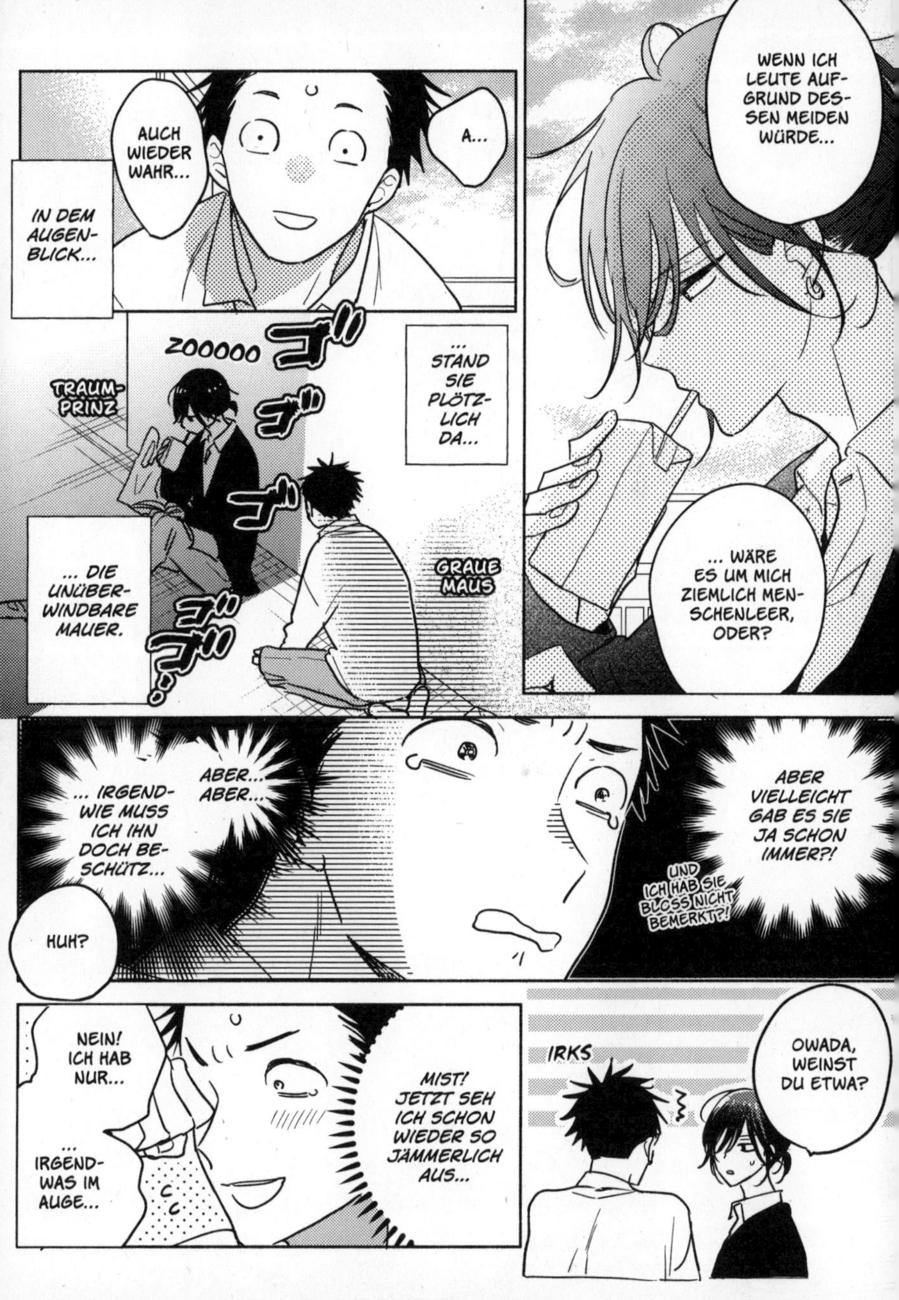
WENN ICH LEUTE AUFGRUND DESSEN MEIDEN WÜRDE...
... WÄRE ES UM MICH ZIEMLICH MENSCHENLEER, ODER?
A...
AUCH WIEDER WAHR...
IN DEM AUGENBLICK...
... STAND SIE PLÖTZLICH DA...
ZOOOOO
TRAUMPRINZ
GRAUE MAUS
... DIE UNÜBERWINDBARE MAUER.
ABER VIELLEICHT GAB ES SIE JA SCHON IMMER?!
UND ICH HAB SIE BLOSS NICHT BEMERKT?!
ABER... ABER...
... IRGENDWIE MUSS ICH IHN DOCH BESCHÜTZ...
HUH?
OWADA, WEINST DU ETWA?
IRKS
MIST! JETZT SEH ICH SCHON WIEDER SO JÄMMERLICH AUS...
NEIN! ICH HAB NUR...
... IRGENDWAS IM AUGE...

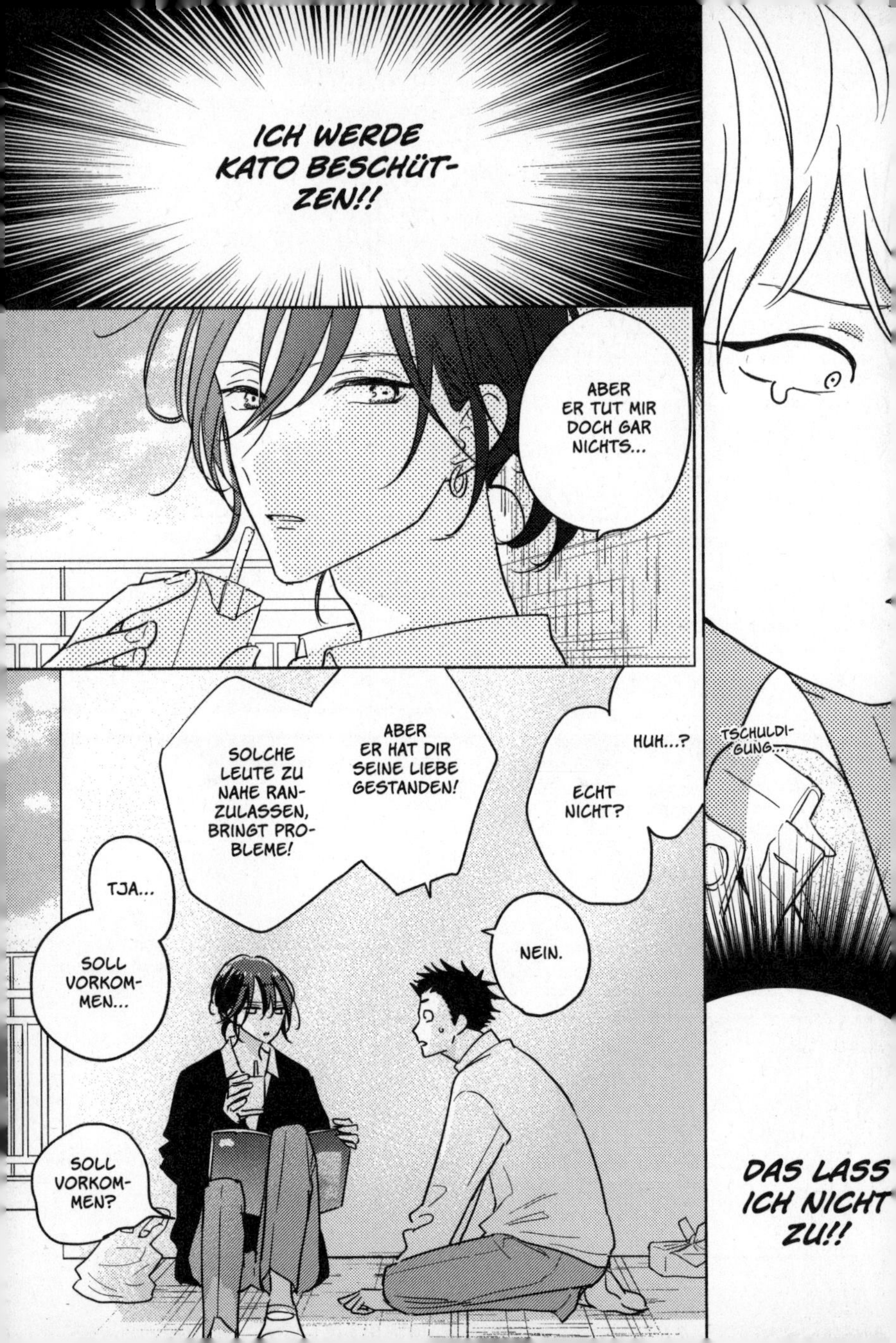
ICH WERDE KATO BESCHÜT-ZEN!!
ABER ER TUT MIR DOCH GAR NICHTS...
HUH...?
ECHT NICHT?
ABER ER HAT DIR SEINE LIEBE GESTANDEN!
SOLCHE LEUTE ZU NAHE RAN-ZULASSEN, BRINGT PRO-BLEME!
NEIN.
TJA...
SOLL VORKOM-MEN...
SOLL VORKOM-MEN?
TSCHULDI-GUNG...
DAS LASS ICH NICHT ZU!!

LIEBE VERBINDET WELTEN
#3
HEY, VON KATO UNSANFT BEHANDELT ZU WERDEN IST MEIN PRIVILEG!
BLEIB GEFÄLLIGST BEI DER SACHE...

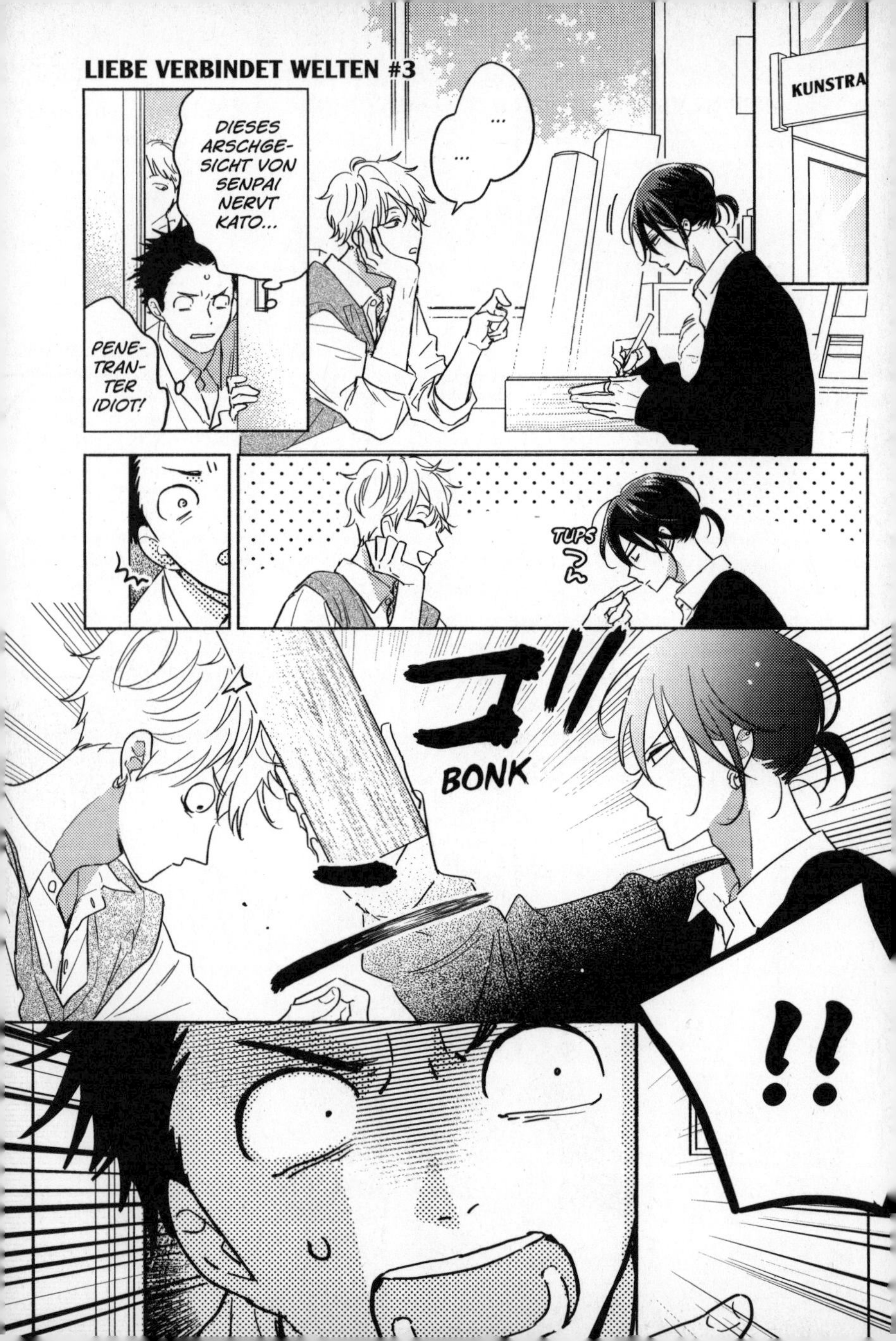
LIEBE VERBINDET WELTEN #3
KUNSTRA
...
...
DIESES ARSCHGESICHT VON SENPAI NERVT KATO...
PENETRANTER IDIOT!
TUPS
BONK
!!

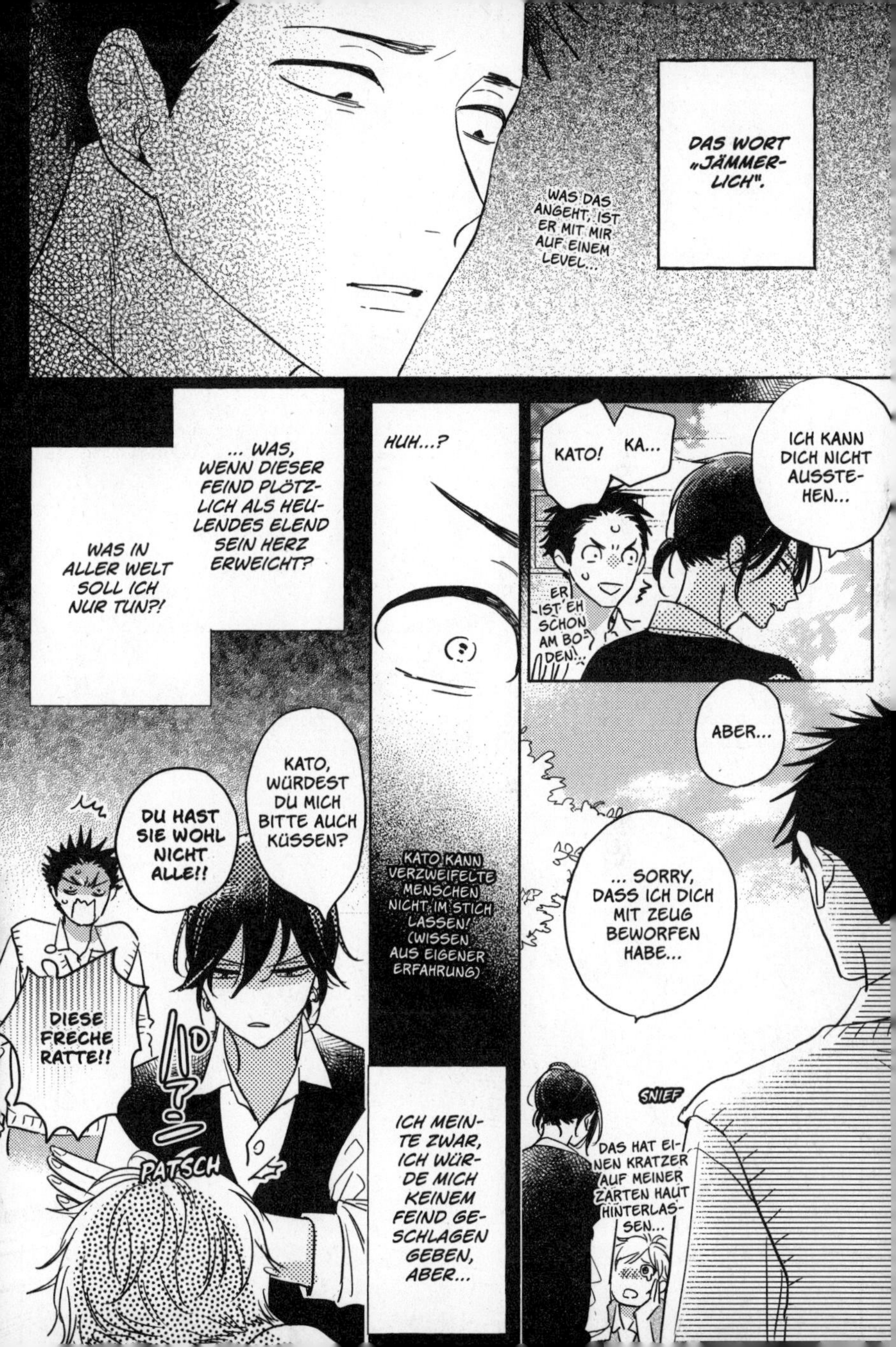
DAS WORT „JÄMMERLICH".
WAS DAS ANGEHT, IST ER MIT MIR AUF EINEM LEVEL...
ICH KANN DICH NICHT AUSSTEHEN...
KA...
KATO!
ER IST EH SCHON AM BODEN!...
HUH...?
... WAS, WENN DIESER FEIND PLÖTZLICH ALS HEULENDES ELEND SEIN HERZ ERWEICHT?
WAS IN ALLER WELT SOLL ICH NUR TUN?!
ABER...
... SORRY, DASS ICH DICH MIT ZEUG BEWORFEN HABE...
SNIEF
DAS HAT EINEN KRATZER AUF MEINER ZARTEN HAUT HINTERLASSEN...
KATO KANN VERZWEIFELTE MENSCHEN NICHT IM STICH LASSEN! (WISSEN AUS EIGENER ERFAHRUNG)
ICH MEINTE ZWAR, ICH WÜRDE MICH KEINEM FEIND GESCHLAGEN GEBEN, ABER...
KATO, WÜRDEST DU MICH BITTE AUCH KÜSSEN?
DU HAST SIE WOHL NICHT ALLE!!
DIESE FRECHE RATTE!!
PATSCH

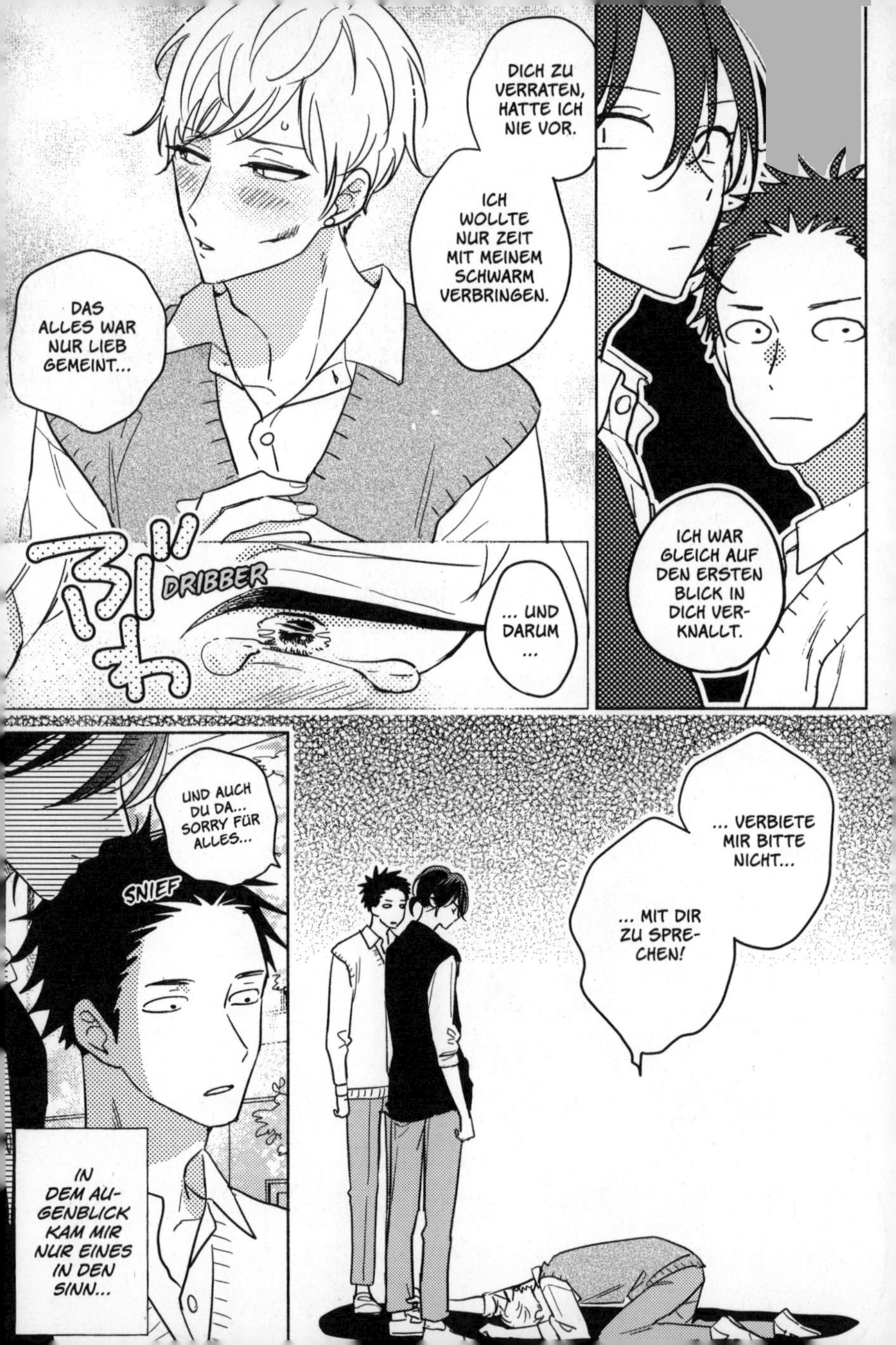

DICH ZU VERRATEN, HATTE ICH NIE VOR.

ICH WOLLTE NUR ZEIT MIT MEINEM SCHWARM VERBRINGEN.

DAS ALLES WAR NUR LIEB GEMEINT…

… UND DARUM …

ぶわ

DRIBBER

ICH WAR GLEICH AUF DEN ERSTEN BLICK IN DICH VERKNALLT.

… VERBIETE MIR BITTE NICHT…

… MIT DIR ZU SPRECHEN!

UND AUCH DU DA… SORRY FÜR ALLES…

SNIEF

IN DEM AUGENBLICK KAM MIR NUR EINES IN DEN SINN…

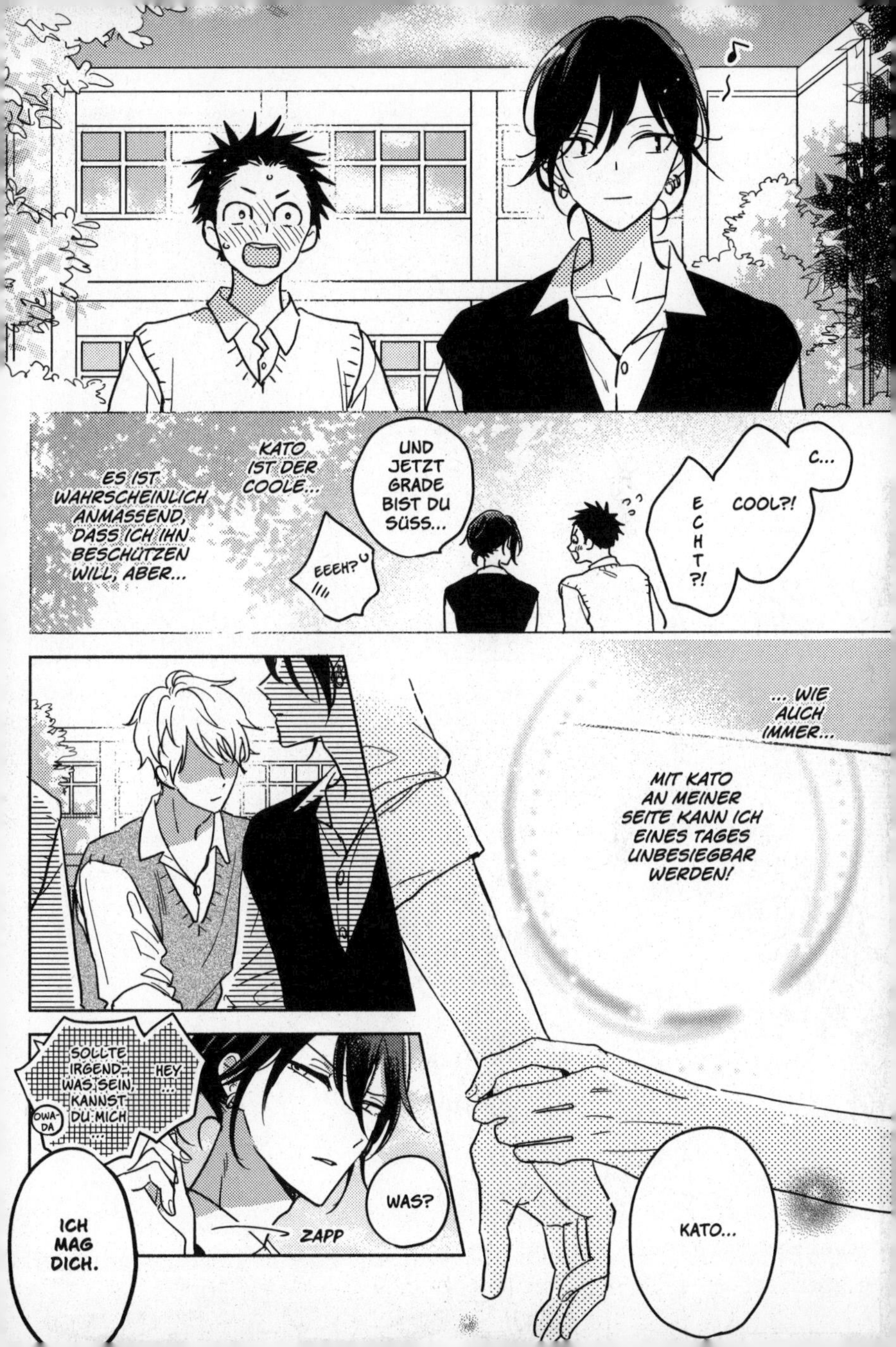
C... COOL?!
ECHT?!
UND JETZT GRADE BIST DU SÜSS...
EEEH?
KATO IST DER COOLE...
ES IST WAHRSCHEINLICH ANMASSEND, DASS ICH IHN BESCHÜTZEN WILL, ABER...
... WIE AUCH IMMER...
MIT KATO AN MEINER SEITE KANN ICH EINES TAGES UNBESIEGBAR WERDEN!
KATO...
WAS?
ZAPP
ICH MAG DICH.
HEY, ...
SOLLTE IRGEND-WAS SEIN, KANNST DU MICH ...
OWA-DA

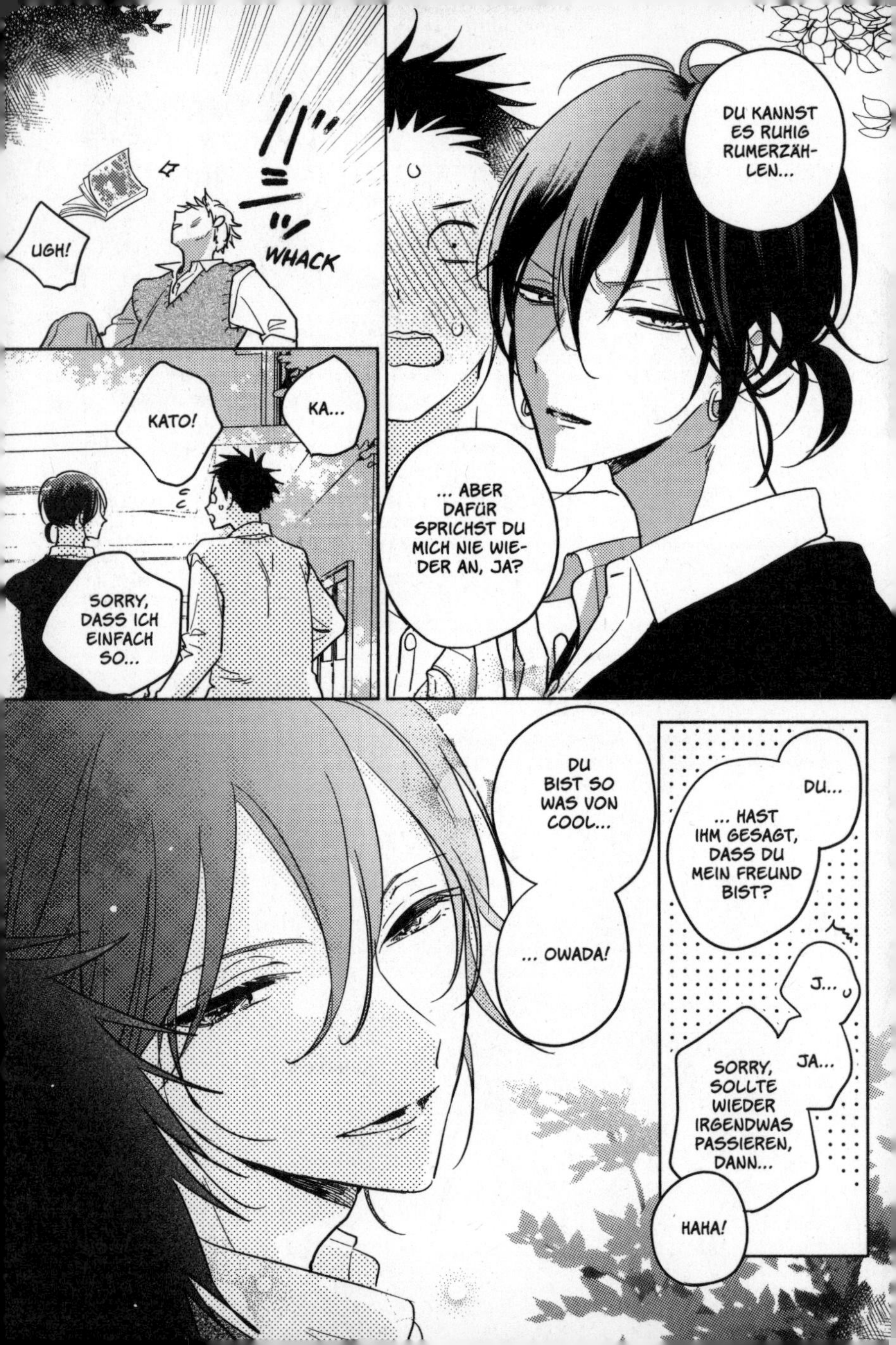
DU KANNST ES RUHIG RUMERZÄHLEN...
WHACK
UGH!
... ABER DAFÜR SPRICHST DU MICH NIE WIEDER AN, JA?
KA...
KATO!
SORRY, DASS ICH EINFACH SO...
DU...
... HAST IHM GESAGT, DASS DU MEIN FREUND BIST?
J...
JA...
SORRY, SOLLTE WIEDER IRGENDWAS PASSIEREN, DANN...
HAHA!
DU BIST SO WAS VON COOL...
... OWADA!

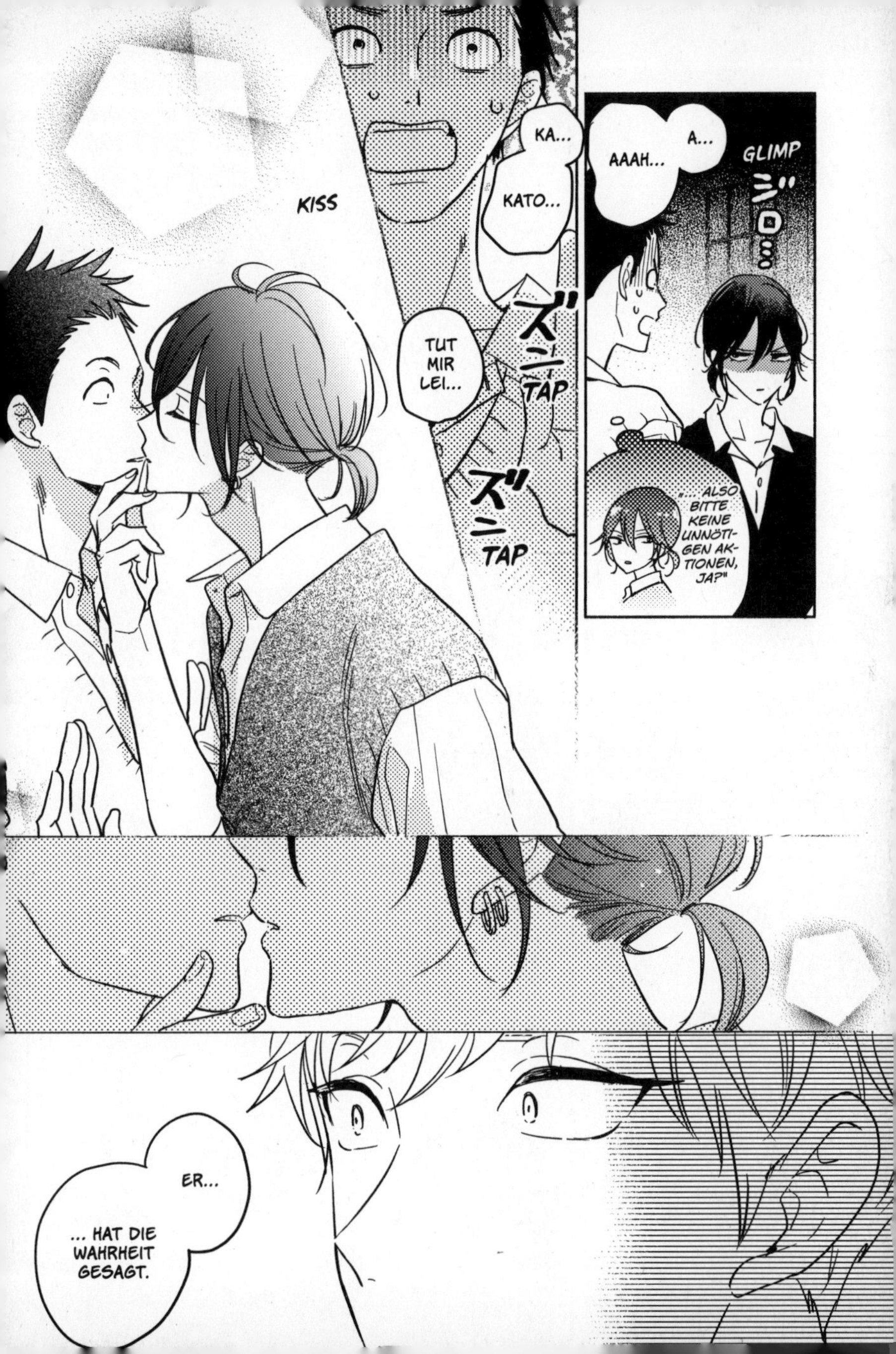
A...
AAAH...
GLIMP
ジロ…
„... ALSO BITTE KEINE UNNÖTIGEN AKTIONEN, JA?"
KA...
KATO...
TUT MIR LEI...
ズ
TAP
ズ
TAP
KISS
ER...
... HAT DIE WAHRHEIT GESAGT.

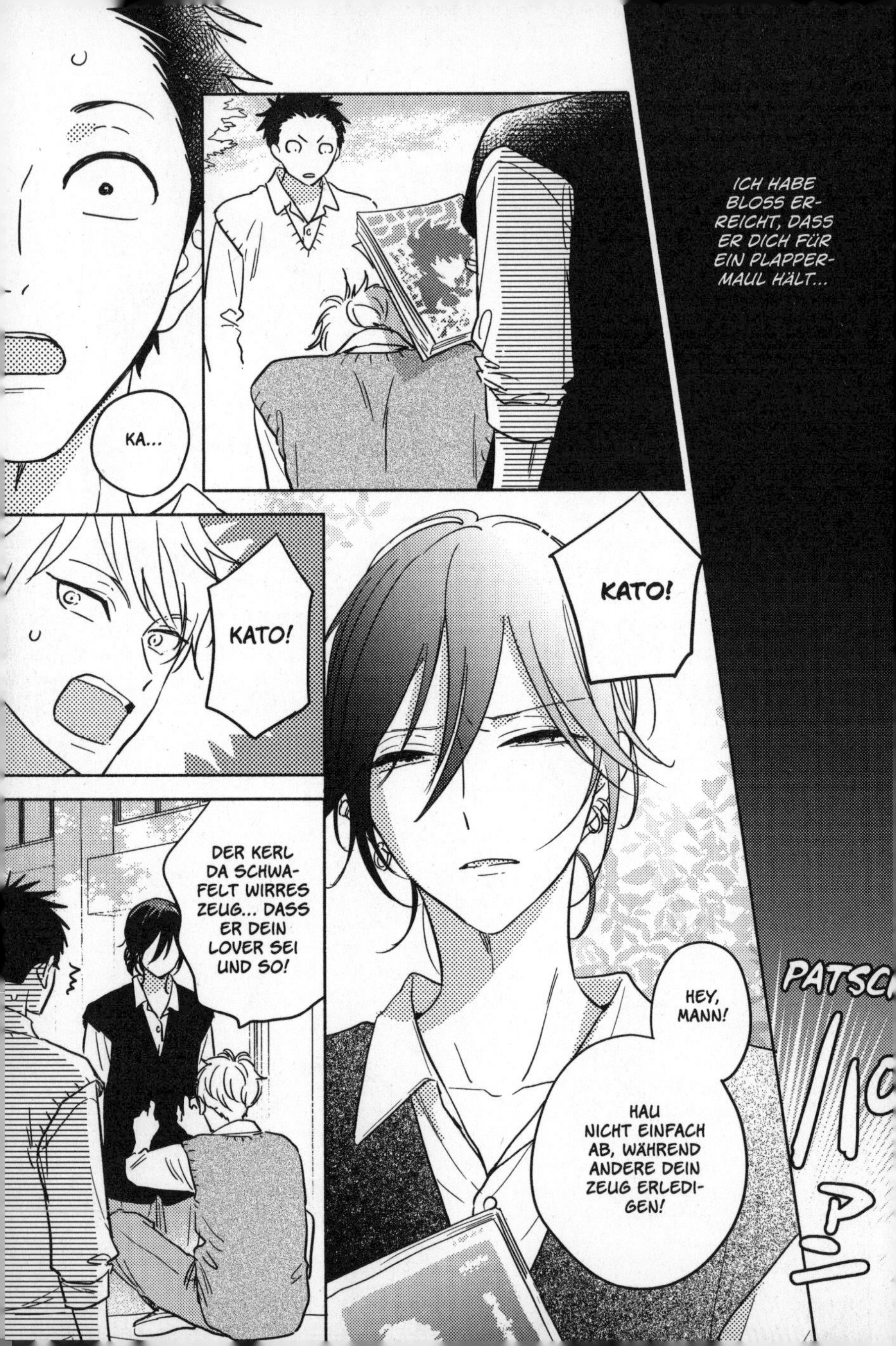
ICH HABE BLOSS ERREICHT, DASS ER DICH FÜR EIN PLAPPERMAUL HÄLT...
KA...
KATO!
KATO!
DER KERL DA SCHWAFELT WIRRES ZEUG... DASS ER DEIN LOVER SEI UND SO!
HEY, MANN!
HAU NICHT EINFACH AB, WÄHREND ANDERE DEIN ZEUG ERLEDIGEN!
PATSC

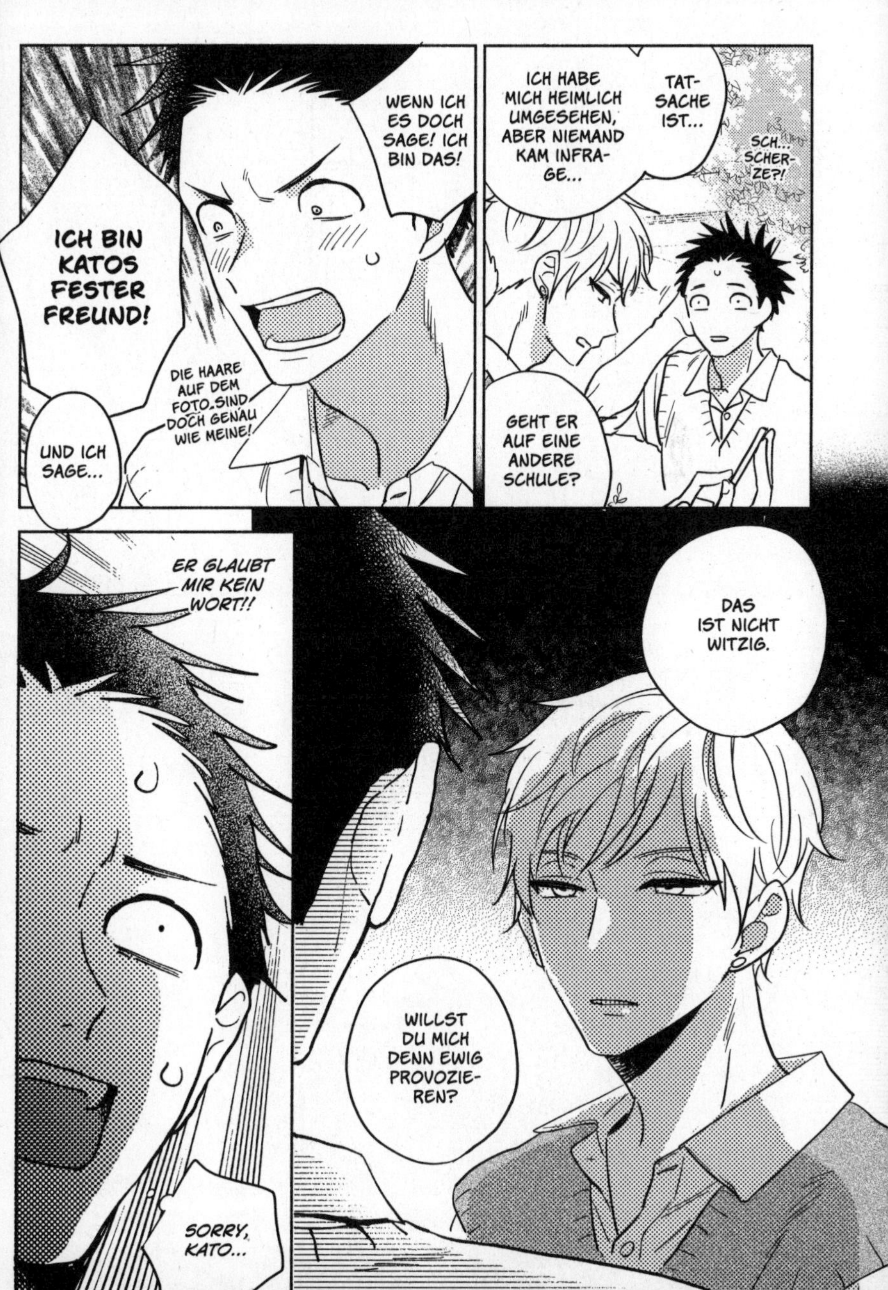
TATSACHE IST...
ICH HABE MICH HEIMLICH UMGESEHEN, ABER NIEMAND KAM INFRAGE...
SCH... SCHERZE?!
GEHT ER AUF EINE ANDERE SCHULE?
WENN ICH ES DOCH SAGE! ICH BIN DAS!
ICH BIN KATOS FESTER FREUND!
DIE HAARE AUF DEM FOTO SIND DOCH GENAU WIE MEINE!
UND ICH SAGE...
DAS IST NICHT WITZIG.
WILLST DU MICH DENN EWIG PROVOZIEREN?
ER GLAUBT MIR KEIN WORT!!
SORRY, KATO...

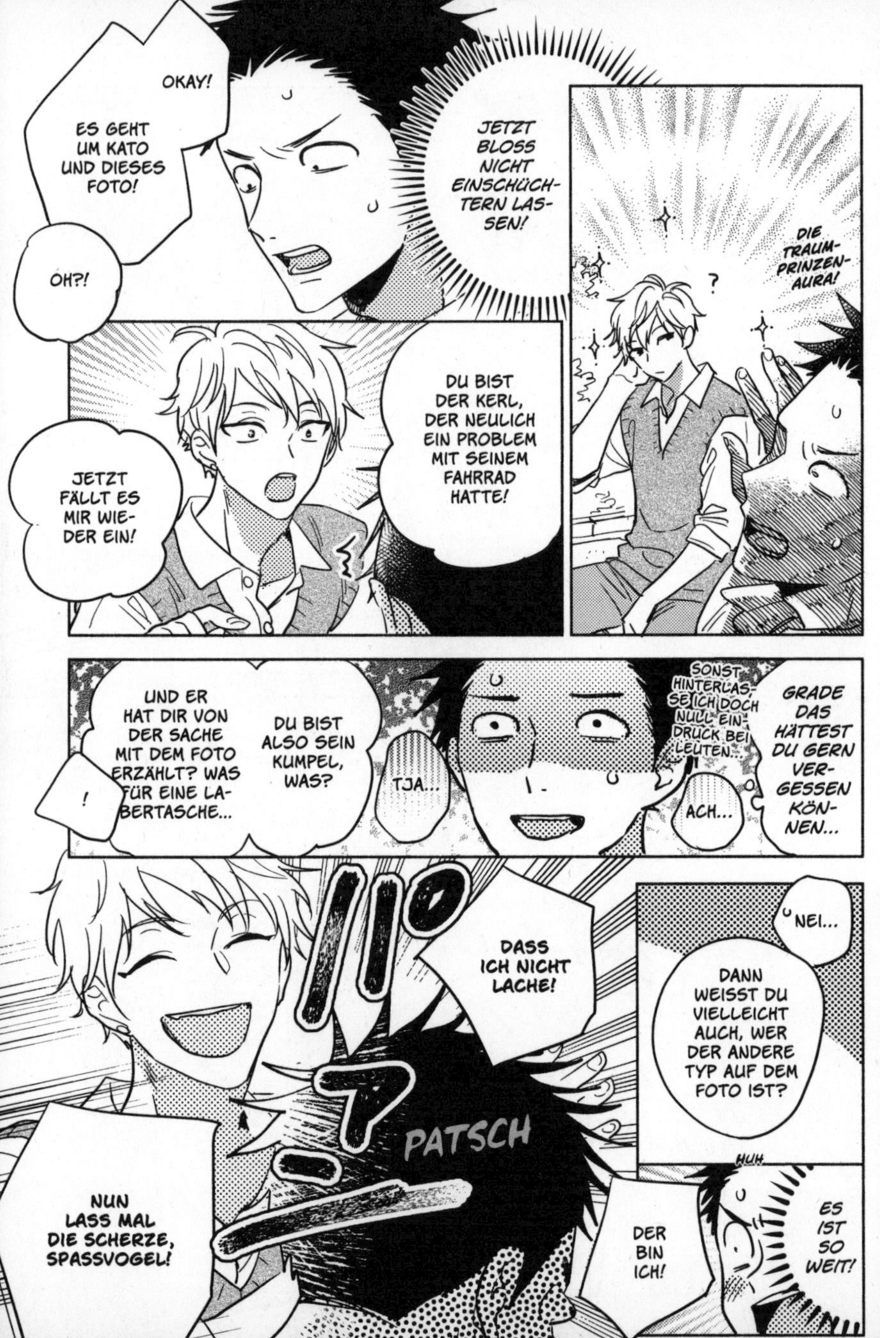
OKAY!
ES GEHT UM KATO UND DIESES FOTO!
OH?!
JETZT BLOSS NICHT EINSCHÜCHTERN LASSEN!
DIE TRAUMPRINZEN-AURA!
?
DU BIST DER KERL, DER NEULICH EIN PROBLEM MIT SEINEM FAHRRAD HATTE!
JETZT FÄLLT ES MIR WIEDER EIN!
GRADE DAS HÄTTEST DU GERN VERGESSEN KÖNNEN...
ACH...
SONST HINTERLASSE ICH DOCH NULL EINDRUCK BEI LEUTEN...
TJA...
DU BIST ALSO SEIN KUMPEL, WAS?
UND ER HAT DIR VON DER SACHE MIT DEM FOTO ERZÄHLT? WAS FÜR EINE LABERTASCHE...
!
NEI...
DANN WEISST DU VIELLEICHT AUCH, WER DER ANDERE TYP AUF DEM FOTO IST?
DASS ICH NICHT LACHE!
HUH
ES IST SO WEIT!
DER BIN ICH!
PATSCH
NUN LASS MAL DIE SCHERZE, SPASSVOGEL!

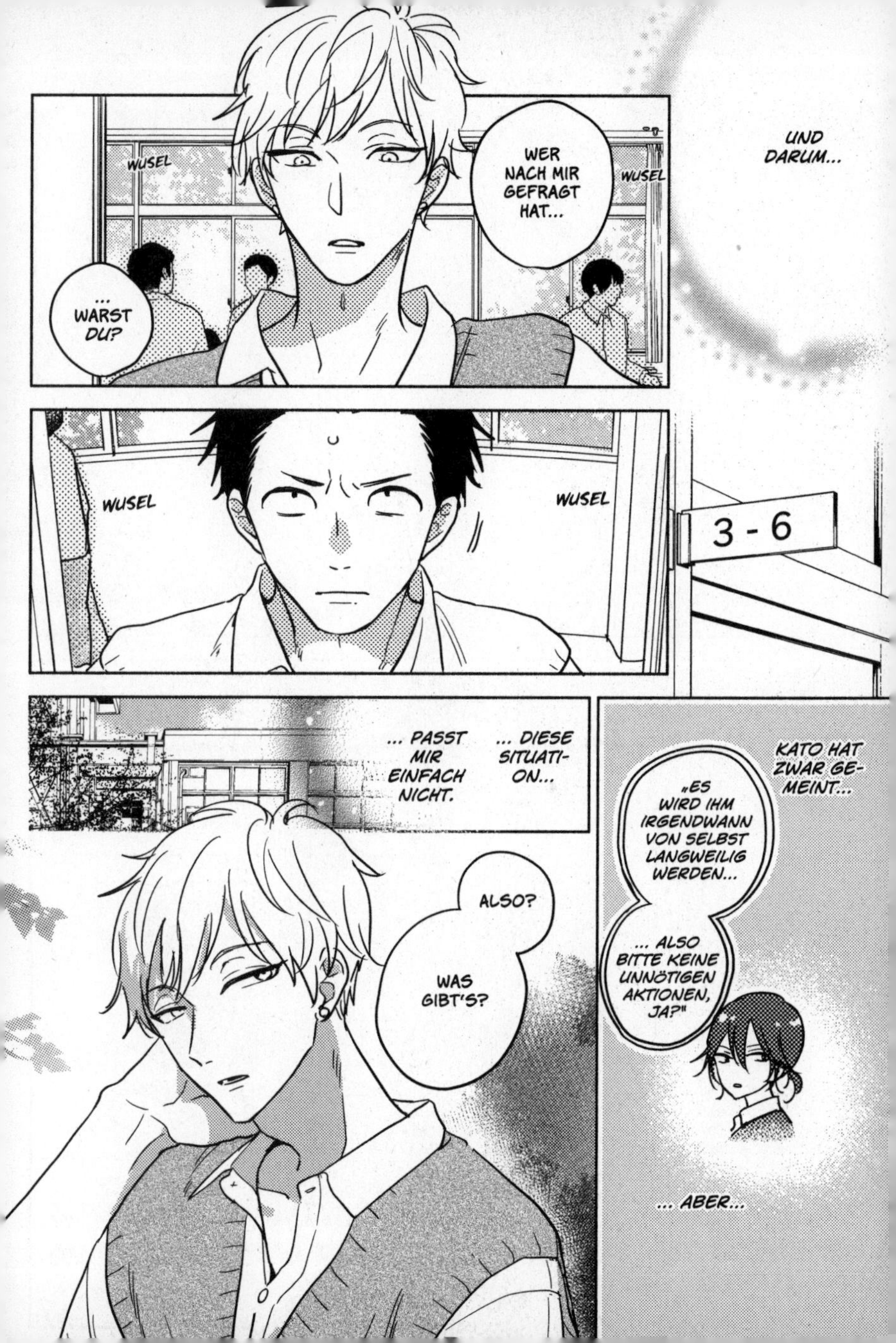

UND DARUM...

WUSEL

WER NACH MIR GEFRAGT HAT...

WUSEL

... WARST DU?

WUSEL

WUSEL

3 - 6

KATO HAT ZWAR GEMEINT...

„ES WIRD IHM IRGENDWANN VON SELBST LANGWEILIG WERDEN...

... ALSO BITTE KEINE UNNÖTIGEN AKTIONEN, JA?"

... ABER...

... DIESE SITUATION...

... PASST MIR EINFACH NICHT.

ALSO?

WAS GIBT'S?

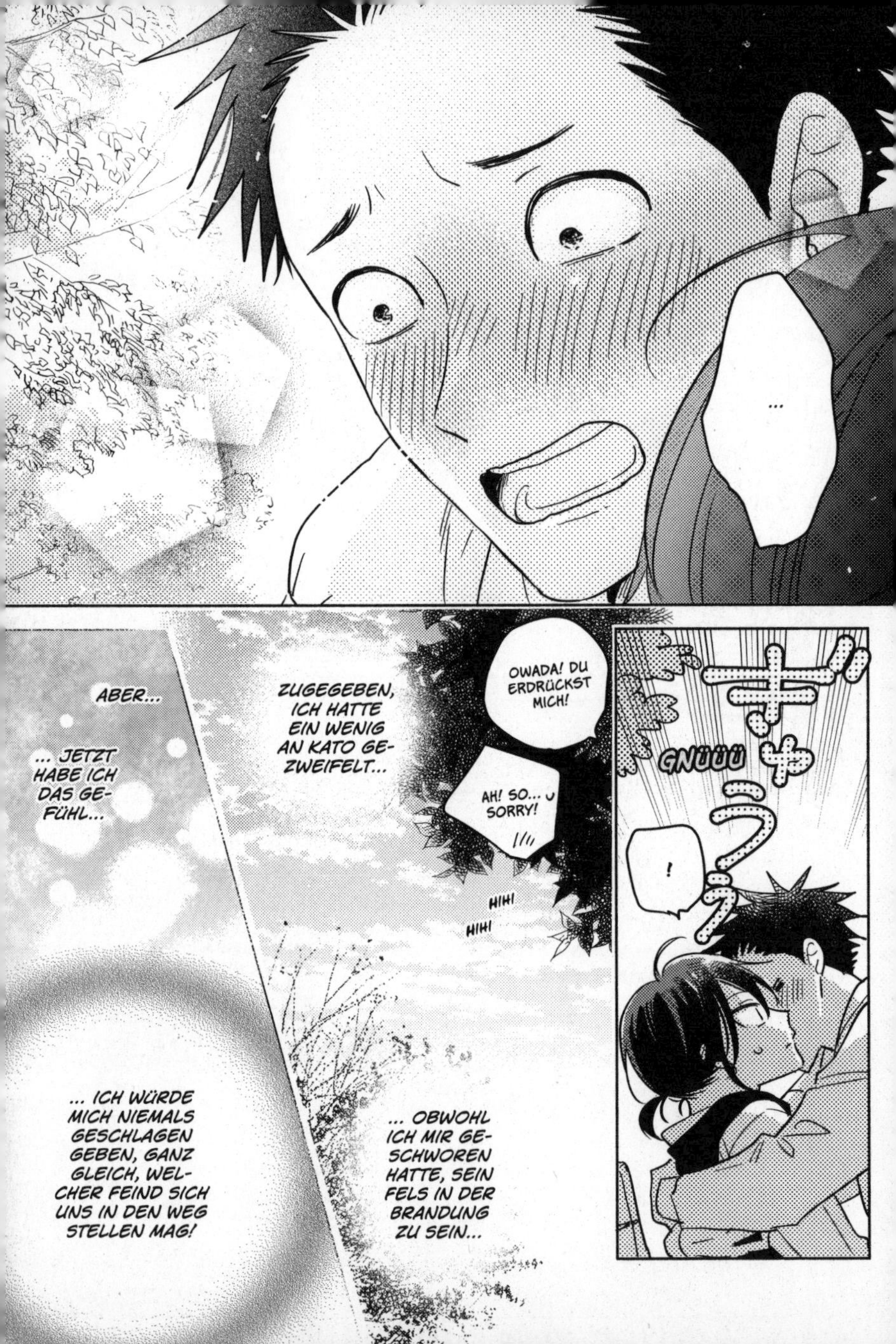
...
!
GNÜÜÜ
OWADA! DU ERDRÜCKST MICH!
AH! SO... SORRY!
HIHI
HIHI
ZUGEGEBEN, ICH HATTE EIN WENIG AN KATO GE-ZWEIFELT...
... OBWOHL ICH MIR GE-SCHWOREN HATTE, SEIN FELS IN DER BRANDUNG ZU SEIN...
ABER...
... JETZT HABE ICH DAS GE-FÜHL...
... ICH WÜRDE MICH NIEMALS GESCHLAGEN GEBEN, GANZ GLEICH, WEL-CHER FEIND SICH UNS IN DEN WEG STELLEN MAG!

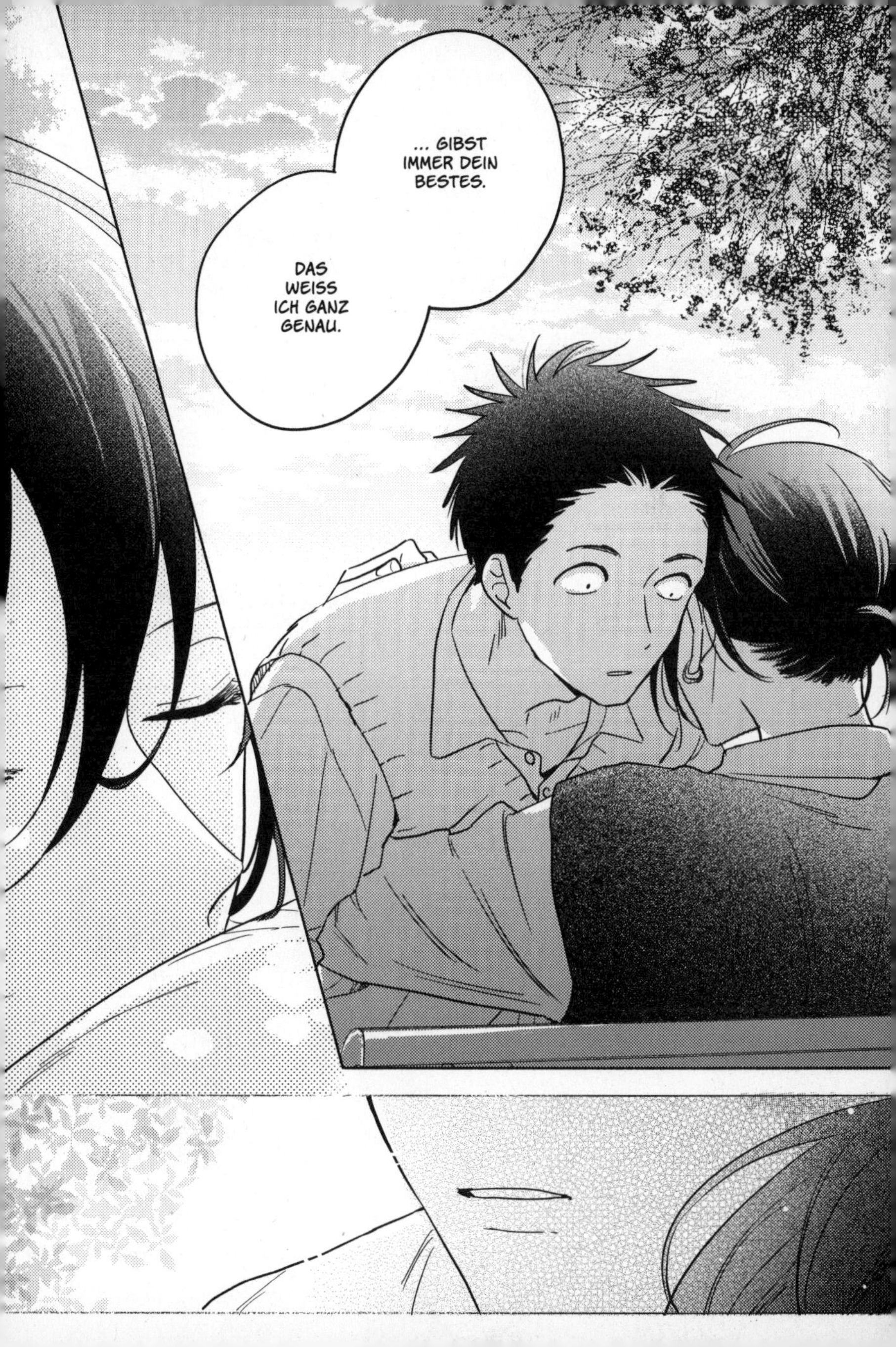
... GIBST IMMER DEIN BESTES.
DAS WEISS ICH GANZ GENAU.

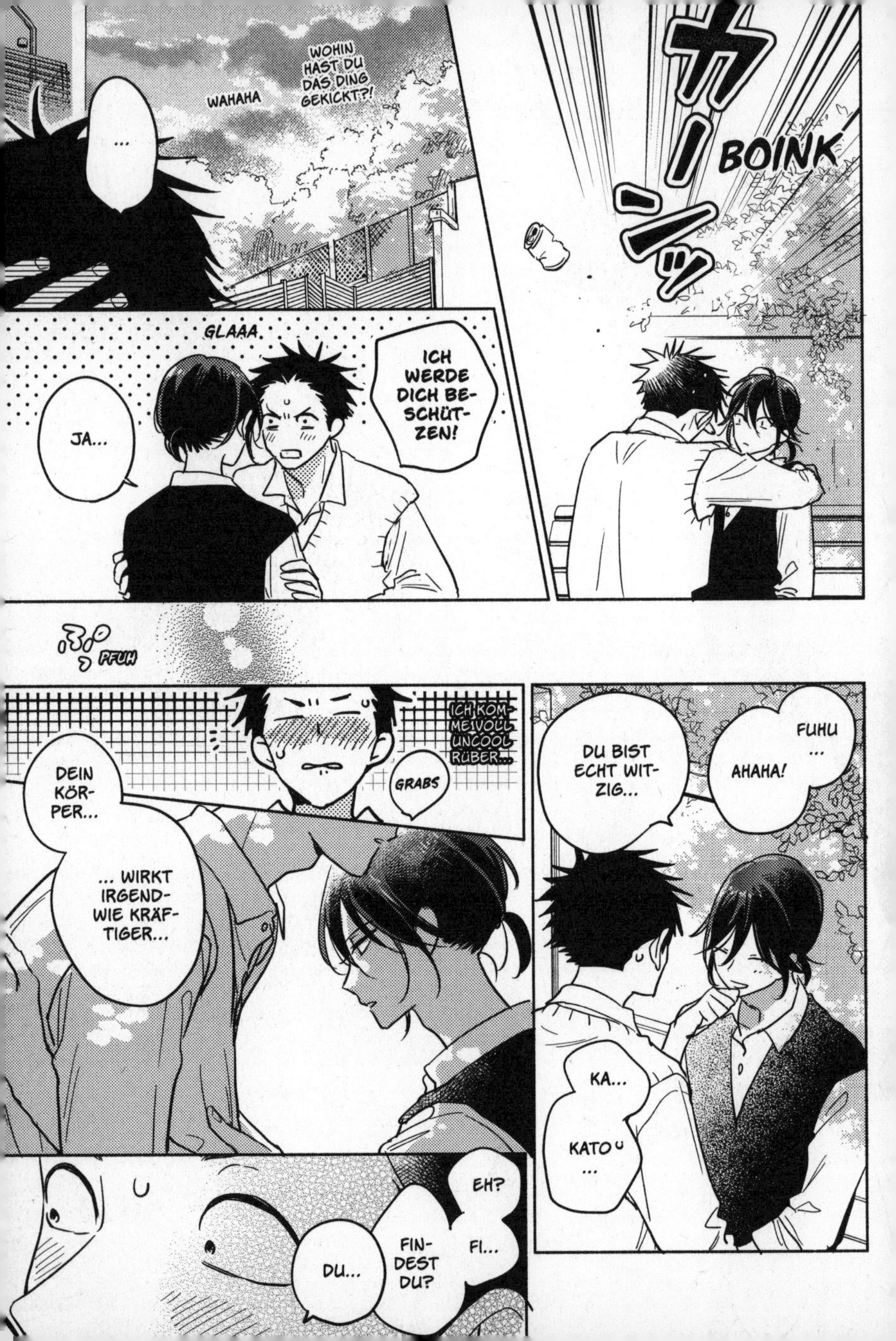

カーンッ
BOINK

WAHAHA
WOHIN HAST DU DAS DING GEKICKT?!
...

GLAAA
ICH WERDE DICH BESCHÜTZEN!
JA...

ふぅ
PFUH

FUHU ...
AHAHA!
DU BIST ECHT WITZIG...
KA...
KATO ...

ICH KOMME VOLL UNCOOL RÜBER...
GRABS
DEIN KÖRPER...
... WIRKT IRGENDWIE KRÄFTIGER...

EH?
FI...
FINDEST DU?
DU...

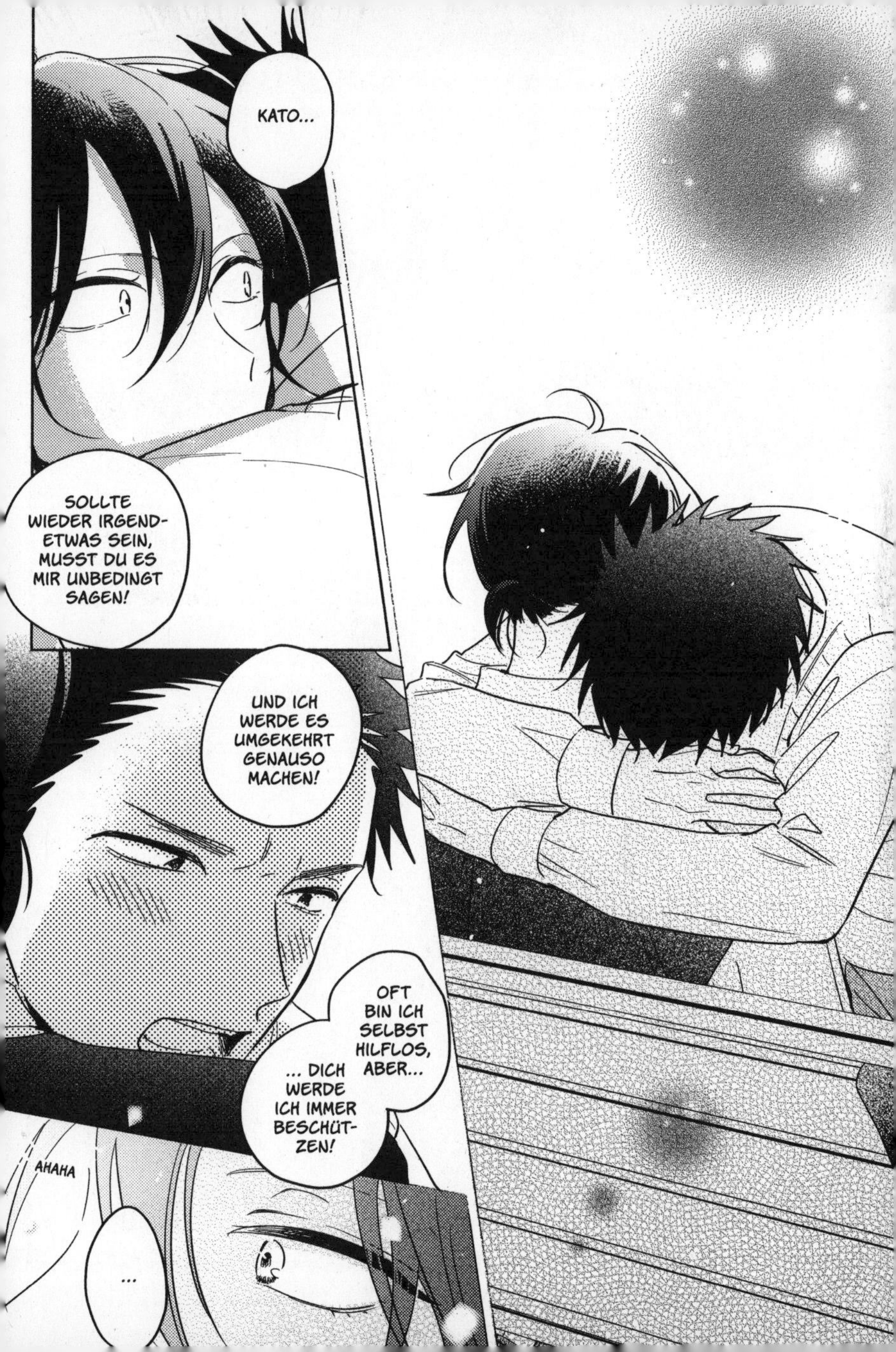
KATO...
SOLLTE WIEDER IRGEND-ETWAS SEIN, MUSST DU ES MIR UNBEDINGT SAGEN!
UND ICH WERDE ES UMGEKEHRT GENAUSO MACHEN!
OFT BIN ICH SELBST HILFLOS, ABER...
... DICH WERDE ICH IMMER BESCHÜT-ZEN!
AHAHA
...

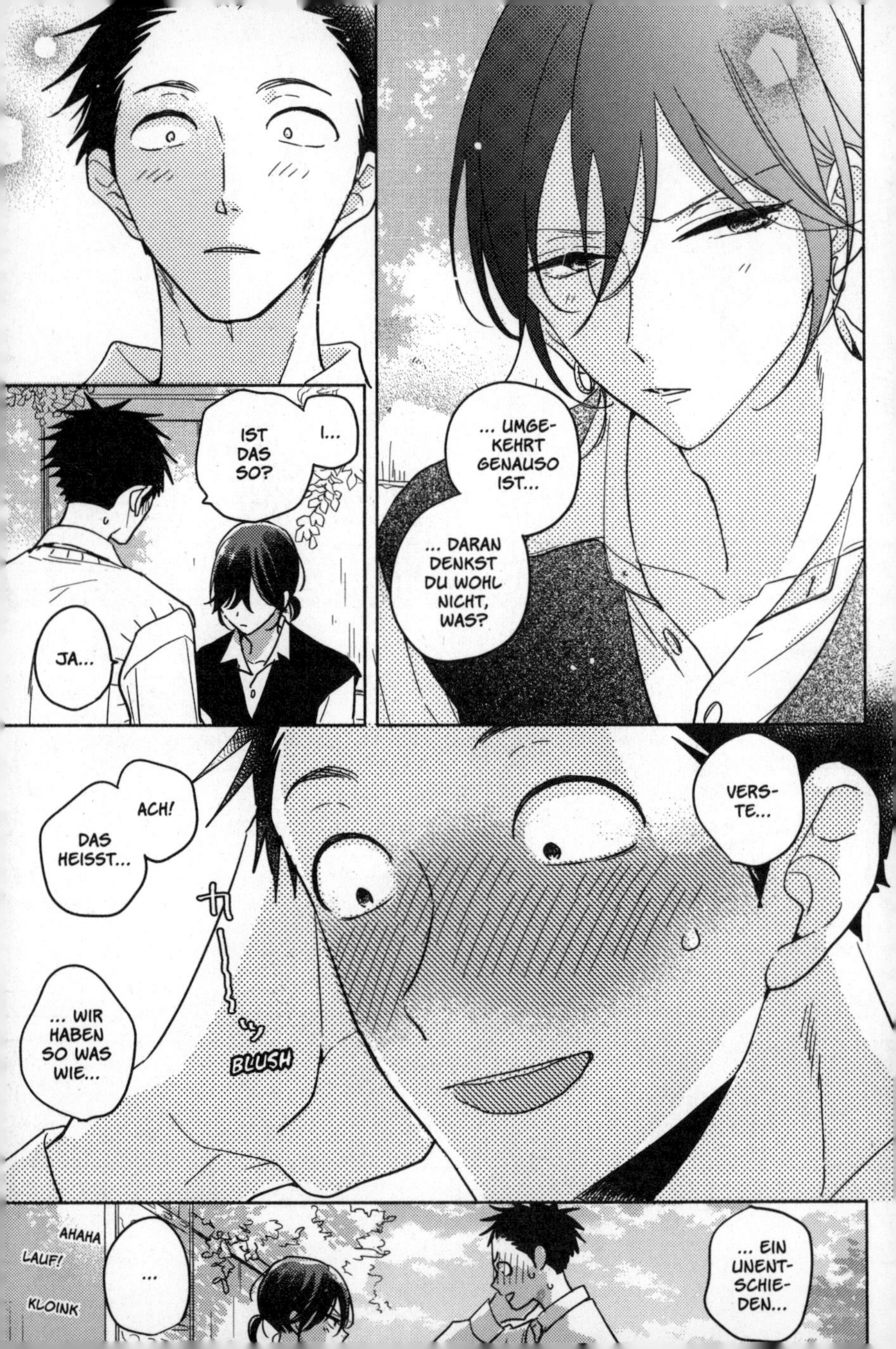
... UMGEKEHRT GENAUSO IST...
... DARAN DENKST DU WOHL NICHT, WAS?
I...
IST DAS SO?
JA...
VERSTE...
ACH! DAS HEISST...
... WIR HABEN SO WAS WIE...
BLUSH
... EIN UNENTSCHIEDEN...
...
AHAHA
LAUF!
KLOINK

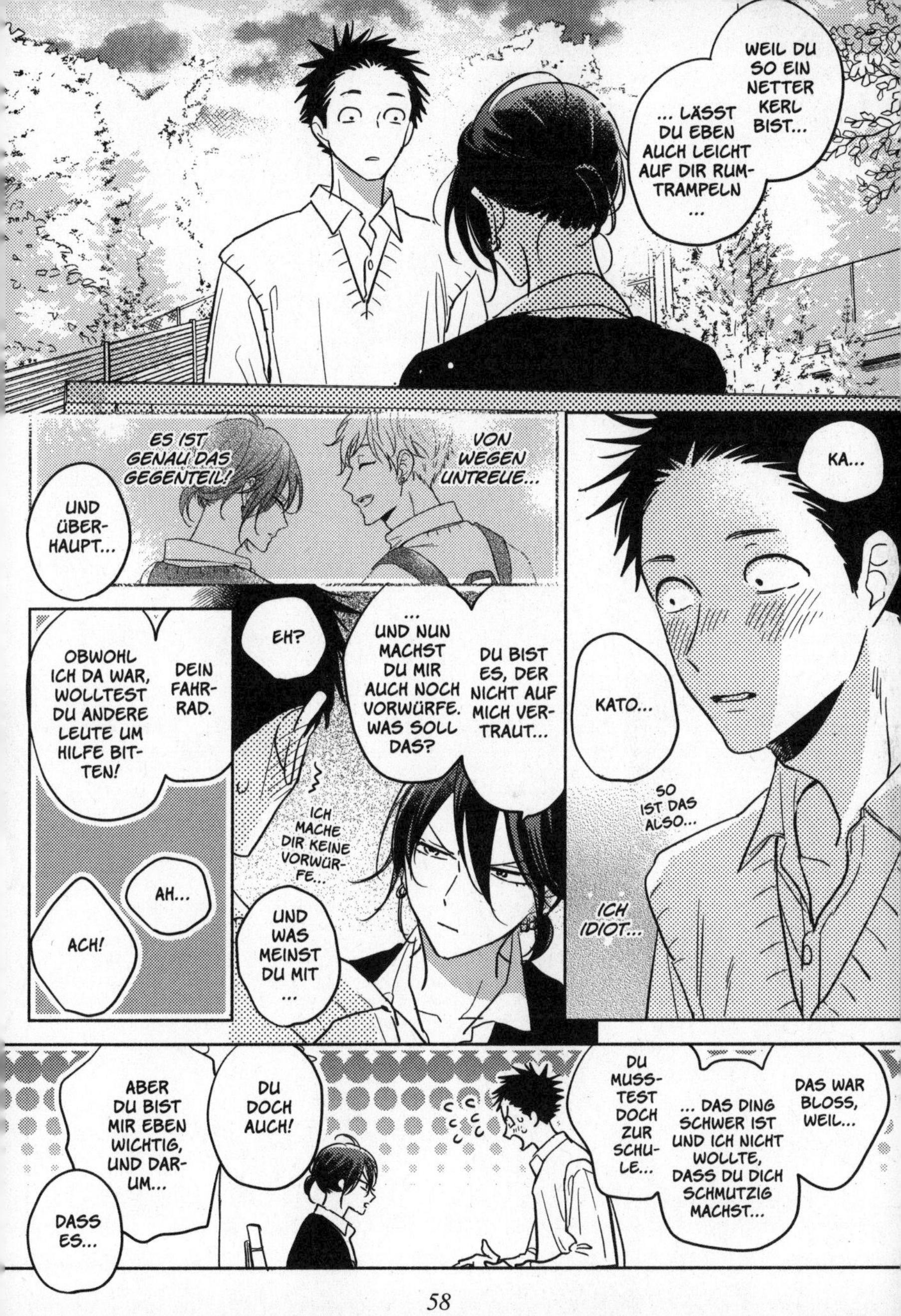
WEIL DU SO EIN NETTER KERL BIST...
... LÄSST DU EBEN AUCH LEICHT AUF DIR RUMTRAMPELN ...
KA...
KATO...
SO IST DAS ALSO...
ICH IDIOT...
VON WEGEN UNTREUE...
ES IST GENAU DAS GEGENTEIL!
UND ÜBERHAUPT...
DU BIST ES, DER NICHT AUF MICH VERTRAUT...
... UND NUN MACHST DU MIR AUCH NOCH VORWÜRFE. WAS SOLL DAS?
EH?
ICH MACHE DIR KEINE VORWÜRFE...
UND WAS MEINST DU MIT ...
DEIN FAHRRAD.
OBWOHL ICH DA WAR, WOLLTEST DU ANDERE LEUTE UM HILFE BITTEN!
AH...
ACH!
DAS WAR BLOSS, WEIL...
... DAS DING SCHWER IST UND ICH NICHT WOLLTE, DASS DU DICH SCHMUTZIG MACHST...
DU MUSSTEST DOCH ZUR SCHULE...
DU DOCH AUCH!
ABER DU BIST MIR EBEN WICHTIG, UND DARUM...
DASS ES...

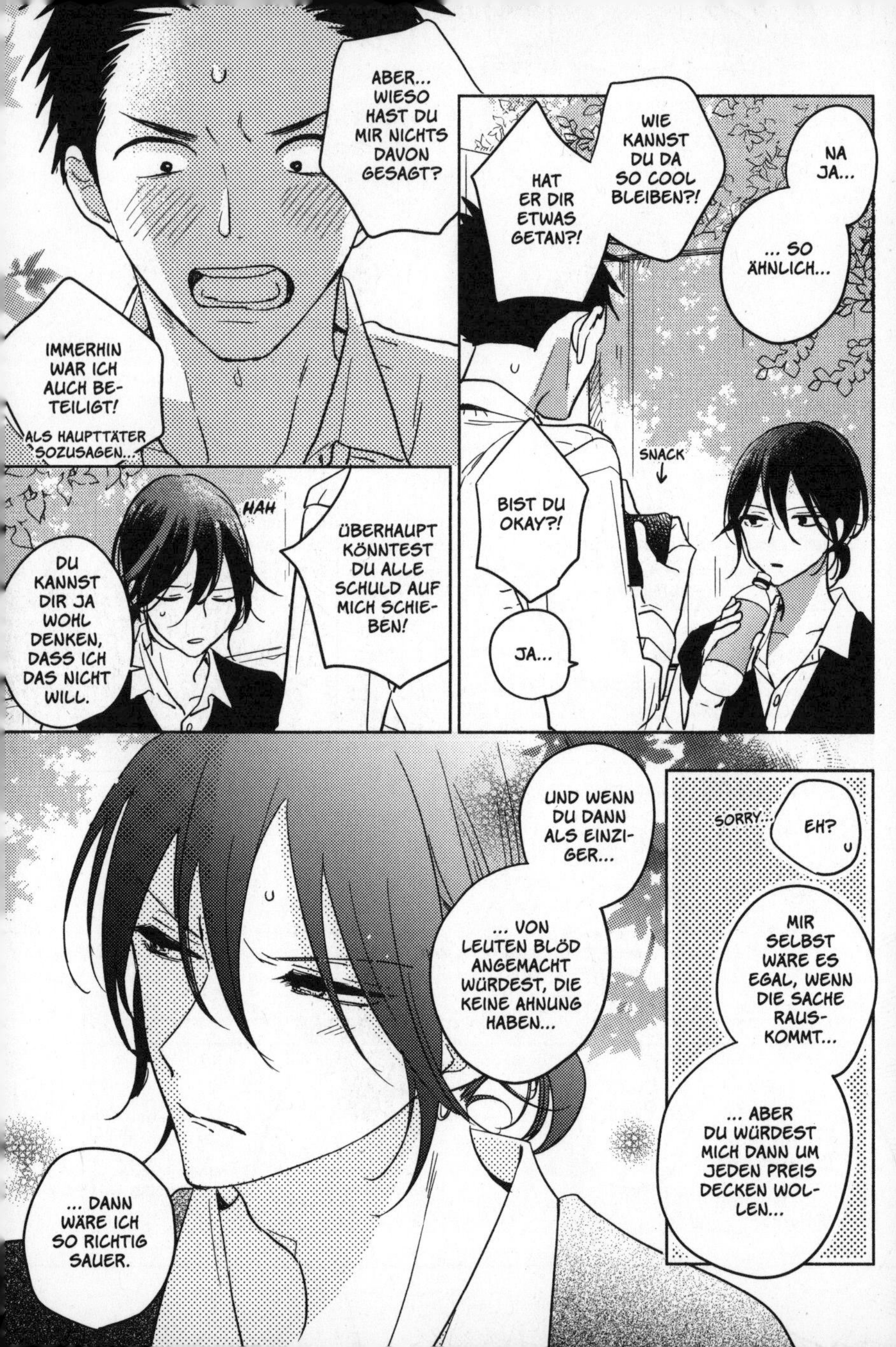
NA JA...
... SO ÄHNLICH...
WIE KANNST DU DA SO COOL BLEIBEN?!
HAT ER DIR ETWAS GETAN?!
ABER... WIESO HAST DU MIR NICHTS DAVON GESAGT?
IMMERHIN WAR ICH AUCH BETEILIGT!
ALS HAUPTTÄTER SOZUSAGEN...
SNACK
BIST DU OKAY?!
JA...
ÜBERHAUPT KÖNNTEST DU ALLE SCHULD AUF MICH SCHIEBEN!
HAH
DU KANNST DIR JA WOHL DENKEN, DASS ICH DAS NICHT WILL.
SORRY...
EH?
MIR SELBST WÄRE ES EGAL, WENN DIE SACHE RAUSKOMMT...
... ABER DU WÜRDEST MICH DANN UM JEDEN PREIS DECKEN WOLLEN...
UND WENN DU DANN ALS EINZIGER...
... VON LEUTEN BLÖD ANGEMACHT WÜRDEST, DIE KEINE AHNUNG HABEN...
... DANN WÄRE ICH SO RICHTIG SAUER.

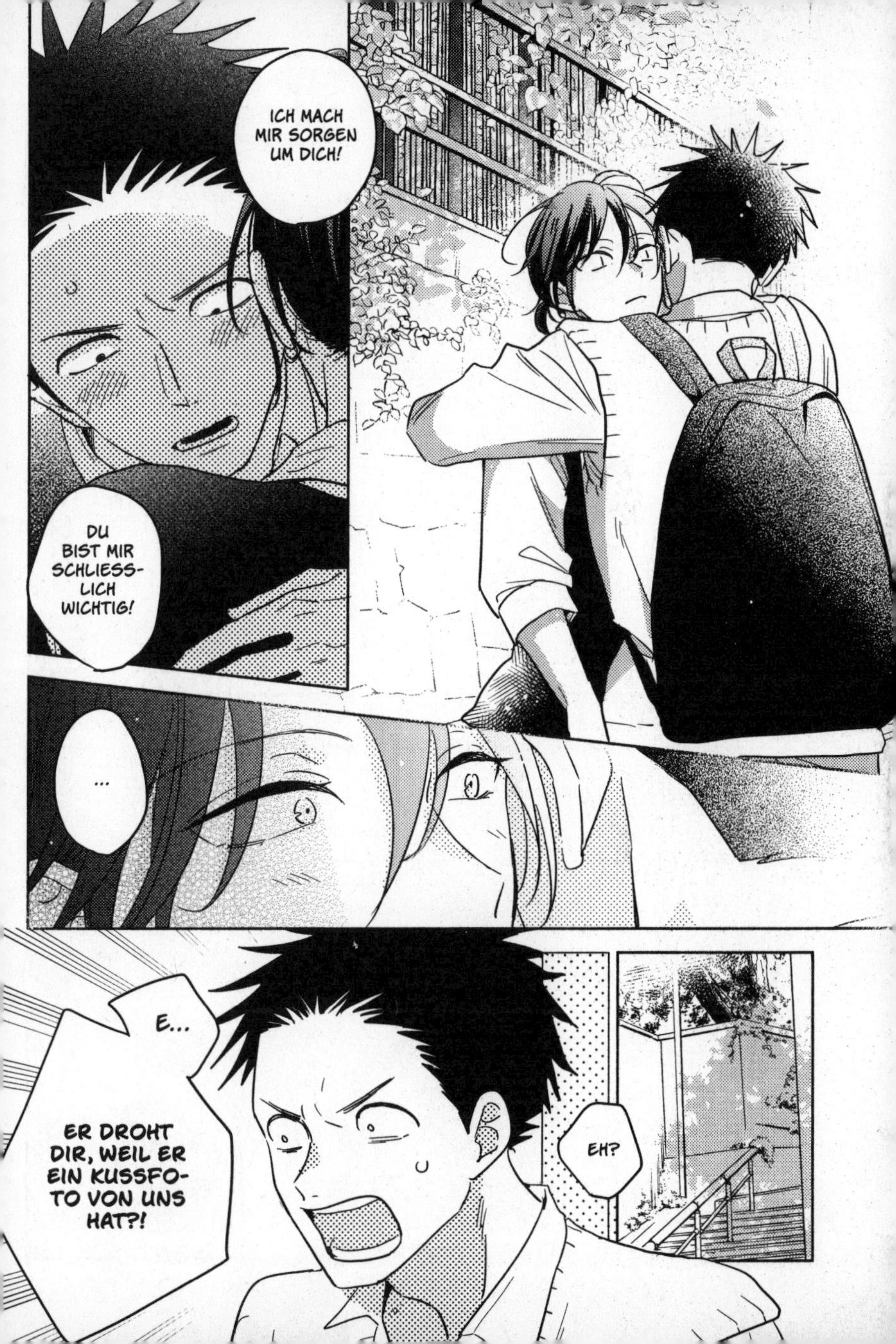
ICH MACH MIR SORGEN UM DICH!
DU BIST MIR SCHLIESS-LICH WICHTIG!
...
EH?
E...
ER DROHT DIR, WEIL ER EIN KUSSFO-TO VON UNS HAT?!

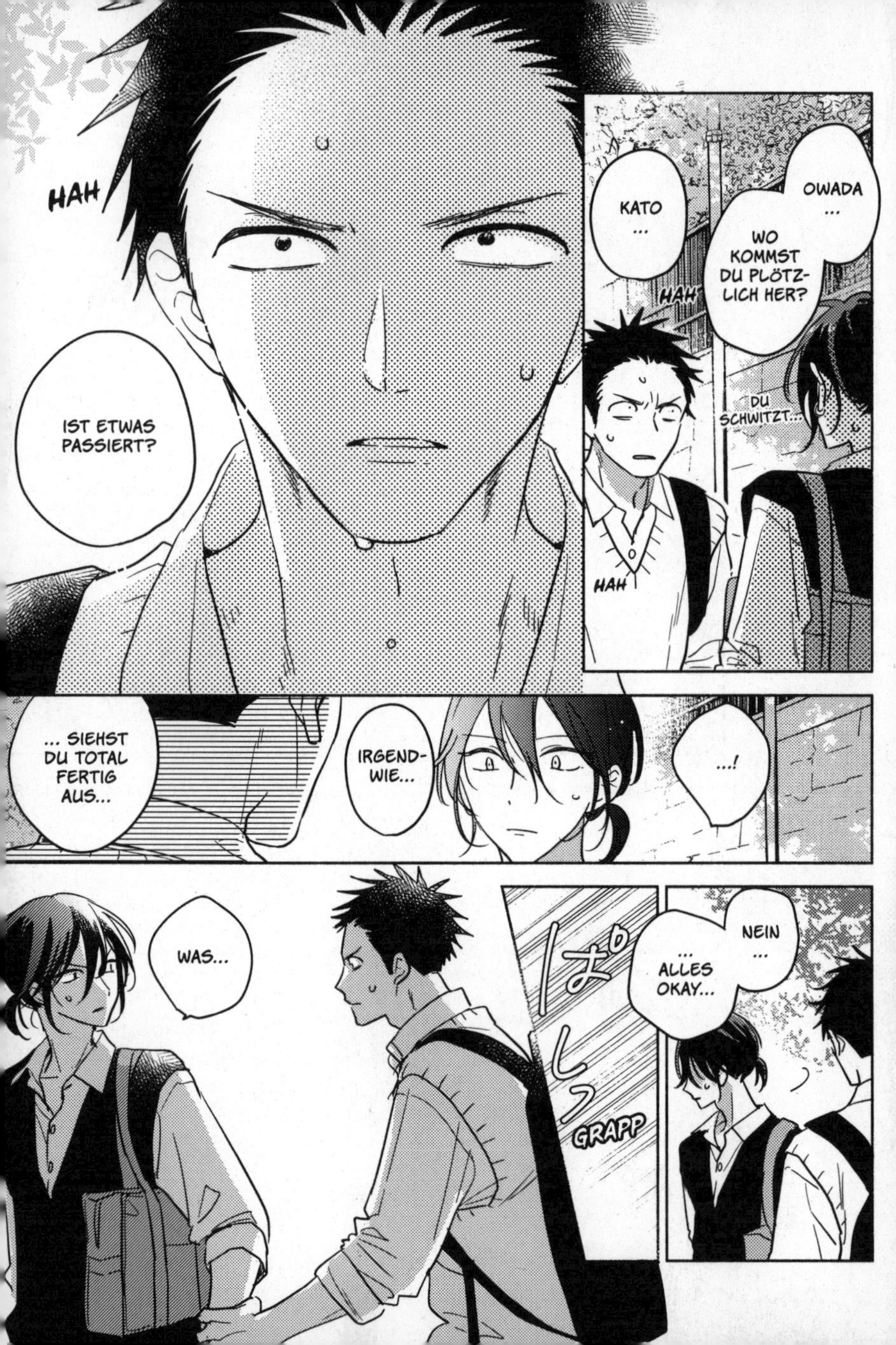
OWADA …
KATO …
WO KOMMST DU PLÖTZLICH HER?
HAH
DU SCHWITZT …
HAH
HAH
IST ETWAS PASSIERT?
…!
IRGENDWIE …
… SIEHST DU TOTAL FERTIG AUS …
NEIN … … ALLES OKAY …
ぱしっ
GRAPP
WAS …

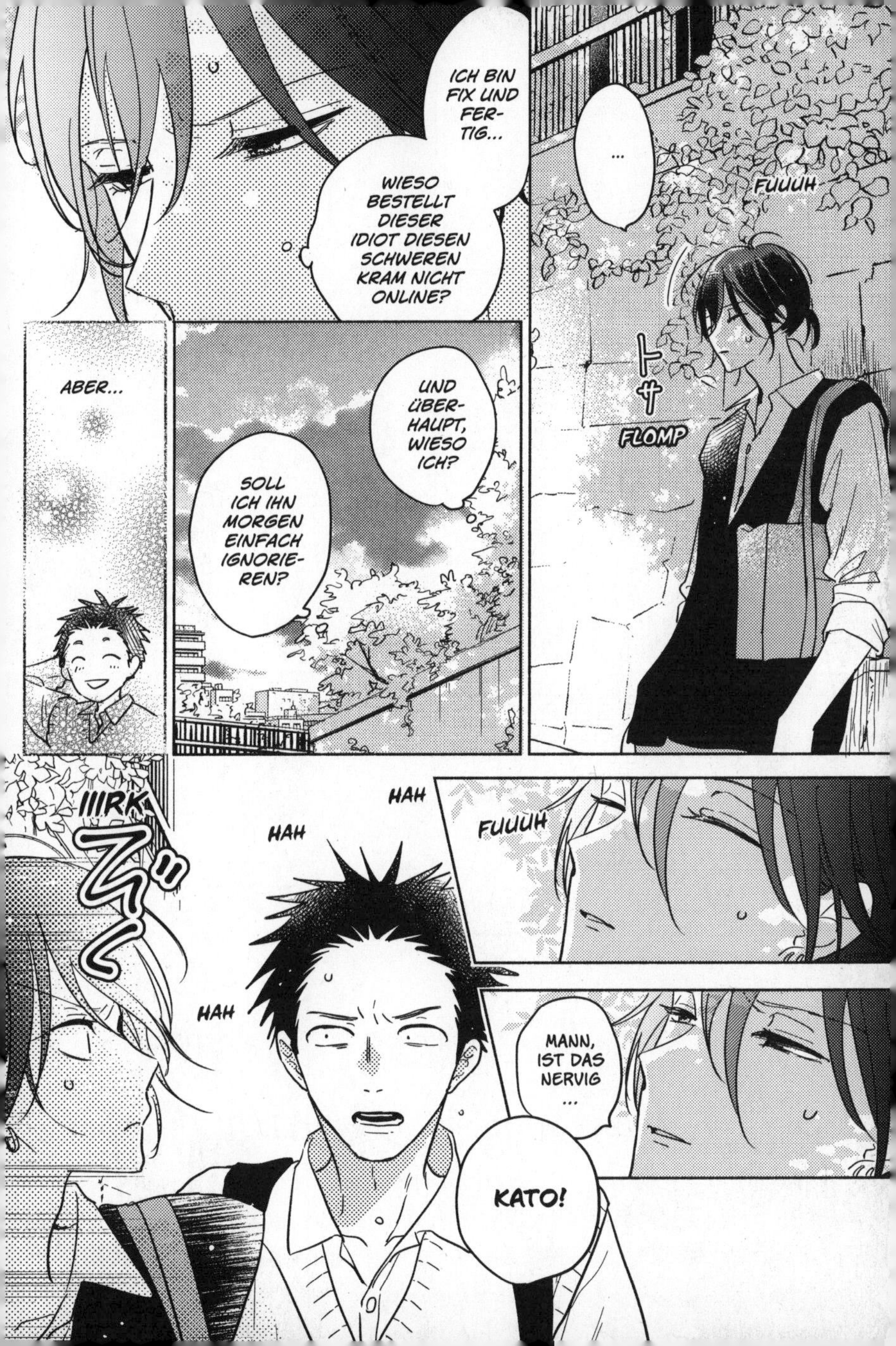
...
FUUUH
トサ
FLOMP
ICH BIN FIX UND FER-TIG...
WIESO BESTELLT DIESER IDIOT DIESEN SCHWEREN KRAM NICHT ONLINE?
UND ÜBER-HAUPT, WIESO ICH?
SOLL ICH IHN MORGEN EINFACH IGNORIE-REN?
ABER...
HAH
FUUUH
MANN, IST DAS NERVIG ...
KATO!
HAH
HAH
IIIRK
ズゞし

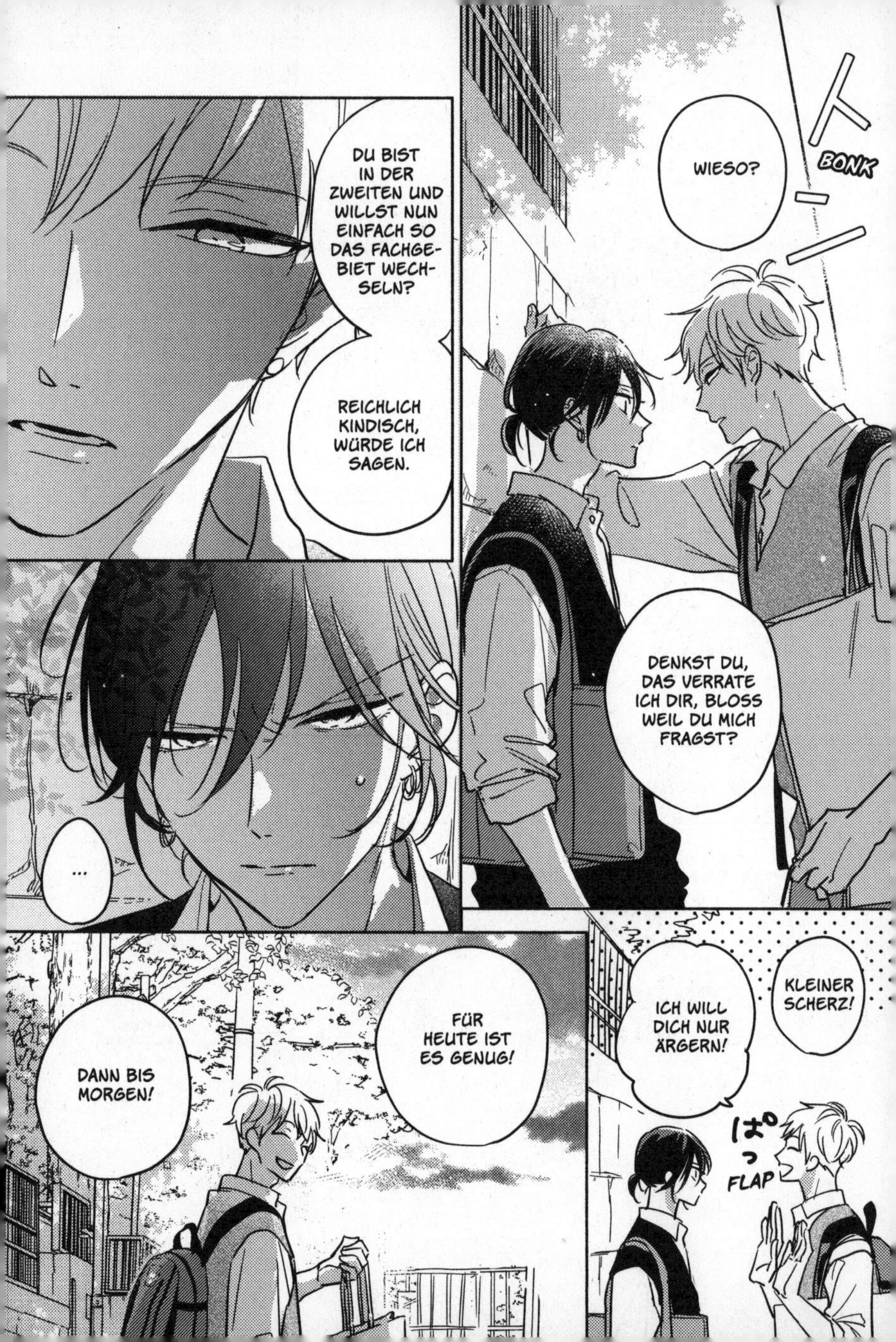
WIESO?
BONK
DENKST DU, DAS VERRATE ICH DIR, BLOSS WEIL DU MICH FRAGST?
DU BIST IN DER ZWEITEN UND WILLST NUN EINFACH SO DAS FACHGE- BIET WECH- SELN?
REICHLICH KINDISCH, WÜRDE ICH SAGEN.
...
KLEINER SCHERZ!
ICH WILL DICH NUR ÄRGERN!
ぱっ
FLAP
FÜR HEUTE IST ES GENUG!
DANN BIS MORGEN!

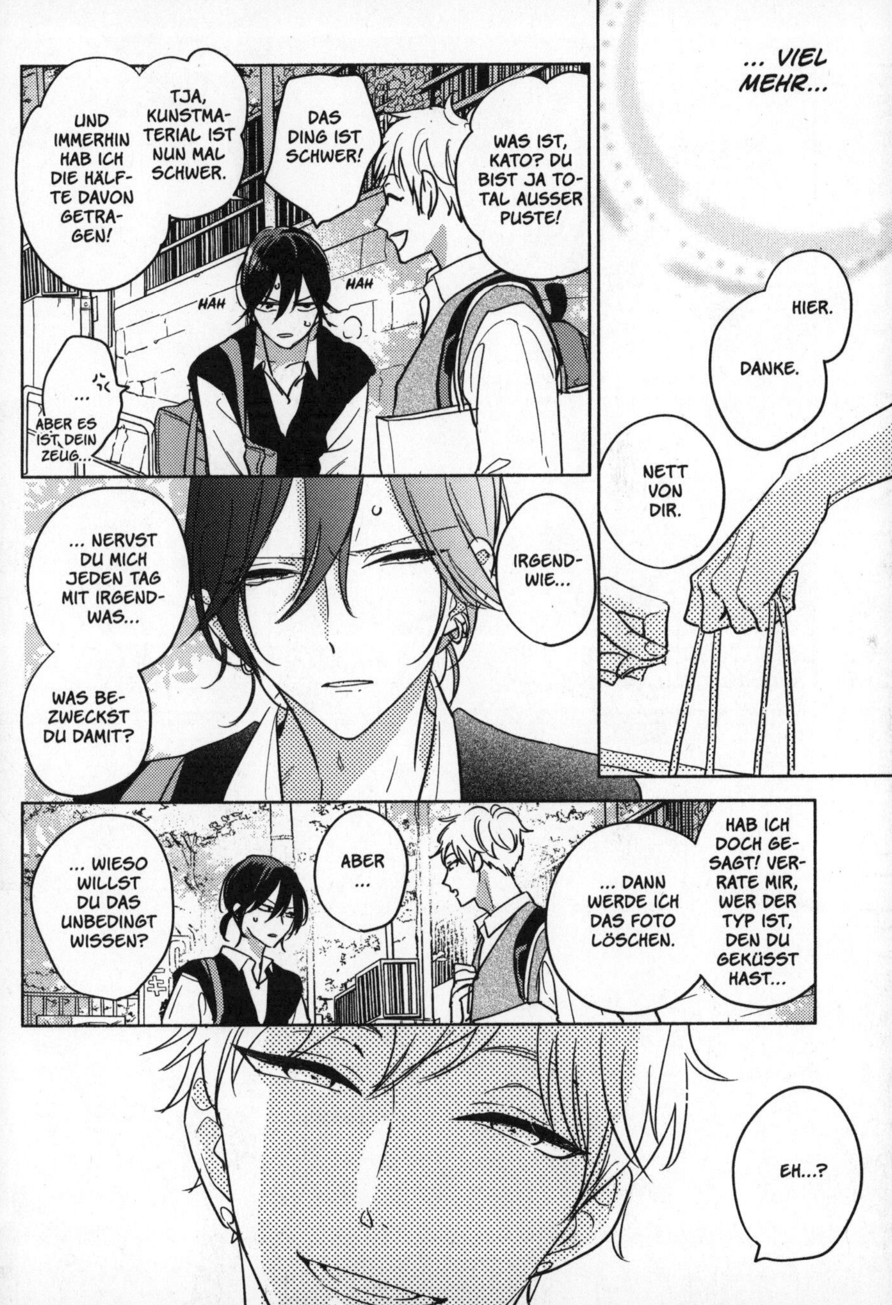
... VIEL MEHR...
HIER.
DANKE.
NETT VON DIR.
WAS IST, KATO? DU BIST JA TOTAL AUSSER PUSTE!
DAS DING IST SCHWER!
TJA, KUNSTMATERIAL IST NUN MAL SCHWER.
UND IMMERHIN HAB ICH DIE HÄLFTE DAVON GETRAGEN!
HAH
HAH
... ABER ES IST DEIN ZEUG...
IRGENDWIE...
... NERVST DU MICH JEDEN TAG MIT IRGENDWAS...
WAS BEZWECKST DU DAMIT?
HAB ICH DOCH GESAGT! VERRATE MIR, WER DER TYP IST, DEN DU GEKÜSST HAST...
... DANN WERDE ICH DAS FOTO LÖSCHEN.
ABER ...
... WIESO WILLST DU DAS UNBEDINGT WISSEN?
EH...?

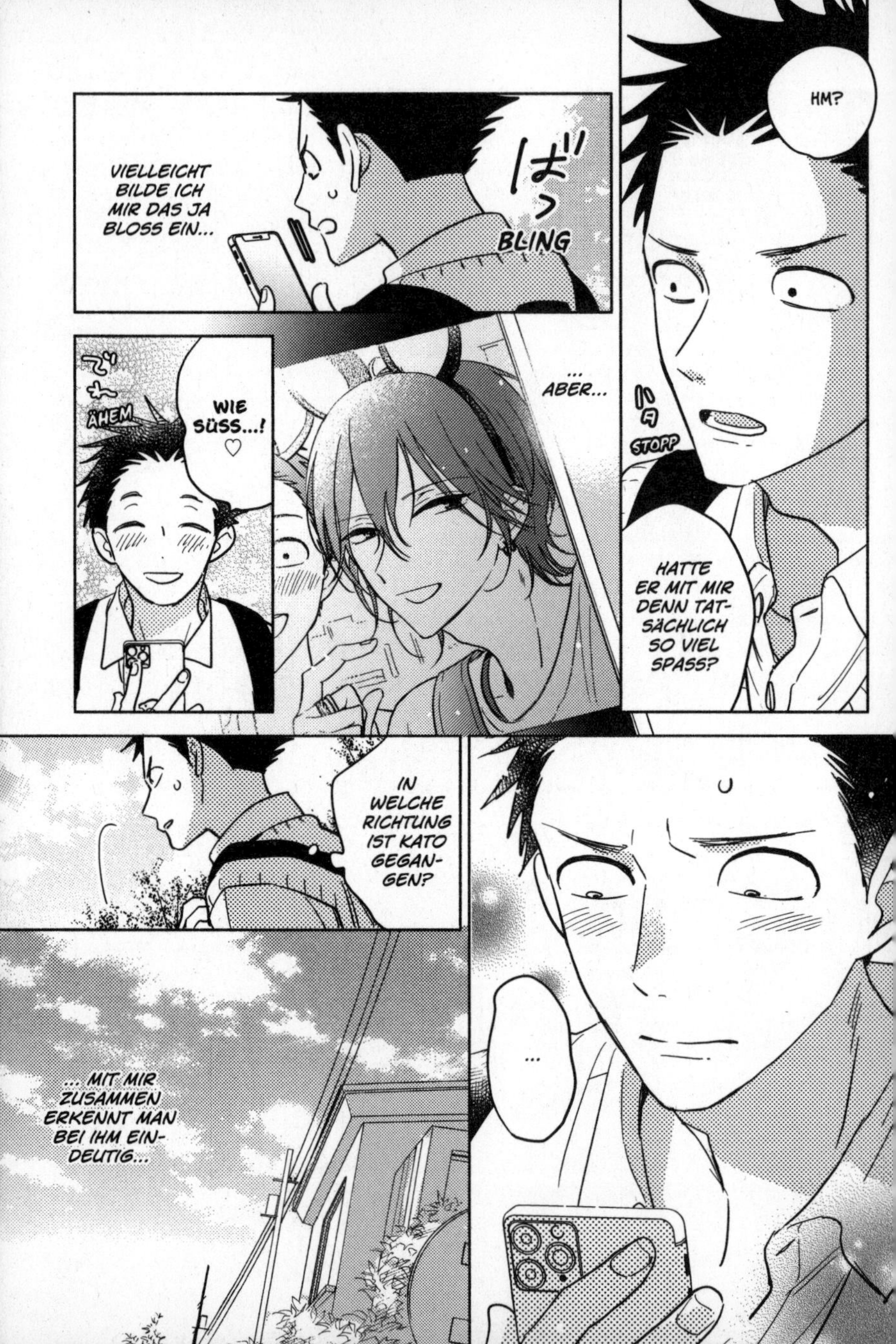
HM?
ばっ
BLING
VIELLEICHT BILDE ICH MIR DAS JA BLOSS EIN...
HATTE ER MIT MIR DENN TATSÄCHLICH SO VIEL SPASS?
ハタ
STOPP
... ABER...
WIE SÜSS...! ♡
でれ〜
ÄHEM
...
IN WELCHE RICHTUNG IST KATO GEGANGEN?
...
... MIT MIR ZUSAMMEN ERKENNT MAN BEI IHM EINDEUTIG...

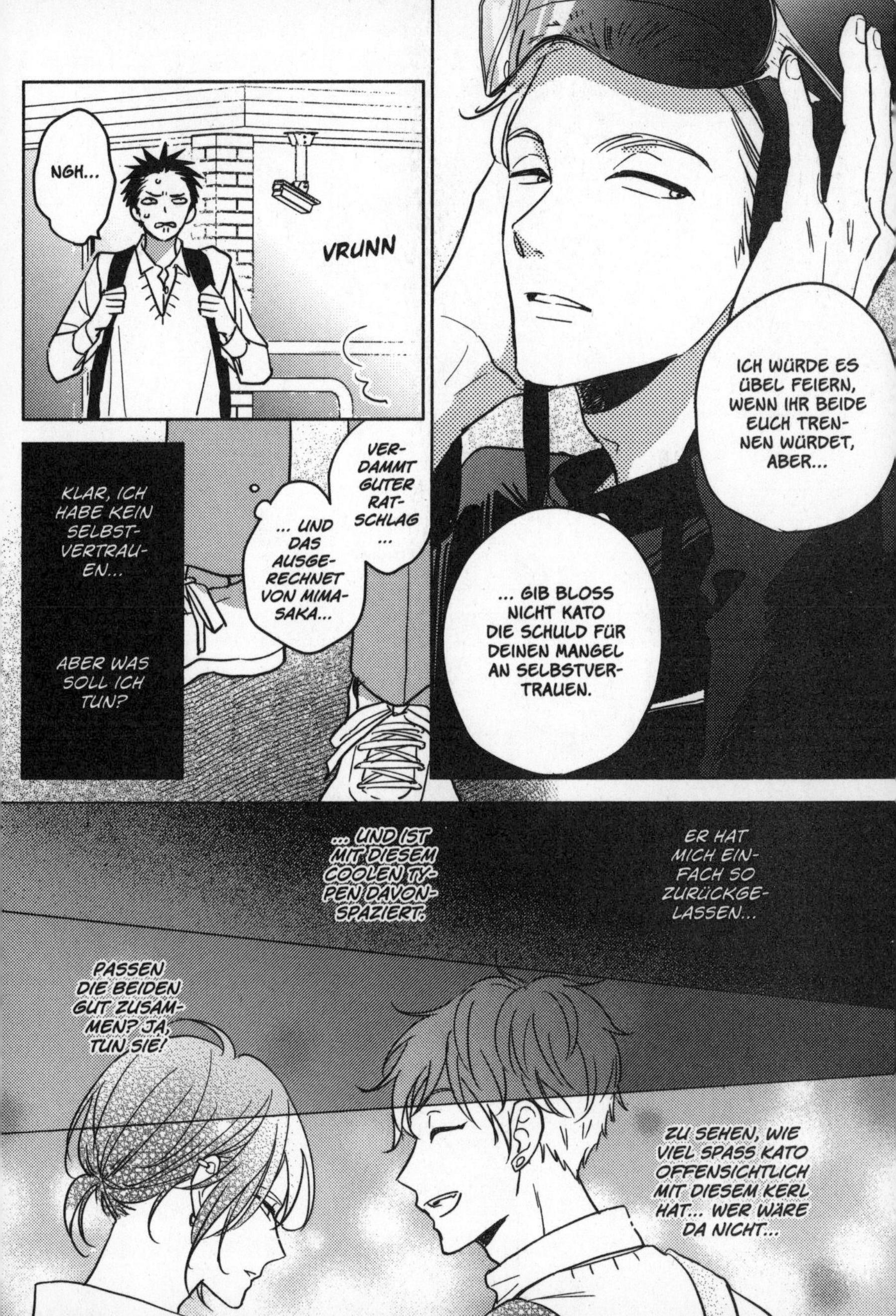
ICH WÜRDE ES ÜBEL FEIERN, WENN IHR BEIDE EUCH TRENNEN WÜRDET, ABER...
... GIB BLOSS NICHT KATO DIE SCHULD FÜR DEINEN MANGEL AN SELBSTVERTRAUEN.
NGH...
VRUNN
VERDAMMT GUTER RATSCHLAG ...
... UND DAS AUSGERECHNET VON MIMASAKA...
KLAR, ICH HABE KEIN SELBSTVERTRAUEN...
ABER WAS SOLL ICH TUN?
ER HAT MICH EINFACH SO ZURÜCKGELASSEN...
... UND IST MIT DIESEM COOLEN TYPEN DAVONSPAZIERT.
ZU SEHEN, WIE VIEL SPASS KATO OFFENSICHTLICH MIT DIESEM KERL HAT... WER WÄRE DA NICHT...
PASSEN DIE BEIDEN GUT ZUSAMMEN? JA, TUN SIE!

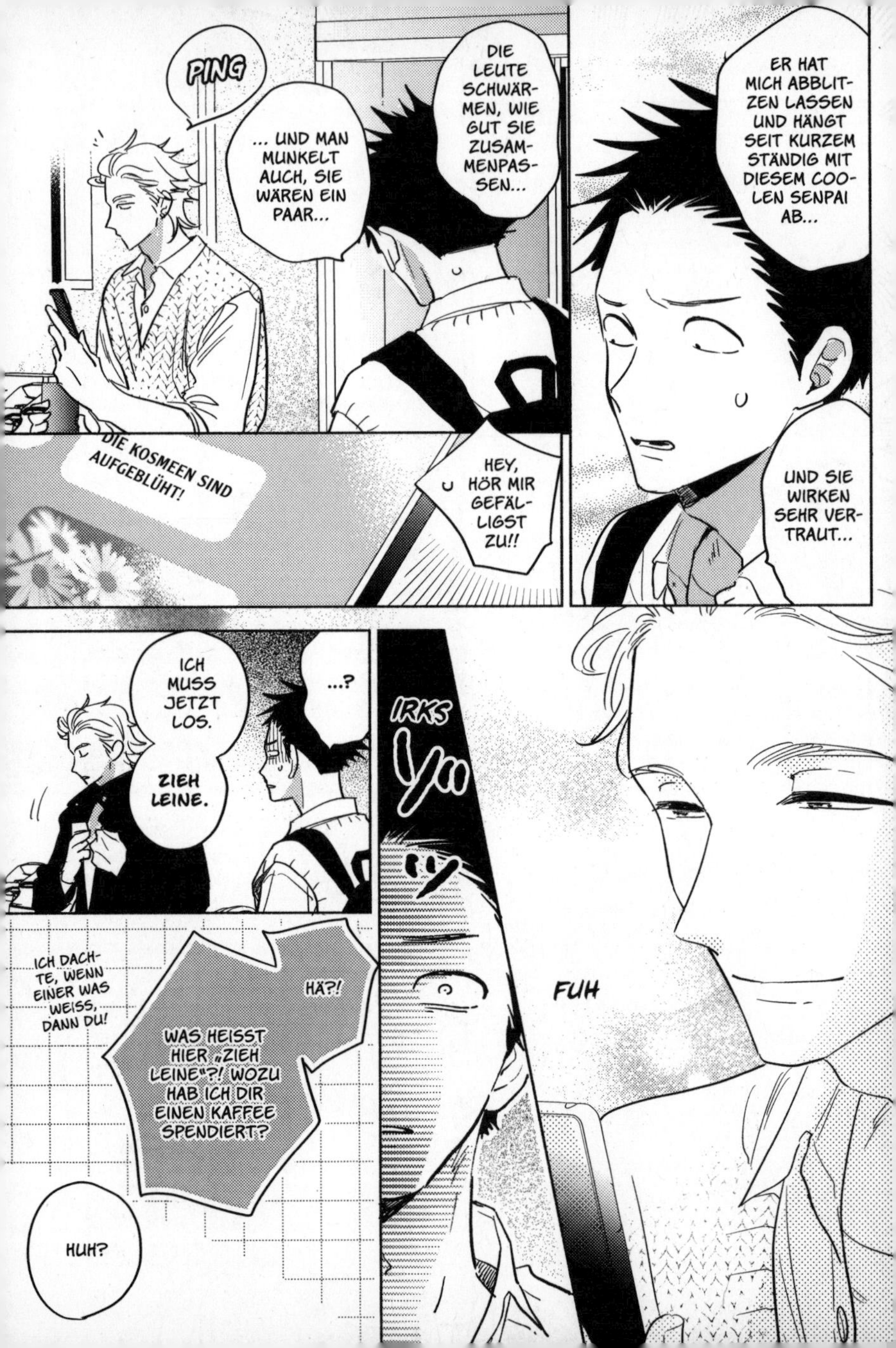
ER HAT MICH ABBLITZEN LASSEN UND HÄNGT SEIT KURZEM STÄNDIG MIT DIESEM COOLEN SENPAI AB...
UND SIE WIRKEN SEHR VERTRAUT...
DIE LEUTE SCHWÄRMEN, WIE GUT SIE ZUSAMMENPASSEN...
PING
... UND MAN MUNKELT AUCH, SIE WÄREN EIN PAAR...
HEY, HÖR MIR GEFÄLLIGST ZU!!
DIE KOSMEEN SIND AUFGEBLÜHT!
IRKS
FUH
...?
ICH MUSS JETZT LOS.
ZIEH LEINE.
HÄ?!
WAS HEISST HIER „ZIEH LEINE"?! WOZU HAB ICH DIR EINEN KAFFEE SPENDIERT?
ICH DACHTE, WENN EINER WAS WEISS, DANN DU!
HUH?

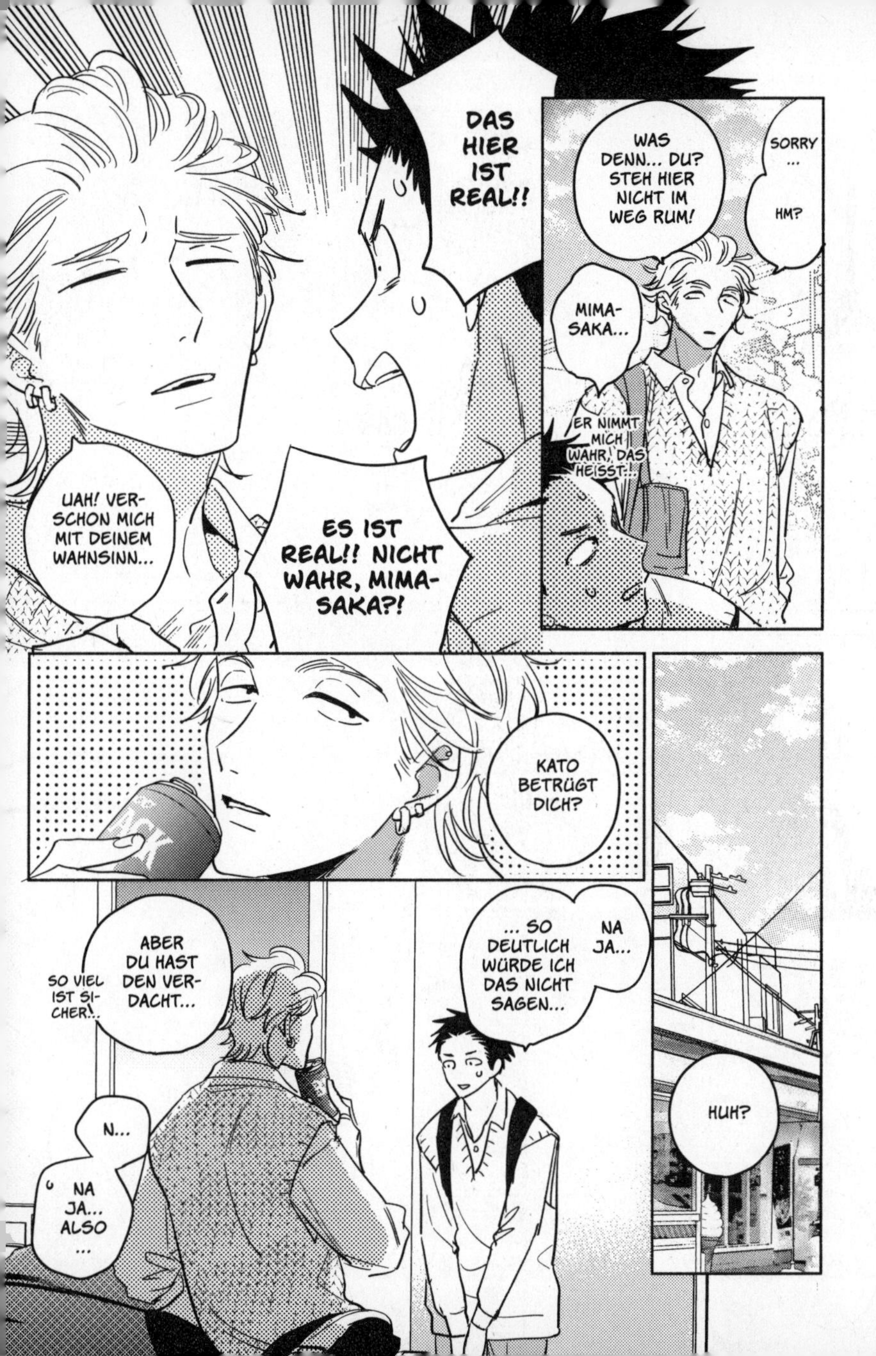
SORRY ...
HM?
WAS DENN... DU? STEH HIER NICHT IM WEG RUM!
MIMA-SAKA...
ER NIMMT MICH WAHR, DAS HEISST...
DAS HIER IST REAL!!
ES IST REAL!! NICHT WAHR, MIMA-SAKA?!
UAH! VER-SCHON MICH MIT DEINEM WAHNSINN...
KATO BETRÜGT DICH?
HUH?
NA JA...
... SO DEUTLICH WÜRDE ICH DAS NICHT SAGEN...
ABER DU HAST DEN VER-DACHT...
SO VIEL IST SI-CHER...
N...
NA JA... ALSO ...

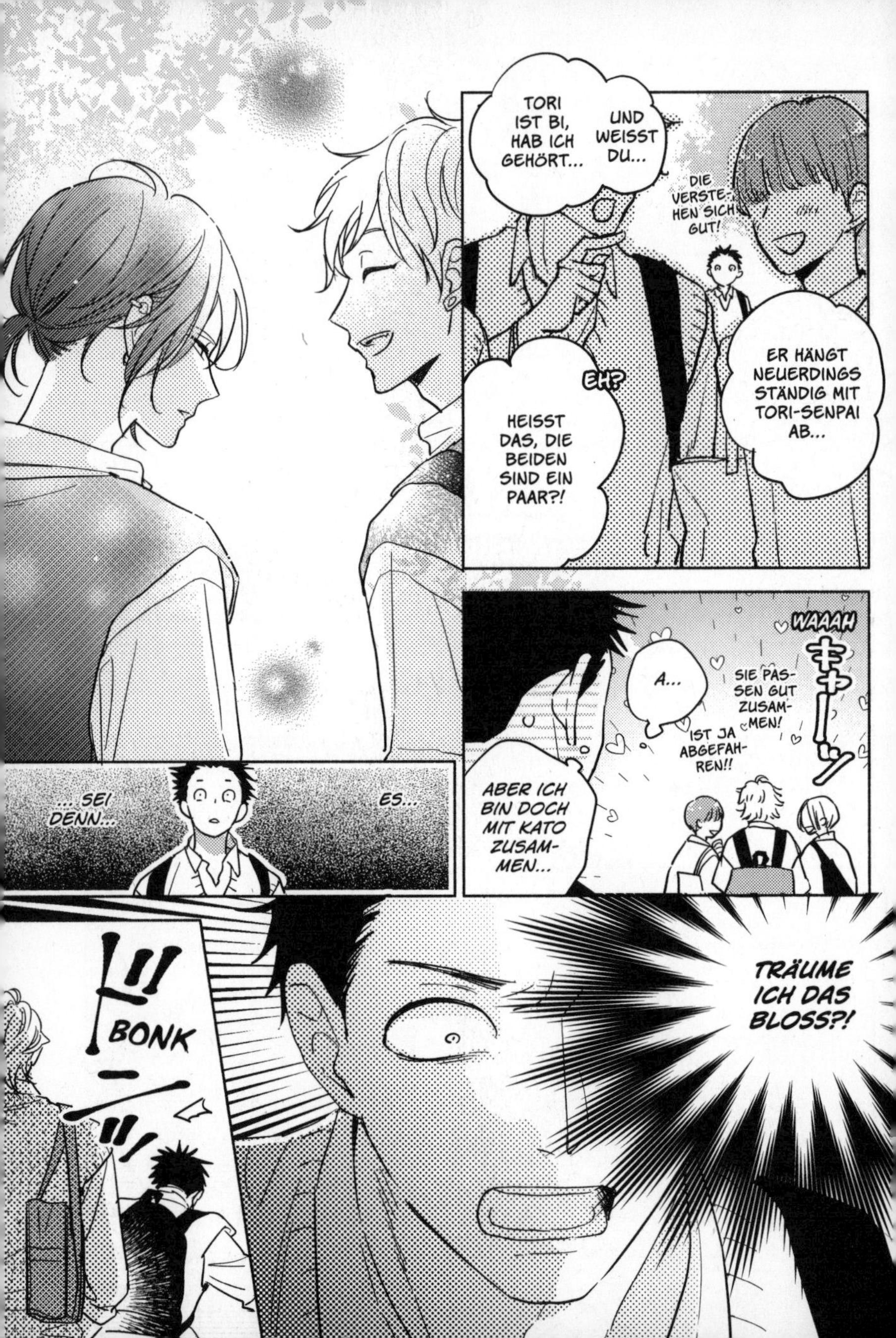
TORI IST BI, HAB ICH GEHÖRT...
UND WEISST DU...
DIE VERSTE-HEN SICH GUT!
ER HÄNGT NEUERDINGS STÄNDIG MIT TORI-SENPAI AB...
EH?
HEISST DAS, DIE BEIDEN SIND EIN PAAR?!
ES...
... SEI DENN...
WAAAH
キャーッ
SIE PAS-SEN GUT ZUSAM-MEN!
IST JA ABGEFAH-REN!!
A...
ABER ICH BIN DOCH MIT KATO ZUSAM-MEN...
TRÄUME ICH DAS BLOSS?!
BONK

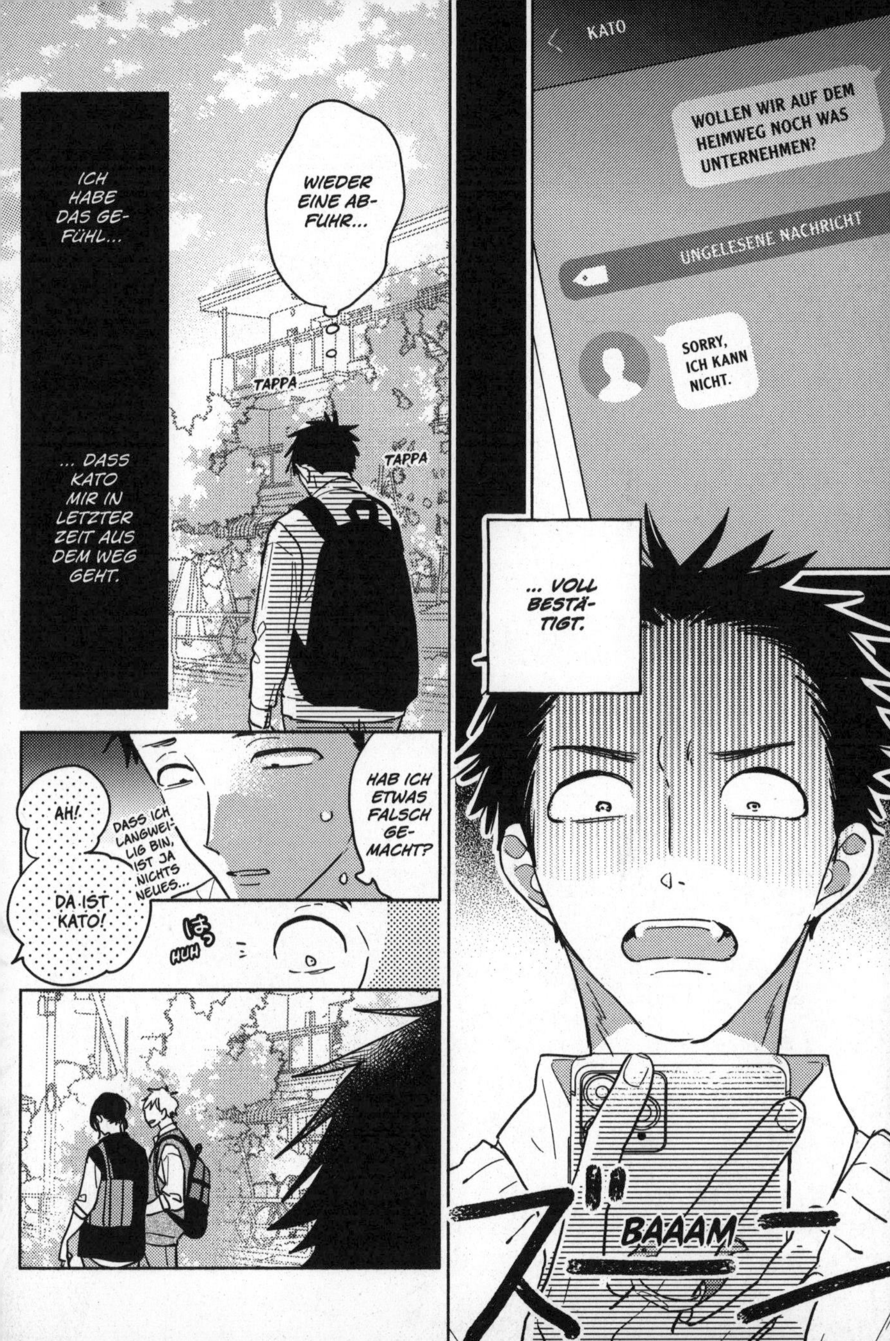
KATO
WOLLEN WIR AUF DEM HEIMWEG NOCH WAS UNTERNEHMEN?
UNGELESENE NACHRICHT
SORRY, ICH KANN NICHT.
... VOLL BESTÄTIGT.
BAAAM
ICH HABE DAS GEFÜHL...
WIEDER EINE ABFUHR...
TAPPA
TAPPA
... DASS KATO MIR IN LETZTER ZEIT AUS DEM WEG GEHT.
HAB ICH ETWAS FALSCH GEMACHT?
DASS ICH LANGWEILIG BIN, IST JA NICHTS NEUES...
AH!
DA IST KATO!
はっ
HUH

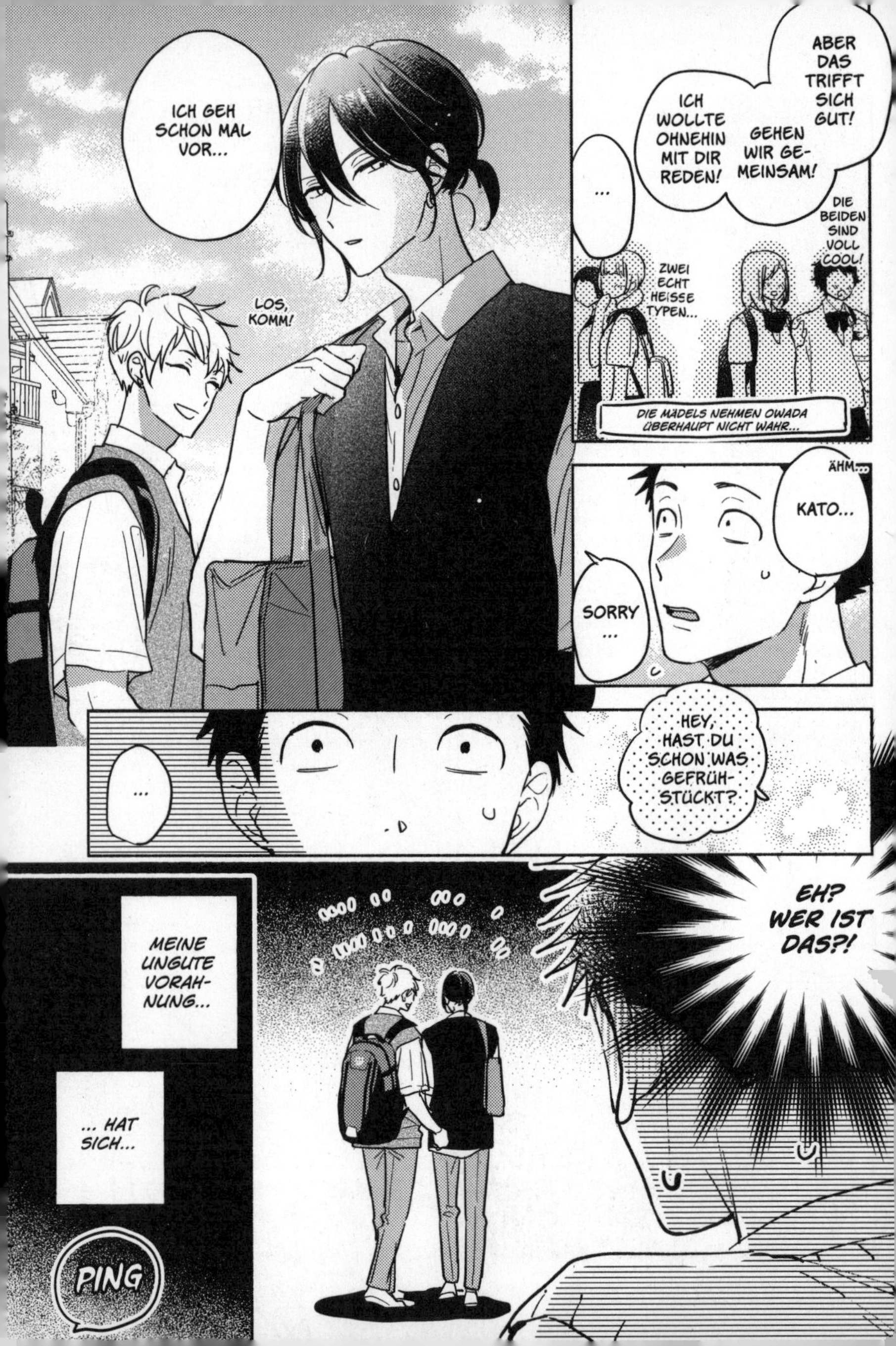
ABER DAS TRIFFT SICH GUT!
GEHEN WIR GEMEINSAM!
ICH WOLLTE OHNEHIN MIT DIR REDEN!
...
DIE BEIDEN SIND VOLL COOL!
ZWEI ECHT HEISSE TYPEN...
DIE MÄDELS NEHMEN OWADA ÜBERHAUPT NICHT WAHR...
ÄHM...
KATO...
SORRY ...
ICH GEH SCHON MAL VOR...
LOS, KOMM!
HEY, HAST DU SCHON WAS GEFRÜHSTÜCKT?
...
EH? WER IST DAS?!
MEINE UNGUTE VORAHNUNG...
... HAT SICH...
PING

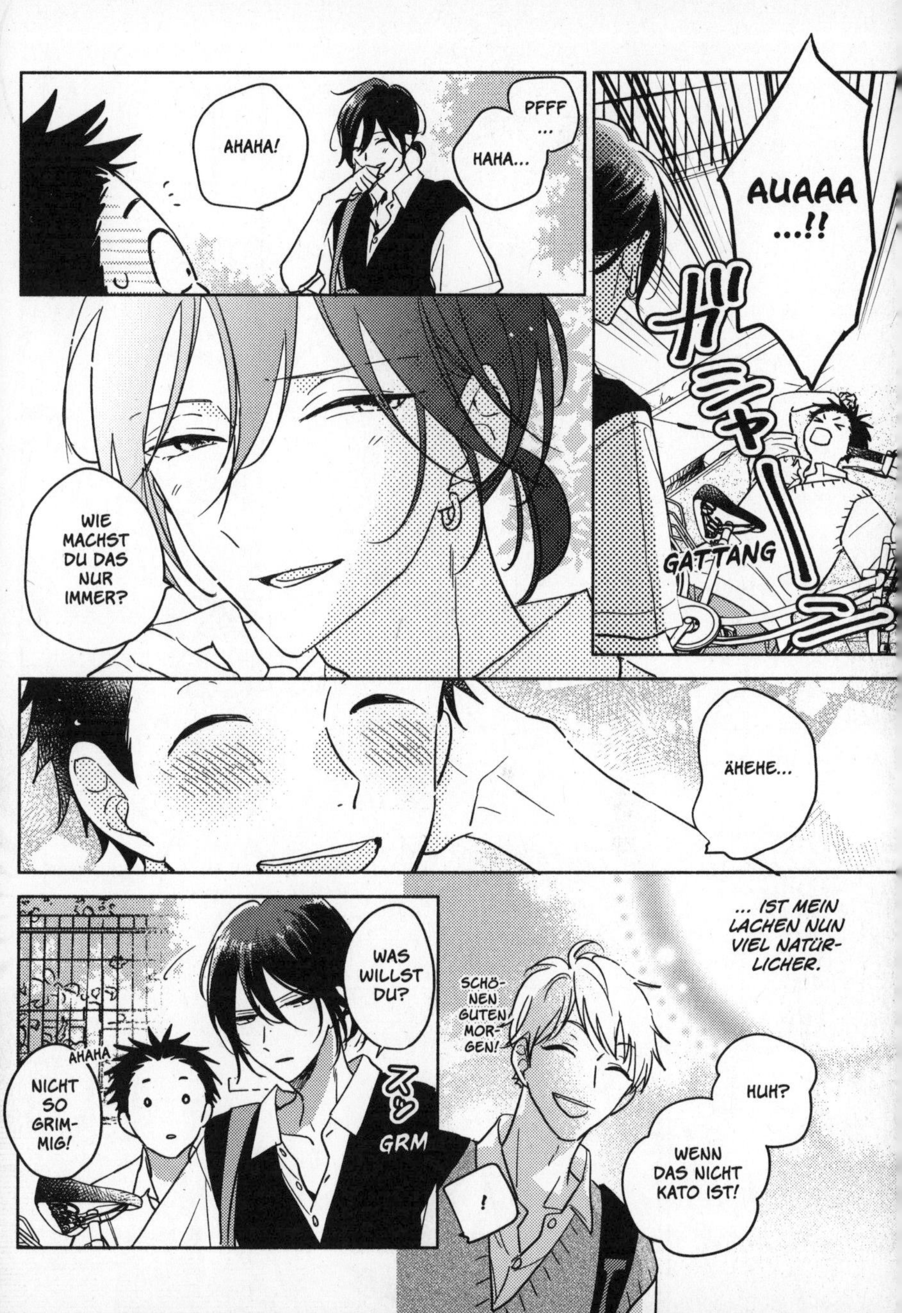
AUAAA ...!!
ガシャーン
GATTANG
PFFF ... HAHA...
AHAHA!
WIE MACHST DU DAS NUR IMMER?
ÄHEHE...
... IST MEIN LACHEN NUN VIEL NATÜR-LICHER.
HUH?
WENN DAS NICHT KATO IST!
!
SCHÖ-NEN GUTEN MOR-GEN!
WAS WILLST DU?
スッ
GRM
AHAHA
NICHT SO GRIM-MIG!

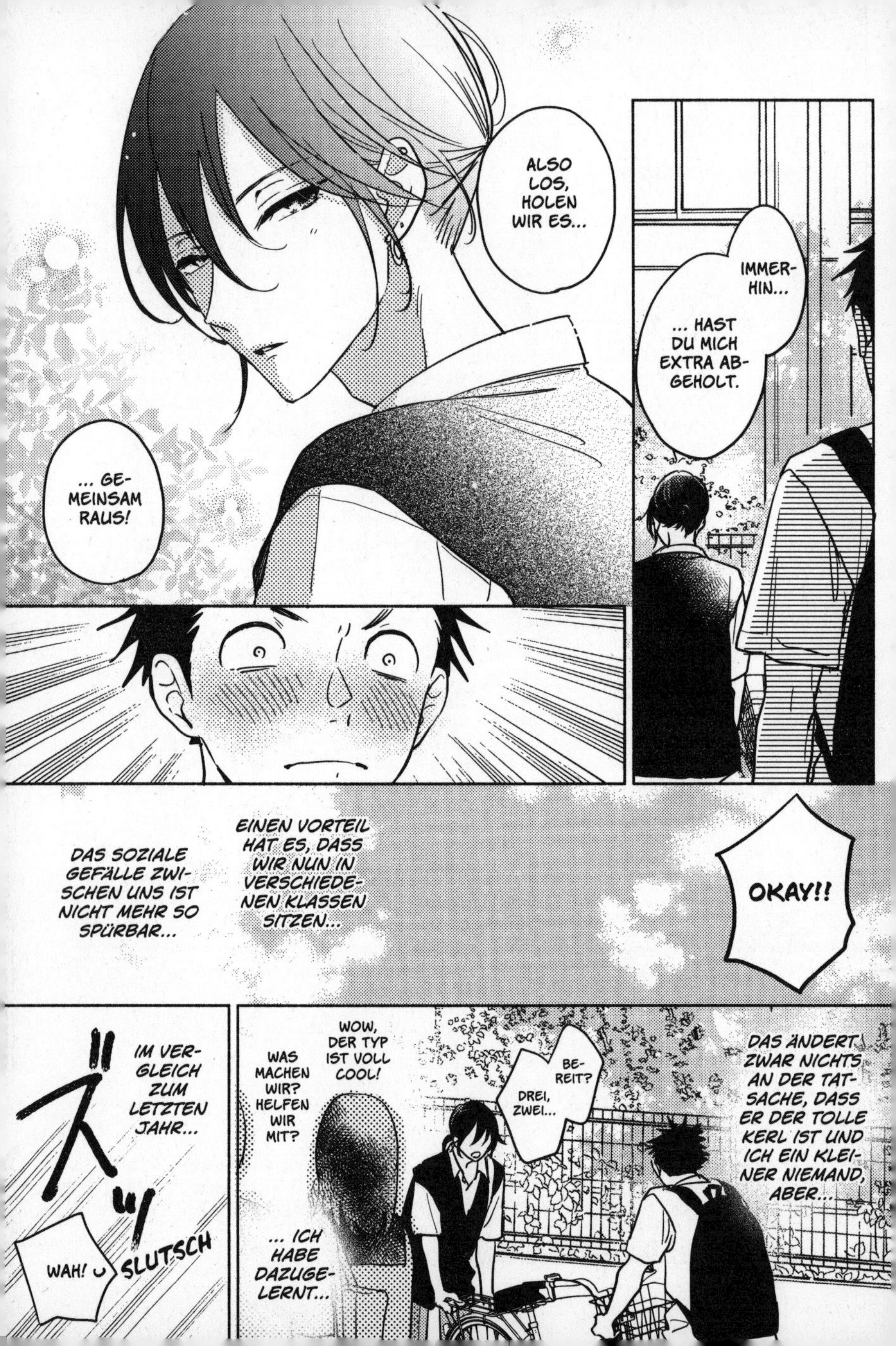

IMMERHIN...
... HAST DU MICH EXTRA ABGEHOLT.
ALSO LOS, HOLEN WIR ES...
... GEMEINSAM RAUS!

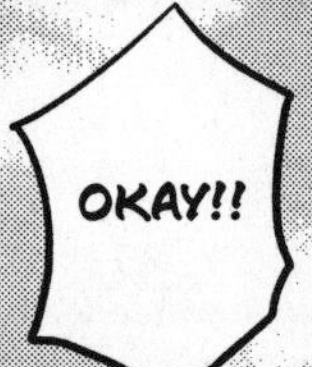

EINEN VORTEIL HAT ES, DASS WIR NUN IN VERSCHIEDENEN KLASSEN SITZEN...
DAS SOZIALE GEFÄLLE ZWISCHEN UNS IST NICHT MEHR SO SPÜRBAR...

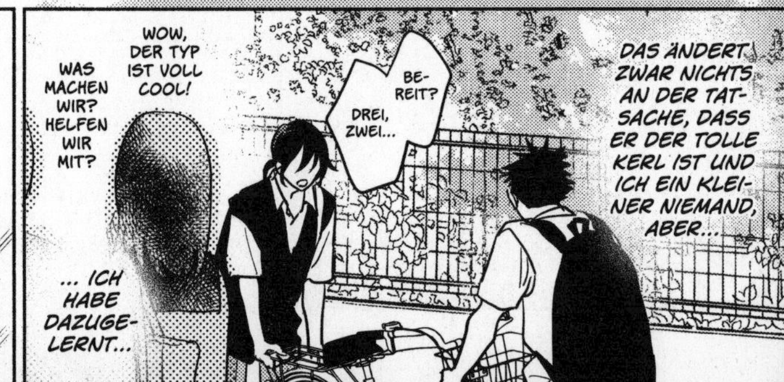

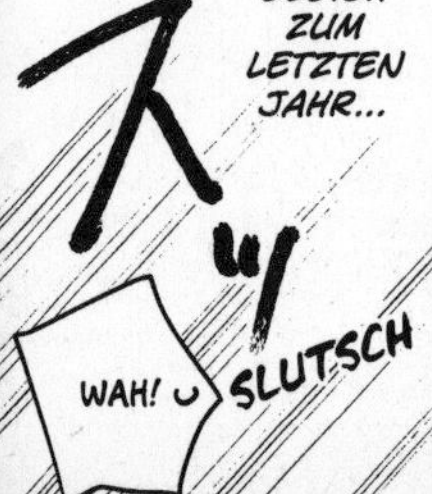

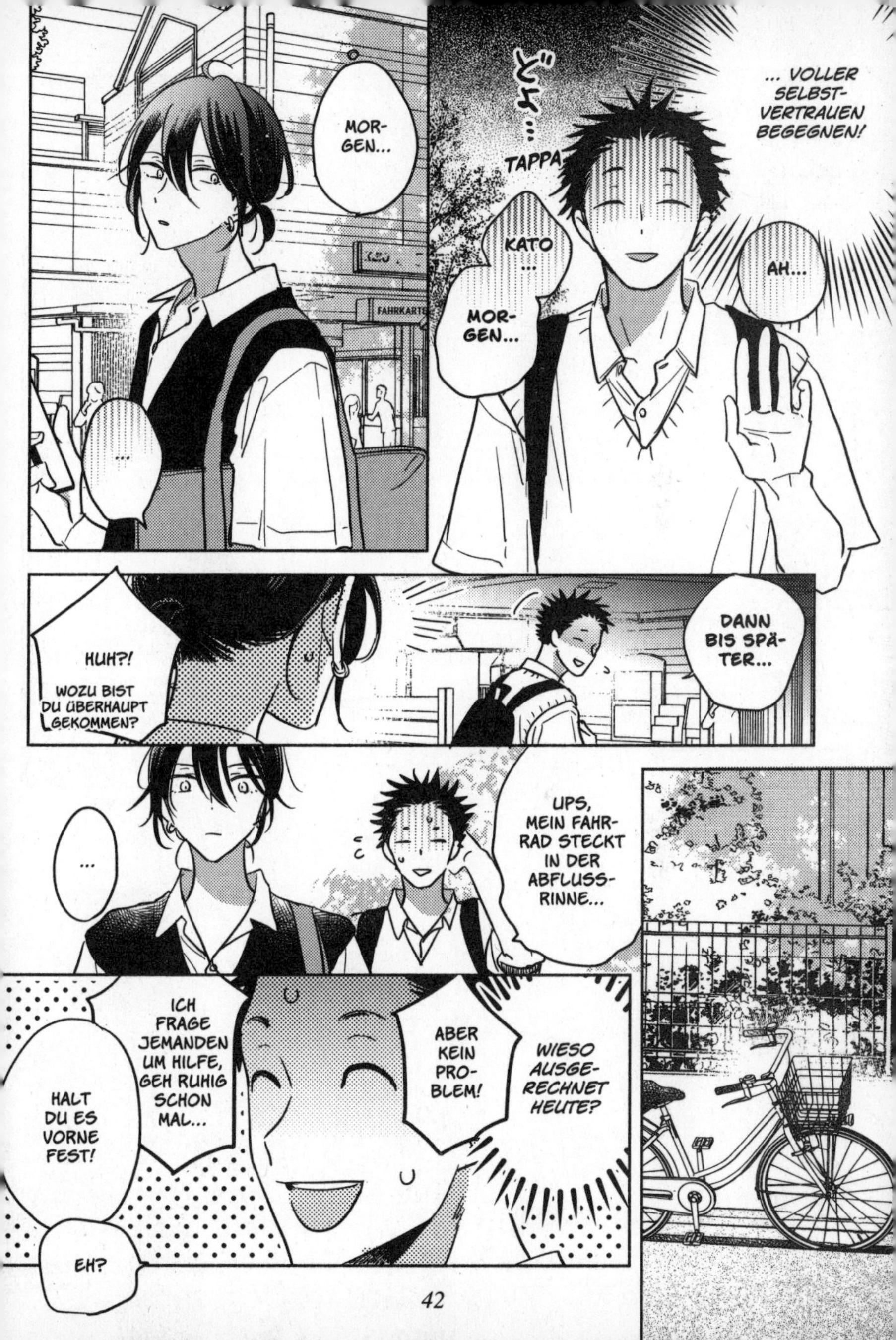
... VOLLER SELBST-VERTRAUEN BEGEGNEN!
AH...
どよ...
TAPPA
KATO ...
MOR-GEN...
MOR-GEN...
...
DANN BIS SPÄ-TER...
HUH?!
WOZU BIST DU ÜBERHAUPT GEKOMMEN?
UPS, MEIN FAHR-RAD STECKT IN DER ABFLUSS-RINNE...
...
WIESO AUSGE-RECHNET HEUTE?
ABER KEIN PRO-BLEM!
ICH FRAGE JEMANDEN UM HILFE, GEH RUHIG SCHON MAL...
HALT DU ES VORNE FEST!
EH?

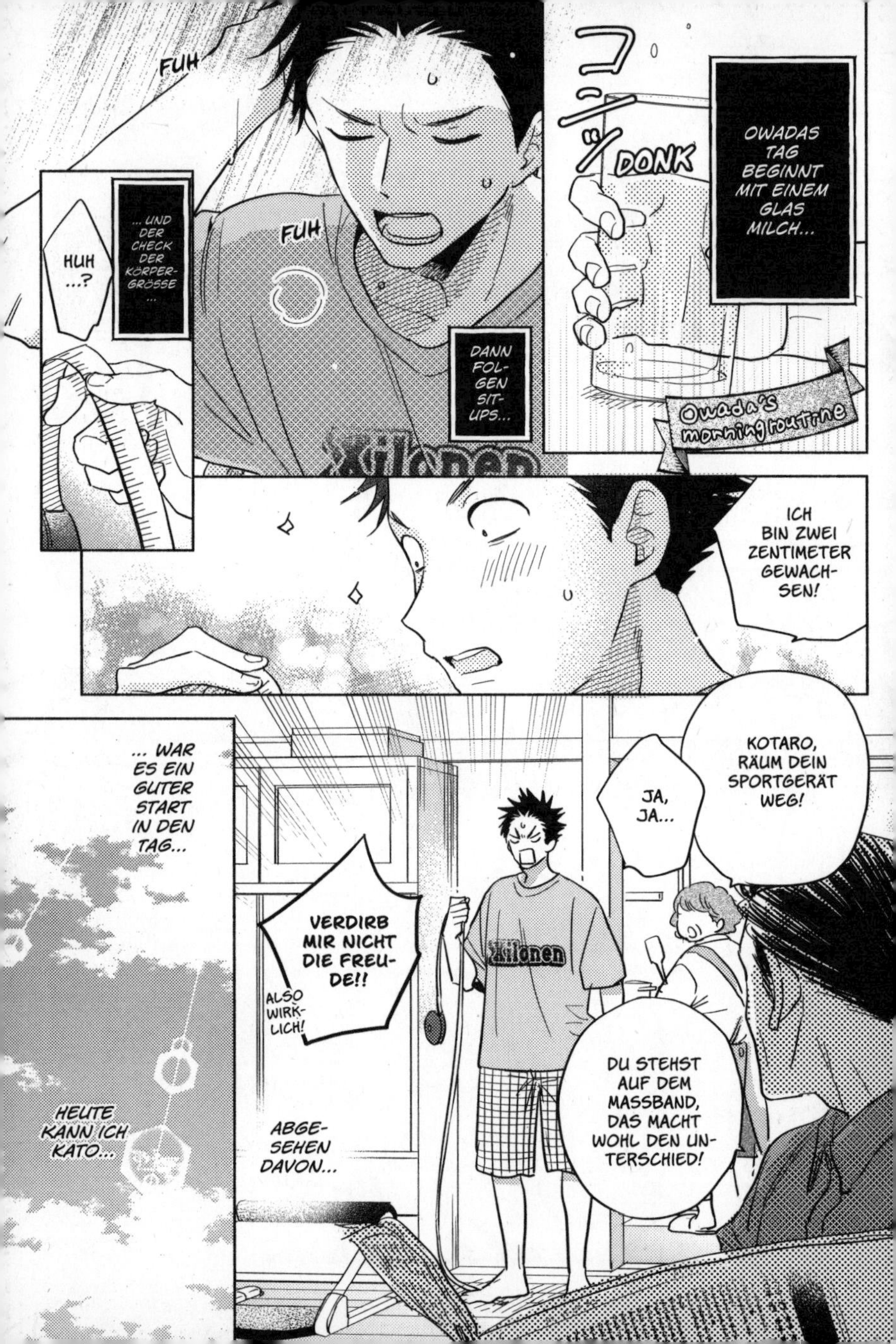
OWADAS TAG BEGINNT MIT EINEM GLAS MILCH...
DONK
Owada's morning routine
DANN FOLGEN SIT-UPS...
FUH
FUH
... UND DER CHECK DER KÖRPERGRÖSSE ...
HUH ...?
ICH BIN ZWEI ZENTIMETER GEWACHSEN!
KOTARO, RÄUM DEIN SPORTGERÄT WEG!
JA, JA...
... WAR ES EIN GUTER START IN DEN TAG...
VERDIRB MIR NICHT DIE FREUDE!!
ALSO WIRKLICH!
DU STEHST AUF DEM MASSBAND, DAS MACHT WOHL DEN UNTERSCHIED!
ABGESEHEN DAVON...
HEUTE KANN ICH KATO...

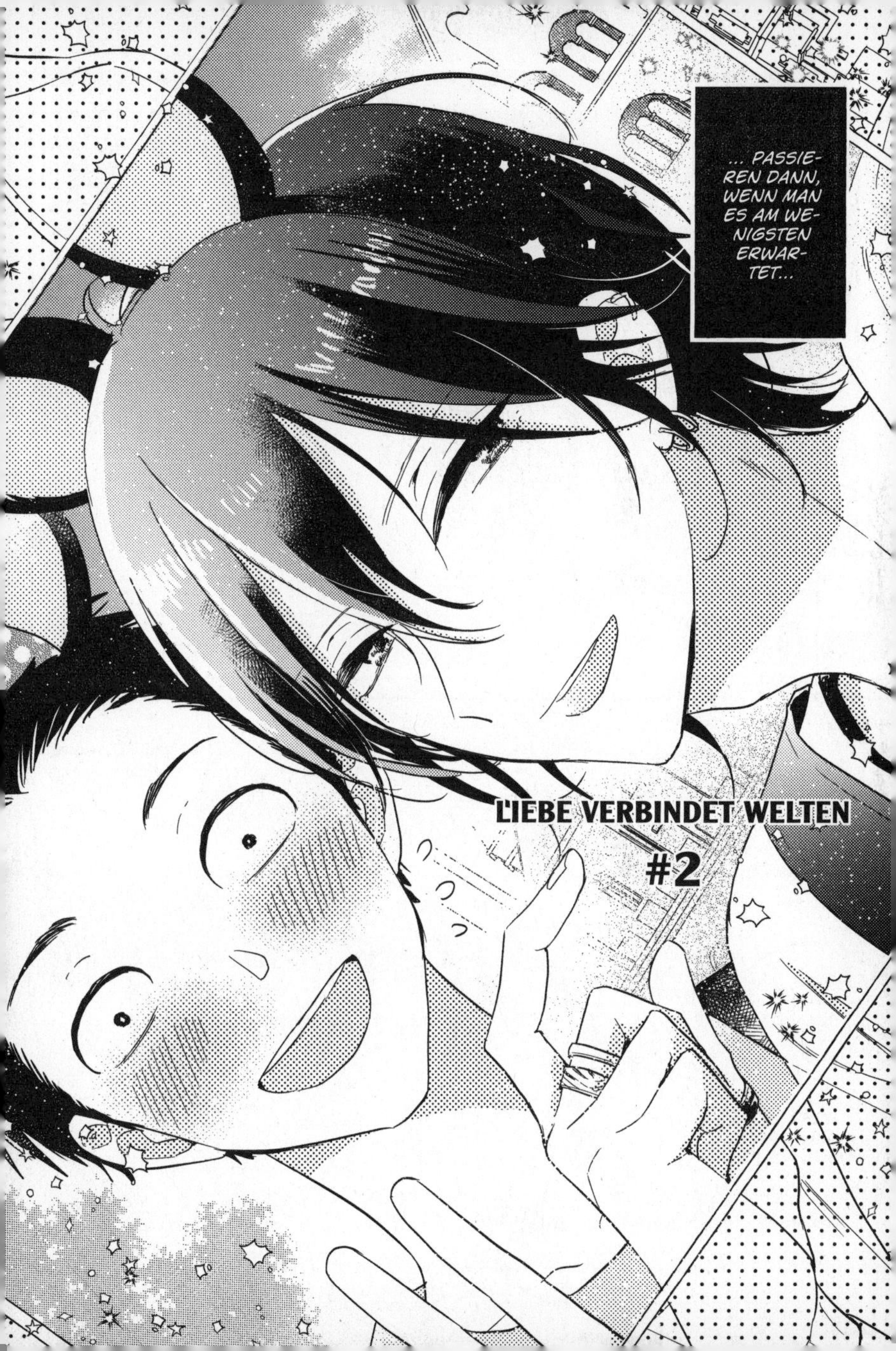
... PASSIE-
REN DANN,
WENN MAN
ES AM WE-
NIGSTEN
ERWAR-
TET...
LIEBE VERBINDET WELTEN
#2

LIEBE VERBINDET WELTEN #2

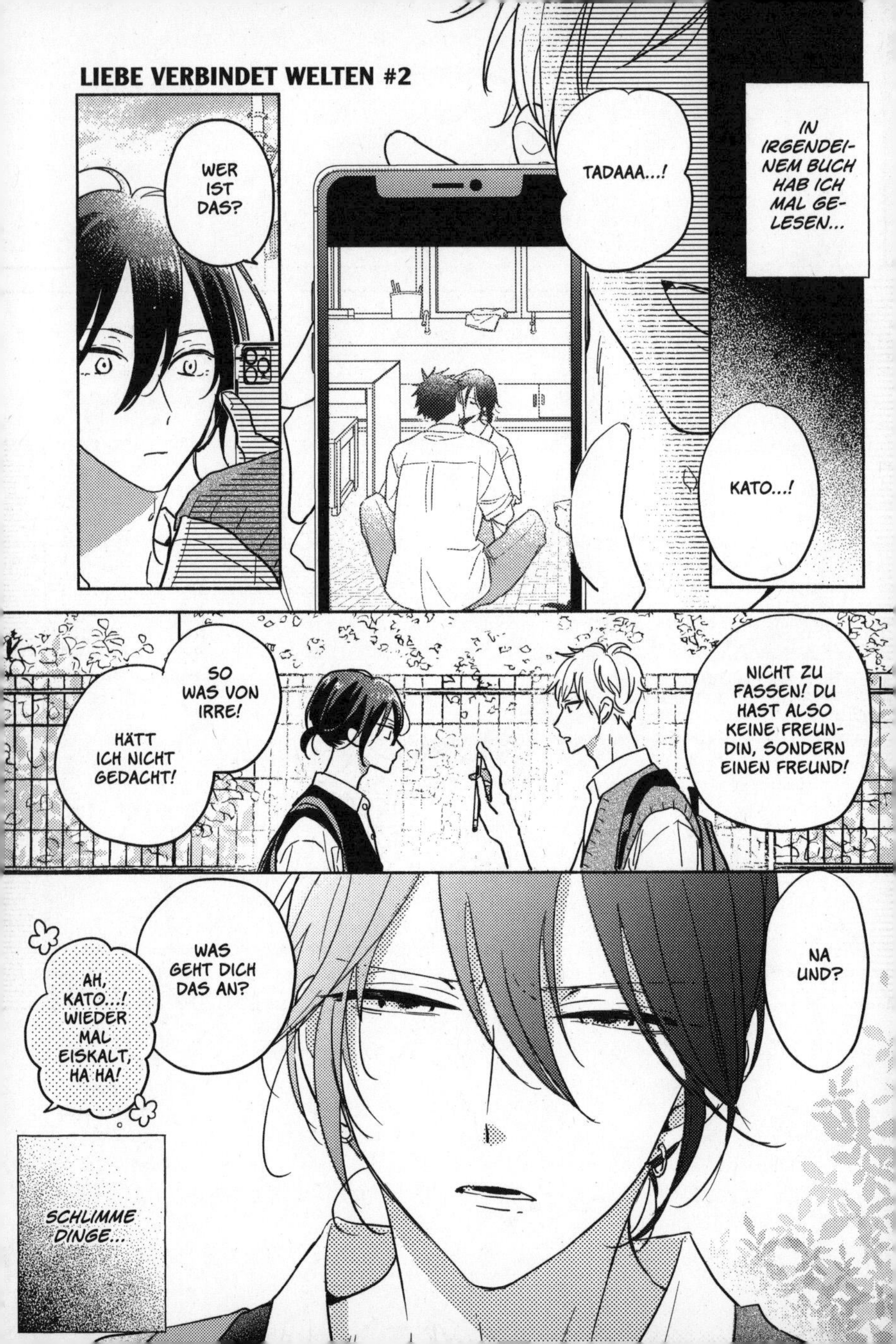

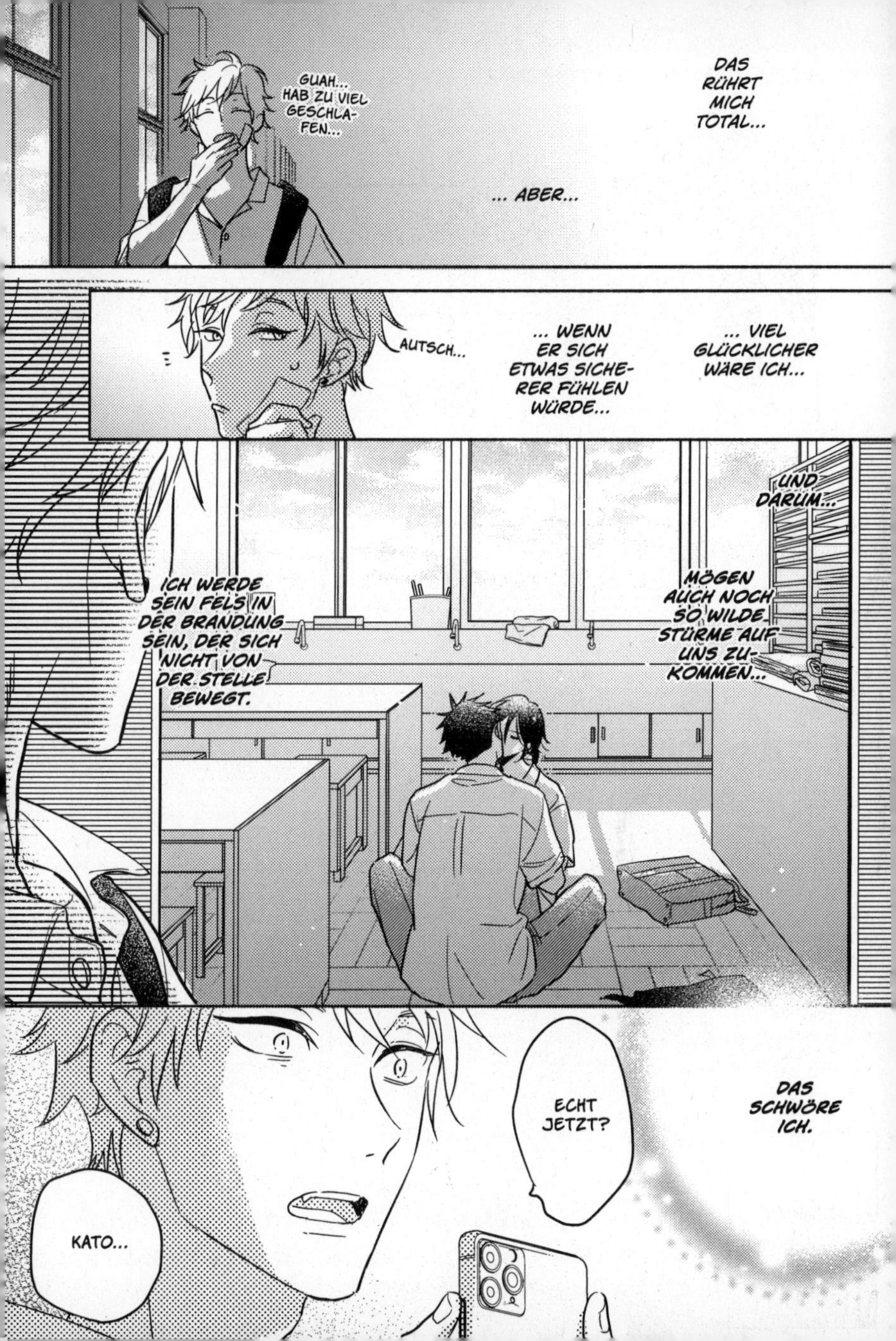
DAS RÜHRT MICH TOTAL...
... ABER...
GUAH... HAB ZU VIEL GESCHLA-FEN...
... VIEL GLÜCKLICHER WÄRE ICH...
... WENN ER SICH ETWAS SICHE-RER FÜHLEN WÜRDE...
AUTSCH...
UND DARUM...
MÖGEN AUCH NOCH SO WILDE STÜRME AUF UNS ZU-KOMMEN...
ICH WERDE SEIN FELS IN DER BRANDUNG SEIN, DER SICH NICHT VON DER STELLE BEWEGT.
DAS SCHWÖRE ICH.
ECHT JETZT?
KATO...

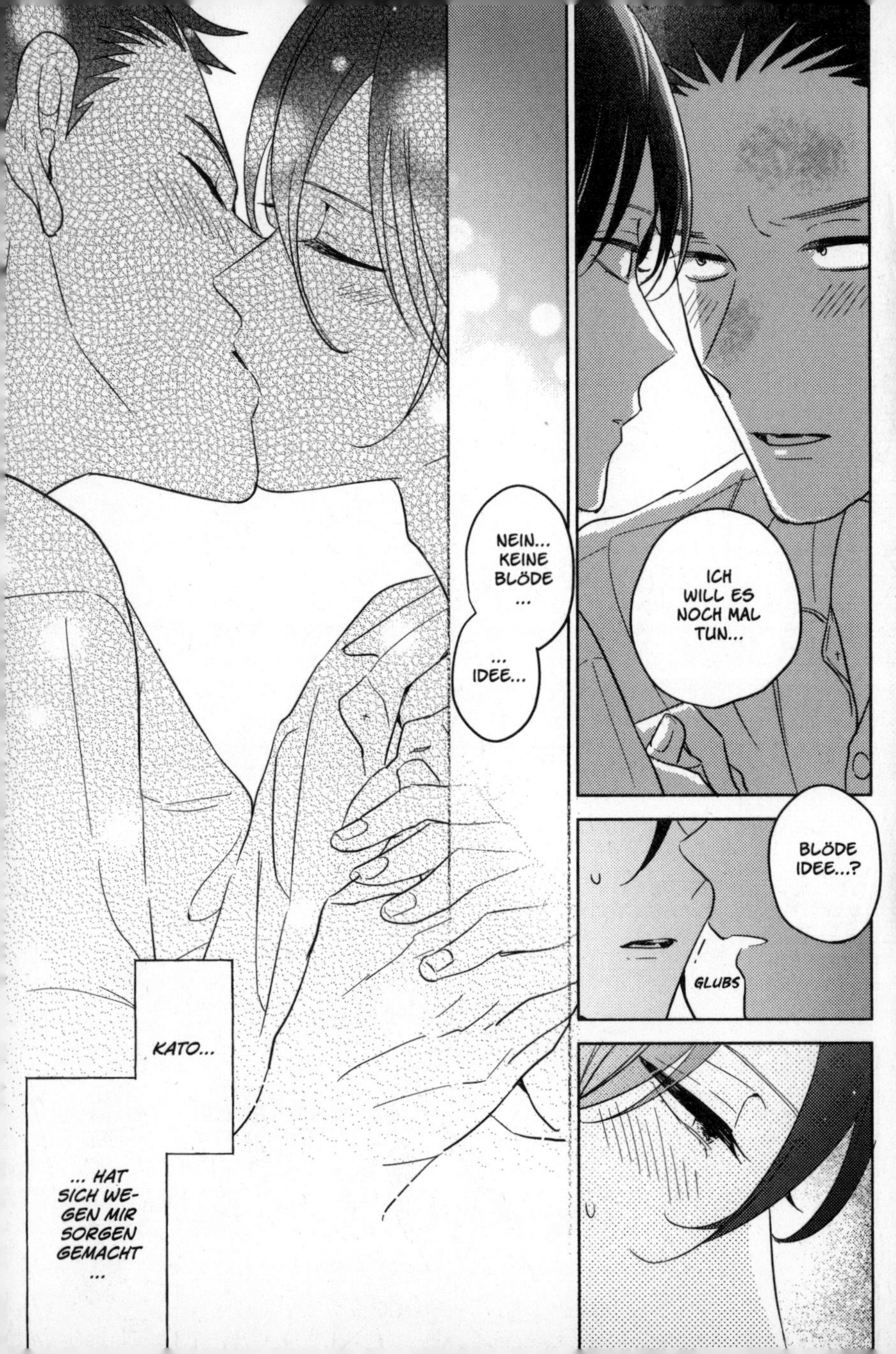

ICH WILL ES NOCH MAL TUN...
BLÖDE IDEE...?
GLUBS
NEIN... KEINE BLÖDE ...
... IDEE...
KATO...
... HAT SICH WE-GEN MIR SORGEN GEMACHT ...

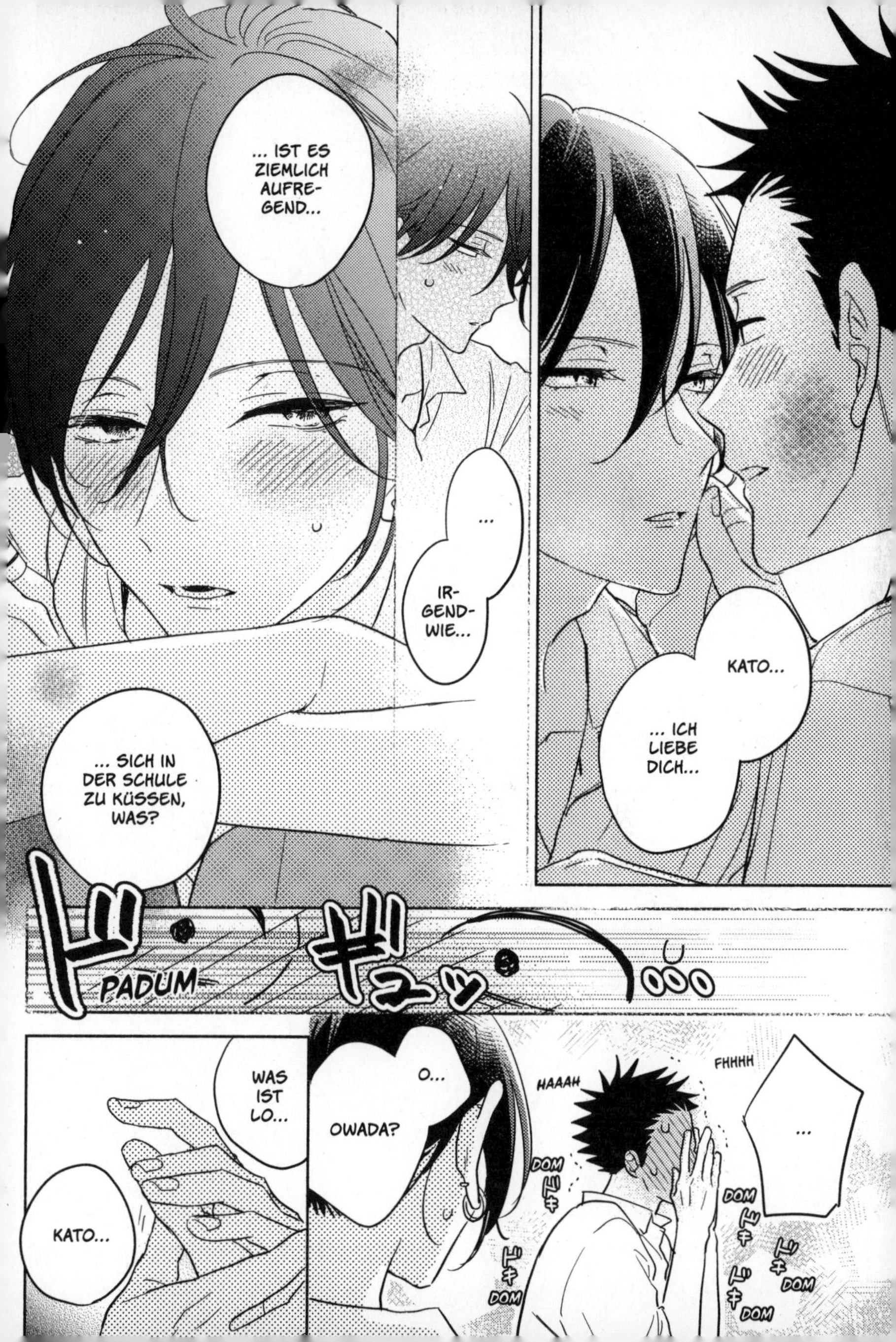
KATO...
... ICH LIEBE DICH...
...
IR-GEND-WIE...
... IST ES ZIEMLICH AUFRE-GEND...
... SICH IN DER SCHULE ZU KÜSSEN, WAS?
ドギュッ
PADUM
...
FHHHH
HAAAH
DOM
ドキ
DOM
ドキ
DOM
ドキ
DOM
ドキ
DOM
ドキ
O...
OWADA?
WAS IST LO...
KATO...

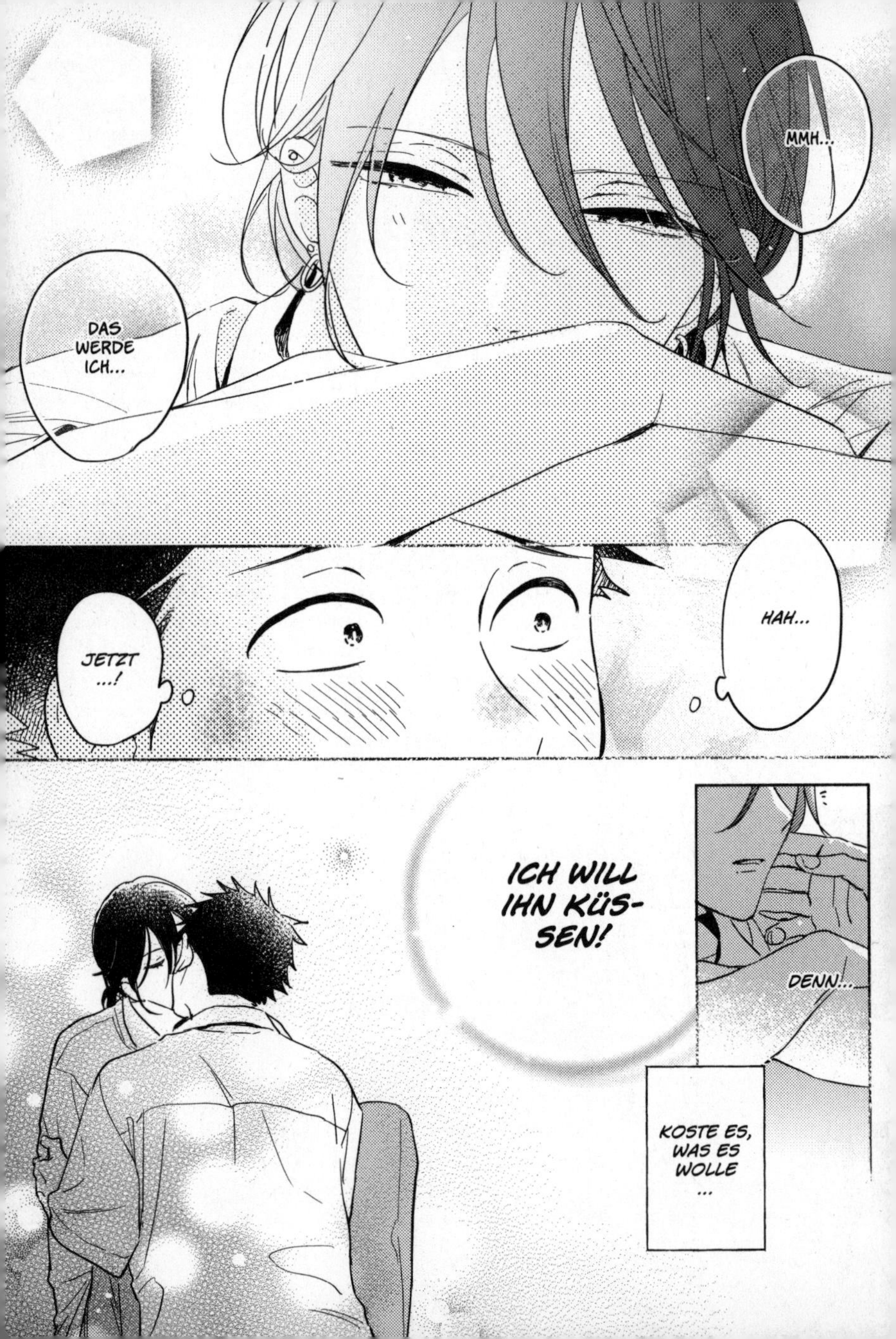
MMH...
DAS WERDE ICH...
HAH...
JETZT ...!
DENN...
KOSTE ES, WAS ES WOLLE ...
ICH WILL IHN KÜS-SEN!

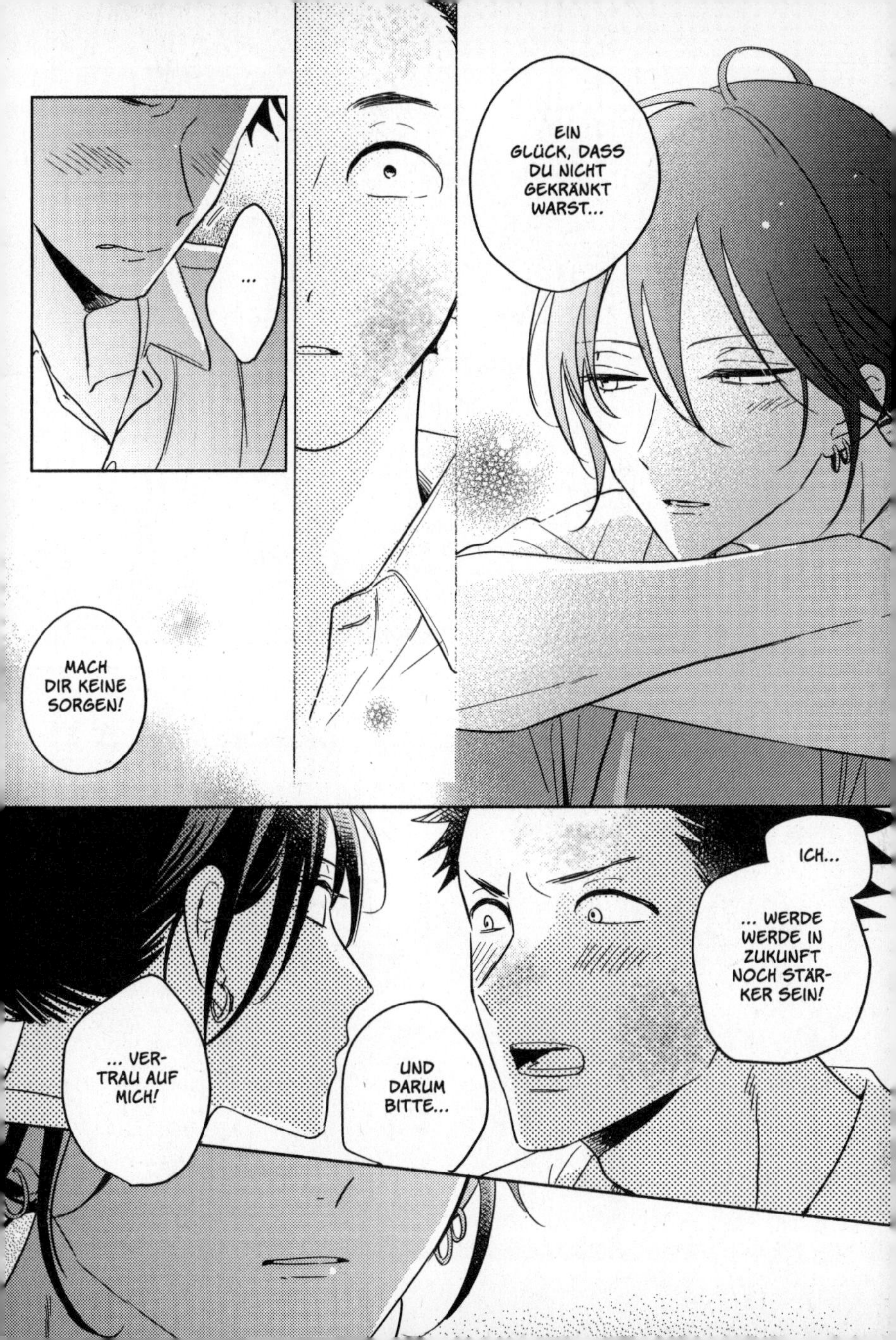
EIN GLÜCK, DASS DU NICHT GEKRÄNKT WARST...
...
MACH DIR KEINE SORGEN!
ICH...
... WERDE WERDE IN ZUKUNFT NOCH STÄR-KER SEIN!
UND DARUM BITTE...
... VER-TRAU AUF MICH!

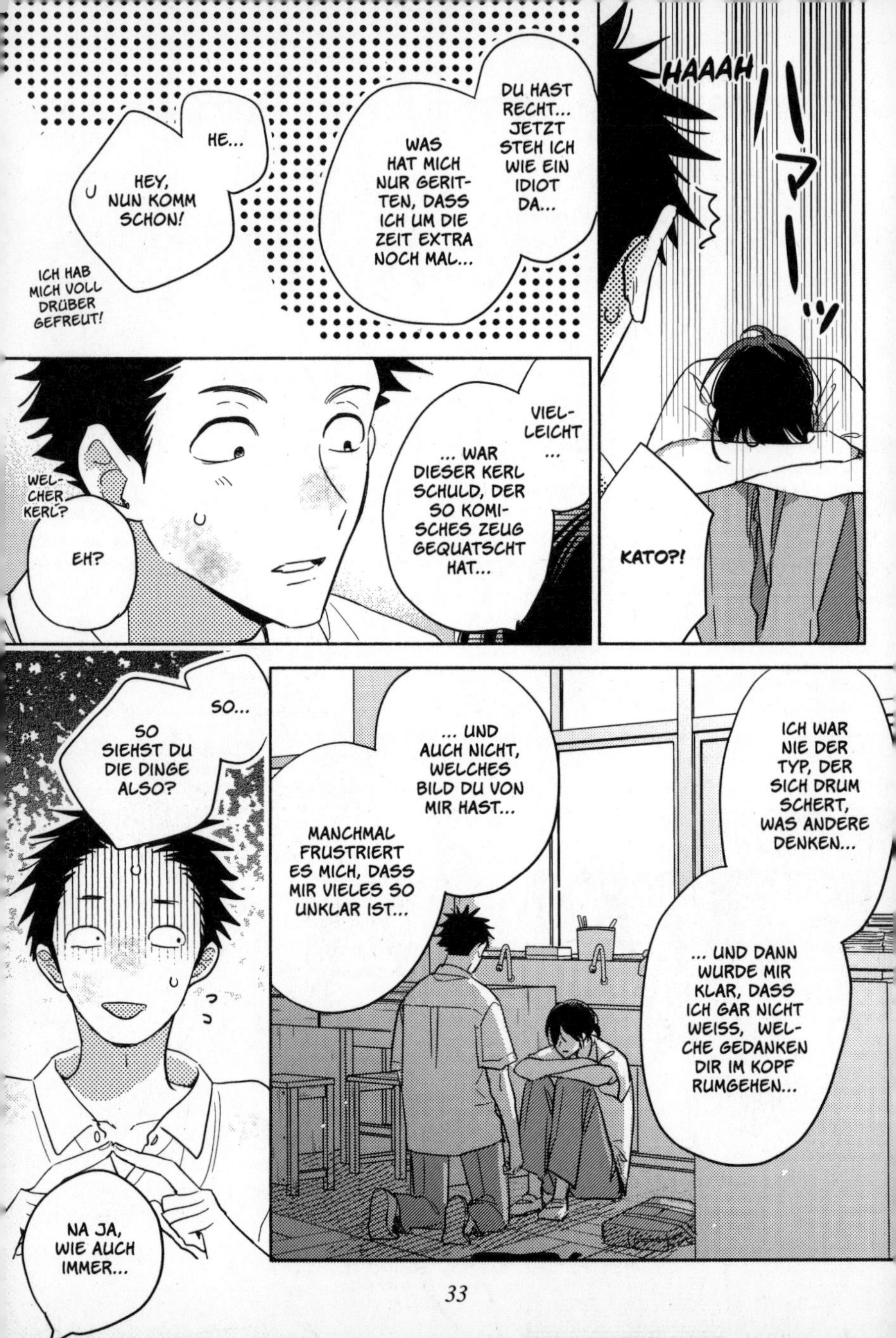
HAAAH
ハァーッ
KATO?!
DU HAST RECHT... JETZT STEH ICH WIE EIN IDIOT DA...
WAS HAT MICH NUR GERITTEN, DASS ICH UM DIE ZEIT EXTRA NOCH MAL...
HE...
HEY, NUN KOMM SCHON!
ICH HAB MICH VOLL DRÜBER GEFREUT!
VIELLEICHT ...
... WAR DIESER KERL SCHULD, DER SO KOMISCHES ZEUG GEQUATSCHT HAT...
WELCHER KERL?
EH?
ICH WAR NIE DER TYP, DER SICH DRUM SCHERT, WAS ANDERE DENKEN...
... UND DANN WURDE MIR KLAR, DASS ICH GAR NICHT WEISS, WELCHE GEDANKEN DIR IM KOPF RUMGEHEN...
... UND AUCH NICHT, WELCHES BILD DU VON MIR HAST...
MANCHMAL FRUSTRIERT ES MICH, DASS MIR VIELES SO UNKLAR IST...
SO...
SO SIEHST DU DIE DINGE ALSO?
NA JA, WIE AUCH IMMER...

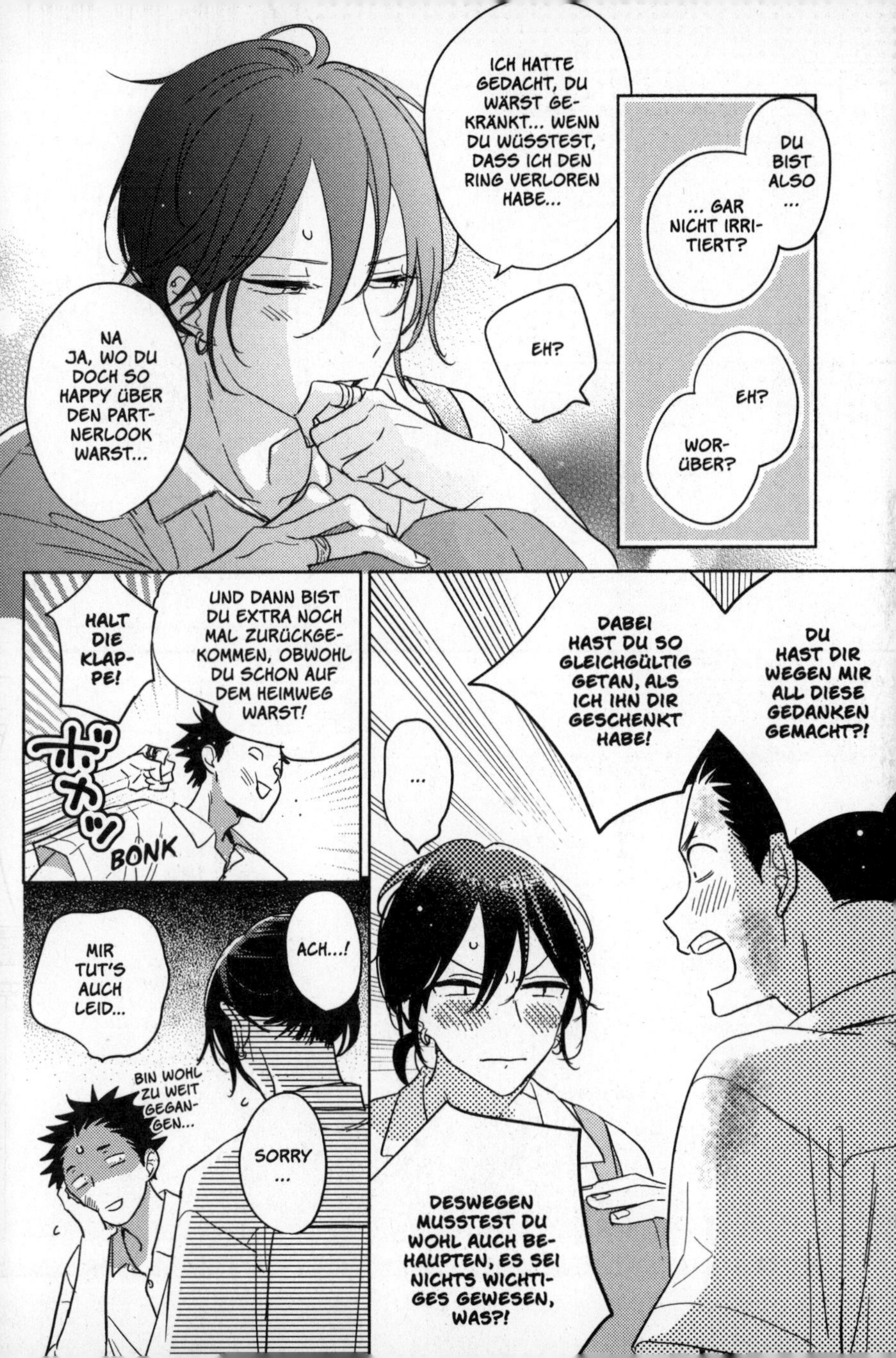
ICH HATTE GEDACHT, DU WÄRST GEKRÄNKT... WENN DU WÜSSTEST, DASS ICH DEN RING VERLOREN HABE...
DU BIST ALSO ...
... GAR NICHT IRRITIERT?
EH?
EH?
WORÜBER?
NA JA, WO DU DOCH SO HAPPY ÜBER DEN PARTNERLOOK WARST...
DU HAST DIR WEGEN MIR ALL DIESE GEDANKEN GEMACHT?!
DABEI HAST DU SO GLEICHGÜLTIG GETAN, ALS ICH IHN DIR GESCHENKT HABE!
...
UND DANN BIST DU EXTRA NOCH MAL ZURÜCKGEKOMMEN, OBWOHL DU SCHON AUF DEM HEIMWEG WARST!
HALT DIE KLAPPE!
ボカッ
BONK
DESWEGEN MUSSTEST DU WOHL AUCH BEHAUPTEN, ES SEI NICHTS WICHTIGES GEWESEN, WAS?!
ACH...!
MIR TUT'S AUCH LEID...
SORRY ...
BIN WOHL ZU WEIT GEGANGEN...

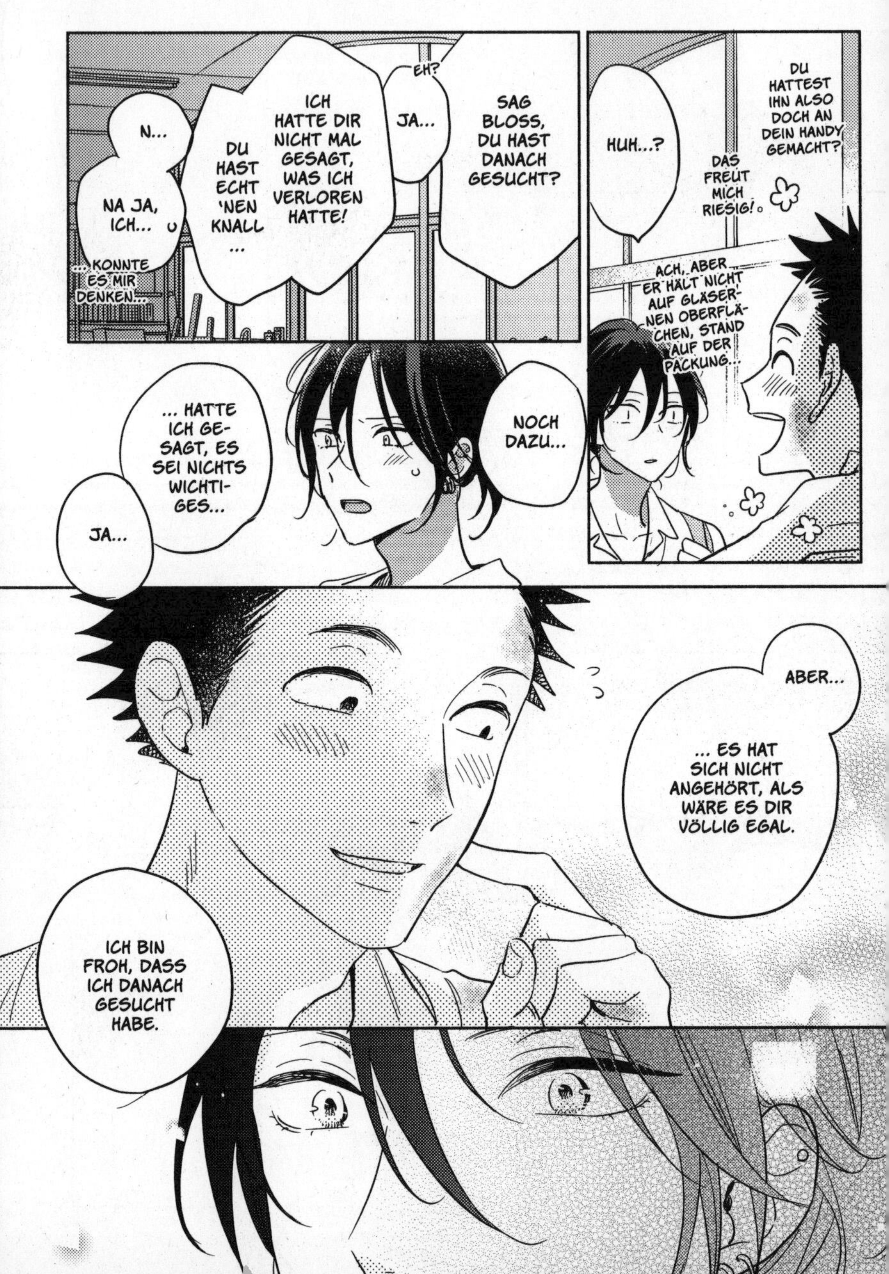
DU HATTEST IHN ALSO DOCH AN DEIN HANDY GEMACHT?
DAS FREUT MICH RIESIG!
HUH...?
ACH, ABER ER HÄLT NICHT AUF GLÄSERNEN OBERFLÄCHEN, STAND AUF DER PACKUNG...
SAG BLOSS, DU HAST DANACH GESUCHT?
EH?
JA...
ICH HATTE DIR NICHT MAL GESAGT, WAS ICH VERLOREN HATTE!
DU HAST ECHT 'NEN KNALL ...
N...
NA JA, ICH...
... KONNTE ES MIR DENKEN...
NOCH DAZU...
... HATTE ICH GESAGT, ES SEI NICHTS WICHTIGES...
JA...
ABER...
... ES HAT SICH NICHT ANGEHÖRT, ALS WÄRE ES DIR VÖLLIG EGAL.
ICH BIN FROH, DASS ICH DANACH GESUCHT HABE.

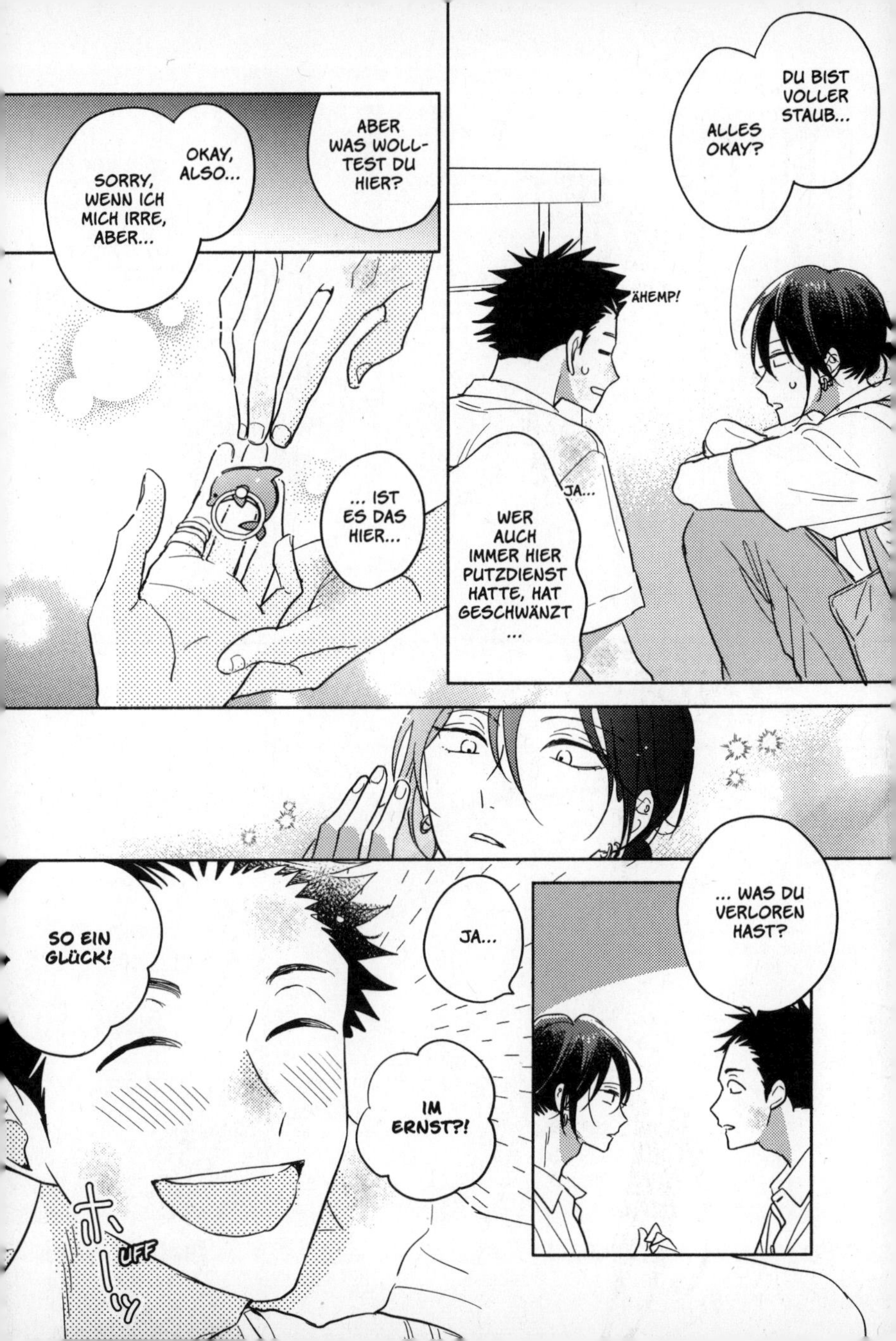
DU BIST VOLLER STAUB...
ALLES OKAY?
ÄHEMP!
JA...
WER AUCH IMMER HIER PUTZDIENST HATTE, HAT GESCHWÄNZT ...
ABER WAS WOLL-TEST DU HIER?
OKAY, ALSO...
SORRY, WENN ICH MICH IRRE, ABER...
... IST ES DAS HIER...
... WAS DU VERLOREN HAST?
JA...
IM ERNST?!
SO EIN GLÜCK!
UFF

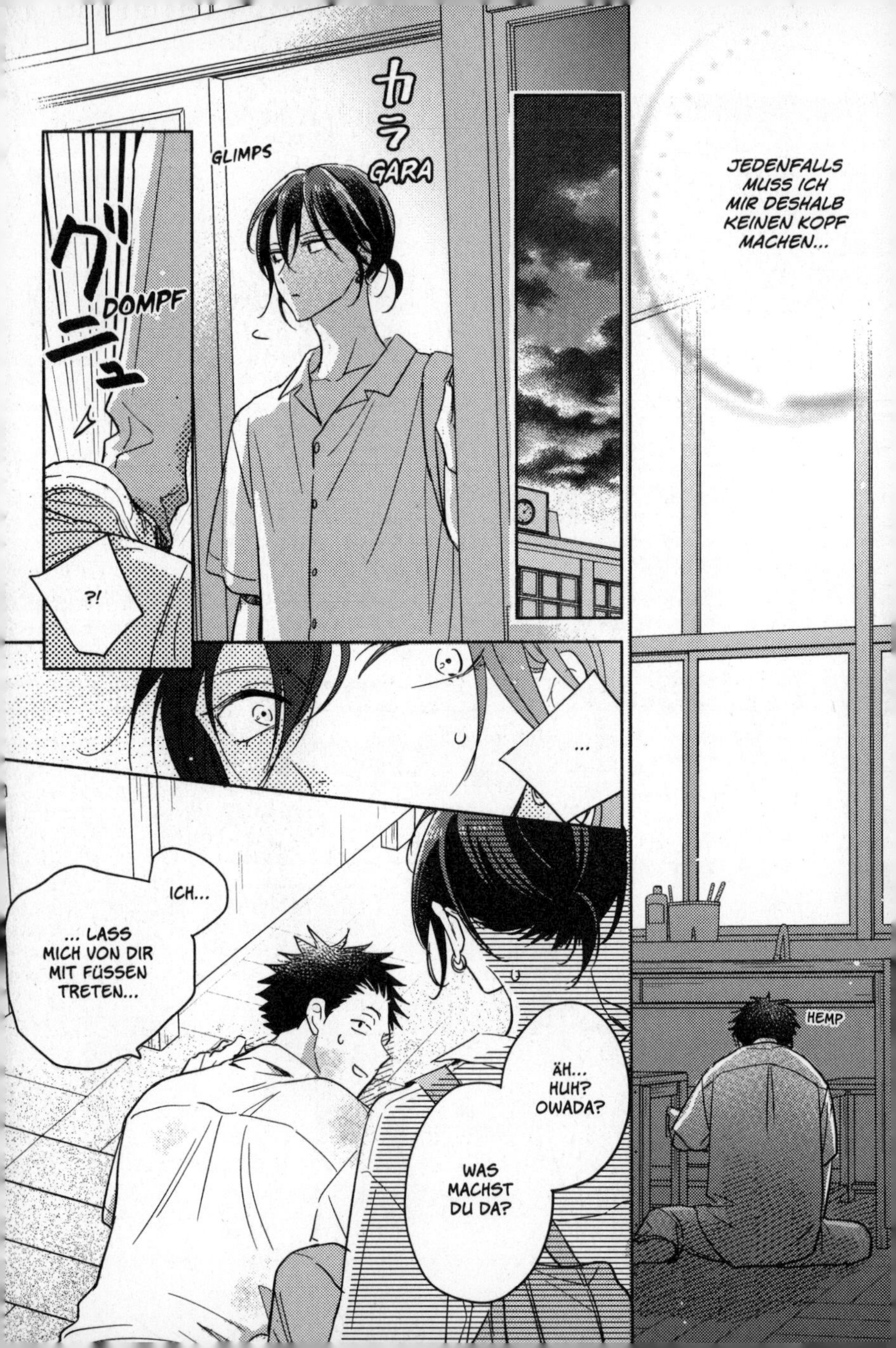

JEDENFALLS MUSS ICH MIR DESHALB KEINEN KOPF MACHEN...
HEMP
カラ
GARA
GLIMPS
グニュ
DOMPF
?!
...
ÄH... HUH? OWADA?
WAS MACHST DU DA?
ICH...
... LASS MICH VON DIR MIT FÜSSEN TRETEN...

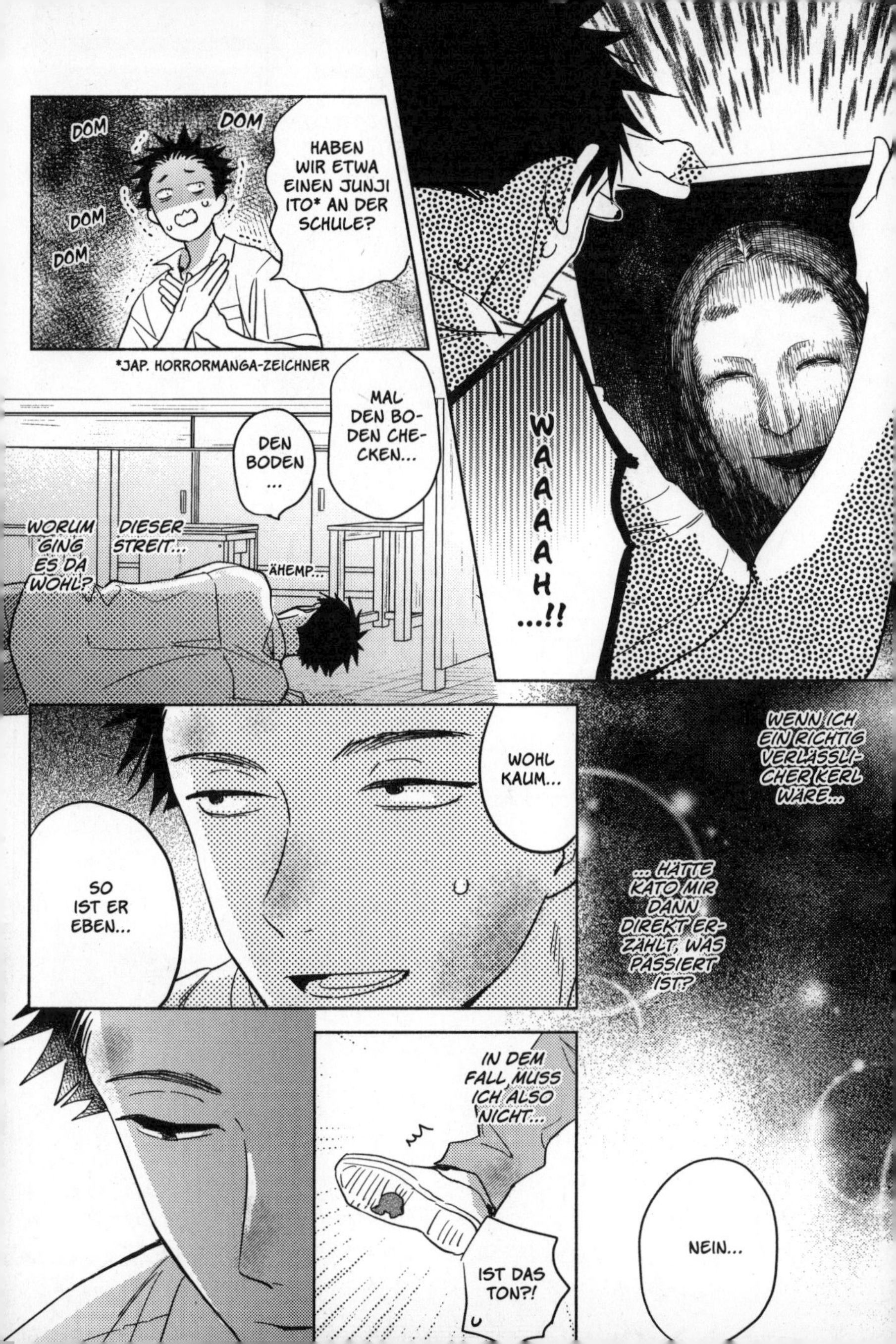
WAAAAAH...!!
DOM
DOM
DOM
DOM
HABEN WIR ETWA EINEN JUNJI ITO* AN DER SCHULE?
*JAP. HORRORMANGA-ZEICHNER
MAL DEN BODEN CHECKEN...
DEN BODEN ...
DIESER STREIT...
WORUM GING ES DA WOHL?
ÄHEMP...
WENN ICH EIN RICHTIG VERLÄSSLICHER KERL WÄRE...
... HÄTTE KATO MIR DANN DIREKT ERZÄHLT, WAS PASSIERT IST?
WOHL KAUM...
SO IST ER EBEN...
NEIN...
IN DEM FALL MUSS ICH ALSO NICHT...
IST DAS TON?!

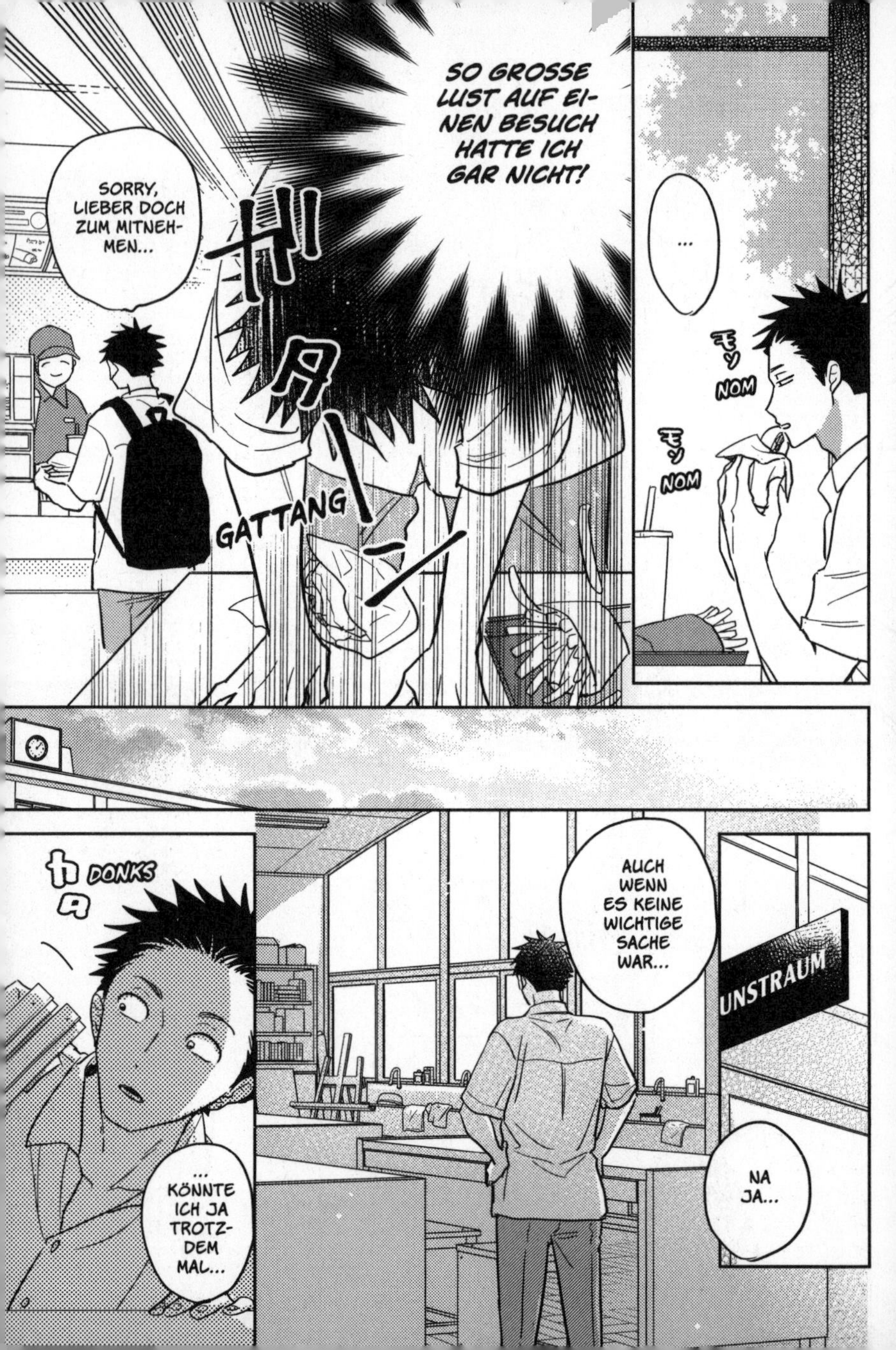
...
モッ NOM
モッ NOM
SO GROSSE LUST AUF EINEN BESUCH HATTE ICH GAR NICHT!
GATTANG
SORRY, LIEBER DOCH ZUM MITNEHMEN...
AUCH WENN ES KEINE WICHTIGE SACHE WAR...
UNSTRAUM
NA JA...
カタ DONKS
... KÖNNTE ICH JA TROTZDEM MAL...

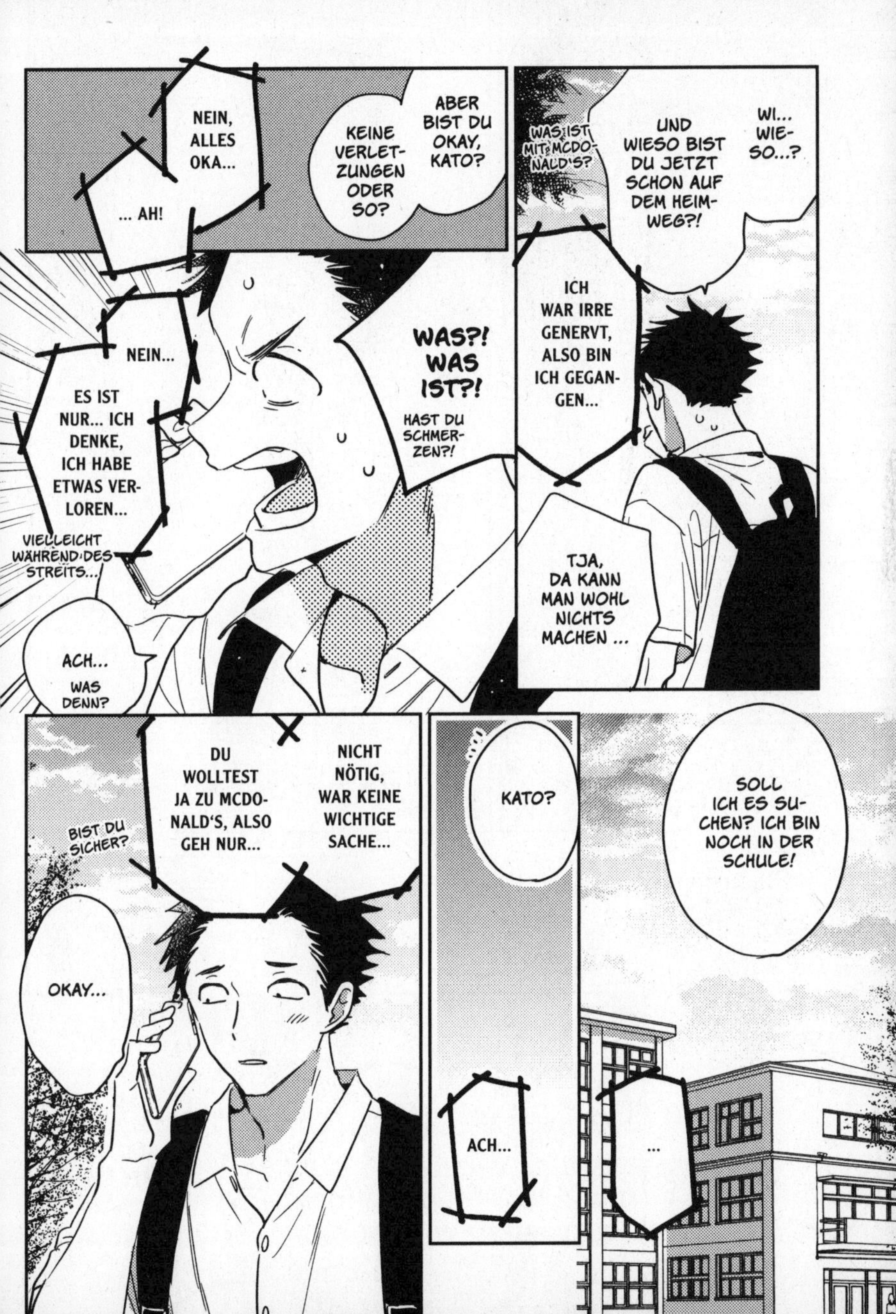

WI... WIESO...?
UND WIESO BIST DU JETZT SCHON AUF DEM HEIMWEG?!
WAS IST MIT MCDONALD'S?
ICH WAR IRRE GENERVT, ALSO BIN ICH GEGANGEN...
TJA, DA KANN MAN WOHL NICHTS MACHEN ...
ABER BIST DU OKAY, KATO?
KEINE VERLETZUNGEN ODER SO?
NEIN, ALLES OKA...
... AH!
WAS?! WAS IST?!
HAST DU SCHMERZEN?!
NEIN...
ES IST NUR... ICH DENKE, ICH HABE ETWAS VERLOREN...
VIELLEICHT WÄHREND DES STREITS...
ACH... WAS DENN?
SOLL ICH ES SUCHEN? ICH BIN NOCH IN DER SCHULE!
...
KATO?
ACH...
NICHT NÖTIG, WAR KEINE WICHTIGE SACHE...
DU WOLLTEST JA ZU MCDONALD'S, ALSO GEH NUR...
BIST DU SICHER?
OKAY...

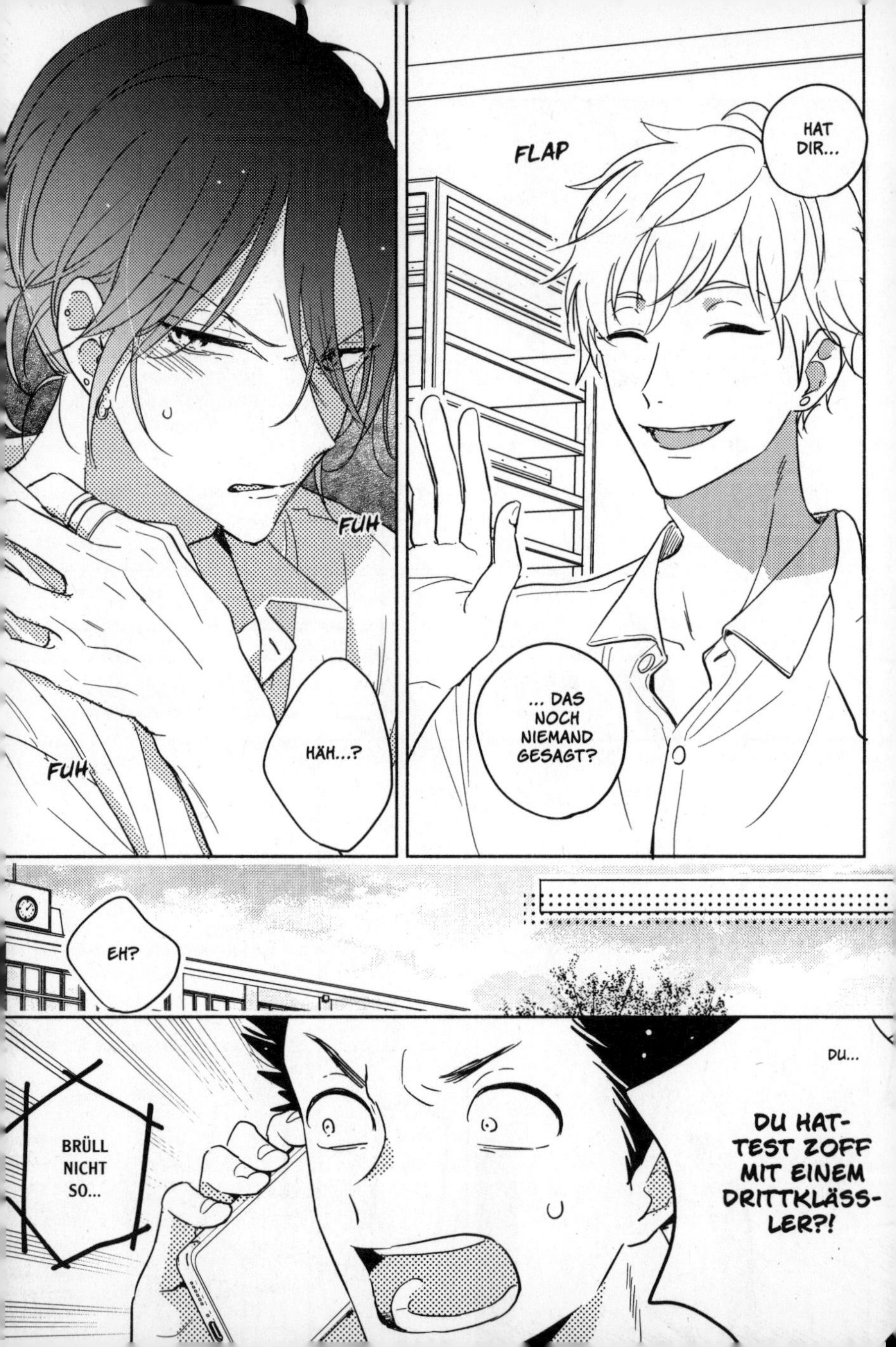
HAT DIR...
FLAP
... DAS NOCH NIEMAND GESAGT?
FUH
HÄH...?
FUH
EH?
DU...
DU HAT-TEST ZOFF MIT EINEM DRITTKLÄSS-LER?!
BRÜLL NICHT SO...

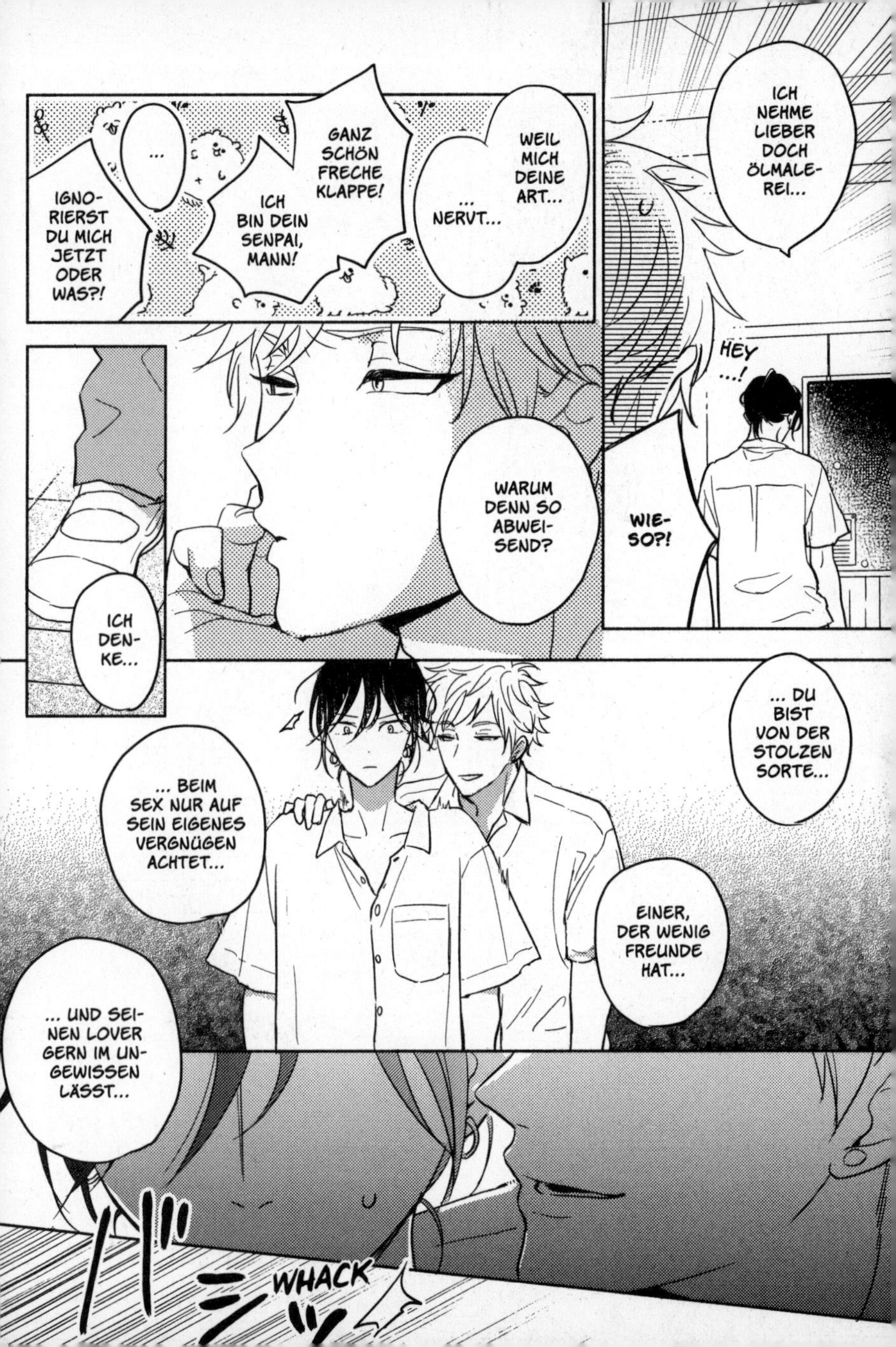
ICH NEHME LIEBER DOCH ÖLMALEREI...
HEY...!
WIESO?!
WEIL MICH DEINE ART...
... NERVT...
GANZ SCHÖN FRECHE KLAPPE!
ICH BIN DEIN SENPAI, MANN!
...
IGNORIERST DU MICH JETZT ODER WAS?!
WARUM DENN SO ABWEISEND?
ICH DENKE...
... DU BIST VON DER STOLZEN SORTE...
EINER, DER WENIG FREUNDE HAT...
... BEIM SEX NUR AUF SEIN EIGENES VERGNÜGEN ACHTET...
... UND SEINEN LOVER GERN IM UNGEWISSEN LÄSST...
WHACK

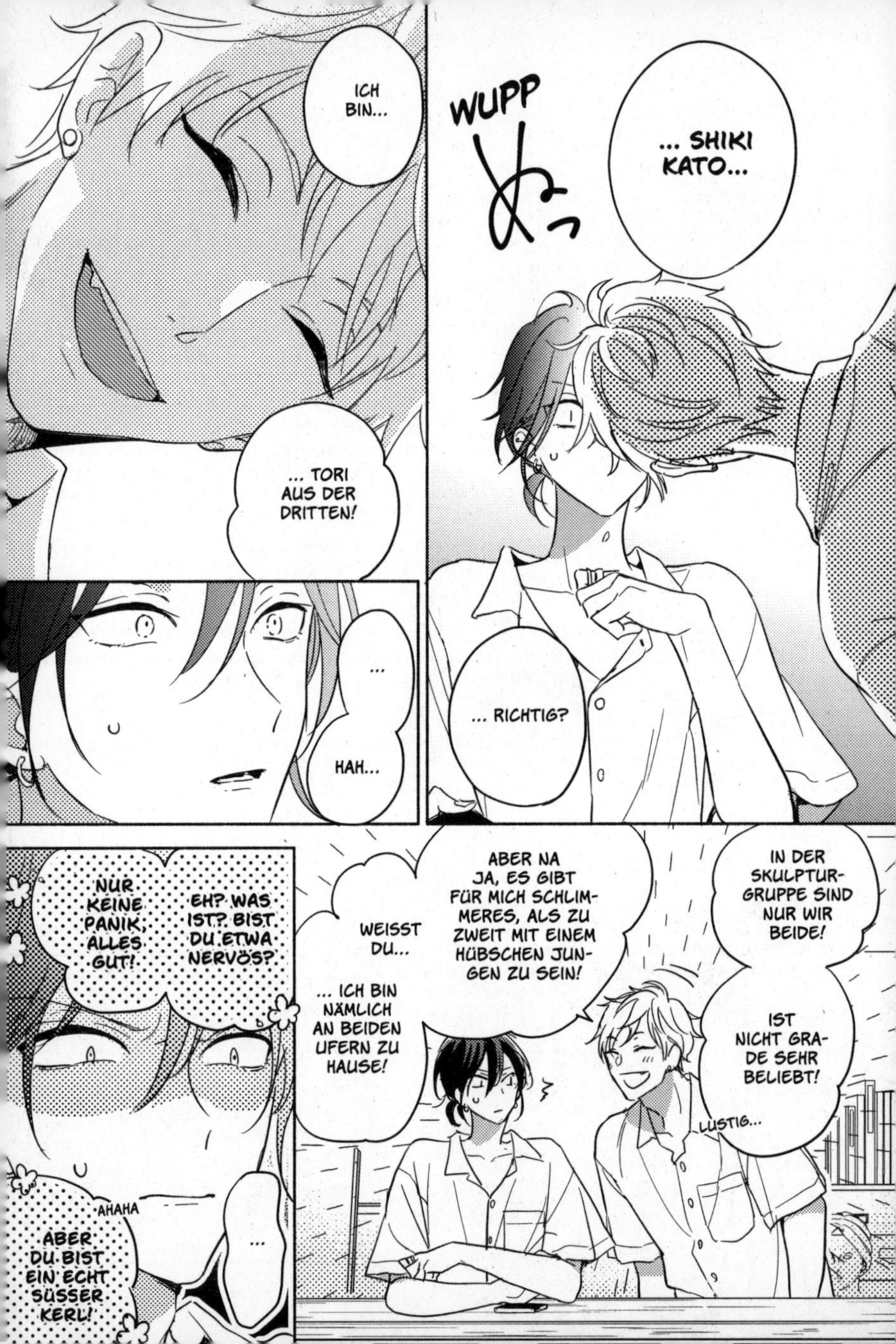
... SHIKI KATO...
WUPP
ICH BIN...
... TORI AUS DER DRITTEN!
... RICHTIG?
...
HAH...
IN DER SKULPTURGRUPPE SIND NUR WIR BEIDE!
IST NICHT GRADE SEHR BELIEBT!
LUSTIG...
ABER NA JA, ES GIBT FÜR MICH SCHLIMMERES, ALS ZU ZWEIT MIT EINEM HÜBSCHEN JUNGEN ZU SEIN!
WEISST DU...
... ICH BIN NÄMLICH AN BEIDEN UFERN ZU HAUSE!
EH? WAS IST? BIST DU ETWA NERVÖS?
NUR KEINE PANIK, ALLES GUT!
AHAHA
ABER DU BIST EIN ECHT SÜSSER KERL!
...

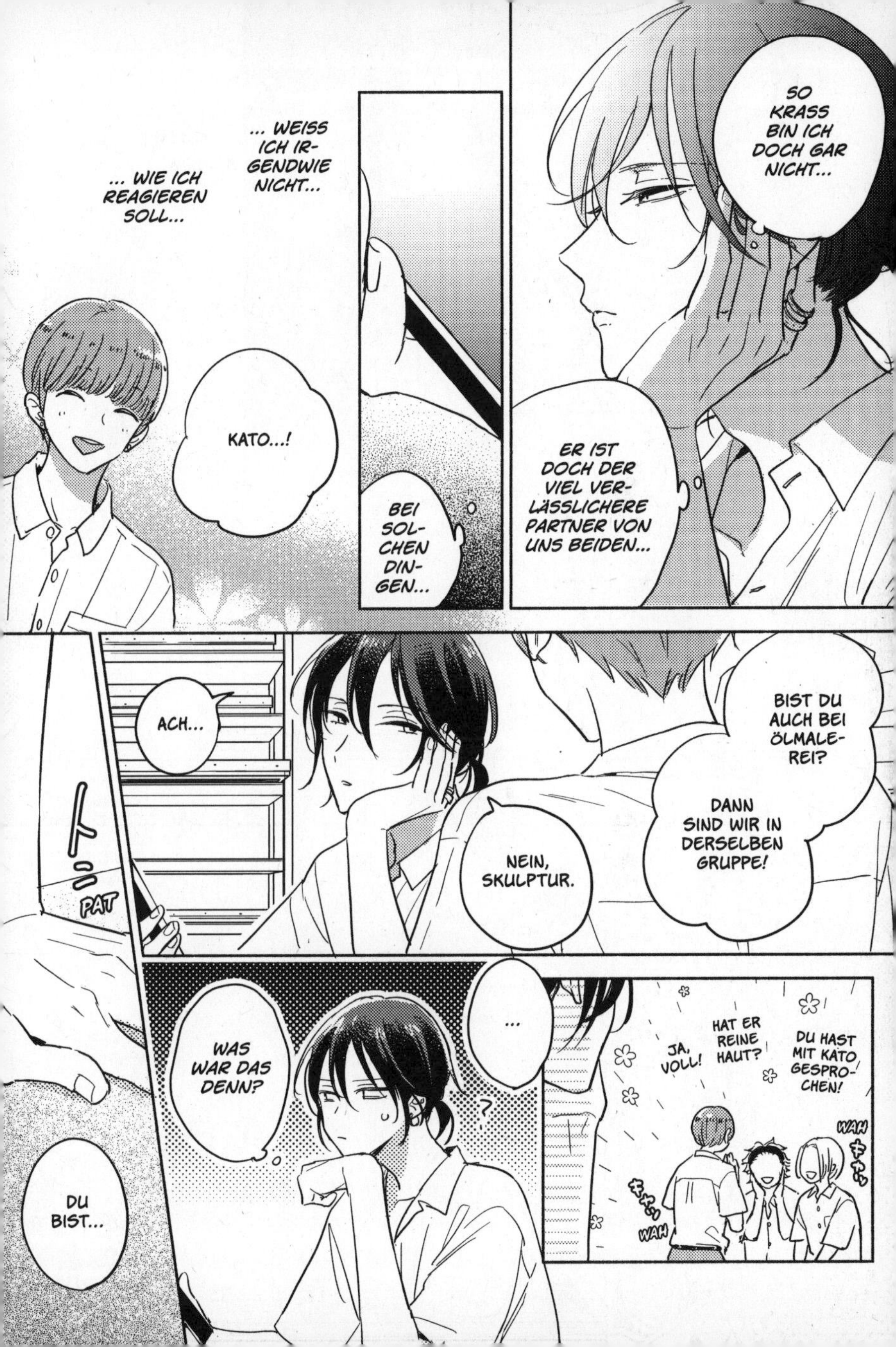
SO KRASS BIN ICH DOCH GAR NICHT...
ER IST DOCH DER VIEL VERLÄSSLICHERE PARTNER VON UNS BEIDEN...
BEI SOLCHEN DINGEN...
... WEISS ICH IRGENDWIE NICHT...
... WIE ICH REAGIEREN SOLL...
KATO...!
BIST DU AUCH BEI ÖLMALEREI?
DANN SIND WIR IN DERSELBEN GRUPPE!
NEIN, SKULPTUR.
ACH...
PAT
DU HAST MIT KATO GESPROCHEN!
HAT ER REINE HAUT?
JA, VOLL!
WAH
WAH
...
WAS WAR DAS DENN?
?
DU BIST...

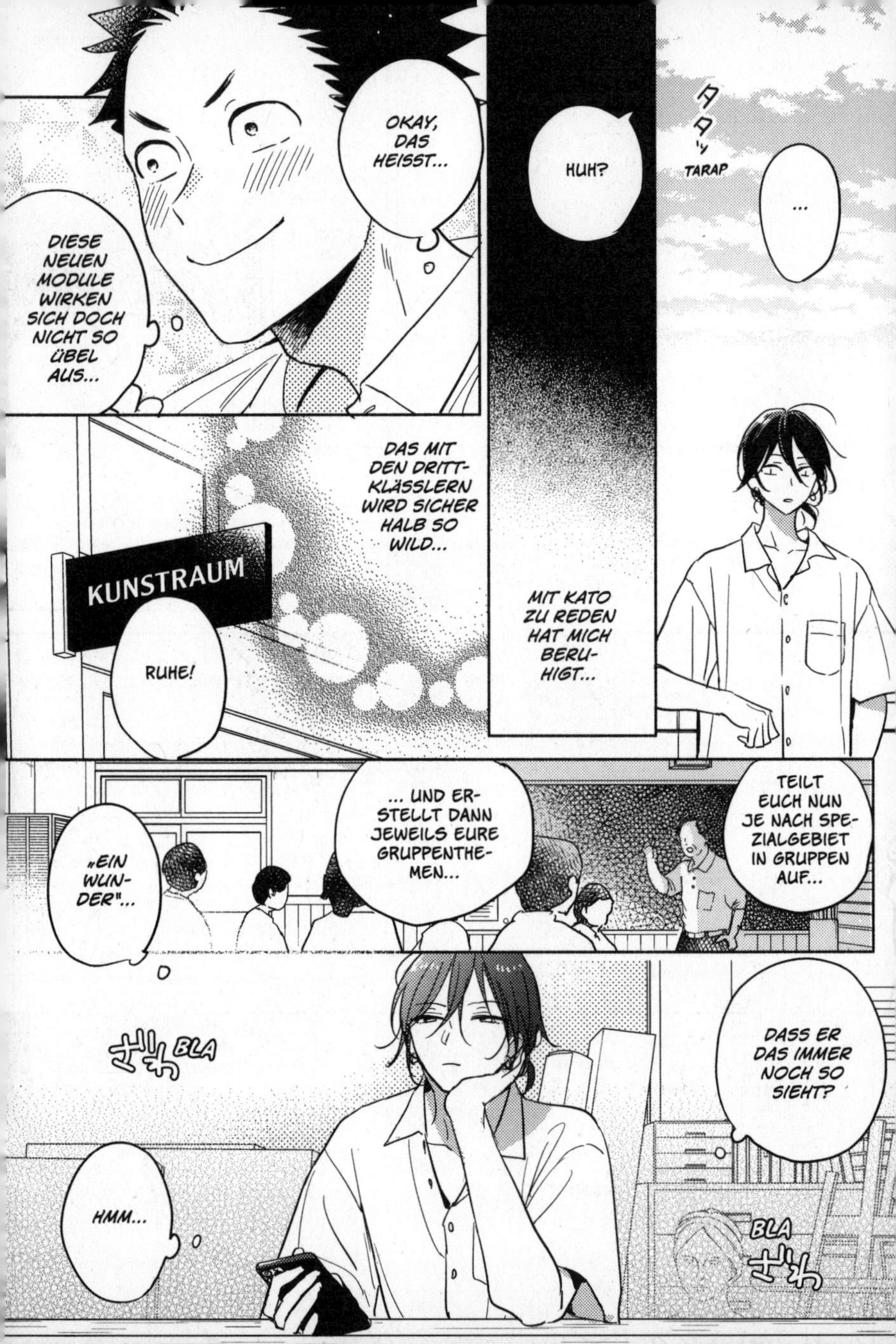
...
タタッ TARAP
HUH?
OKAY, DAS HEISST...
DIESE NEUEN MODULE WIRKEN SICH DOCH NICHT SO ÜBEL AUS...
MIT KATO ZU REDEN HAT MICH BERUHIGT...
DAS MIT DEN DRITTKLÄSSLERN WIRD SICHER HALB SO WILD...
KUNSTRAUM
RUHE!
TEILT EUCH NUN JE NACH SPEZIALGEBIET IN GRUPPEN AUF...
... UND ERSTELLT DANN JEWEILS EURE GRUPPENTHEMEN...
„EIN WUNDER"...
DASS ER DAS IMMER NOCH SO SIEHT?
BLA
BLA
HMM...

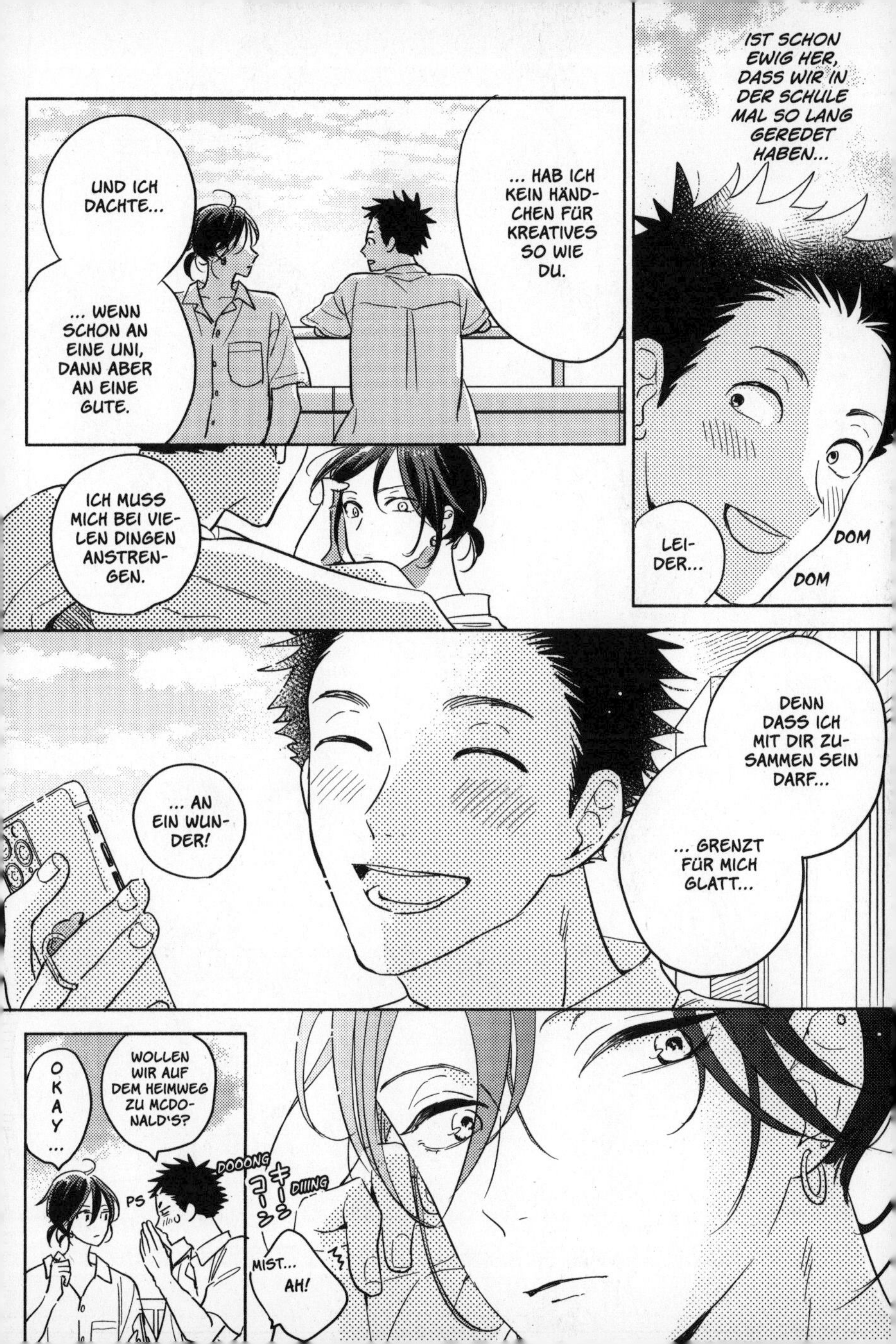
IST SCHON EWIG HER, DASS WIR IN DER SCHULE MAL SO LANG GEREDET HABEN...
LEI-DER...
DOM
DOM
... HAB ICH KEIN HÄND-CHEN FÜR KREATIVES SO WIE DU.
UND ICH DACHTE...
... WENN SCHON AN EINE UNI, DANN ABER AN EINE GUTE.
ICH MUSS MICH BEI VIE-LEN DINGEN ANSTREN-GEN.
DENN DASS ICH MIT DIR ZU-SAMMEN SEIN DARF...
... GRENZT FÜR MICH GLATT...
... AN EIN WUN-DER!
WOLLEN WIR AUF DEM HEIMWEG ZU MCDO-NALD'S?
OKAY...
DOOONG
DIIING
PS
MIST...
AH!

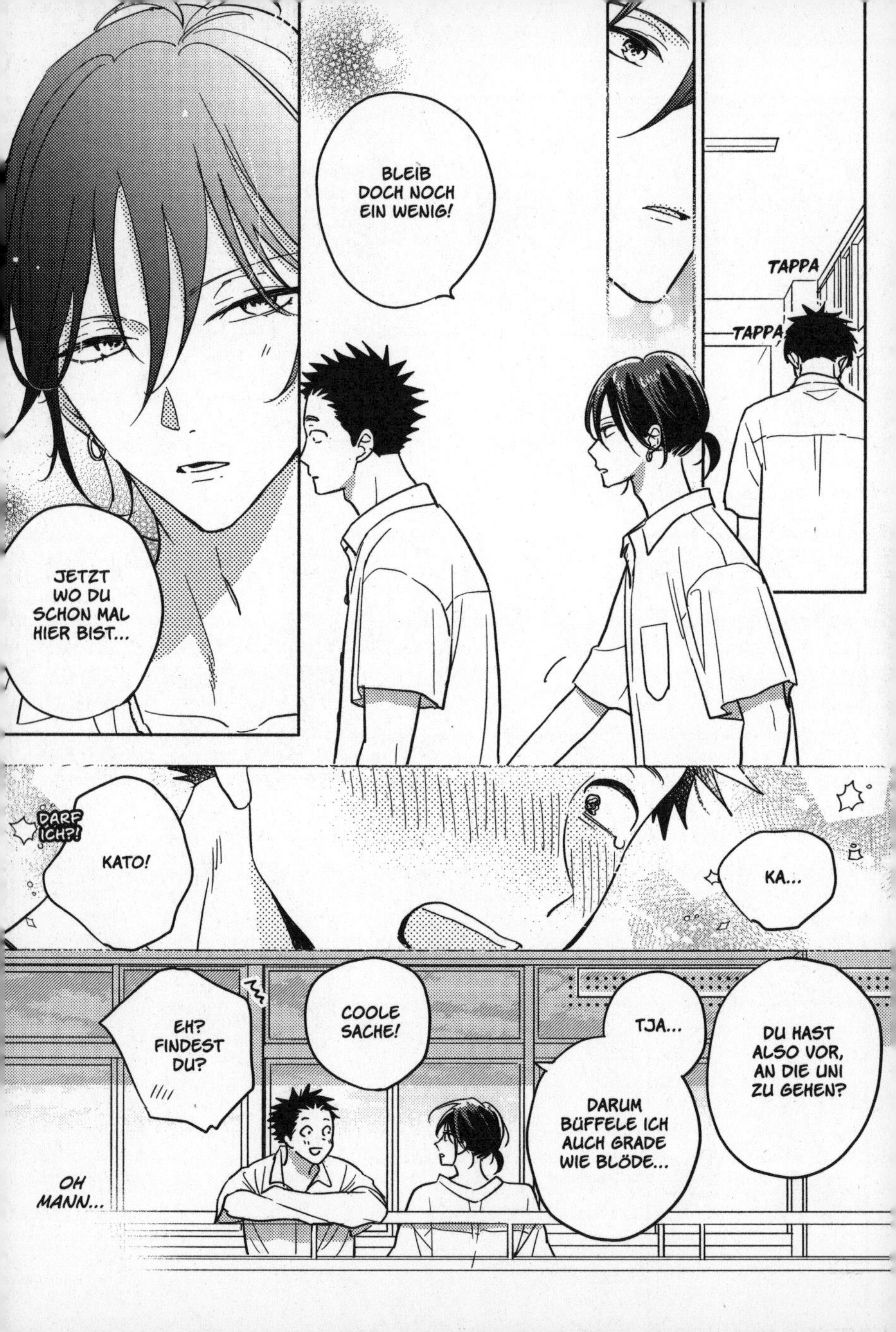
Bleib doch noch ein wenig!
Jetzt wo du schon mal hier bist…
Tappa
Tappa
Ka…
Kato!
Darf ich?!
Du hast also vor, an die Uni zu gehen?
Tja…
Darum büffele ich auch grade wie blöde…
Coole Sache!
Eh? Findest du?
Oh Mann…

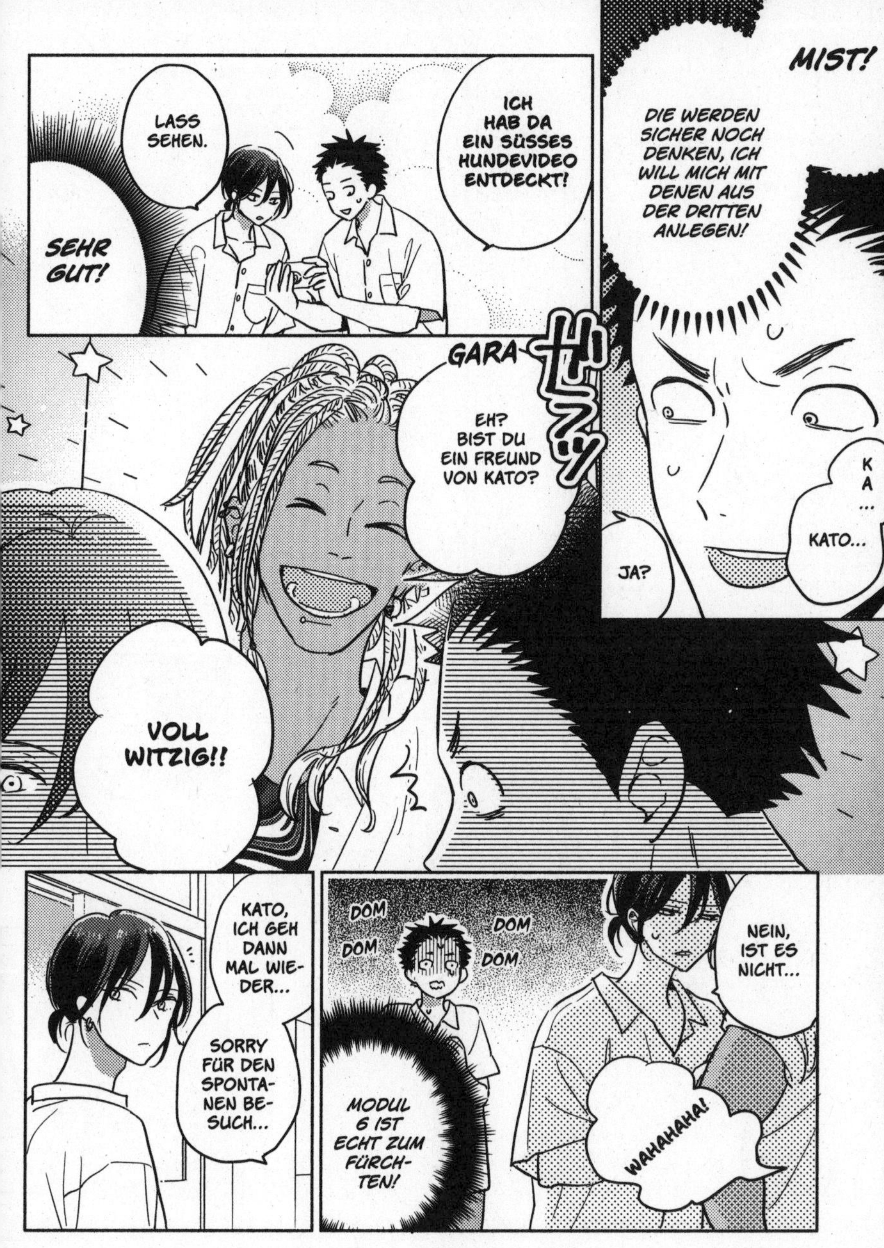
MIST!
DIE WERDEN SICHER NOCH DENKEN, ICH WILL MICH MIT DENEN AUS DER DRITTEN ANLEGEN!
KA ... KATO...
JA?
ICH HAB DA EIN SÜSSES HUNDEVIDEO ENTDECKT!
LASS SEHEN.
SEHR GUT!
GARA
EH? BIST DU EIN FREUND VON KATO?
VOLL WITZIG!!
NEIN, IST ES NICHT...
WAHAHAHA!
DOM
DOM
DOM
DOM
MODUL 6 IST ECHT ZUM FÜRCHTEN!
KATO, ICH GEH DANN MAL WIEDER...
SORRY FÜR DEN SPONTANEN BESUCH...

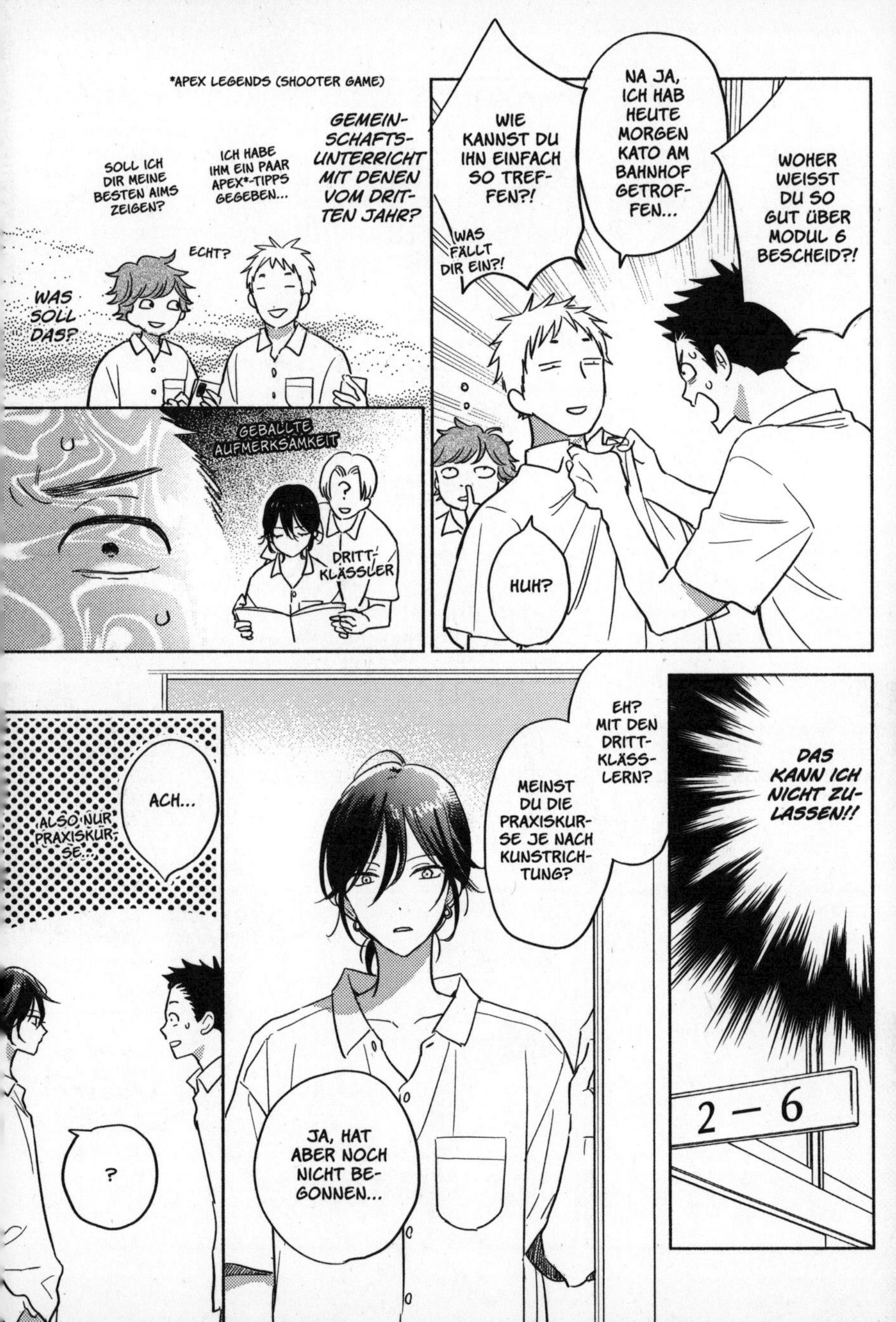
*APEX LEGENDS (SHOOTER GAME)
WOHER WEISST DU SO GUT ÜBER MODUL 6 BESCHEID?!
NA JA, ICH HAB HEUTE MORGEN KATO AM BAHNHOF GETROFFEN...
WIE KANNST DU IHN EINFACH SO TREFFEN?!
WAS FÄLLT DIR EIN?!
HUH?
GEMEINSCHAFTSUNTERRICHT MIT DENEN VOM DRITTEN JAHR?
ICH HABE IHM EIN PAAR APEX*-TIPPS GEGEBEN...
SOLL ICH DIR MEINE BESTEN AIMS ZEIGEN?
ECHT?
WAS SOLL DAS?
GEBALLTE AUFMERKSAMKEIT
?
DRITTKLÄSSLER
DAS KANN ICH NICHT ZULASSEN!!
2 – 6
EH? MIT DEN DRITTKLÄSSLERN?
MEINST DU DIE PRAXISKURSE JE NACH KUNSTRICHTUNG?
JA, HAT ABER NOCH NICHT BEGONNEN...
ACH...
ALSO NUR PRAXISKURSE...
?

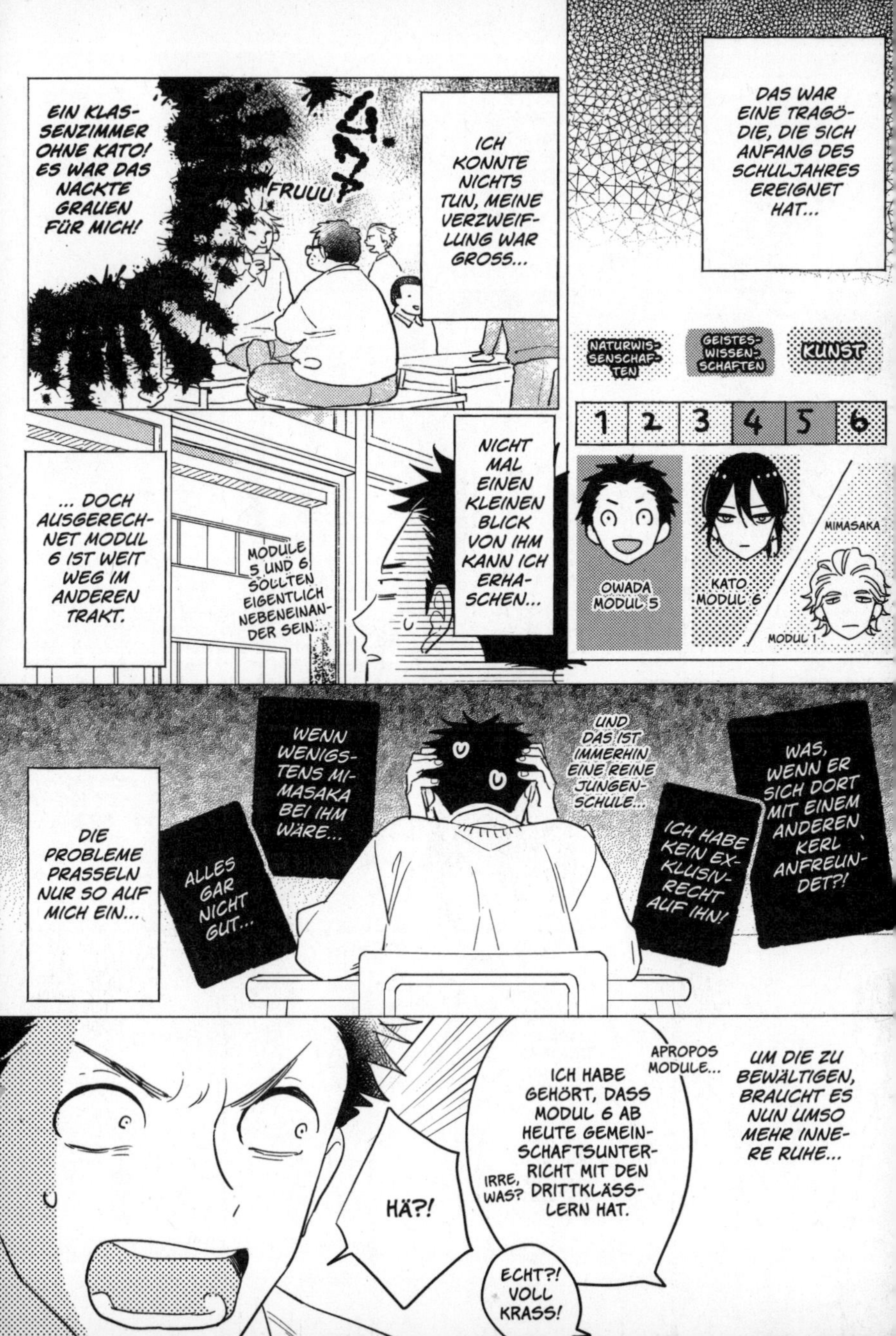
DAS WAR EINE TRAGÖDIE, DIE SICH ANFANG DES SCHULJAHRES EREIGNET HAT...
ICH KONNTE NICHTS TUN, MEINE VERZWEIFLUNG WAR GROSS...
FRUUU
EIN KLASSENZIMMER OHNE KATO! ES WAR DAS NACKTE GRAUEN FÜR MICH!
NATURWISSENSCHAFTEN
GEISTESWISSENSCHAFTEN
KUNST
1
2
3
4
5
6
OWADA MODUL 5
KATO MODUL 6
MIMASAKA
MODUL 1
NICHT MAL EINEN KLEINEN BLICK VON IHM KANN ICH ERHASCHEN...
MODULE 5 UND 6 SOLLTEN EIGENTLICH NEBENEINANDER SEIN...
... DOCH AUSGERECHNET MODUL 6 IST WEIT WEG IM ANDEREN TRAKT.
WAS, WENN ER SICH DORT MIT EINEM ANDEREN KERL ANFREUNDET?!
ICH HABE KEIN EXKLUSIVRECHT AUF IHN!
UND DAS IST IMMERHIN EINE REINE JUNGENSCHULE...
WENN WENIGSTENS MIMASAKA BEI IHM WÄRE...
ALLES GAR NICHT GUT...
DIE PROBLEME PRASSELN NUR SO AUF MICH EIN...
UM DIE ZU BEWÄLTIGEN, BRAUCHT ES NUN UMSO MEHR INNERE RUHE...
APROPOS MODULE...
ICH HABE GEHÖRT, DASS MODUL 6 AB HEUTE GEMEINSCHAFTSUNTERRICHT MIT DEN DRITTKLÄSSLERN HAT.
IRRE, WAS?
ECHT?! VOLL KRASS!
HÄ?!

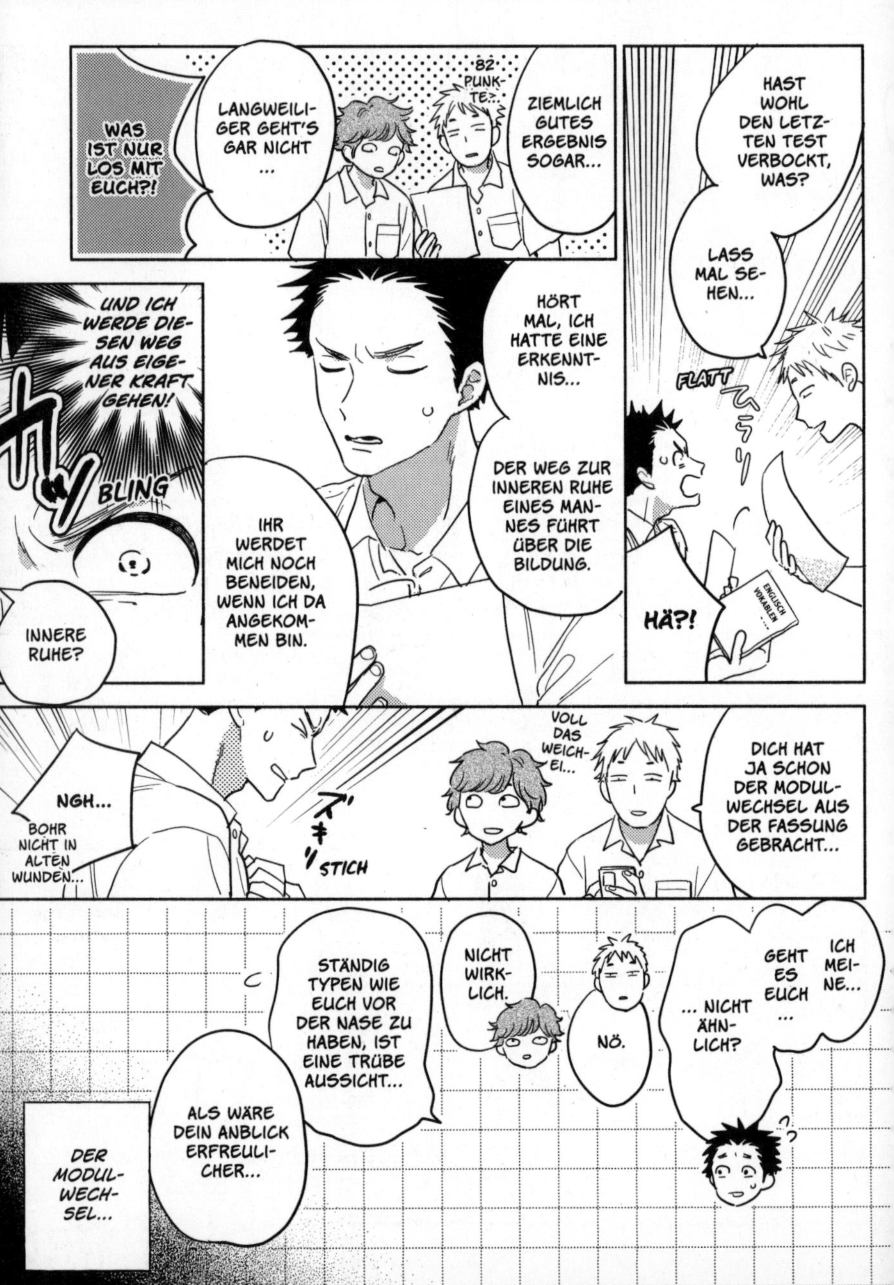
HAST WOHL DEN LETZTEN TEST VERBOCKT, WAS?
LASS MAL SEHEN...
FLATT
HÄ?!
ENGLISCH VOKABELN
ZIEMLICH GUTES ERGEBNIS SOGAR...
82 PUNKTE?...
LANGWEILIGER GEHT'S GAR NICHT ...
WAS IST NUR LOS MIT EUCH?!
HÖRT MAL, ICH HATTE EINE ERKENNTNIS...
DER WEG ZUR INNEREN RUHE EINES MANNES FÜHRT ÜBER DIE BILDUNG.
IHR WERDET MICH NOCH BENEIDEN, WENN ICH DA ANGEKOMMEN BIN.
UND ICH WERDE DIESEN WEG AUS EIGENER KRAFT GEHEN!
BLING
INNERE RUHE?
DICH HAT JA SCHON DER MODULWECHSEL AUS DER FASSUNG GEBRACHT...
VOLL DAS WEICHEI...
STICH
NGH...
BOHR NICHT IN ALTEN WUNDEN...
ICH MEINE...
GEHT ES EUCH ...
... NICHT ÄHNLICH?
NÖ.
NICHT WIRKLICH.
STÄNDIG TYPEN WIE EUCH VOR DER NASE ZU HABEN, IST EINE TRÜBE AUSSICHT...
ALS WÄRE DEIN ANBLICK ERFREULICHER...
DER MODULWECHSEL...

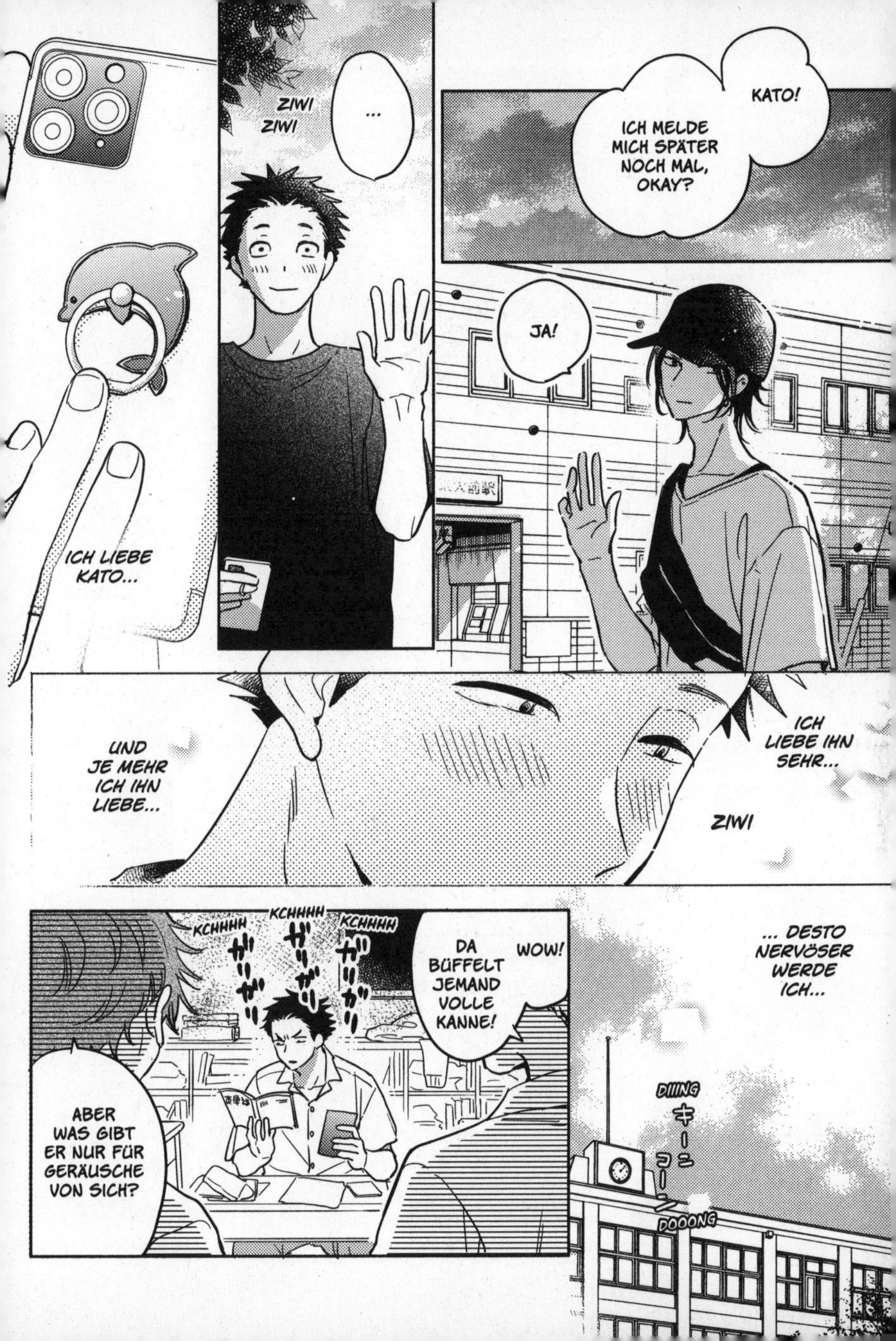
KATO!
ICH MELDE MICH SPÄTER NOCH MAL, OKAY?
JA!
ZIWI ZIWI
...
ICH LIEBE KATO...
ICH LIEBE IHN SEHR...
ZIWI
UND JE MEHR ICH IHN LIEBE...
... DESTO NERVÖSER WERDE ICH...
DIIING
DOOONG
WOW!
DA BÜFFELT JEMAND VOLLE KANNE!
KCHHHH
KCHHHH
KCHHHH
ABER WAS GIBT ER NUR FÜR GERÄUSCHE VON SICH?

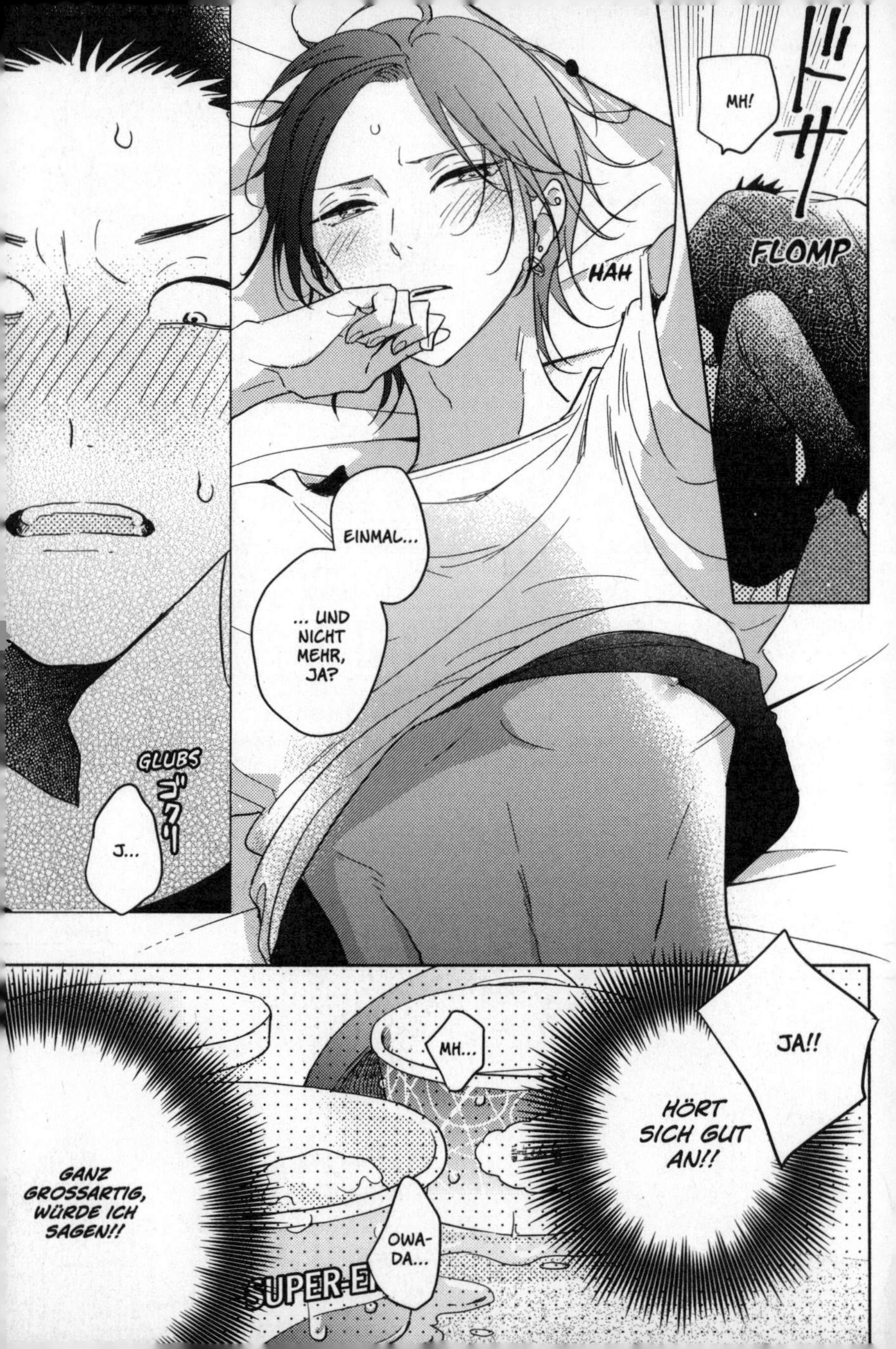
ドサー
MH!
FLOMP
HAH
EINMAL...
... UND NICHT MEHR, JA?
GLUBS
ゴクリ
J...
JA!!
HÖRT SICH GUT AN!!
MH...
OWA-DA...
GANZ GROSSARTIG, WÜRDE ICH SAGEN!!

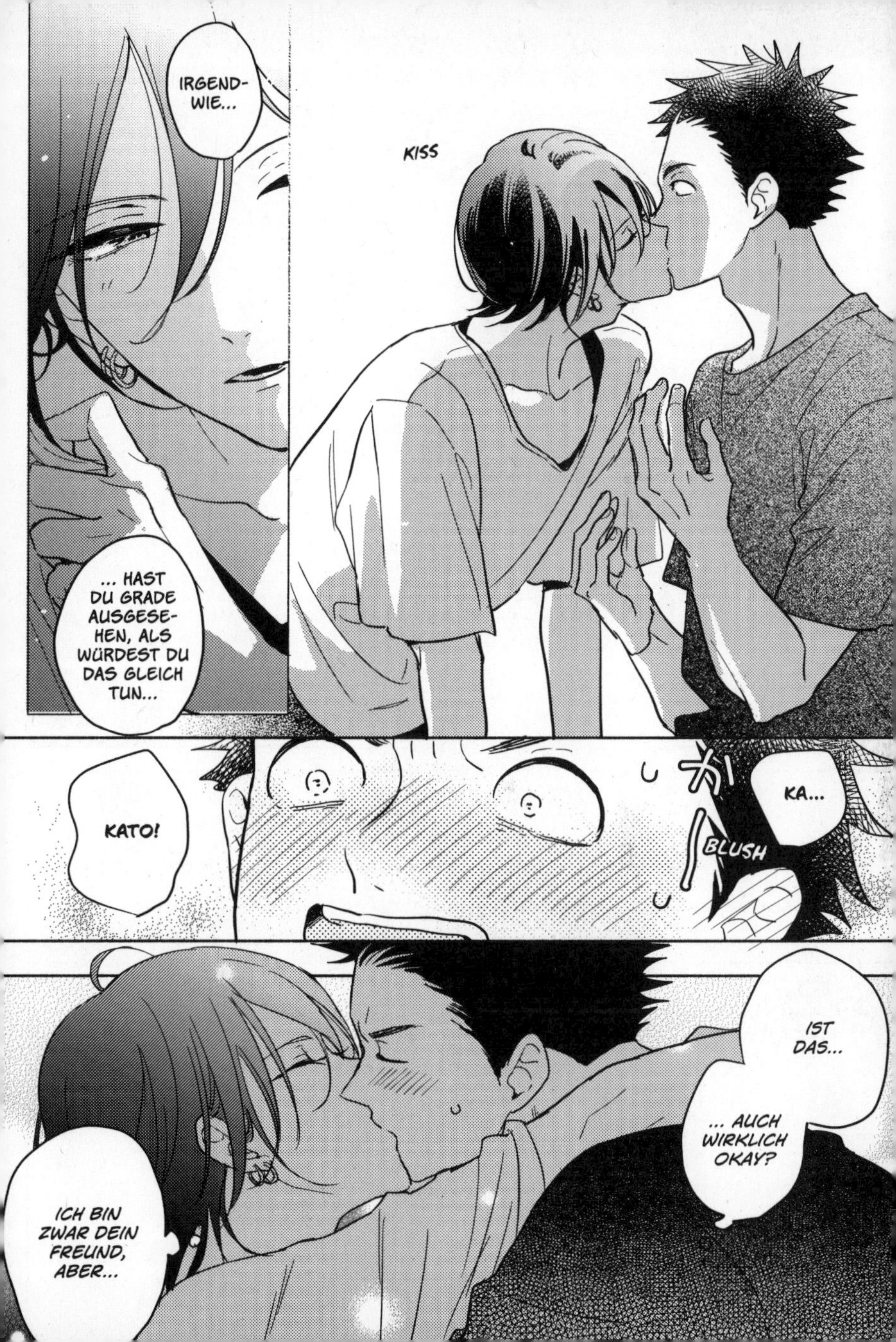
KISS
IRGEND-WIE...
... HAST DU GRADE AUSGESE-HEN, ALS WÜRDEST DU DAS GLEICH TUN...
KA...
BLUSH
KATO!
IST DAS...
... AUCH WIRKLICH OKAY?
ICH BIN ZWAR DEIN FREUND, ABER...

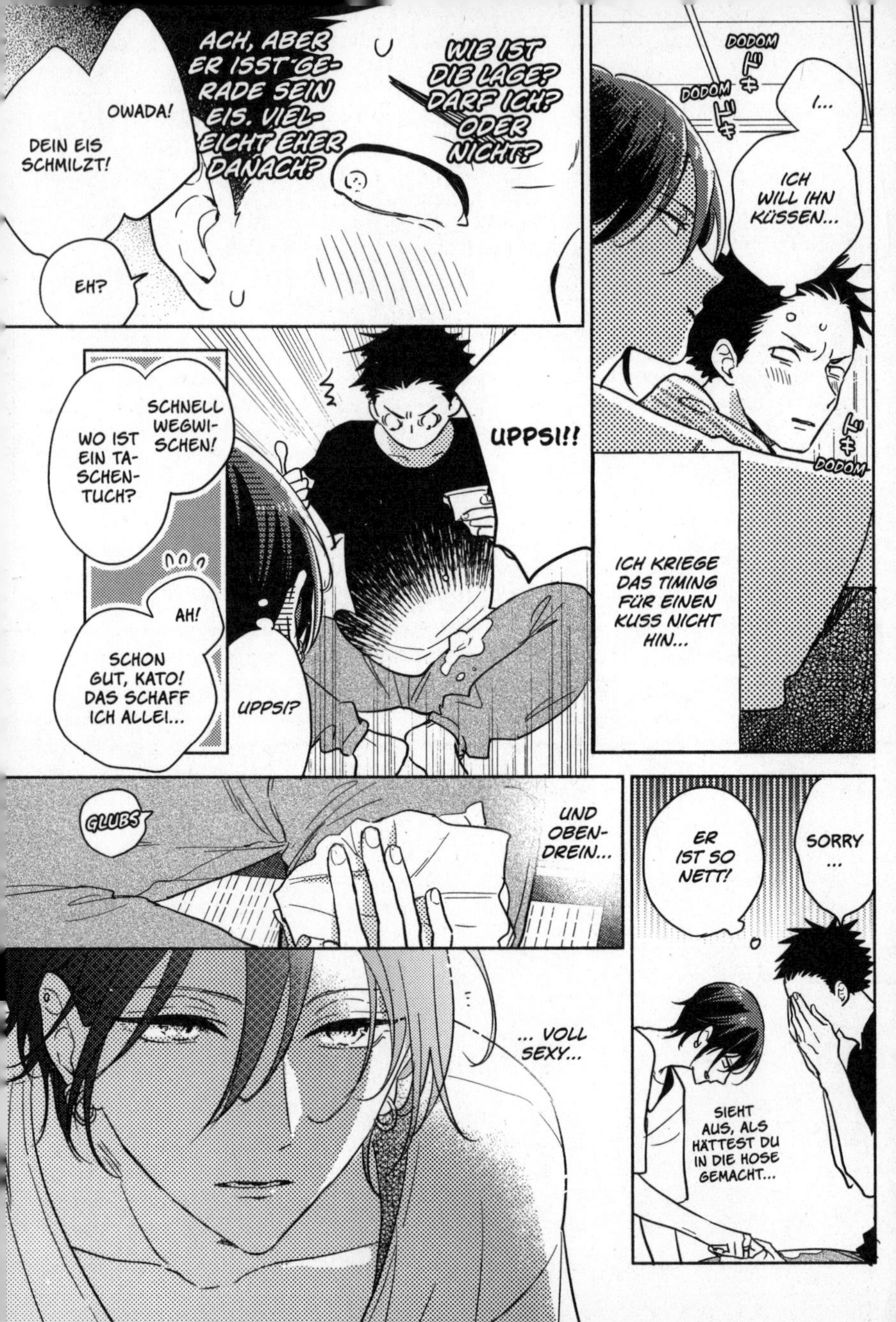
DODOM
DODOM
I...
ICH WILL IHN KÜSSEN...
DODOM
WIE IST DIE LAGE? DARF ICH? ODER NICHT?
ACH, ABER ER ISST GERADE SEIN EIS. VIELLEICHT EHER DANACH?
OWADA!
DEIN EIS SCHMILZT!
EH?
ICH KRIEGE DAS TIMING FÜR EINEN KUSS NICHT HIN...
UPPSI!!
SCHNELL WEGWISCHEN!
WO IST EIN TASCHENTUCH?
AH!
SCHON GUT, KATO! DAS SCHAFF ICH ALLEI...
UPPSI?
SORRY ...
ER IST SO NETT!
UND OBENDREIN...
GLUBS
SIEHT AUS, ALS HÄTTEST DU IN DIE HOSE GEMACHT...
... VOLL SEXY...

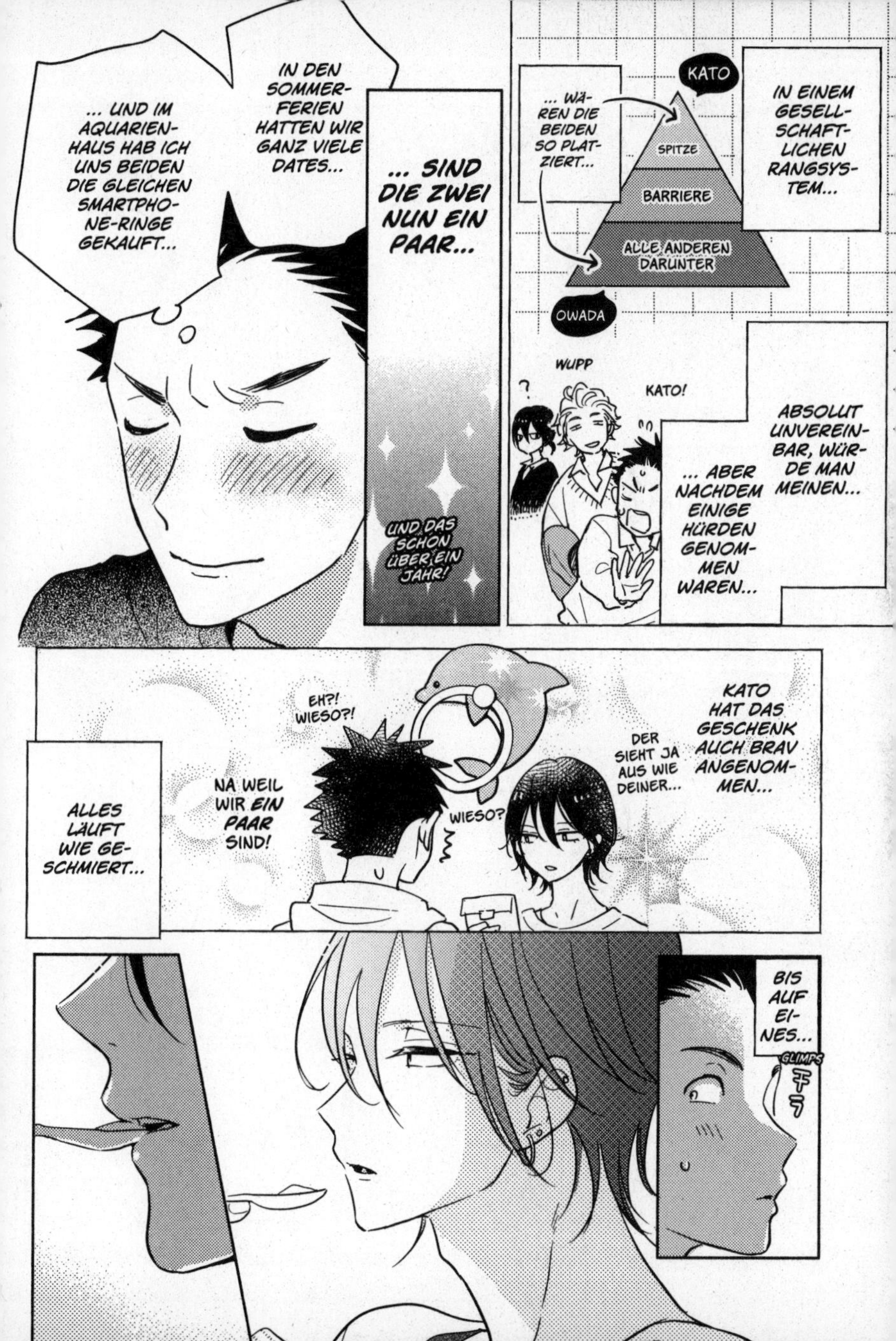

IN EINEM GESELLSCHAFTLICHEN RANGSYSTEM...
KATO
SPITZE
BARRIERE
ALLE ANDEREN DARUNTER
OWADA
... WÄREN DIE BEIDEN SO PLATZIERT...
ABSOLUT UNVEREINBAR, WÜRDE MAN MEINEN...
... ABER NACHDEM EINIGE HÜRDEN GENOMMEN WAREN...
KATO!
WUPP
?
... SIND DIE ZWEI NUN EIN PAAR...
UND DAS SCHON ÜBER EIN JAHR!
IN DEN SOMMERFERIEN HATTEN WIR GANZ VIELE DATES...
... UND IM AQUARIENHAUS HAB ICH UNS BEIDEN DIE GLEICHEN SMARTPHONE-RINGE GEKAUFT...
KATO HAT DAS GESCHENK AUCH BRAV ANGENOMMEN...
DER SIEHT JA AUS WIE DEINER...
EH?! WIESO?!
WIESO?
NA WEIL WIR EIN PAAR SIND!
ALLES LÄUFT WIE GESCHMIERT...
BIS AUF EINES...
GLIMPS

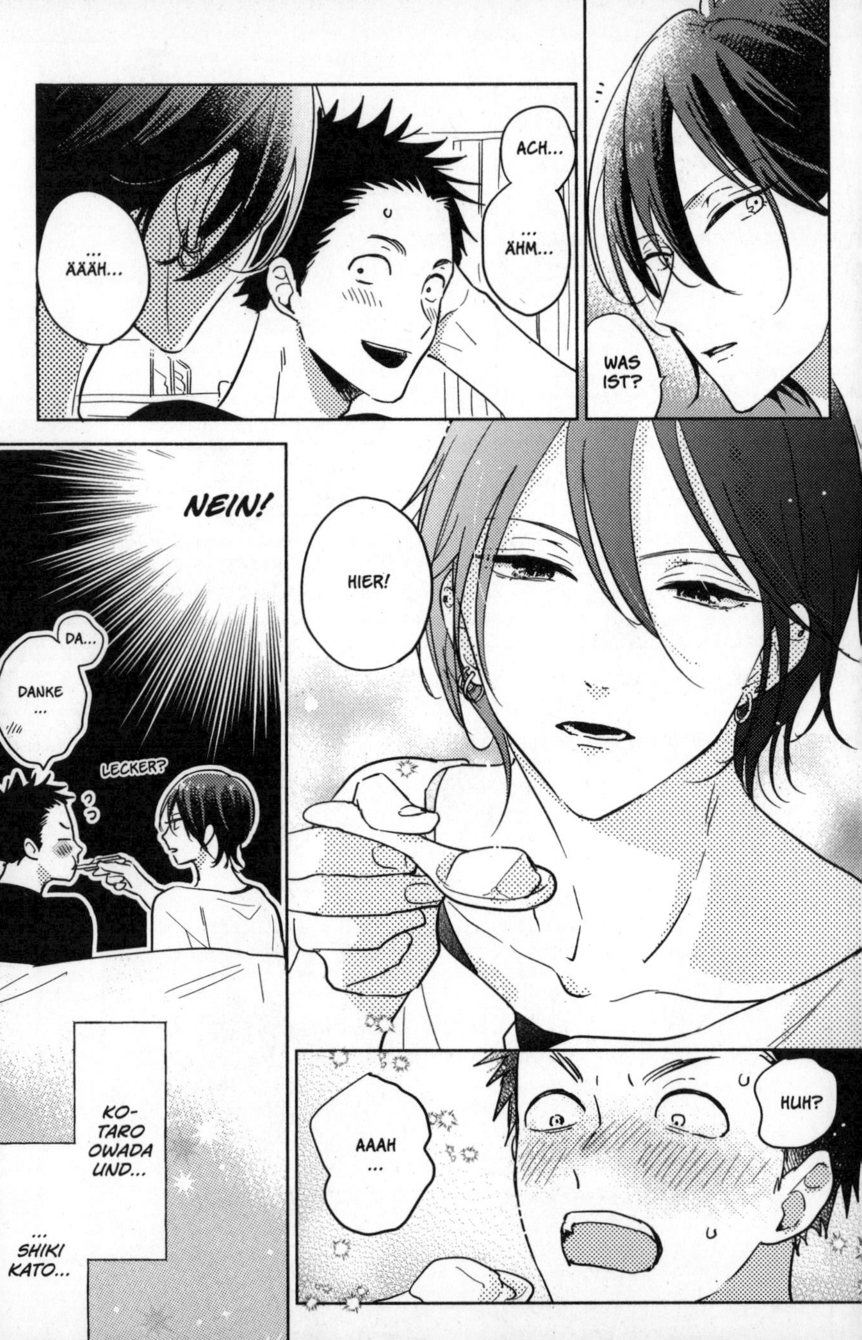
WAS IST?
ACH...
... ÄHM...
... ÄÄÄH...
HIER!
NEIN!
DA...
DANKE ...
LECKER?
HUH?
AAAH ...
KO-TARO OWADA UND...
... SHIKI KATO...

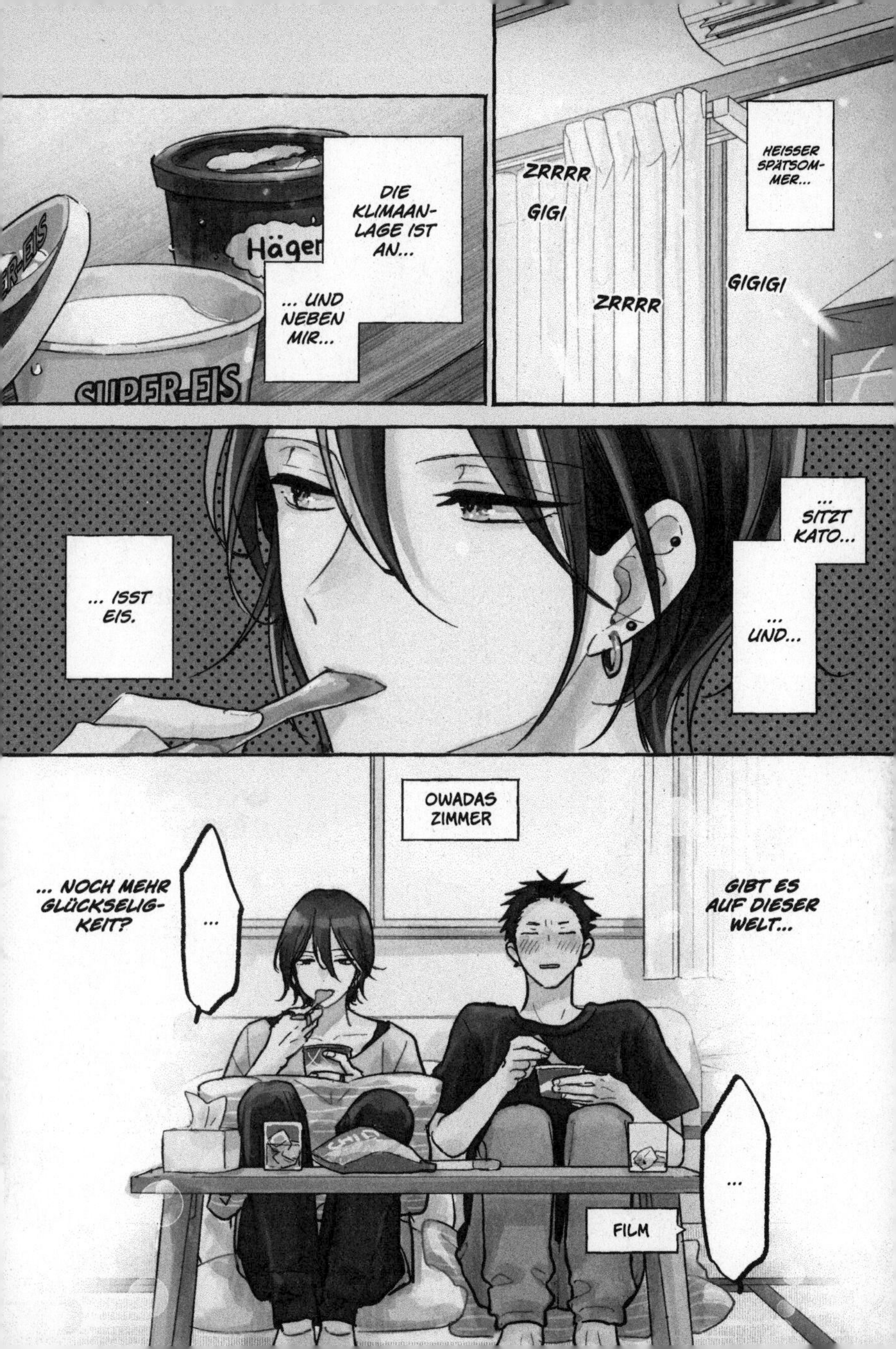

HEISSER SPÄTSOMMER...

ZRRRR

GIGI

GIGIGI

ZRRRR

DIE KLIMAANLAGE IST AN...

... UND NEBEN MIR...

Häger

SUPER-EIS

... SITZT KATO...

... UND...

... ISST EIS.

OWADAS ZIMMER

GIBT ES AUF DIESER WELT...

... NOCH MEHR GLÜCKSELIGKEIT?

...

...

FILM

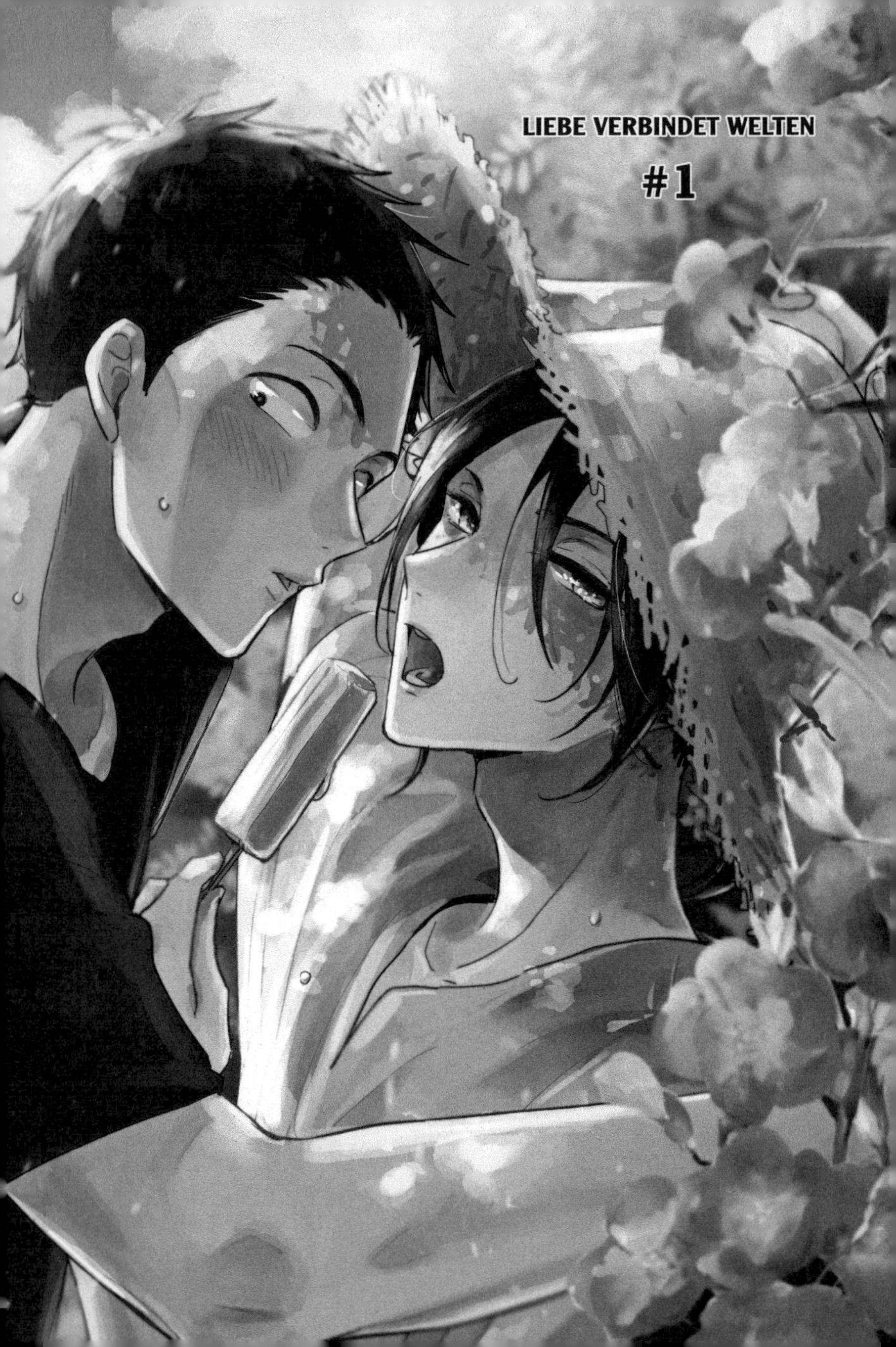
LIEBE VERBINDET WELTEN
#1

INHALT

Character

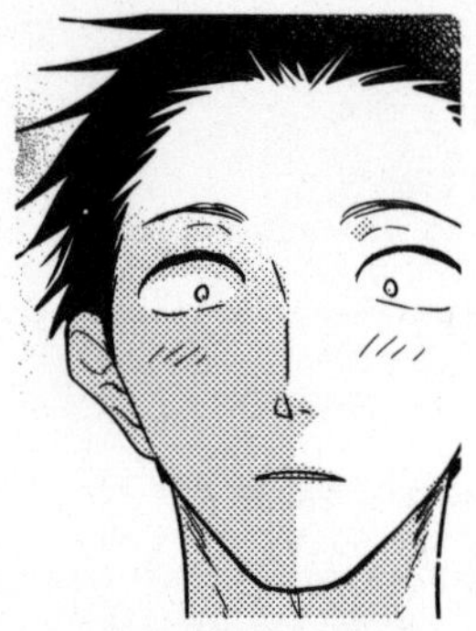

KOTARO OWADA

DER ULTIMATIVE DURCH-
SCHNITTSTYP UND SELBST
ERNANNTE „DORFBEWOHNER
A“ STEHT AUF GAMES.

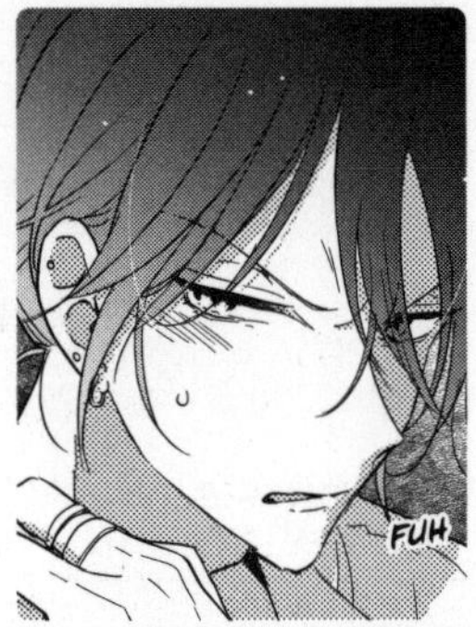

SHIKI KATO

FINDET SEINEN LOVER
OWADA ERSTAUNLICH
COOL.

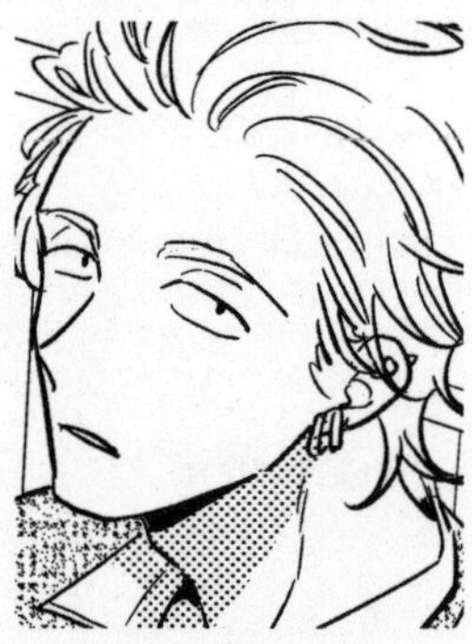

MIMASAKA

KATOS KINDHEITSFREUND.
FRECHE KLAPPE, ABER IM
GRUNDE EIN NETTER TYP.

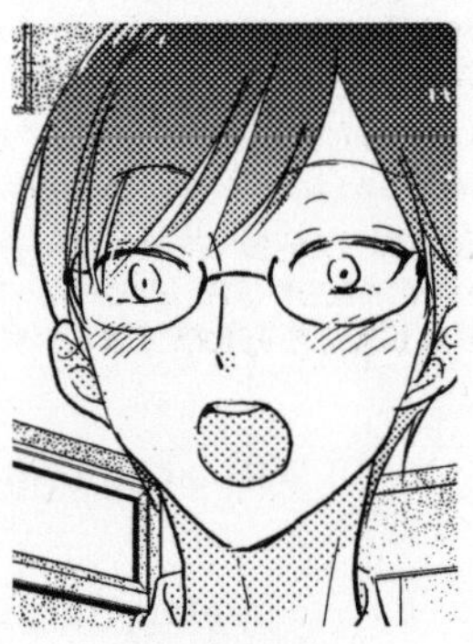

SATO

MIMASAKAS LOVER.
KANN PRIMA KOCHEN.
SANFTMÜTIGE NATUR.

WAS BISHER GESCHAH...

OWADA INTERESSIERT SICH FÜR KATO, DEN JUNGEN, DER IN DER KLASSE DIREKT HINTER IHM SITZT. ALS ER IHM MAL EINFACH SO AUF DIE SCHULTER TIPPT UND IHN ANSPRICHT, ERHÄLT ER EINE KALTE ABFUHR. *KATO ZÄHLT ZUR SPITZE DER SCHULISCHEN RANGORDNUNG UND HAT REIN GAR NICHTS MIT MIR GEMEINSAM,* DENKT OWADA BEREITS RESIGNIERT... DOCH EINES TAGES SPRINGT ER KATO HELFEND ZUR SEITE, ALS DIESER IN DER BAHN IN KONFLIKT MIT EINEM BETRUNKENEN GERÄT. DAMIT SCHMILZT DAS EIS UND DIE BEIDEN FREUNDEN SICH AN.

KATO HAT EIN PROBLEM MIT PLÖTZLICHER BERÜHRUNG, DA ER IN DER VERGANGENHEIT OPFER SEXUELLER BELÄSTIGUNG WAR. WAS IHM ALLERDINGS NICHT BEWUSST IST: DER TÄTER WAR SEIN EIGENER VATER. VON IHM TRENNTE SICH DIE MUTTER SOFORT, ALS SIE DAVON ERFUHR. SEITHER LEBEN SIE UND KATO ALLEIN.

OWADA ERFÄHRT VON DER GANZEN SACHE DURCH KATOS KINDHEITSFREUND MIMASAKA, DEM ER DARAUFHIN SCHWÖRT, KATO NIEMALS ZU VERLETZEN.

OWADA GESTEHT KATO SEINE GEFÜHLE ZIEMLICH UNGESCHICKT, DAFÜR ABER SEHR OFFEN UND EHRLICH. DIESER REAGIERT ERSTAUNLICH POSITIV UND SO WERDEN DIE BEIDEN EIN PAAR...

LIEBE VERBINDET WELTEN

Miso Umeda